D0146813

# A Bibliographical Guide to Spanish American Literature

**Recent Titles in**
**Bibliographies and Indexes in World Literature**

Psychocriticism: An Annotated Bibliography
*Joseph P. Natoli and Frederik L. Rusch, compilers*

Olaf Stapledon: A Bibliography
*Harvey J. Satty and Curtis C. Smith, compilers*

Spanish Literature, 1550-1700: A Bibliography of Golden Age Studies in Spanish and English, 1925-1980
*William W. Moseley, Glenroy Emmons, and Marilyn C. Emmons, compilers*

Monthly Terrors: An Index to the Weird Fantasy Magazines Published in the United States and Great Britain
*Frank H. Parnell, with the assistance of Mike Ashley, compiler*

The Independent Monologue in Latin American Theater: A Primary Bibliography with Selective Secondary Sources
*Duane Rhoades, compiler*

J.R.R. Tolkien: Six Decades of Criticism
*Judith A. Johnson*

Bibliographic Guide to Gabriel García Márquez, 1979-1985
*Margaret Eustella Fau and Nelly Sfeir de Gonzalez, compilers*

Eastern Europe in Children's Literature: An Annotated Bibliography of English-language Books
*Frances F. Povsic*

The Literary Universe of Jorge Luis Borges: An Index to Reference and Allusions to Persons, Titles, and Places in His Writings
*Daniel Balderston, compiler*

Film as Literature, Literature as Film: An Introduction to and Bibliography of Film's Relationship to Literature
*Harris Ross*

A Guide to Folktales in the English Language: Based on the Aarne-Thompson Classification System
*D. L. Ashliman*

Literature for Children about Asians and Asian Americans: Analysis and Annotated Bibliography, with Additional Readings for Adults
*Esther C. Jenkins and Mary C. Austin*

# A Bibliographical Guide to Spanish American Literature

## *Twentieth-Century Sources*

Compiled by
Walter Rela

Foreword by David William Foster

Bibliographies and Indexes in World Literature, Number 13

Greenwood Press
New York • Westport, Connecticut • London

**Library of Congress Cataloging-in-Publication Data**

Rela, Walter.
A bibliographical guide to Spanish American literature : twentieth-century sources / compiled by Walter Rela : foreword by David William Foster.
p. cm.—(Bibliographies and indexes in world literature, ISSN 0742-6801 ; no. 13)
Includes index.
ISBN 0-313-25861-9 (lib. bdg. : alk. paper)
1. Spanish American literature—Bibliography. I. Title. II. Series.
Z1609.L7R438 1988
[PQ7081]
016.86—dc19 88-15443

British Library Cataloguing in Publication Data is available.



Library of Congress Catalog Card Number: 88-15443
ISBN: 0-313-25861-9
ISSN: 0742-6801

First published in 1988

Greenwood Press, Inc.
88 Post Road West, Westport, Connecticut 06881

Printed in the United States of America

The paper used in this book complies with the Permanent Paper Standard issued by the National Information Standards Organization (Z39.48-1984).

10 9 8 7 6 5 4 3 2 1

# Contents

ANTHOLOGIES

# Foreword

There is a double excitement associated with being involved in scholarly research on Latin American literature in the late twentieth century. In the first place, there can now no longer be any doubt regarding the recognition of Latin American literature as both one of the most intensely creative areas of cultural production in the world today and, as a cluster of overlapping but unique national literatures, an inventory of distinguished writing. Rather than the "maturation" of Latin American literature, it is the shedding of a Eurocentrist bias that has enabled international literary scholars to appreciate the accomplishments of Latin American writing. Latin American reader/critics are now recognizing the creativity of their own field of study without having to appeal to a romantic sensibility of nativist or localist primacy to excuse apparent massive deviances from Western European norms of sophistication.

The second cause for excitement is the return to the nontotalitarian way of life envisioned by the founding Latin American constitutions. The turning away from the tyranny of military dictatorship in Latin America, the restoration of various modalities of democratic life, and the pursuit of open and pluralistic societies are enhancing the recognition of contemporary Latin American writing by permitting the reassessment of cultural forms either repressed or directly destroyed by the self-righteous generals. The result is an array of literary and cultural manifestations that overwhelm critics in their often frustrated attempts to render an adequate accounting and a meaningful interpretation of what has suddenly become available for them to study.

Within this context, Latin American literary bibliography has assumed incalculable importance. Those of us devoted to a bibliographic accounting of both primary and secondary production boggle at the amount of material to cover, the need for proper technical control, the importance of reliable descriptive and evaluative annotations, the perplexing problems of classification in a period in which traditional genre and intellectual categories have become almost meaningless, and the simple neeed to devise criteria for sorting all that is available for reporting from what can reasonably be recorded within the pragmatic limitations of scholarly publishing. But if compromises have to be made to make some headway in this burgeoning field, (in which it often seems like the most rudimentary tools have yet to be produced and in which standard works of a decade ago are hopelessly outdated if not embarrassingly démodé), there is a simple yet fulsomely satisfying pleasure experienced by the bibliographer in knowing that no matter where one begins, the result is likely to be a groundbreaking contribution.

Walter Rela has provided Latin American bibliography with many groundbreaking contributions, a fact that can be easily determined by consulting the many registries in which his work is recorded. In addition to being Uruguay's premier bibliographer, with compilations that deal both with general themes and with individual authors and specialized topics, Rela is also one of the first scholars in Latin America to concern himself with Spanish-American and Brazilian comparative literary studies. The result is an impressive inventory of authoritative research that has set a standard for Latin American bibliography.

Of all of this work, one publication in particular stands out for its sheer comprehensive usefulness. Rela's _Guía Bibliográfica de la Literatura Hispano Americana, desde el siglo XIX hasta 1970_ appeared originally in 1971 under the imprint of Casa Pardo, the oldest antiquarian bookdealer in Argentina and one of the oldest in Latin America. A work of mammoth proportions, the _Guía_ aimed at providing an accurate inventory of all of the basic monographic works about Latin American literature, from general literary histories to studies of national literature, from anthologies to specialized monographs on individual authors and specialized themes. The many thousand entries recorded in the _Guía_ have become a standard reference source for scholars and an undisputed acquisitions checklist for the growing Latin American collections in the U.S. and elsewhere. Rela published a supplement to the _Guía_ in 1982. It is significant that this cumulative registry of monographs covering a ten-year period is one third as large as the original 1971 publication which covered a century and a half of Latin American scholarly production in literature.

Users now have at their disposal a merging of these two prior compilations along with the output of the 1980s in one book. It is, moreover, the attempt to meld all of these resources into a single, rigorously selective inventory of sources that must necessarily serve as an initial point of departure for serious scholarship on Latin American literature. Given the facts that the consequence of the hearty assimilation of Latin American writing to the mainstream of international scholarship has been both an insistence on the need to document more closely critical opinion that had often been the case in the past and the imperative to base critical writing on the complex issues of contemporary literary theory, the need to have such a compilation as the present one is crucial.

The result of a lifetime of bibliographic endeavor, Rela's _Bibliographical Guide_ is a just tribute to the undisputed importance today of Latin American literature and the role Rela has unflaggingly played in recording its accomplishments with the patient art of the professional bibliographer.

David William Foster
Arizona State University

# Preface

A full century has now passed since the appearance in Spanish America of the first bibliographical compilations of printed materials. In the beginning we had the admirable work of Bolivian historian Gabriel René Moreno (1879), followed by the contributions of Diego Barros Arana (Chile, 1882), Vicente P. de Andrade (México, 1894), Isidoro Laverde Amaya (Colombia, 1895), and of José Toribio Medina (Chile, 1897). In the first decade of the twentieth century, Cuban Manuel Trelles Govin published the first work of regional scope (1907), while in Boston John Carter Brown produced a volume (1908) that drew its sources from the entire Spanish American world. These compilations , important historically, also helped lay the foundations for the discipline of the humanities in Latin America.

However, it was not until 1931, when the Harvard University project was initiated, that literature was designated as a separate field and surveyed according to country or region. The contributors were: Alfred Coester (Uruguay, 1931; Argentina, 1933); Guillermo Rivera (Puerto Rico, 1931; Ecuador, 1934); Raphael I. Maxwell and Jeremiah D. M. Ford (Santo Domingo, 1931; Cuba, 1933; Paraguay, 1934; Venezuela, 1935); Sturgis E. Leavitt (Peru, 1932; Bolivia, 1933); Leavitt and Carlos García Prada (Colombia, 1934); Henry Grattan Doyle (Panama, 1934; Central America, 1935); and Leavitt with Arturo Torres Rioseco (Chile, 1935).

In 1935 the first volume of the Handbook of Latin American Studies was published and in 1939 the first of the valuable contributions of Raymond L. Grismer (dictionaries and biographies) appeared. Subsequently, with the sponsorship of the University of Chile, Luis Alberto Sánchez brought forth the Repertorio de la Literatura Latinoamericana (1957-62), the Panamerican Union undertook the publication of its series of Diccionarios de la Literatura (1958-63), and John E. Englekirk produced two important compilations dealing with narrative prose (Colombia, 1950; Uruguay, 1967).

Beginning in the sixties, the number of contributions increased markedly with the work of Horacio Jorge Becco (1960-79), Walter Rela (1960-86), Homero Castillo and Raúl Silva Castro (1961), Shasta M. Bryant (1966), and Héctor H. Orjuela (1966-71). Throughout the seventies and eighties new works have appeared, including those of David William Foster (1970-85), Donald A. Bleznick (1974 and 1983), Aurora M. Ocampo (1971-81), Edna Coll (1974 and 1980), Porras Collante (1976), Herbert H. Hoffman (1978-84), Stella Lozano (1979), Oscar Sambrano Urdaneta (1979), and Hensley C. Woodbridge (1983). Finally, I should mention the appearance of the Modern Language

Association of America (MLA) bibliographies, which, beginning in 1969, established a separate listing for Spanish and Spanish American literature.

Clearly, the time has come to bring together a large part of this material in a single comprehensive reference work. A Bibliographical Guide to Spanish American Literature: Twentieth-Century Sources has a number of distinctive features that should be pointed out here.

1. Special care has been taken in the process of selecting the authors and titles to be included. Criteria for selection included determining what authors and works had received the greatest critical attention in specialized publications, had been the most frequent subjects of papers presented in congresses and symposia, were most often chosen for inclusion in academic courses, and, finally which works had the greatest number of editions and reprintings.

2. With the exception of those critical and anthological works considered as classics on the basis of their continuing usefulness, we have chosen to exclude from this volume works published before 1945 and not since reprinted. The first citation for each item is that of its latest edition (with appropiate indication if the work has been revised), followed by the date of the original edition in parentheses.

3. The inclusion of full citation for each item, together with annotation where appropriate, allows for immediate recognition of the nature and contents of each title.

4. For convenience, we have organized the material in sections for Bibliographies, Dictionaries, History and Criticism, and Anthologies and, within each of these broad parts, is a general section followed by national sections listed alphabetically. In both the general sections and the divisions by country, the materials are further organized according to genre (Poetry, Prose Fiction, Drama, Essay) as applicable.

All items are enumerated continuously, and the entry numbers are utilized for reference access in the Author Index. The index includes authors of the enumerated items in the bibliography plus authors noted as being included in anthologies and authors mentioned as subjects of the historical and critical works.

The preliminary compilation and structuring of this work began at the main library of Michigan State University in September 1982. The last stages were completed at the New York University Library in November 1986. Between those dates direct examination of titles was carried out at the University of Chicago, the University of Illinois at Champaign-Urbana, Arizona State University, Washington University in St. Louis, Mo., University of Missouri at Columbia, and Saint Louis University.

The compiler wishes to express his gratitude to Joanne Mueller-Yates for her invaluable assistance with the correction of the English notations during the final stages of the manuscript's preparation.

Walter Rela
Catholic University of Uruguay

# A Bibliographical Guide to Spanish American Literature

# Bibliographies

GENERAL

1. Bleznick, Donald W. A Sourcebook for Hispanic Literature and Language. A Selected, Annotated Guide To Spanish, Spanish-American and Chicano Bibliography, Literature, Linguistics, Journals, and other source materials. Second edition. Metuchen, NJ & London: The Scarecrow Press Inc., 1983 (1974).

1. Aims and methods of research. 2. Style Guides. 3. General bibliographic guides and references. 4. Bibliographies of Hispanic literature. 5. Literary dictionaries and encyclopedias. 6. Histories of Hispanic literatures. 7. Anthologies. 8. Chicano bibliography and literature. 9. Books on metrics. 10. Literature in translation: bibliographies. 11. Linguistics. 12. Scholarly periodicals. 13. Libraries. 14. Guides to dissertations. 15. Other useful references in the Hispanic field. 16. Selected publishers and book dealers.

2. Bryant, Shasta M. A Selective Bibliography of Bibliographies of Hispanic American Literature. Second edition, greatly expanded and revised. Austin: The University of Texas at Austin, Institute of Latin American Studies, 1976 (1966).

Covers books and review articles. Contains 616 entries, plus 46 addenda. Almost all items are annotated.

3. Flores, Angel. Bibliografía de escritores hispanoamericanos. A Bibliography of Spanish-American Writers, 1609-1974. New York: Gordian Press, 1975.

Eduardo Acevedo Díaz, Agustín Acosta, Manuel Acuña, Juan Bautista Aguirre, Nataniel Aguirre, Delmira Agustini, Ciro Alegría, Ignacio M. Altamirano, José S. Alvarez, Enrique Amorim, Rafael Arévalo Martínez, Alcides Arguedas, José María Arguedas, Roberto Arlt, Antonio

Arraiz, Juan José Arreola, Miguel A. Asturias, Mariano Azuela, Bernardo Balbuena, Emilio Ballagas, Enrique Banchs, Porfirio Barba Jacob, Vicente Barbieri, Eduardo Barrios, José Batres Montúfar, Carlos Germán Belli, Andrés Bello, Mario Benedetti, Francisco Luis Bernárdez, Adolfo Bioy Casares, Andrés Eloy Blanco, Alberto Blest Gana, Jorge Luis Borges, Marta Brunet, Eduardo Caballero Calderón, Guillermo Cabrera Infante, Eugenio Cambaceres, Estanislao del Campo, Ernesto Cardenal, Alejo Carpentier, Tomás Carrasquilla, Jorge Carrera Andrade, Evaristo Carriego, Gabriel Casaccia, Julián del Casal, Augusto Céspedes, Julio Cortázar, Sor Juana Inés de la Cruz, José de la Cuadra, Pablo Antonio Cuadra, José Santos Chocano, Rubén Darío, Juan Carlos Dávalos, Rafael Delgado, Marco Denevi, Augusto D'Halmar, Salvador Díaz Mirón, Manuel Díaz Rodríguez, Hernando Domínguez Camargo, José Donoso, Carlos Droguett, Luis Durand, Esteban Echeverría, José María Eguren, Francisco Javier Espejo de Santa Cruz, Jacinto de Evia, Macedonio Fernández, José Joaquín Fernández de Lizardi, Baldomero Fernández Moreno, Roberto Fernández Retamar, Carlos Fuentes, Manuel Gálvez, Rómulo Gallegos, Federico Gamboa, Ventura García Calderón, Rafael García Goyena, Gabriel García Márquez, Gertrudis Gómez de Avellaneda, Enrique González Martínez, Manuel González Prada, Miguel de Guevara, Nicolás Guillén, Ricardo Guiraldes, Manuel Gutiérrez Nájera, Martín Luis Guzmán, Javier Heraud, José María Heredia, Felisberto Hernández, José Hernández, Julio Herrera y Reissig, Alberto Hidalgo, Eugenio María de Hostos, Vicente Huidobro, Juana de Ibarbourou, Jorge Icaza, Antonio José de Irisarri, Jorge Isaacs, Ricardo Jaimes Freyre, Enrique Larreta, Mariano Latorre, Vicente Leñero, José Lezama Lima, Enrique Lihn, Baldomero Lillo, Luis Carlos López, Enrique López Albújar, Ramón López Velarde, Gregorio López y Fuentes, Leopoldo Lugones, Benito Lynch, Mauricio Magdaleno, Eduardo Mallea, Leopoldo Marechal, José Mármol, José Martí, Manuel Martínez de Navarrete, Ezequiel Martínez Estrada, Clorinda Matto de Turner, Manuel Mejía Vallejo, Mariano Melgar, Juan León Mera, José Milla y Vidaurre, Gabriela Mistral, Ricardo E. Molinari, Juan Montalvo, Rafael F. Muñoz, Conrado Nalé Roxlo, Pablo Neruda, Amado Nervo, Francisco Nuñez de Pineda y Bascuñán, José Joaquín Olmedo, Juan Carlos Onetti, Pedro de Oña, Miguel Otero Silva, Manuel José Othón, Luis Palés Matos, Ricardo Palma, Felipe Pardo y Aliaga, Nicanor Parra, Teresa de la Parra, Roberto J. Payró, Octavio Paz, José Joaquín Pesado, Carlos Pezoa Velíz, Plácido (Gabriel de la Concepción Valdés), José Rafael Pocaterra, Pedro Prado, Manuel Puig, Horacio Quiroga, Emilio Rabasa, José Antonio Ramos, José Revueltas, Alfonso Reyes, Carlos Reyles, Daniel Riquelme, José Eustasio Rivera, José María Roa Bárcena, Augusto Roa Bastos, José Enrique Rodó, Juan Rodríguez Freile, José Rubén Romero, Juan Rulfo, Carlos Sabat Ercasty, Ernesto Sábato, Florencio Sánchez, Luis de Sandoval y Zapata, Severo Sarduy, Domingo Faustino Sarmiento, Carlos de Siguenza y Góngora, José Asunción Silva, Alfonsina Storni, Jaime Torres Bodet, Luis G. Urbina, Rodolfo Usigli, Arturo Uslar-Pietri, Abraham Valdelomar, Guillermo Valencia, Juan del Valle y Caviedes, César Vallejo, Mario Vargas Llosa, El Inca Garcilaso de la Vega, Javier de Viana, Gaspar de Villarroel, Xavier Villaurrutia, Cirilo Villaverde, Eduardo Wilde, Agustín Yañez and Juan Zorrilla de San Martín.

4. Foster, David William, and Virginia Ramos Foster. Manual of Hispanic Bibliography. Second edition revised and expanded. New York-London: Garland Publishing Inc., 1977 (1970).

   Part. I: General Bibliographies. Including General Romance. General Bibliographic Guides. Guides to Libraries and Collections, Excluding Those in or on Spain or Spanish America. Guides to General Periodicals and Periodical Literature. Guides to Theses and Dissertations, Excluding Specific Guides to Theses and Dissertations in the Hispanic Field. Part. II: Bibliographies of Spanish Literature. General Bibliographies of Spanish or Spanish and Spanish-American Literature. Period Bibliographies of Spanish or Spanish-American Literature. Guides to Spanish or Spanish and Spanish-American Libraries and Collections. Guides to Spanish or Spanish and Spanish-American Periodicals and Periodical Literature. Guides to Theses and Dissertations on Spanish or Spanish and Spanish American Topics. Part. III: Bibliographies of Spanish-American Literature. General Bibliographies of Spanish-American Literature. Period Bibliographies of Spanish-American Literature. Guides to Spanish-American Libraries and Collections. Guides to Theses and Dissertations on Spanish-American Topics. Part. IV: Spanish-American National Bibliographies: Argentina, Bolivia, Chile, Colombia, Costa Rica, Cuba, Dominican Republic, Ecuador, El Salvador, Guatemala, Honduras, México, Nicaragua, Panamá, Paraguay, Perú, Puerto Rico, Uruguay, Venezuela. Author and Corporate Entry Index. Short Title Index.

5. Grismer, Raymond L. A Reference Index to Twelve Thousand Spanish American Authors. A Guide to the Literature of Spanish America. 2d ed. Detroit, MI: Blaine Ethridge, 1971 (1939).

   Alphabetical list of authors, dates, countries, pseudonymus. Sources: 130 anthologies, bibliographies, histories, review articles, manuals.

6. __________. Indice de doce mil autores hispanoamericanos. New York: H.W. Wilson Co., 1939.

   Translation into Spanish of the first English edition. (See item 5.)

7. Lozano, Stella. Select Bibliography of Contemporary Spanish-American Writers. Los Angeles: California State University, Latin American Studies Center, 1979.

   Contains: books, essays, dissertations, interviews and book reviews covering literary productions of 47 Spanish American writers. The compiler omitted important authors such as Borges, Neruda, Paz, Vallejo, and others.

8. Pascual Buxó, José, and Antonio Melis. Apuntes para una bibliografía crítica de la literatura hispanoamericana. 1: Historias literarias. Firenze: Centro di Ricerche per l'America Latina, Ricerche Letterarie, Valmartina Editore Firenze, 1973.

   Covers all Spanish-American countries, with evaluation criticism on

144 literary histories. Contains an extensive annotated commentary for each item.

9. Rela, Walter. Guía bibliográfica de la literatura hispanoamericana, desde el siglo XIX hasta 1970. Buenos Aires: Casa Pardo, 1971.

Contains 6,023 items. Only books, unannotated. Main divisions, subdivided by countries, are: Bibliografías generales. Bibliografías nacionales. Bibliografías individuales. Historias literarias generales. Historias literarias nacionales. Ensayo, historia y crítica general. Ensayo y crítica individual. Antologías generales. Antologías nacionales. Antologías individuales. Biografías colectivas. Diccionarios. Biografías individuales. Miscelánea de Literatura.

10. ___________. Spanish American Literature: A Selected Bibliography. Literatura Hispanoamericana: Bibliografía Selecta, 1970-1980. East Lansing, MI: Michigan State University, Department of Romance and Classical Languages, 1982.

Contains: Bibliographies: General, National, Individual Authors. Dictionaries: General, National. Literary Criticism and History: General Studies, National Studies, Individual Authors. Anthologies: General, National, Individual Authors. Congress: Instituto Internacional de Literatura Iberoamericana, Other Institutions.

11. UNESCO. Bibliografía general de la literatura hispanoamericana. París: 1972.

General bibliography arranged chronologically. Includes: Período Colonial: por Guillermo Lohman Villena y Luis Jaime Cisneros. Siglo XIX: por Julio Ortega. Epoca Contemporánea: por Horacio Jorge Becco. Coordinador: Jorge Carrera Andrade. Revisor: Héctor Luis Arena. Epoca Contemporánea. Bibliografía de bibliografías: Bibliografías generales. Bibliografías regionales. Bibliografía: Bibliografía general (Historias generales, Ensayos generales, Ensayos Temáticos, Antologías Generales, Antologías temáticas). Bibliografía regional.

12. Woodbrige, Hensley C. Spanish and Spanish-American Literature. An Annotated Guide to Selected Bibliographies. New York: The Modern Language Association of America, 1983.

Contains: 1. Spanish Literature. 2. Spanish-American Literature. Covers all countries, with critical books, articles, current and retrospective periodical indexes and book review index, translations, dissertations, Library Catalogs and Union List. Annotated.

## Poetry

13. Anderson, Robert Roland. Spanish American Modernism. A Selected Bibliography. Tucson, AZ: The University of Arizona Press, 1970.

Contains: Julián Del Casal, José Santos Chocano, Rubén Darío, Salvador Díaz Mirón, Manuel Díaz Rodríguez, José María Eguren, Enrique González Martínez, Manuel González Prada, Manuel Gutiérrez Nájera, Julio Herrera y Reissig, Ricardo Jaimes Freyre, Enrique Larreta, Leopoldo Lugones, José Martí, Amado Nervo, José Enrique Rodó, José Asunción Silva, and Guillermo Valencia.

14. Fretes, Hilda Gladys, and Esther Barbara. Bibliografía anotada del Modernismo. Mendoza, Argentina: Universidad Nacional de Cuyo, Biblioteca Central, 1970.

Contains: 1. Definición del Modernismo, Estudios de carácter general. II. Obras y artículos sobre caracteres generales del Modernismo. III. Obras y artículos sobre aspectos particulares del Modernismo español y americano. IV. Estudios sobre autores que aportan incidentalmente nuevos enfoques del Modernismo. Estudios generales sobre el ambiente cultural. V. Indice de publicaciones periódicas. VI. Indice de autores bibliografiados.

15. Matlowsky, Bernice D. The Modernism Trend in Spanish American Poetry. Washington, D.C.: Unión Panamericana, 1950.

Prologue by Ermilo Abreu Gómez. Covers 220 publications. Annotated.

## Prose Fiction

16. Becco, Horacio Jorge, and David William Foster. La nueva narrativa hispanoamericana. Bibliografía. Buenos Aires: Casa Pardo, 1976.

Contains: I. Revistas citadas. II. Referencias generales. III. Referencias nacionales: Argentina, Chile, Colombia, Cuba, México, Paraguay, Perú, Uruguay. IV. Autores: Mario Benedetti, Guillermo Cabrera Infante, Alejo Carpentier, Julio Cortázar, José Donoso, Carlos Fuentes, Gabriel García Márquez, José Lezama Lima, Juan Carlos Onetti, Manuel Puig, Augusto Roa Bastos, Juan Rulfo, Ernesto Sábato, Severo Sarduy, and Mario Vargas Llosa. Anexo: Referencias generales. Referencias nacionales.

17. Coll, Edna. Indice informativo de la novela hispanoamericana. Las Antillas. Tomo I. Río Piedras: Universidad de Puerto Rico, Editorial Universitaria, 1974.

Observations on the some Spanish-American novel from its beginning to the present day. Contains: Primera parte: Novelistas puertorriqueños. La novela en Puerto Rico. Segunda parte: Novelistas dominicanos. Tercera parte: Novelistas cubanos..

18. ____________. Centroamérica. Tomo II. Río Piedras: Universidad de Puerto Rico, Editorial Universitaria, 1977.

Bibliographies on Central American countries: Costa Rica, El Salvador, Guatemala, Honduras, Nicaragua, Panamá. Bibliografía Centroamérica. Bibliografía general.

19. Foster, David William. The 20th Century Spanish-American Novel: A Bibliographic Guide. Metuchen, NJ: The Scarecrow Press, Inc. 1975.

Bibliographies and Periodical indexes, Basic Monographic Studies on the Spanish-American Novel, Periodicals Cited, Individual Authors: José Agustín, Ciro Alegría, Fernando Alegría, Enrique Amorim, José María Arguedas, Roberto Arlt, Miguel Angel Asturias, Mariano Azuela, Eduardo Barrios, Eduardo Caballero Calderón, Guillermo Cabrera Infante, Alejo Carpentier, Rosario Castellanos, Julio Cortázar, Manuel Díaz Rodríguez, José Donoso, Carlos Droguett, Salvador Elizondo, Carlos Fuentes, Rómulo Gallegos, Manuel Gálvez, Federico Gamboa, Gabriel García Márquez, Juan García Ponce, Beatriz Guido, Ricardo Guiraldes, Martín Luis Guzmán, Jorge Icaza, Enrique Rodríguez Larreta, Vicente Leñero, José Lezama Lima, Gregorio López y Fuentes, Benito Lynch, Eduardo Mallea, Leopoldo Marechal, César Martínez Moreno, Daniel Moyano, Manuel Mujica Láinez, H.A. Murena, Juan Carlos Onetti, Pedro Prado, Manuel Puig, José Revueltas, Carlos Reyles, José Eustasio Rivera, Augusto Roa Bastos, Manuel Rojas Sepúlveda, José Rubén Romero, Juan Rulfo, Ernesto Sábato, Gustavo Sainz, Severo Sarduy, Luis Spota, Arturo Uslar Pietri, Mario Vargas Llosa, and Agustín Yañez. Index of Critics.

20. Matlowsky, Bernice D. Antologías del cuento hispanoamericano: guía bibliográfica. Washington, D.C.: Unión Panamericana, 1950.

Covers 75 annotated items.

21. Ocampo, Aurora M. Novelistas iberoamericanos contemporáneos: obras y bibliografía crítica. México: Universidad Nacional Autónoma de México, Cuadernos del Centro de Estudios Literarios, 1971-1981. 6 vols.

The first volume contains a bibliography of general books and works on the contemporary novel and a list of consulted journals and reviews. Works and critical bibliographies arranged alphabetically. I. Obras y bibliografía crítica A. II. B-CH. III. D-G. IV. H-M. V. N-R. VI. S-Z.

22. Simmons, Merle Edwin. A Bibliography of the Romance and Related Form in Spanish-America. Bloomington, IN: Indiana University Press, 1963.

## Drama

23. Becco, Horacio Jorge. Bibliografía general de las artes del espectáculo en América Latina. París: UNESCO, 1977.

Contains: Bibliografía de bibliografías. Ensayos sobre teatro y artes del espectáculo en América Latina. Antologías teatrales de América Latina. Estudios críticos regionales. Revistas especializadas. Indice general de nombres.

24. Grismer, Raymond L. Bibliography of the Drama of Spain and Spanish America. Minneapolis, MN: Burguess-Beckwith Inc., 1967-1969. 2 vols.

    Contains a dramatist critic index and an alphabetical list.

25. Hebblethwaite, Frank P. A Bibliographical Guide to the Spanish American Theater. Washington, D.C.: Pan American Union, 1969.

    Contains: I. Books: General sources. II. Books: Sources by country. III. Articles: General sources. IV. Articles: Sources by country. V. Bibliography. Annotated.

26. Hoffman, Herbert H. Latin American Play Index. Metuchen, NJ and London: The Scarecrow Press, Inc., 1983-1984. 2 vols.

    Vol. 1. 1920-1962 (1984). Vol. 2. 1962-1980 (1983).

27. Lyday, Leon F., and George W. Woodyard. A Bibliography of Latin American Theater Criticism 1940-1974. Austin: University of Texas, Institute of Latin American Studies, 1976.

    Contains 2,360 items with valuable information on critical books, articles and anthologies.

28. Neglia, Erminio, and Luis Ordaz. Repertorio selecto del teatro hispanoamericano contemporáneo. Tempe: AZ: Arizona State University, Center of Latin American Studies, 1980.

    Contains: List of playwrights by country. Provides chronological list of dramas, many anthologies and partial sources for each author.

29. Rhoades, Duane. The Independent Monologue in Latin American Theater. A Primary Bibliography with Selective Secondary Sources. Westport, CT: Greenwood Press, 1985.

    Each item is accompanied by a concise explanation. There are three categories: From Precursory Unipersonal Genres to Monologues (1550-1840). A Century of Monologues (1840-1940). Monodramas and Related Contemporary One-Character Plays (1940-present).

30. Toro, Fernando de, and Peter Roster. Bibliografía del teatro hispanoamericano contemporáneo (1900-1980). Frankfurt and Main: Verlag Klauss Dieter Verveurt, 1985. 2 vols.

    Contains: Vol. I. Obras originales. A. Revistas, libros, colecciones. Vol. II. A. Análisis. 1. Libros, artículos, tesis. 2. Entrevistas. 3. Reseñas de obras y antología. 4. Reseñas de libros de crítica. 5. Festivales y temporadas. B. Bibliografía. C. Miscelánea.

NATIONAL

ARGENTINA

31. Becco, Horacio Jorge. Fuentes para el estudio de la literatura argentina. Buenos Aires: Centro Editor de América Latina, 1968.

Covers nine sections: 1. Bibliografía. 2. Historias literarias. 3. Crítica literaria. 4. Biografías. 5. Revistas y periódicos. 6. Teatro. 7. Antologías. 8. Referencias. 9. Colecciones.

32. Foster, David William. Argentine Literature. A Research Guide. Second Edition, revised and expanded. New York & London: Garland Publishing, Inc., 1982 (1970).

Bibliography of Criticism. General References. A. Bibliographies. B. General Histories of Literature. C. Collected Essays of criticism. D. Studies on Criticism: Including Reviews, Journals, and Critics. E. Literature and Other Subjects. F. Argentine Literature and Foreign Literatures. G. Special Literary Topics: Gaucho and Rural Themes. H. Special Literary Topics: Urban (Including Inmigrant) Themes. I. Special Literary Topics: Other (Including Folklore and Literary Language). J. Women Authors. K. General Studies on Colonial Literature. L. General Studies on 19th Century Literature (Including Modernismo). M. General Studies on 20th Century Literature. N. General Studies on Poetry. O. Colonial Poetry. P. 19th Century Poetry. Q. 20th Century Poetry (Including Martinfierrismo and Ultraísmo). R. Special Topics on Poetry. S. General Studies on Drama. T. Colonial Drama. U. 19th Century Drama. V. 20th Century Drama. W. Special Topics in drama. X. General Studies on Prose Fiction. Y. 19th Century Prose Fiction. Z. 20th Century Prose Fiction. AA. Special Topics in Prose Fiction. BB. General Studies on the Essay. CC. Wit and Humor. DD. Regional and Local literature.
Authors: José Sixto Alvarez (Fray Mocho), Enrique Anderson Imbert, Olegario Víctor Andrade, Roberto Arlt, Hilario Ascasubi, Enrique Banchs, Vicente Barbieri, Antonio di Benedetto, Francisco Luis Bernárdez, Adolfo Bioy Casares, Jorge Luis Borges, Sylvina Bullrich Palenque, Eugenio Cambaceres, Estanislao del Campo, Miguel Cané, Arturo Capdevila, Evaristo Carriego, Haroldo Conti, Martín Coronado, Julio Cortázar, Agustín Cuzzani, Marco Denevi, Armando Discépolo, Osvaldo Dragún, Esteban Echeverría, Samuel Eichelbaum, Macedonio Fernández, Baldomero Fernández Moreno, Manuel Gálvez, Griselda Gambaro, Alberto Gerchunoff, Oliverio Girondo, Alberto Girri, Eduardo González Lanuza, Raúl González Tuñón, Carlos Gorostiza, Beatriz Guido, Carlos Guido y Spano, Ricardo Güiraldes, José Hernández, Roberto Juarroz, Gregorio de Laferrere, Enrique Larreta, Manuel José de Lavardén, Lucio Vicente López, Leopoldo Lugones, Benito Lynch, Marta Lynch, Eduardo Mallea, Leopoldo Marechal, José Mármol, Ezequiel Martínez Estrada, Gustavo Martínez Zuviría (Hugo Wast), Enrique Molina, Ricardo E. Molinari, Daniel Moyano, Manuel Mujica Láinez, H.A. Murena, Conrado Nalé Roxlo, Rafael Obligado, Silvina Ocampo, Victoria Ocampo,

Pedro B. Palacios (Almafuerte), Roberto J. Payró, Alejandra Pizarnik, Manuel Puig, Ernesto Sábato, Domingo Faustino Sarmiento, Alfonsina Storni, Juan de la Cruz Varela, Bernardo Verbitsky, David Viñas, and Eduardo Wilde.

33. ________., and Virginia Ramos Foster. Research Guide to Argentine Literature. Metuchen, NJ: The Scarecrow Press., 1970.

I. General bibliographies for research on Argentine literature. II. Journals publishing research on Argentine literature. III. General works on Argentine literature. IV. Argentine literary figures. Selective and unannotated.

Poetry

34. Frugoni de Fritzsche, Teresita. Indice de poetas argentinos. Buenos Aires: Universidad de Buenos Aires, Facultad de Filosofía y Letras, 1963-1968. 4 vols.

Titles arranged in alphabetical order and according to chronological periods. 1. A-C. 2. D-I. 3. J-Q. 4. R-Z.

35. González Castro, Augusto. Panorama de las antologías argentinas. Buenos Aires: Colombo, 1966.

Covers anthologies edited from 1837 to 1937. Excellent criticism, includes names of authors. Explanatory note given for each item.

36. Prodoscini, María del Carmen. Las antologías poéticas argentinas: 1960-1970. Buenos Aires: Universidad de Buenos Aires, Facultad de Filosofía y Letras, 1971.

Covers 20 anthologies.

Prose Fiction

37. Trevia Paz, Susana N. Contribución a la bibliografía del cuento fantástico argentino en el siglo XX. Buenos Aires: Fondo Nacional de las Letras, 1966.

Covers 12 authors and each author's section contains: 1. Libros. 2. Antologías de sus cuentos. 3. Cuentos en diversas antologías. 4. Colaboraciones en publicaciones periódicas. 5. Crítica.

Drama

38. Pepe, Luz E., and María Luisa Punte. La crítica teatral argentina (1880-1962). Buenos Aires: Fondo Nacional de las Letras, 1966.

Divided into nine items: Obras de referencias, Diccionarios, Anuarios, Historias del teatro (orígenes, circo, sainete), Crítica (estudios, ensayos, comentarios), Teatro infantil, Teatro escolar, Teatros independientes (actores, directores, aspectos técnicos y escenográficos), Notas sobre teatro argentino.

## BOLIVIA

### Prose Fiction

39. Poppe, René. Indice de los libros de cuentos bolivianos. Primera Parte. La Paz: Instituto Boliviano de Cultura, Instituto Nacional de Historia y Literatura, 1979.

40. ______. Indice del cuento minero boliviano. La Paz: Instituto Boliviano de Cultura, Instituto Nacional de Historia y Literatura, 1979.

## CHILE

41. Foster, David William. Chilean Literature. A working Bibliography of Secondary Sources. Boston, MA: G.K. Hall & Co., 1978.

    1. Critical references of chilean literature. General References. 2. Authors: Fernando Alegría, Eduardo Barrios, Alberto Blest Gana, María Luisa Bombal, Marta Brunet, Oscar Castro, Angel Cruchaga Santa María, Augusto D'Halmar, Jorge Díaz, Humberto Díaz Casanueva, José Donoso, Carlos Droguett, Luis Durand, Jorge Edwards, Joaquín Edwards Bello, Federico Gana, José Santos González Vera, Nicomedes Guzmán, Luis Alberto Heiremans, Vicente Huidobro, Enrique Lafourcade, José Victorino Lastarria, Mariano Latorre, Baldomero Lillo, Manuel Magallanes Moure, Rafael Maluenda Labarca, Juan Marín, Gabriela Mistral, Armando Moock, Pablo Neruda, Luis Orrego Luco, Alonso de Ovalle, Nicanor Parra, Vicente Pérez Rosales, Carlos Pezoa Véliz, Pedro Prado, Daniel Riquelme, Manuel Rojas, Pablo de Rokha, Fernando Santiván, Víctor Domingo Silva, Antonio Skármeta, Antonio Benjamín Subercaseaux Zañartu, Juvencio Valle, José Joaquín Vallejo, Egon Wolff. 3. Critics.

### Prose Fiction

42. Castillo, Homero, and Raúl Silva Castro. Historia bibliográfica de la novela chilena. México: Ediciones de Andrea, 1961. Charlottesville, VA: Bibliographical Society of the University of Virginia, 1961.

    Includes short stories. Authors in alphabetical order and book titles in chronological order.

43. Goić, Cedomil. Bibliografía de la novela chilena del siglo XX. Santiago de Chile: Editorial Universitaria, 1962.

    Covers the period from 1910 to 1961, listed chronologically. Contains: 1,232 items arranged according to authors.

44. Seleccion de novelistas y cuentistas chilenos, (una bibliografía). Santiago de Chile: Zamorano & Caperán, 1969.

Drama

45. Durán Cerda, Julio. Repertorio del teatro chileno. Bibliografía, obras inéditas y estrenadas. Santiago de Chile: Universidad de Chile, Instituto de Literatura Chilena, 1962.

Covers theater history from 19th century to 1961. I. Obras. II. Estudios (A. Fundamentales. B. Otros estudios). Indice de autores. Indice de obras.

46. Rela, Walter. Contribución a la bibliografía del teatro chileno, 1804-1960. Montevideo: Universidad de la República, Facultad de Humanidades y Ciencias del Uruguay, 1960.

Contains: Preface by Ricardo A. Latcham. Covers 895 entries with authors listed alphabetically. I. Obras generales, artículos de crítica, revistas. II. Indice de autores y obras.

COLOMBIA

47. Orjuela, Héctor H. Fuentes generales para el estudio de la literatura colombiana: Guía bibliográfica. Bogotá: Publicaciones del Instituto Caro y Cuervo, 1968.

Partially annotated, divided into twelve main classifications: Bibliografías generales. Catálogos y guías (archivos, bibliotecas, librerías y editoriales). Diccionarios de literatura y guías varias. Biografías. Colecciones. Antologías y compilaciones de miscelánea literaria. Epocas y movimientos literarios. Géneros literarios. Literatura folklórica y popular. Literatura religiosa. Traducciones. Imprenta y periodismo.

Poetry

48. Orjuela, Héctor H. Bibliografía de la poesía colombiana. Bogotá: Publicaciones del Instituto Caro y Cuervo, 1971.

In the prologue the compiler explains (pp.X): "... recoge las principales ediciones de los libros y folletos, originales o en traducción, de cada poeta en particular y algunas hojas sueltas (anónimas o de autor conocido) que contienen poemas de imprescindible consulta para estudiar la evolución de nuestra poesía. "

49. __________. Las antologías poéticas de Colombia: estudio y bibliografía. Bogotá: Publicaciones del Instituto Caro y Cuervo, 1966.

Excellent preliminary study, gives a detailed history of Colombian poetry (also history Spanish American poetry). Covers 389 anthologies, divided into two parts: 1. Bibliografía de antologías poéticas de Colombia (147 items). 2. Bibliografía de antologías poéticas generales (242 items). Authors listed in each part.

### Prose Fiction

50. Coll, Edna. Indice informativo de la novela hispanoamericana. Colombia. Tomo IV. Río Piedras: Universidad de Puerto Rico, Editorial Universitaria, 1980.

    Material arranged according to subject. Contains: Colombia. Premios Esso-Colombia. Bibliografía general. Bibliografía Colombia. Indice de periódicos y revistas. Indice de autores.

51. Englekirk, John E., and Gerald E. Wade. Bibliografía de la novela colombiana. México: Imprenta Universitaria, 1950.

    Covers 650 items arranged alphabetically by author's name. Partially annotated.

52. Porras Collantes, Ernesto. Bibliografía de la novela en Colombia: con notas de contenido y crítica de las obras y guías de comentarios sobre los autores. Bogotá: Publicaciones del Instituto Caro y Cuervo, 1976.

    Covers 2,326 titles published through 1974. Contains: Lista de seudónimos. Indice de títulos. Indice cronológico.
    See: Antonio Curcio Altamar, Evolución de la novela en Colombia. 2d ed. Bogotá: Instituto Colombiano de Cultura, 1975. (See item 808.)

### Drama

53. Orjuela, Héctor H. Bibliografía del teatro colombiano. Bogotá: Publicaciones del Instituto Caro y Cuervo, 1974.

    Information divided into four main categories, some items are annotated. Includes: I. Fuentes selectas para el estudio del teatro colombiano. II. Fuentes selectas para el estudio del teatro hispanoamericano. III. Obras selectas generales para el estudio del teatro. IV. Indice de títulos.

## COSTA RICA

54. Kargleder, Charles L. Selective Bibliography of Costa Rican Literature to 1976. San José: Editorial Costa Rica, 1978.

    Unannotated listing of works writing by Costa Rican authors. This bibliographic study covers poetry, short story and drama of the 19th and 20th centuries (to 1976), and includes valuable general information.

55. ___________., and Warren H. Mory. Bibliografía selectiva de la literatura costarricense. San José: Editorial Costa Rica, 1978.

Unannotated. Covers 26 general anthologies and cites names of Costa Rican translators. In the prologue the compiler explain (p.p.7): "Se tomó como punto de partida el año 1869 y termina en el año 1976. En esta bibliografía no se hace referencia a trabajos o selecciones publicados en antologías, revistas o periódicos, a menos que el trabajo haya sido publicado independientemente. "

CUBA

56. Foster, David William. Cuban Literature, A Research Guide. New York & London: Garland Publishing Inc.: 1985.

Bibliography of Criticism. General References. A. Bibliographies. B. General Literary Histories. C. Collected Essays. D. Literary Criticism, Reviews, and Journals. E. Literature and Other Subjects. F. Relations with Foreign Literatures. G. Women Authors. H. Special Topics. I. General Studies on Colonial Literature. J. General Studies on 19th-Century Literature. K. General Studies on 20th Century Literature. L. General Studies on Poetry. M. Colonial and 19th-Century Poetry. N. 20th-Century Poetry. O. Special Topics in Poetry. P. General Studies on Drama. Q. Colonial and 19th-Century Drama. R. 20th-Century Drama. S. Special Topics in Drama. T. General Studies on Prose Fiction. U. 19th-Century Prose Fiction. V. 20th-Century Prose Fiction. W. Special Topics in Prose Fiction. X. General Studies on the Essay. Y. Regional and Local Literature. Z. Periodical Indexes.
Authors: Agustín Acosta, Paco Alfonso, Dora Alonso, José Alvarez Baragaño, Raúl Aparicio, Reinaldo Arenas, Augusto de Armas, José de Armas y Cárdenas (Justo de Lara), Antón Arrufat, Silvestre de Balboa Troya y Quesada, Emilio Ballagas, Miguel Barnet, Antonio Benítez Rojo, José Ramón de Betancourt, Luis Victoriano Betancourt, Emilio Bobadilla (Fray Candil), Juana Borrero, Regino Eladio Boti, Mariano Brull, David Buzzi, Bonifacio Byrne, José Agustín Caballero y Rodríguez, Lydia Cabrera, Guillermo Cabrera Infante, Onelio Jorge Cardoso, Alejo Carpentier, Miguel de Carrión, Julián del Casal, Jesús Castellanos, José María Chacón y Calvo, Sergio Chaple, José Cid Pérez, Manuel Cofiño López, Manuel de la Cruz, Domingo Del Monte y Aponte, Jesús Díaz, Eliseo Diego, Nicolás Dorr, Rolando Escardó, Abelardo Estorino, Samuel Feijóo, Carlos Felipe, Pablo Armando Fernández, Roberto Fernández Retamar, Domingo Figarola-Caneda, Eugenio Florit, Norberto Fuentes, Juan Gualberto Gómez, Gertrudis Gómez de Avellaneda, Nicolás Guillén, Ramón Guirao, José María Heredia, Alfonso Hernández Catá, Fayad Jamis, José Kozer, Enrique Labrador Ruiz, César Leante, José Lezama Lima, Fernando Lles y Berdayes, Carlos Loveira y Chirino, Dulce María Loynaz, Joaquín Lorenzo Luaces, José de la

Luz y Caballero, Jorge Mañach, Juan Francisco Manzano, Juan Marinello, José Martí, José Jacinto Milanés, Carlos Alberto Montaner, Matías Montes Huidobro, Martín Morúa Delgado, Manuel Navarro Luna, Lino Novás Calvo, Fernando Ortiz, Lisandro Otero, Heberto Padilla, Regino Pedroso, Virgilio Piñera, Enrique Piñeyro, Félix Pita Rodríguez, José Antonio Portuondo, José Manuel Poveda, José Antonio Ramos, Luis Felipe Rodríguez, Emilio Roig de Leuchsenring, José Sánchez Boudy, María Mercedes Santa Cruz (Condesa de Merlín), Severo Sarduy, José Soler Puig, Anselmo Suárez y Romero, José Z. Tallet, Pablo de la Torriente-Brau, José Triana, Gabriel de la Concepción Valdés (Plácido), Enrique José Varona y Pera, Cirilo Villaverde, Cintio Vitier, Juan Clemente Zenea.

57. Gutiérrez de la Solana, Alberto. Compiler. Investigación y crítica literaria y linguistica cubana. New York: Senda Nueva de Ediciones, 1978.

Includes a preliminary study and bibliographies. Index of authors and themes.

Poetry

58. Montes Huidobro, Matías, and Yara González. Bibliografía crítica de la poesía cubana (Exilio: 1959-1971). Madrid: Playor, 1973.

Includes: José Antonio Abella, Norma Niurka Acevedo, Angel Aparicio Laurencio, Rubén Arango, José Antonio Arcocha, Manuel B. Artime, Alberto Baeza Flores, Gastón Baquero, Sergio Becerra, Juan William Busch, Angeles Caiñas Ponzoa, Rolando Campins, Lourdes Casals, Angel Castro, Alfredo Cepero Sotolongo, Coaybay, Mercedes Cortázar, Jorge Díaz Molina, Rafael Esténger, Pablo R. Fajardo, Mauricio Fernández, Eugenio Florit, Nina Folch, Eulalia García, Leonardo García Fox, Jorge García Gómez, Modesto García Méndez, Mercedes García Tuduri de Goya, Rita Geada, Antonio Girandier, Ana H. González, Carlos González Tadeo, Felipe González Concepción, Francis González Vélez, Luis Mario González, Miguel González, Carlos Hernández López, Pablo Le Riverend, Humberto López Morales, Carlos M. Luis, Benito Maciques, José Mario, Rafael Matos Rey, Bertha Miranda, Carlos Alberto Montaner, Matías Montes Huidobro, Ana Rosa Nuñez, Ignacio Ortiz-Bello, Martha Padilla, Roberto Padrón, Iván Portella, Delfín Prats, Dolores Prida, Isel Rivero, Israel Rodríguez, Jack Rojas, Teresa María Rojas, Orlando Rossardi, Oscar Ruiz Sierra Fernández, José Sánchez Boudy, Arístides Sosa de Quesada, Carlos Manuel Taracido, Eduardo Tejera, Concha Valdés-Miranda, José L. Varela Ibarra, Enrique J. Ventura, and Gladys Zaldívar.

Prose Fiction

59. Menton, Symour. La novela y el cuento de la revolución cubana, 1959-1969: Bibliografía. Cuernavaca, México: Centro Intercultural de Documentación, 1959.

60. Mota, Francisco. Algunas fuentes bibliográficas sobre la narrativa cubana. La Habana: Academia de Ciencias de Cuba, Instituto de Literatura y Linguística, 1975.

Drama

61. Rivero Muñiz, José. Bibliografía del teatro cubano. La Habana: Biblioteca Nacional José Martí, 1957.

Authors from 19th century (1800) to 1950. Also covers unpublished manuscripts.

DOMINICAN REPUBLIC

62. Olivera,Otto. Bibliografía de la Literatura Dominicana (1960-1982). Lincoln, NE: University of Nebraska at Lincoln, 1984.

Contains: 1. Labor crítica: Bibliografía. Historia literaria y estudios de conjunto. Ensayos y artículos varios. Crítica de autores. Cuento (teoría y estudios generales, crítica de autores). Novela (estudios generales, crítica de autores). Poesía (estudios generales, crítica de autores). Teatro (estudios generales y crítica de autores). Literatura extranjera. 2. Creación imaginativa: Introducción, Cuento, Novela, Poesía, Teatro. Antologías (generales, cuento, poesía). Publicaciones periódicas (revistas, periódicos y suplementos literarios). Addendum.

ECUADOR

63. Bibliografía de autores ecuatorianos. Quito: Biblioteca Nacional, 1978.

Includes: Literatura de la Colonia. Literatura: Poesía, Teatro, Novela, Cuento, Ensayo. Unannotated, and translated in French.

Drama

64. Luzuriaga, Gerardo. Bibliografía del teatro ecuatoriano, 1900-1982. Quito: Casa de la Cultura Ecuatoriana, 1984.

Divided into three parts: I. Obras de referencia. II. Obras dramáticas. III. Crítica.

MEXICO

65. Forster, Merlin H. Letras de México (1937-1947), Indice anotado. México: Universidad Iberoamericana, 1971.

66. Foster, David William. Mexican Literature: A Bibliography to Secondary Sources. Metuchen, NJ & London: The Scarecrow Press, Inc., 1981.

Part I: General References. A. Bibliographies. B. General Histories. C. Collected Essays. D. Literary Criticism, Reviews and Journals. E. Literature and Other Subjects. F. Relations with Foreign Literatures. G. Women Authors. H. Special Literary Topics. I. General Studies on Colonial Literature. J. General Studies on 19th-Century Literature. K. General Studies on 20th-Century Literature. L. General Studies on Poetry. M. Colonial Poetry. N. 19th-Century Poetry. O. 20th-Century Poetry. P. Special Topics in Poetry. Q. General Studies on Drama. R. Colonial Drama. S. 19th-Century Drama. T. 20th-Century Drama. U. Special Topics in Drama. V. General Studies on Prose Fiction. W. Colonial Prose Fiction. X. 19th-Century Prose Fiction. Y. 20th-Century Prose Fiction. Z. Special Topics in Prose Fiction. AA. General Studies on the Essay. BB. Regional Literature (excluding Mexico City). Part II: Authors: José Agustín, Ignacio Manuel Altamirano, Homero Aridjis, Juan José Arreola, Mariano Azuela, Rubén Bonifaz Nuño, Emilio Carballido, Rosario Castellanos, Alí Chumacero, Salvador Díaz-Mirón, Salvador Elizondo, José Joaquín Fernández de Lizardi, Carlos Fuentes, Sergio Galindo, Federico Gamboa, Elena Garro, Enrique González Martínez, Celestino Gorostiza, José Gorostiza, Manuel Eduardo de Gorostiza, Manuel Gutiérrez Nájera, Martín Luis Guzmán, Efraín Huerta, Juana Inés de la Cruz, Vicente Leñero, José López Portillo y Rojas, Ramón López Velarde, Gregorio López y Fuentes, Manuel Maples Arce, Marco Antonio Montes de Oca, Amado Nervo, Salvador Novo, Manuel José Othón, Gilberto Owen, José Emilio Pacheco, Fernando del Paso, Octavio Paz, Carlos Pellicer, Elena Poniatowska, José Revueltas, José Rubén Romero, Juan Rulfo, Jaime Sabines, Gustavo Sainz, Carlos de Siguenza y Góngora, José Juan Tablada, Jaime Torres Bodet, Rodolfo Usigli, Xavier Villaurrutia, and Agustín Yañez.

67. Martínez, José Luis. Literatura mexicana del siglo XX, 1910-1949. Segunda parte, Guías bibliográficas. México: Antigua Librería Robredo, 1950. (See item 973.)

68. Ocampo de Gómez, Aurora M. Literatura mexicana contemporánea: Bibliografía crítica. México: Universidad Nacional Autónoma de México, 1965.

Covers principal authors of the last 40 years, and includes 10 Spanish American writers residing in Mexico. Critical notes on each author and his work.

## Prose Fiction

69. Hoffman, Herbert H. Cuento mexicano Index. Newport Beach, CA: Headway Publications, 1978.

This index covers 7,230 short stories by 400 Mexican authors born after 1870 or so. Only those published since 1945 have been analyzed.

70. Iguíniz, Juan Bautista. Bibliografía de novelistas mexicanos: ensayo biográfico, bibliográfico y crítico, precedido de un estudio histórico de la novela mexicana por Francisco Monterde García Icazbalceta. 2d ed. New York: B. Franklin, 1971 (1926).

71. Leal, Luis. Bibliografía del cuento mexicano. México: Ediciones de Andrea, 1958.

Covers 1,700 titles of short stories with authors in alphabetical order. In the prologue the compiler explain (p.p.5) "Incluímos en ella todo lo que se ha podido reunir, registrando tanto los títulos de libros como los de cuentos aparecidos en periódicos, revistas y antologías, hasta 1957. "

72. Moore, Ernest Richard. Bibliografía de novelistas de la revolución mexicana. 2d ed. New York: B. Franklin, 1972 (1941).

Includes 1,300 books and also covers a list of reviews and newspaper articles published by the author. Contains a bibliography of criticism dealing with the novelists. Unannotated. Arrangement in each division is alphabetical by author. Excellent general information on subject.

73. Rutherford, John David. An Annotated Bibliography of the Novels of the Mexican Revolution of 1910-1917 in English and Spanish. Troy, New York: Whitston, 1972.

Represents the best materials found in Mexican libraries.

## Drama

74. Lamb, Ruth Stanton. Bibliografía del teatro mexicano del siglo XX. México: Ediciones de Andrea, 1962.

Contains list of plays, reviews, newspapers, periodicals, anthologies, critical notes. Excellent resource for Mexican theater studies.

75. ________. Mexican Theater of the Twentieth Century. Bibliography & Study. Claremont, CA: Ocelot Press, 1975.

Includes: Mexican theater in the Twentieth Century: Emancipation 1900-1930. Renovation 1928-1950, New Theater 1950-1975. Bibliography of the Mexican Theater of the Twentieth Century. Critical bibliography. Mexican magazines and newspapers that contain theater criticism. Bibliography on texts of plays.

76. Monterde García Icazbalceta, Francisco. Bibliografía del teatro en México.. 2d ed. New York: Burt Franklin, 1977 (1933).

Divided into four sections: " I. Obras originales de autores mexicanos y de extranjeros con larga residencia en el país o que colaboraron con aquellos. II. Traducciones, adaptaciones y arreglos de obras extranjeras de teatro, hechos por autores mexicanos o por extranjeros con vínculos en el país, y obras mexicanas vertidas a otros idiomas. III. Obras de dramaturgos y comediógrafos extranjeros que fueron impresas en México por haber residido sus autores en el país, y obras originales extranjeras con tema mexicano. IV. Obras que contienen estudios o referencias sobre el teatro y los autores mexicanos. " (Prologue, pp. 4.)

## PANAMA

77. Herrera, Carmen D. de, et al. Bibliografía de obras escritas por mujeres panameñas. Panamá: Asociación Panameña de Bibliotecas, 1976.

### Poetry

78. Miró, Rodrigo. Bibliografía poética panameña. Panamá: Imprenta Nacional, 1942.

Includes poets from 1872 to 1942 and is divided into two parts: 1. "Indice alfabético. " (subdivided into national authors and foreigners). 2. "Indice cronológico. "

## PERU

79. Foster, David William. Peruvian Literature: A Bibliography of Secondary Sources. Westport, CT: Greenwood Press, 1981.

Critical Works on Peruvian Literature: General References. A. Bibliographies. B. General History and Criticism. C. Collected Essays of Criticism. D. Studies on Criticism, Including Reviews and Journals. E. Peruvian Literature and Foreign Literatures. F. Special Literary Topics. G. Women Authors. H. General Studies on Colonial Literature. I. General Studies on Nineteenth Century Literature. J. General Studies on Twentieth Century Literature. K. General Studies on Poetry. L. Colonial and Nineteenth Century Poetry. M. Twentieth Century Poetry. N. Special Topics in Poetry. O. General Studies on Drama. P. Colonial Drama. Q. Nineteenth Century Drama. R. Twentieth Century Drama. S. Special Topics in Drama. T. General Studies on Prose Fiction. U. Nineteenth Century Prose Fiction. V. Twentieth Century Prose Fiction. W. Special Topics in Prose Fiction. X. Regional and Local Literature. Critical Works on Peruvian Literature: Authors: Martín Adán, Alonso Alegría, Ciro Alegría, Indiana La Amarilis, José María Arguedas, Carlos Germán Belli, Alfredo Bryce Echenique, José Santos Chocano, Antonio Cisneros, Concolorcorvo, Washington Delgado, José María Eguren, Juan de Espinosa Medrano (El Lunarejo), Ventura García Calderón, El Inca Garcilaso de la Vega, Manuel González Prada, Javier Heraud, Alberto Hidalgo, Enrique López Albújar, José Carlos Mariátegui, Clorinda Matto de Turner, Mariano Melgar, César Moro, Pablo de Olavide y Jáuregui, Carlos Oquendo de Amat, Ricardo Palma, Felipe Pardo y Aliaga, Pedro de Peralta Barnuevo Rocha y Benavides, Julio Ramón Ribeyro, Carlos Augusto Salaverry, Sebastían Salazar Bondy, Manuel

Scorza, Manuel Ascensio Segura, Enrique Solari Swayne, Abraham Valdelomar, Juan del Valle y Caviedes, César Vallejo, and Mario Vargas Llosa.

80. Sánchez, Luis Alberto, et al. Contribución a la bibliografía de la Literatura Peruana. Lima: Universidad Mayor de San Marcos, 1969.

81. Tauro, Alberto. Bibliografía peruana de literatura, 1931-1958. Lima: Talleres Gráficos P. L. Villanueva, 1959.

Covers 2,097 items. Annotated. Includes: Antologías. Compilaciones: Poesía, Cuento, Novela, Drama, Crónica, Relato, Ensayos, Epistolografía, Estudios.

Poetry

82. Cabel, Jesús. Bibliografía de la poesía peruana 65/79. Lima: Amaru, 1980.

Divided into: Books (950 items), Anthologies (117 items), with a supplement.

Prose Fiction

83. Villanueva de Puccinelli, Elsa. Bibliografía de la novela peruana. Lima: Ediciones de la Biblioteca Universitaria, 1969.

Novelists alphabetically arranged, and chronological listing of novels.

PUERTO RICO

84. Foster, David William. Puerto Rican Literature: A Bibliography of Secondary Sources. Westport, CT: Greenwood, 1982.

Critical Works on Puerto Rican Literature: General References. A. Bibliographies. B. General Histories. C. Collected Essays. D. Literary Criticism. Reviews, and Journals. E. Literature and Other Subjects. F. Relations with Foreign Literatures. G. Women Authors. H. Special Literary Topics. I. General Studies on Colonial Literature. J. General Studies on Nineteenth Century Literature. K. General Studies on Twentieth Century Literature. L. General Studies on Poetry. N. Twentieth Century Poetry. O. Special Topics in Poetry. P. General Studies on Drama. Q. Twentieth Century Drama. R. Special Topics in Drama. S. General Studies on Prose Fiction. T. Nineteenth Century Prose Fiction. U. Twentieth Century Prose Fiction. V. Special Topics in Prose Fiction. W. General Studies on the Essay.
Critical Works on Puerto Rican Literature: Authors: José S. Alegría, Manuel Antonio Alonso, Francisco Alvarez Marrero, César Andreu Iglesias, Margot Arce de Vázquez, Francisco Arriví, Eugenio Astol, Ber-

nardo de Balbuena, José A. Balseiro, Obdulio Bauzá, Emilio S. Belaval, Alejandrina Benítez y de Arce de Gautier, Pedro Bernaola, Ramón Emeterio Betances, Antonio Nicolás Blanco, Tomás Blanco, Salvador Brau, Julia de Burgos, María Cadilla de Martínez, Nemesio R. Canales, Ferdinand R. Cestero, Cayetano Coll y Toste, Antonio Coll y Vidal, Manuel Corchado y Juarbe, Juan Antonio Corretjer, José Antonio Dávila, Virgilio Dávila, Federico Degetau González, Abelardo Miltón Díaz Alfaro, Emilio Díaz Valcárcel, José de Diego, José Isaac de Diego Padró, José de Jesús Esteves, Ester Feliciano Mendoza, Manuel Fernández Juncos, Félix Franco Oppenheimer, José Gautier Benítez, José Luis González, Matías González García, José P. H. Hernández, Luis Hernández Aquino, Eugenio María de Hostos, Manuel Joglar Cacho, Jesús María Lago, Enrique A. Laguerre, Clara Lair, Luis Lloréns Torres, Francisco Lluch Mora, Joaquín López López, Violeta López Suria, Samuel Lugo, Augusto Malaret, Francisco Manrique Cabrera, Francisco Gonzalo Marín, René Marqués, Carmen Marrero, Rosendo Matienzo Cintrón, Félix Matos Bernier, Francisco Matos Paoli, Concha Meléndez, Miguel Meléndez Muñoz, José Ramón Mercado, Luis Antonio Miranda, Joaquín Monteagudo Rodríguez, Jorge Luis Morales, Luis Muñoz Rivera, José Gualberto Padilla, Luis Palés Matos, Antonio S. Pedreira, Antonio Pérez Pierret, Evaristo Ribera Chevremont,Lola Rodríguez de Tió, Cesáreo Rosa-Nieves, Antonia Sáez, Luis Rafael Sánchez, Pedro Juan Soto, Alejandro Tapia y Rivera, Santiago Vidarte, Carmelina Vizcarrondo, and Manuel A. Zeno Gandía.

85. Hill, Marnesba D., and Harold B. Schleiffer. Puerto Rican Authors: A Bibliographic Handbook. Metuchen, NJ: Scarecrow Press Inc., 1974.

List of authors' works without critical commentary. Bilingual edition.

### Poetry

86. Arana-Soto, Salvador. Catálogo de poetas puertorriqueños. San Juan: Sociedad de Autores Puertorriqueños, 1968.

87. __________. Suplemento. San Juan: 1972.

### Drama

88. González, Nilda. Bibliografía del teatro puertorriqueño, siglos XIX y XX. Río Piedras: Editorial Universitaria, 1979.

Includes: 1. Consideraciones sobre el teatro puertorriqueño. 2. Autores, obras y comentarios críticos (siglos XIX y XX). 3. Obras de teatro colectivo. 4. Bibliografía.

## URUGUAY

89. Rela, Walter. Contribución a la bibliografía de la literatura uruguaya, 1835-1962. Montevideo: Universidad de la República, Facultad

de Humanidades y Ciencias, 1963.

Divided into seven main sections: I. Bibliografía, a. de conjunto, b. nacional. II. Historias literarias, a. de conjunto, b. nacionales. III. Biografías, a. de conjunto, b. individuales. IV. Biocrítica, a. de conjunto, b. individual. V. Ensayo y crítica, a. de conjunto, b. nacional. VI. Antologías, a. poesía, b. rposa (novela, cuento, ensayo), c. poesía y prosa, d. teatro. VII. Miscelánea literaria.

90. ________. Fuentes para el estudio de la literatura uruguaya, 1835-1968. Montevideo: Ediciones de la Banda Oriental, 1969.

Divided into six main sections: I. Bibliografía, a. general, b. nacional, c. individual. II. Historias literarias, a. generales, b. nacionales. III. Historia, ensayo y crítica, a. general, b. nacional, c. individual. IV. Antologías, a. generales, b. nacionales, c. individuales. V. Miscelánea de literatura, a. Biografías colectivas, b. biografías individuales, c. ediciones de obras completas, d. varios. VI. Addenda.

91. ________. Literatura uruguaya. Tablas cronológicas, 1835-1985. Indice de publicaciones periódicas, 1838-1986. Montevideo: Universidad Católica del Uruguay, 1986.

First part: "Ordenamiento cronológico (1835-1985), distribuído en seis items: ensayo, crítica, antologías generales, teatro, poesía, narrativa (novela y cuento)." Second part: "Registro por orden cronológico de publicaciones que tienen relación directa con las letras."

92. ________. Uruguayan Literature: A Selective Bibliography. Literatura Uruguaya: Bibliografía selecta. Tempe, AZ: Arizona State University, Center for Latin American Studies, 1986.

A comprehensive bibliography of the literary works in all genres of Uruguayan literature. All well-known titles of an extensive array of authors are listed along with complete bibliographic information, including various editions.

## Prose Fiction

93. Englekirk, John E., and Margaret M. Ramos. La narrativa uruguaya: Estudio crítico-bibliográfico. Berkeley, CA: University of California Press, 1967.

Contains: I. Ojeada histórica: 1. La promesa del presente. 2. Desde la ciudad asediada hasta el Quebracho. 3. Eduardo Acevedo Díaz y la historia de la novela. 4. Generación del 900. 5. El nativismo del 20. 6. Entre el campo y la ciudad. 7. Sensitivos e inquietos ante el arte y ante la vida. II. Registro de autores y obras.

## Drama

94. Rela, Walter. Repertorio bibliográfico del teatro uruguayo, 1816-1964. Montevideo: Editorial Síntesis, 1965.

Contains: I. Obras de creación. II. Historias, a. literarias, b. del teatro. III. Biografías de conjunto. IV. Biocrítica. V. Ensayo y crítica. VI. Antologías. VII. Traducciones.

# VENEZUELA

95. Becco, Horacio Jorge. Bibliografía de bibliografías venezolanas: Literatura (1968-1978). Caracas: La Casa de Bello, 1979.

Contains: I. Fuentes generales. II. Bibliografías venezolanas. III. Bibliografías en publicaciones periódicas. IV. Reseñas bibliográficas. V. Addenda. VI. Addenda. 1979.

96. ___________. Fuentes para el estudio de la literatura venezolana. Caracas: Centauro, 1978. 2 vols.

Contains 1,860 items annotated. Includes: Vol. 1: Introducción. I. Bibliografía de bibliografías. II. Repertorios bibliográficos. III. Historia y crítica de la literatura. IV. Teatro, Ensayos y antologías. V. Antologías Universales e Hispanoamericanas. Vol. 2: VI. Antologías venezolanas. VII. Antologías venezolanas editadas en el extranjero. VIII. Imprenta y periodismo venezolanos. IX. Indices de periódicos y revistas. X. Addenda.

## Poetry

97. Sambrano Urdaneta, Oscar. Contribución a una bibliografía general de la poesía venezolana en el siglo XX. Caracas: Universidad Central de Venezuela, Facultad de Humanidades y Educación, 1979.

Contains five main divisions and six appendixes: 1. Fuentes bibliográficas y hemerográficas. 2. Autores y obras. 3. Antologías y selecciones. 4. Estudios críticos. 5. Indice de los autores mencionados en la sección estudios. I. Nómina de autores. II. Indice de títulos. III. Cronología de la poesía venezolana. IV. Antologías y selecciones. V. Premios Nacionales de Literatura. VI. Premios Municipales de Poesía. In the section "Autores y Obras." 747 authors and 2,068 poems are cited.

## Prose Fiction

98. Carrera, Gustavo Luis. Compiler. Bibliografía de la novela venezolana. Caracas: Universidad Central de Venezuela, Facultad de Humanidades y Educación, 1963.

Covers 324 items and 187 authors alphabetically arranged and includes title index. Contains information on novels from 1842 to 1962. The Appendix includes "Cronología de la novela venezolana," and "Nómina de autores."

99. Coll, Edna. *Indice informativo de la novela hispanoamericana. Venezuela*. Tomo III. Río Piedras: Universidad de Puerto Rico. Editorial Universitaria, 1978.

Information arranged by subject. Includes: Venezuela. Bibliografía venezolana. Bibliografía general. Indice de revistas y periódicos. Indice onomástico.

100. Larrazábal Henríquez, Oswaldo, Amaya Hebot, and Gustavo Luis Carrera. *Bibliografía del cuento venezolano*. Caracas: Universidad Central de Venezuela, Facultad de Humanidades y Educación, 1975.

Covers 3,311 short stories by 332 authors. The appendix is divided into seven main sections: I. Autores de un solo cuento. II. Antologías y colecciones. III. Cronología del cuento venezolano. IV. Nómina de autores. V. Indice alfabético de obras. VI. Cronología de antologías y colecciones. VII. Indice alfabético de cuentos.

101. Mancera Galleti, Angel. *Quienes narran y cuentan en Venezuela: fichero bibliográfico para una historia de la novela y el cuento venezolanos*. Caracas-México: Ediciones Caribe, 1958.

Includes 140 authors and general information on the subjects.

# Dictionaries

GENERAL

102. Becco, Horacio Jorge. Diccionario de escritores hispanoamericanos. Buenos Aires: Huemul, 1984

103. Diccionario de autores iberoamericanos. Compiled by Pedro Shimose. Madrid: Instituto de Cooperación Iberoamericana, 1982

104. Foster, David William. A Dictionary of Contemporary Latin American authors. Tempe, AZ: Arizona State University, Center of Latin American Studies, 1975. 2 vols.

With the collaboration of 25 specialists, covers 250 writers.

105. Herdeck, Donald E., et al. Caribbean Writers: A Bio-Bibliographical Encyclopedia. Washington, D.C.: Three Continents Press, 1979.

Includes sections on bibliographies, anthologies, critical studies and concise essays on the literatures of Caribbean countries (Cuba, Dominican Republic, Puerto Rico).

106. Pan American Union. Diccionario de la literatura latinoamericana. América Central. Washington, D.C.: 1963. 2 vols.

General bibliography compiled by Frank P. Hebblethwaite and evaluation by Armando Correia Pacheco. Also contains valuable commentaries and biography on each author. Vol. 1. contains: Costa Rica, El Salvador, and Guatemala. Vol. 2.: Honduras, Nicaragua, and Panama. Co-workers: Abelardo Bonilla (Costa Rica), Elsie Alvarado de (Panama), Juan Felipe Toruño (El Salvador, Guatemala, Honduras, and Nicaragua).

## NATIONAL

### ARGENTINA

107. Orgambide, Pedro, and Roberto Yahni. Enciclopedia de la literatura argentina. Buenos Aires: Sudamericana, 1970.

    Concise information on authors, titles, literary movements with brief notes.

108. Pan American Union. Diccionario de la literatura latinoamericana. Argentina. Washington, D.C.: 1960-1961. 2 vols.

    Co-workers: Roberto F. Giusti, Alfredo A. Roggiano, Horacio J. Becco (bibliography), and Armando Correia Pacheco (evaluation).

109. Prieto, Adolfo. Diccionario básico de la literatura argentina. Buenos Aires: Centro Editor de América Latina, 1968.

    Contains brief notes on literary movements and writers.

### BOLIVIA

110. Guzmán, Augusto. Biografías de la literatura boliviana: biografía, evaluación, bibliografía. Cochabamba: Editorial Los Amigos del Libro, 1982.

111. Ortega, José, and Adolfo Cáceres Romero. Diccionario de la literatura boliviana. La Paz: Editorial Los Amigos del Libro, 1977.

    Includes about 280 writers.

112. Pan American Union. Diccionario de la literatura latinoamericana. Bolivia. Washington, D.C.: 1958.

    Compiled by Augusto Guzmán.

### CHILE

113. Pan American Union. Diccionario de la literatura latinoamericana. Chile. Washington, D.C.: 1958.

    Compiled by Raúl Silva Castro.

114. Smulewicz, Efraín. Diccionario de la literatura chilena.. Santiago de Chile: Selecciones Lautaro, 1977.

## COLOMBIA

115. Pan American Union. Diccionario de la literatura latinoamericana. Colombia. Washington, D.C.: 1959.

   Compiled by Carlos García Prada.

116. Sánchez López, Luis M. Diccionario de escritores colombianos. Barcelona: Plaza y Janés Editores Colombia, 1978.

   Contains bibliography, commentaries, list of poets and novelists, with a list of pseudonymus.

## COSTA RICA

117. Mac Donald, Mary B., and Dwight Mc Loughlin. Vida y obras de autores de Costa Rica. La Habana: Editorial Alfa, 1941.

## CUBA

118. Diccionario de la literatura cubana. Vol. 1, A-LL. La Habana: Instituto de Literatura y Lingüística de la Academia de Ciencias de Cuba, Editorial Letras Cubanas, 1980.

   Includes bibliographies, critics and writers, journals, institutions and subjects.

119. Grismer, Raymond Leonard, and Manuel Rodríguez Saavedra. Vida y obras de autores cubanos. La Habana: Editorial Alfa, 1940.

120. Maratos, Daniel C., and Narnesba D. Hill. Escritores de la diáspora cubana, Manual bio-bibliográfico. Cuban Exile Writers. A bio-bibliographic Handbook. Prólogo de Julio Hernández Miyares. Metuchen, NJ & London: The Scarecrow Press Inc., 1986.

   Contains copious information on Cuban writers in exile. Bilingual edition.

## ECUADOR

121. Barriga López, Franklin, and Leonardo Barriga López. Diccionario de la literatura ecuatoriana. 2d ed. expanded and revised. Guayaquil: Casa de la Cultura Ecuatoriana, 1980 (1973). 5 vols.

122. Pan American Union. Diccionario de la literatura latinoamericana. Ecuador. Washington, D.C.: 1962.

   Edited with the assistance of Isaac J. Barrera, and Alejandro Carrión. Frank P. Hebblethwaite organized the bibliography.

123. Schyttner, Eugene. _Vida y obras de autores ecuatorianos_. La Habana: Editorial Alfa, 1943.

Includes 34 writers (poetry and prose fiction) with a correct bibliographic reference.

MEXICO

124. Grismer, Raymond Leonard, and Mary B. Mac Donald. _Vida y obras de autores mexicanos_. La Habana: Editorial Alfa, 1945.

125. Ocampo de Gómez, Aurora M., and Ernesto Prado Velázquez. _Diccionario de escritores mexicanos_. México: Universidad Nacional Autónoma de México, Centro de Estudios Literarios, 1967.

Includes: "Panorama de la literatura mexicana" by María del Carmen Millán.

PANAMA

126. Tourtellot, Margaret, and Belmina G. Lee. _Vida y obras de autores panameños_. La Habana: Editorial Alfa, 1943.

PARAGUAY

127. Pérez Maricevich, Francisco. _Diccionario de la literatura paraguaya_. Asunción: Casa América, 1983.

PERU

128. Arriola Grande, Maurilio. _Diccionario Literario del Perú, nomenclatura por autores_. Barcelona: Comercial y Artes Gráficas, 1968.

Registers 1,500 authors.

129. Romero del Valle, Emilia. _Diccionario manual de literatura peruana y materias afines_. Lima: Universidad Mayor de San Marcos, 1966.

Correct information on the literary genres and periodicals.

PUERTO RICO

130. Grismer, Raymond Leonard, and César Arroyo. _Vida y obras de autores_

puertorriqueños. La Habana: Editorial Alfa, 1941.

131. Rivera de Alvarez, Josefina. Diccionario de literatura puertorriqueña. 2d ed. revised. San Juan: Instituto de Cultura Puertorriqueña, 1970 (1955).

Contains a history of Puerto Rican literature, bibliography with general references up-to-date until 1967.

## URUGUAY

132. Rela, Walter. Diccionario de escritores uruguayos. Montevideo: Ediciones de la Plaza, 1986.

Covers 150 years of Uruguayan literary history (1835-1985). Bio-bibliography and critical notes on each author, first and modern editions, general references.

## VENEZUELA

133. Diccionario general de la literatura venezolana: autores. Mérida: Universidad de los Andes, Facultad de Humanidades y Educación, 1974.

The introduction is signed by Lubio Cardozo, and Juan Pintó. Contains a valuable information on biographical and critical data on each writer until 1971.

134. Grismer, Raymond Leonard, George H. Zents, and Hope Housel. Vida y obras de autores venezolanos. La Habana: Editorial Alfa, 1945.

Registers 60 writers with bibliographical notes from 1900 to 1940.

# History and Criticism

## GENERAL

135. Agustín, José. Literature and Censorship in Latin American Today: Dream within a Dream. Denver, CO: University of Denver, Department of Foreign Languages and Literature, 1978.

Includes an introduction of critical commentary and notes by John Kirk, and don Schmidt.

136. Alfa-Buffill, Elio. Conciencia y Quimera. New York: Senda Nueva de Ediciones, 1985.

Contains: El naturalismo en la obra de Carlos Loveira. Julián del Casal a la luz de la crítica de Enrique José Varona. Dimensión histórica de Enrique José Varona. Ejemplaridad de Martí. La cuentística de Matías Montes Huidobro: búsqueda angustiosa de ideales. Impresionismo y positivismo en la crítica literaria de Manuel Sanguily. Consideraciones sobre Manuel Zeno Gandía: el naturalismo moderado de su novelística. Enrique Labrador Ruiz y la novela neobarroca contemporánea de Hispanoamérica. El postmodernismo intimista de Dulce María Loynaz. Mercedes García Tuduri: pensamiento y sensibilidad. La crítica literaria en Enrique José Varona: su labor cervantina. José Vasconcelos: la raza cósmica. Pedro Henríquez Ureña: la búsqueda de nuestra expresión. Jorge Mañach: teoría de la frontera. José Martí y las repúblicas del Plata. La preocupación por Cuba en sus ensayistas del siglo XIX. Los perros jíbaros de Jorge Valls: dolor de Cuba hecho arte. Enrique Labrador Ruiz: precursor marginado de la novelística hispanoamericana contemporánea.

137. __________. Estudios literarios sobre Hispanoamérica. San José: Editorial Texto, 1976.

Contains: Julio Hernández-Miyares: "Carlos M. Raggi y Ageo." Ana H. Raggi: "Ficha Bio-Bibliográfica del Dr. Carlos M. Raggi y Ageo." "Homenaje póstumo a Carlos M. Raggi y Ageo." Fernán de la Vega:

"Tres 'strikes' para Carlos Raggi." Pablo Le Riverend: "Para Ana Raggi, tras la muerte de Carlos." Rafael Esténger, José Sánchez-Boudy e Isabel C. Tomasetti: "Valoración en la prensa." Ernestina Bertot: "El Círculo de Cultura Panamericano." "Ciclo de Conferencias del Círculo de Cultura Panamericano (1974-1975)." Alberto Gutiérrez de la Solana: "Vigencia del pensamiento martiano." Nora de M. de McNair: "El sainete porteño y el teatro menor de Florencio Sánchez." Luis G. Villaverde: "Panorámica del teatro hispanoamericano contemporáneo." Elio Alba-Buffill: "Loveira y Zeno Gandía: representantes del naturalismo en las Antillas." Oscar Fernández de la Vega: "El prosaísmo en la lírica actual: ¿deficiencia o volición?." Carlos M. Raggi y Ageo: "Tendencias en la poesía de hoy: 1960-1975."

138. Alegría, Fernando. Literatura y revolución. México: Fondo de Cultura Económica, 1971.

Contains: Literatura y revolución. Retrato y autorretrato: la novela hispanoamericana frente a la sociedad. Der Zauberberg en la literatura hispanoamericana. Miguel Angel Asturias, novelista del viejo y del nuevo mundo. Alejo Carpentier: realismo mágico. Rayuela: o el orden del caos. César Vallejo: las máscaras mestizas. Parra anti Parra. Antiliteratura. La antipoesía.

139. Alemany Colomé, Luis. Una aproximación a la moderna literatura hispanoamericana. Tenerife: Aula de Cultura de Tenerife, 1974.

140. Alonso, Amado. Materia y forma en poesía. 3d ed. Madrid: Gredos, 1965 (1955).

Critical commentaries on J. L. Borges, R. Guiraldes, R. Darío, E. González Lanuza, and E. Mallea.

141. América Latina en su literatura. 4th ed. México-Paris: Siglo XXI-UNESCO, 1977 (1972).

Co-ordination and Introduction by César Fernández Moreno. Contains: 1. Una literatura en el Mundo: I. "Encuentro de culturas," por Rubén Bareiro Saguier. II. "La pluralidad linguística," por Antonio Houaiss. III. "La pluralidad cultural," por George Robert Coulthard. IV. "Unidad y diversidad," por José Luis Martínez. V. "Lo latinoamericano en otras literaturas," por Estuardo Núñez. VI. "La mayoría de edad," por Hernando Valencia Goelkel. 2. Rupturas de la Tradición: I. "Tradición y renovación," por Emir Rodríguez Monegal. II. "El barroco y el neobarroco," por Severo Sarduy. III. "Crisis del realismo," por Ramón Xirau. IV. "El realismo de la otra realidad," por Jorge Enrique Adoum. 3. La literatura como Experimentación: I. "Destrucción y formas en las narraciones," por Noé Jitrik. II. "Antiliteratura," por Fernando Alegría. III. "La nueva crítica," por Guillermo Sucre. 4. El Lenguaje de la Literatura: I. "Superación de los lenguajes exclusivos," por Haroldo de Campos. II. "La literatura y los nuevos lenguajes," por Juan José Saer. III. "Intercomunicación y nueva literatura," por Roberto Fernández Retamar. 5. Literatura y Sociedad: I. "Literatura y subdesarrollo," por Antonio Cándido. II. "Temas y problemas," por Mario

Benedetti. III. "Situación del escritor," por José Guilherme Merquior. 6. Función Social de la Literatura: I. "Literatura y sociedad," por José Antonio Portuondo. II. "Conflictos de generaciones," por Adolfo Prieto. III. "Una discusión permanente," por José Miguel Oviedo. IV. "Interpretación de América Latina," por Augusto Tamayo Vargas. V. "Imagen de América Latina," por José Lezama Lima. Bibliografía.

142. Anderson Imbert, Enrique. El realismo mágico y otros ensayos. Caracas: Monte Avila, 1976.

Contains: El "realismo mágico" en la ficción hispanoamericana. El éxito de Borges. Chesterton en Borges. El punto de vista en Borges. Génesis del primer "Dominguito". Una página inédita de Sarmiento. La prosa vanguardista de Neruda. La originalidad de Lino Novás Calvo. Literatura femenina.

143. __________. Estudios sobre escritores de América. Buenos Aires: Editorial Raigal, 1954.

Contains: Un episodio quijotesco en el Padre Las Casas. Fernando Cortés y Bernal Díaz del Castillo. Discusión sobre la novela en América. Notas sobre la novela histórica en el siglo XIX. Echeverría y el liberalismo romántico. El historicismo de Sarmiento. Isaacs y su romántica María. El telar de una novela histórica: Enriquillo de Galván. La prosa poética de José Martí: a propósito de Amistad funesta. Rubén Darío, poeta. Tres notas sobre Pedro Henríquez Ureña. Explicación

144. __________. Estudio sobre letras hispánicas. México: Libros de México, 1974.

145. __________. Historia de la literatura Hispanoamericana. 6 th ed. México: Fondo de Cultura Económica, 1974 (1954). 2 vols.

Contains: Vol. 1. Colonial period and 100 years of Republican State. Vol. 2. Contemporary authors: 1910-1960.

146. __________. Spanish American Literature. 2d ed. Detroit, MI: Wayne State University Press, 1969 (1963).

Translated from Spanish by John F. Falconieri, revised and updated by Elaine Malley.

147. Arguedas, Alcides. La danza de las sombras. (Literatura y viaje). Barcelona: Librerías de Lopy Robert & Cía., 1934.

Valuable information on modernist poets: R. Darío, A. Nervo, R. Blanco Fombona, E. Gómez Carrillo, A. Hernández Catá, G. Valencia, J. A. Silva, J. M. Vargas Vila, Teresa de la Parra, and other writers such as A. Chiveches and himself.

148. Aronne Amestoy, Lida. América en la encrucijada de Mito y Razón. Bue-

nos Aires: F. García Cambeiro, 1976.

Contains: 1. El pensamiento mítico y la evocación estética. 2. Proyección epifánica del cuento contemporáneo. 3. El problema del símbolo. 4. Esbozo de un método para el estudio integral de la obra literaria. 5. Los cuentos: ensayo de lectura binocular.

149. Arrom, José Juan. Certidumbre de América. (Estudios de letras, folklore y literatura). 2d ed. revised. Madrid: Gredos, 1971 (1959).

Contains: Criollo: definición y matices de un concepto. Hombre y mundo en dos cuentos del Inca Garcilaso. Una desconocida comedia mexicana del siglo XVII. Mitos taínos en las letras de Cuba, Santo Domingo y México. Raíz popular de los Versos sencillos de José Martí. El oro, la pluma y la piedra preciosa. Indagaciones sobre el trasfondo indígena de la poesía de Darío. Presencia del negro en la poesía folklórica americana. Imágenes de América en el Cancionero español. Tres metáforas sobre España e Hispanoamérica. Perfil del teatro contemporáneo en Hispanoamérica. La Virgen del Cobre: historia, leyenda y símbolo sincrético. Hispanoamérica: carta geográfica de su cultura.

150. ___________. Estudios de literatura hispanoamericana. La Habana: Ucar García, 1950.

151. Ashhurst, Anna Wayne. La literatura hispanoamericana en la crítica española. Madrid: Gredos, 1980.

Contains: 1. Prefacio. I. La crítica española de las letras hispanoamericanas en los siglos XVI, XVII y XVIII. A) Grupo temprano de escritores interesados por la realidad de América. B) Los Críticos españoles tempranos de la literatura hispanoamericana. II. La crítica española de las letras hispanoamericanas en el siglo XIX. III. Grupo de Críticos eclécticos y otros. IV. Juan Valera y Leopoldo Alas ("Clarín"). V. Marcelino Menéndez Pelayo y la Historia y Antología de la poesía hispanoamericana. A) Introducción a la filosofía española del siglo XIX. B) La filosofía de Menéndez Pelayo. C) La estética de Menéndez Pelayo. D) La estética de Menéndez Pelayo aplicada a la historia de la poesía hispanoamericana. VI. Conclusión. 2. I. La crítica española del siglo XX sobre Rubén Darío y el Modernismo: Miguel de Unamuno, Azorín, los Machado, Pío Baroja, Benavente, Gregorio Martínez Sierra, Salvador Rueda, Ramiro de Maeztu, Eduardo Gómez de Baquero ("Andrenio"), Julio Cejador y Frauca, Emilio Carrere, Amado Alonso, Juan Ramón Jiménez, Pedro Salinas, Federico de Onís, Antonio Oliver Belmás, Rafael Cansinos-Asséns, Guillermo de Torre, Américo Castro, Dámaso Alonso, Guillermo Díaz Plaja, Ricardo Gullón, Angel Valbuena Briones, Manuel Durán. II. La crítica española del siglo XX sobre autores hispanoamericanos no modernistas: Miguel de Unamuno, José María Salaverría, Azorín, Enrique Díez Canedo, Amado Alonso, Pedro Salinas, Federico de Onís, Antonio Oliver Belmás, Rafael Cansinos-Asséns, Guillermo de Torre, Américo Castro, Dámaso Alonso, Angel Valbuena Briones, Ricardo Gullón, Juan Larrea, Max Aub, Manuel Durán, Carlos Blanco Aguinaga, Tomás Segovia, and Ramón Xirau. III. Conclusión. Bibliografía.

152. Baciu, Stefan. Surrealismo hispanoamericano: preguntas y respuestas. Valparaíso: Ediciones Universitarias, 1979.

153. Balseiro, José Agustín. Expresión de Hispanoamérica. 2d ed. revised. Madrid: Gredos, 1970 (1960).

Prologue by Francisco Monterde. First edition of three series published in 1960, 1963, 1964 for The Instituto de Cultura Puertorriqueña (San Juan de Puerto Rico). Critical commentaries on E. M. Hostos, A. Hernández Catá, G. Mistral, J. de Ibarbourou, Unamuno and America, A. Reyes. Includes excellent essays on art and life in Spanish America: "Encounter with America," "Puerto Rico and the Spanish Language," and "Letters from Mexico and Puerto Rico."

154. Baquero, Gastón. Escritores hispanoamericanos de hoy. Madrid: Instituto de Cultura Hispánica, 1961.

Critical comments on: Rubén Darío, José Vasconcelos, Gabriela Mistral, Vicente Huidobro, Alfonso Reyes, Porfirio Barba Jacob, Alberto Hidalgo, Pablo Neruda, Fernando González, César Vallejo, Francisco Romero, Alfonso Junco, Erico Veríssimo, Jorge Luis Borges, Alejo Carpentier, Ignacio B. Anzoátegui, Eduardo Caballero Calderón, G. García Márquez, Juvencio Valle, and Germán Arciniegas.

155. Bar-Lewaw, Itzhak. Temas literarios ibero-americanos. México: B. Costa-Amic, 1961.

Prologue by Pedro Gringoire. Divided into two parts: the first contains three useful essays on Modernism and its poets; the second considers A. Reyes, and C. Vallejo.

156. Barrenechea, Ana María. Textos hispanoamericanos de Sarmiento a Sarduy. Caracas: Monte Avila, 1978.

Includes: Estudios sobre el Facundo: Las ideas de Sarmiento antes de la publicación del Facundo, La configuración del Facundo, Función estética y significación histórica de las campañas pastoras en el Facundo. Ensayo de una tipología de la literatura fantástica: Macedonio Fernández y su humorismo de la Nada. Estudios sobre Borges: Borges y la narración que se autoanaliza, Borges y los símbolos. Ex-centricidad, di-vergencias y con-vergencias en Felisberto Hernández. La estructura de Rayuela de Julio Cortázar. Severo Sarduy o la aventura textual. Elaboración de la "circunstancia mejicana" en tres cuentos de Arreola. El conflicto generacional en dos novelistas hispanoamericanos: Adolfo Bioy Casares y Elena Portocarrero. El intento novelístico de José Carlos Mariátegui. Escritor, escritura y "Materia de las cosas" en los Zorros de Arguedas

157. Bastide, Roger. América Latina en el espejo de su literatura. Guatemala: Editorial del Ministerio de Educación Pública, 1959.

A sociological study of cultural topics (class struggle, ethnic groups, racial problems), using literary works as support.

158. Bellini, Giuseppe. La Letteratura Ispano-Americana dall'eta precolombina ai nostri giorni. Firenze: Sansoni Accademia, 1970.

Contains: Parte Prima: Le letterature precolombine. Parte seconda: Letteratura dell'epoca coloniale. Parte terza: Dalla colonia alla fine dell'ottocento. Parte quarta: Il novecento.

159. Beltrán Guerrero, Luis. El tema de la revolución: ensayos. Caracas: Monte Avila, 1970.

160. Benedetti, Mario. Letras del continente mestizo. 2d ed. revised and enlarged. Montevideo: Arca, 1970 (1967).

Contains: Ideas y actitudes en circulación. Situación del escritor en América Latina. Sobre las relaciones entre el hombre de acción y el intelectual. El boom entre dos libertades. Rubén Darío, señor de los tristes. Vallejo y Neruda: dos modos de influir. Dos testimonios sobre Borges. Ernesto Sábato como crítico practicante. Joaquín Pasos o el poema como crimen perfecto. Julio Cortázar, un narrador para lectores cómplices. Nicanor Parra descubre y mortifica su realidad. Roa Bastos entre el realismo y la alucinación. Gonzalo Rojas se opone a la muerte. Juan Rulfo y su purgatorio a ras de suelo. Eliseo Diego encuentra su Olimpo. Salazar Bondy, un limeño contra la Arcadia. Claribel Alegría, huésped de su tiempo. José Donoso, mundo chileno en varios planos. Ernesto Cardenal, poeta de dos mundos. Rosario Castellanos y la incomunicación racial. Carlos Germán Belli en el cepo metafísico. Sergio Galindo y los rigores de una sencillez. García Márquez o la vigilia dentro del sueño. Carlos Fuentes: del signo barroco al espejismo. Pablo Armando o el desafío subjetivo. Fernández Retamar: poesía desde el cráter. Poesía chilena entre dos fuegos. México en el pantógrafo de Vicente Leñero. Vargas Llosa y su fértil escándalo. Oscar Collazos, o la violencia con sordina.

161. Bleznick, Donald W., and Juan O. Valencia.Editors. Homenaje a Luis Leal. Estudios sobre literatura hispanoamericana. Madrid: Insula, 1978.

Contains: Semblanza. Bibliografía de Luis Leal. Narrativa: John S. Brushwood: "Message and Meaning in Federico Gamboa's Suprema Ley." Kurt L. Levy: "El Titiritero de Alvarez Gardeazábal, Fragmentación y unidad." Myron I. Lichtblau: "Irony and Remembrance in Pedro Orgambide's Memorias de un hombre de bien." Seymour Menton: "La novela del indio y las corrientes literarias." Daniel R. Reedy: "Mito y arquetipo en tres cuentos de Julio Cortázar." Martín S. Stabb: "Autorretrato de la nueva novela: Una breve perspectiva." Fernando Alegría: "Ensayo: Confieso que he vivido, aciertos y fallas de la memoria." Peter G. Earle: "Ortega y Gasset y Mariátegui frente al Arte Nuevo." Merlin H. Foster: "Salvador Novo como prosista." Enrique Pupo-Walker: "Sobre las mutaciones creativas de la historia en un texto del Inca Garcilaso." James Willis Robb: "Estilización artística de temas metafísicos en Alfonso Reyes." Manuel Durán: "Poesía: Hacia la otra orilla, La poesía de Octavio Paz." José Olivio Jiménez: "El pensamiento poético de Gonzalo Rojas." Luis Monguió: "Unvanguardista peruano: Carlos Oquendo de Amat."

162. Bueno, Salvador. Aproximaciones a la literatura hispanoamericana. La

Habana: Unión de Escritores y Artistas, 1967.

Useful notes, essays and commentaries on R. Güiraldes, R. Gallegos, and others.

163. __________. La letra como testigo. Santa Clara: Universidad Central de las Villas, 1957.

Contains excellent essays: Evocación de E. González Martínez. Mariano Azuela, médico de su desencanto. Hondura y picardía de José Rubén Romero. Presencia cubana en Valle Inclán. Cuba en la obra de Pedro Henríquez Ureña. El cuento actual en la América Hispana. Rómulo Gallegos como cuentista. Alejo Carpentier, novelista antillano y universal. Aproximaciones a Gabriela Mistral. Huella y mensaje de José Martí.

164. Bulnes A., José María. Unidad y testimonio de las grandes letras hispanoamericanas. Cuernavaca: Centro Internacional de Documentación, 1970.

165. Burgos, Fernando. Editor. Prosa hispánica de vanguardia. Madrid: Discursorígenes, 1986.

Contains: Introducción. Fernando Burgos: "El viaje de la vanguardia." Enrique Ruiz Fornells: "La literatura hispánica y su proyección hacia el porvenir." Estudios I: La vanguardia hispanoamericana. Ivan A. Schulman: "Las genealogías secretas de la narrativa: del modernismo a la vanguardia." Graciela Maturo: "Apuntes sobre la transformación de la conciencia en la vanguardia hispanoamericana." Klaus Muller-Bergh: "Indagación del vanguardismo en las Antillas: Cuba, Puerto Rico, Santo Domingo, Haití." Alexis Márquez Rodríguez: "El surrealismo y su vinculación con el realismo mágico y lo real maravilloso." Ramona Lagos: "La aventura y el orden en la literatura hispanoamericana de la década del 20." Merlin H. Forster "Elementos de innovación en la narrativa de Vicente Huidobro, Tres inmensas novelas." Nancy M. Kason: "La próxima: hacia una teoría de la novela creacionista." Oscar Rivera-Rodas: "El discurso narrativizado en Owen." Juan Loveluck: "Neruda y la prosa de vanguardia." Paul W. Borgeson: "Los versos "prosados" de César Vallejo." Juan Manuel Marcos: "Antonio Skármeta en blanco y negro: Vicky Menor se traga el teleobjetivo." Lida Aronne Amestoy: "El lenguaje y su otro: metaficción y vanguardia en Cortázar." Joseph Tyler: "El vanguardismo en algunas obras de Julio Cortázar." Myron I. Lichtblau: "Rayuela y la innovación linguística."

166. Campos, Haroldo de. Ruptura dos genros na literatura latino-americana. Sao Paulo: Perspectivas, 1977.

167. Campos, Julieta. Oficio de Leer. México: Fondo de Cultura Económica, 1971.

Useful critical commentaries on: M. Benedetti, J. L. Borges, and G. García Márquez.

168. Camurati, Mireya. La fábula en Hispanoamérica. México: Universidad

Nacional Autónoma de México,1978.

Useful essay divided into five chapters. 1. Definition of the word "fable" and its etymology, with a point of departure (Aristotle's in his Rhetoric) and conclusions. 2. Commentaries on the fable in Spanish American. 3. Its social and political function. 4. A survey of Spanish American writers and a special mention on "fábula indígena." 5. A study by authors of modern fable such as: Francisco Monterde, Antonio Arráiz, and Juana de Ibarbourou.

169. Cansinos Assens, Rafael. Poetas y prosistas del novecientos. (España y América). Madrid: Editorial América, 1919.

Divided into two parts: Spanish America and Spain. First: important studies on R. Darío, A. Nervo, R. Blanco Fombona, E. Gómez Carrillo, L. G. Urbina, A. A. Vasseur, V. Huidobro, J. Herrera y Reissig, and G. Zaldumbide. Second: Devoted to four Spanish poets and seven prose writers.

170. ________. Verde y dorado en las letras americanas. Semblanzas e impresiones críticas. (1926-1936). Madrid: Aguilar, 1947.

171. Carballo, Emmanuel, et al. Panorama de la actual literatura latinoamericana. Madrid: Fundamentos, 1971.

Contains: Emmanuel Carballo: "La actual literatura mexicana." Carlos Wong Broce: "La vanguardia en la literatura panameña." José María Castellet: "La actual literatura latinoamericana vista desde España." Manuel Galich, and Arqueles Morales: "Nueva literatura guatemalteca." Jorge Zalamea: "La actual literatura de Colombia." Alvaro Menén Desleal: "Las actuales letras salvadoreñas." Edmundo Aray: "La actual literatura de Venezuela." Edelberto Torres: "Literatura nicaraguense." Mario Benedetti: "La actual literatura de Uruguay." Alejandro Romualdo, and José María Arguedas: "Poesía y prosa en el Peru contemporáneo." Jorge Enrique Adoum: "Las clases sociales en las letras contemporáneas de Ecuador." Max Aub: "Los orígenes de la novela de la revolución mexicana." Enrique Lihn: "Momentos esenciales de la poesía chilena." Jorge Edwards: "Situación de la prosa chilena." Rodolfo Walsh, Francisco Urondo, and Juan C. Portantiero: "La literatura argentina del siglo XX." Carlos Heitor Cony: "Literatura brasileña contemporánea." Claude Couffon: "La literatura hispanoamericana vista desde Francia." José Revueltas: "América Latina: Literatura del Tercer Mundo." René Depreste: "Breve introducción a la literatura haitiana." Roberto Fernández Retamar: "Antipoesía y poesía conversacional en América Latina." René Depreste: "Literatura antillana de expresión francesa: Guadalupe y Martinica."

172. Carilla, Emilio. Estudios de literatura hispanoamericana. Bogotá: Publicaciones del Instituto Caro y Cuervo, 1977.

173. Carpentier, Alejo. Razón de ser (conferencias). 2d ed. La Habana: Letras Cubanas, 1980 (1976).

Contains: "Noticia sobre este libro de José Neri." "Homenaje a Alejo Carpentier, de Alexis Márquez Rodríguez." "Conciencia e identidad de América," "Un camino de medio siglo: Lo barroco y lo real maravilloso," "Problemática del tiempo y del idioma en la moderna novela latinoamericana," por A. Carpentier. Conversación con A. Carpentier y Pequeña antología complementaria (notas de sus conferencias).

174. ________. Tientos y diferencias. Ensayos. 6th ed. Buenos Aires: Calicanto, 1979 (1964).

Includes: Problemática de la actual novela latinoamericana. Del folklorismo musical. La ciudad de las columnas. Ser y estar: De lo real maravilloso americano. Papel social del novelista. Appendix: Dos textos inéditos de Robert Desnos.

175. Carrión, Benjamín. Los creadores de la Nueva América. México: Sociedad General de Librerías, 1928.

Useful critical notes on J. Vasconcelos, M. Ugarte, F. García Calderón, and A. Arguedas, with a prologue by G. Mistral.

176. Carvalho, Joaquim de Montezuma de. Editor. Panorama das literaturas das Americas (de 1900 a actualidade). Nova Lisboa, Angola: Edicao do Município de Nova Lisboa, 1958-1963. 4 vols.

Contains: Vol. 1. Bolivia, Brazil, Canada (French and English) and Colombia. Vol. 2. Cuba, Ecuador, El Salvador, United States, Haití, Honduras, Puerto Rico and Uruguay. Vol. 3. Argentina, Costa Rica, Guatemala, British West Indies, Nicaragua, Panamá, Paraguay and the Dominican Republic. Vol. 4. French Antillas and French Guiana, Chile, Venezuela, Perú, Netherlands Antilles, and México.

177. Castagnino, Raúl H. Escritores hispanoamericanos desde otros ángulos de simpatía. Buenos Aires: Editorial Nova, 1971.

Provides important critical commentaries on Colonial, 19th-century and contemporary writers and two notes on the current Spanish American novel. Includes: H. González de la Eslava,A. de Ercilla, B. de Balbuena, J. del Valle Caviedes, Sor Juana, C. de Sigüenza y Góngora, P. de Peralta Barnuevo,Concolorcorvo, A. Bello, J. Martí, J. A. Silva, P. Barba Jacob, C. Vallejo, A. Moock, L. Palés Matos, N. Guillén, P. Henríquez Ureña, F. de Onís.

178. Castellanos, Rosario. El mar y sus pescaditos. México: SepSetentas, 1975.

Contains: La novela mexicana en 1969. Tendencias de la narrativa mexicana contemporánea. Notes on J. Rulfo, J. L. Borges, S. Bullrich, M. Fernández, and A. Arguedas.

179. Celorio, Gonzalo. El surrealismo y lo real maravilloso americano. México: SepSetentas, 1976.

Includes: Origen y desarrollo del surrealismo europeo. El angel maraquero (mestizaje de la cultura hispano-católica con la pagana de indios y negros), punto de partida del realismo mágico.

180. Collazos, Oscar. Editor. Los Vanguardismos en la América Latina. Barcelona: Ediciones Península, 1977.

Contains: César Fernández Moreno: "El ultraísmo." César Fernández Moreno: "Distinguir para entender (entrevista con Leopoldo Marechal)." Adolfo Prieto: "Una curiosa revista de orientación futurista." Eduardo López Morales: "Borges: Encuentro con un destino sudamericano." Enrique Lihn: "El lugar de Huidobro." Luis Leal: "El movimiento estridentista." Carlos Monsivais: "Los estridentistas y los agoristas." Algunas proclamas, manifiestos y publicaciones vanguardistas: Vicente Huidobro: "El creacionismo." Jorge Luis Borges: "Ultraísmo." Proclama de Prisma, Revista Mural, Buenos Aires, 1922, "Manifiesto de Martín Fierro." Jaime Duque Duque: "La poesía de León de Greiff." Wilson Martins: "El vanguardismo brasileño." Roberto Fernández Retamar: "La poesía vanguardista en Cuba." Juan Marinello: "Sobre el vanguardismo en Cuba y en la América Latina."

181. Contreras, Francisco. L'Esprit de l'Amérique Espagnole. París: Col. de la Nouvelle Revue Critique, 1931.

Several estudies established on Latin American writers such as: R. Darío, J. E. Rodó, L. Lugones, E. Larreta, M. Magallanes Moure, M. Ugarte, F. Gana, E. González Martínez, A. Arguedas, M. Gálvez, A. Reyes, R. A. Arrieta, P. Prado, J. Vasconcelos, A. Donoso, E. Montagne, E. Barrios, J. M. Chacón y Calvo, A. Montiel Ballesteros, J. Max Rhode, J. J. Núñez y Domínguez, V. Salaverry, R. Güiraldes, A. Hidalgo, L. Ipuche, R. Sáenz Hayes, L. Luisi, and E. Suárez Calimano.

182. Cornejo Polar, Antonio. Sobre literatura y crítica latinoamericanas. Caracas: Universidad Central de Venezuela, Facultad de Humanidades y Educación, 1982.

Contains: Introducción. Primera parte: Problemas y perspectivas de la crítica literaria latinoamericana. Apéndice: problemas de la crítica, hoy. El problema nacional en la literatura peruana. Para una agenda problemática de la crítica literaria latinoamericana: diseño preliminar. Unidad, pluralidad, totalidad: el corpus de la literatura latinoamericana. Segunda parte: Sobre la literatura de la emancipación en Perú. El indigenismo y las literaturas heterogéneas: su doble estatuto socio-cultural. Apéndice: Sobre el concepto de heterogeneidad: respuesta a Roberto Paoli. La novela indigenista: una desgarrada conciencia de la historia. José Donoso y los problemas de la nueva narrativa hispanoamericana. Hipótesis sobre la narrativa peruana última.

183. Correas de Zapata, Celia. Ensayos hispanoamericanos. Buenos Aires: Corregidor, 1978.

Contains: Novelas arquetípicas de la dictadura: Carpentier, García Márquez y Roa Bastos. La mujer en las letras de América. Estructuras míticas en Cien Años de Soledad. Dos poetas de América: Juana de Asbaje y Sara Ibáñez. El impasse amoroso en la obra de Juan Carlos Onetti. Victoria Ocampo y Virginia Woolf: La rebeldía en el ensayo. La magia de Cien Años de Soledad en Los Tumultos de María Grannata. Syria Poletti: Crónica de una rebeldía. En torno al realismo mágico: Vigilia-Fuga de Enrique Anderson Imbert. Elementos fantásticos y mágicos-realistas en la obra de Luisa Mercedes Levinson. El equívoco en Pasó Así de Marta Traba.

184. Corvalán, Octavio. Modernismo y Vanguardia. New York: Las Américas, 1967.

Critical articles on R. Arlt, J. L. Borges, E. Mallea, A. Yáñez, M. A. Asturias, and E. Amorim.

185. ________. El postmodernismo, la literatura hispanoamericana, entre dos guerras mundiales. New York: Las Américas, 1961.

Notes on R. Güiraldes. E. Mallea, C. Alegría, M. Azuela, E. Barrios, A. Uslar Pietri, and others.

186. Couffon, Claude. Hispanoamérica en su nueva literatura. Santander, Cuba: La isla de los ratones, 1962.

Provides critical commentaries on O. Paz, C. Fuentes, J. Rulfo, A. Carpentier, G. García Márquez, and others.

187. Coulthard, George Robert. Race and Colour in Caribbean Literature. London-New York: Oxford University Press, 1962.

Translated into English from the work published in Spain (1958). (See item 188.)

188. ________. Raza y color en la literatura antillana. Sevilla: Escuela de Estudios Hispanoamericanos, 1958.

189. Cresta de Leguizamón, María Luisa. Aproximaciones: Gallegos, Onetti, Rulfo, Roa Bastos, Hernández, Conti, Martínez, La poesía argentina actual. Pastiches rubendarianos. Córdoba: Universidad Nacional de Córdoba, 1971.

190. Cúneo, Dardo. Aventura y letra de América Latina. 2d ed. Caracas: Monte Avila, 1975 (1964).

Collection of essays on important writers that analyze their work from literary, social and political perspectives: A. Reyes, R. Rojas, R. Gallegos, F. Sánchez, J. C. Mariátegui, J. Martí, and E. Martínez Estrada.

191. Davison, Ned J. El concepto de modernismo en la crítica hispánica. Buenos Aires: Editorial Nova, 1971.

Translated from the English edition. (See item 192.) Contains: I. Introducción. II. El consenso. III. El modernismo como esteticismo. IV. El concepto epocal. V. El futuro del concepto. Bibliografía.

192. ________. The concept of Modernism in Hispanic criticism. Boulder, CO: Pruett Press, 1966.

Useful compilation of critical opinions on Modernism, with references in original Spanish.

193. Debicki, Andrew, and Enrique Pupo-Walker. Editors. Estudios de literatura hispanoamericana en honor a José Juan Arrom. Chapel Hill, NC: University of North Carolina, North Carolina Studies in the Romance Languages and Literatures, 1974.

Published in honor of Arrom, treating various topics in Latin American Literature.

194. Díez-Canedo, Enrique. Letras de América. Estudios sobre las literaturas continentales. 2d ed. México: Fondo de Cultura Económica, 1949 (1944).

Several essays on contemporary writers such as: R. Darío, A. Nervo, J. S. Chocano, L. G. Urbina, R. Blanco Fombona, R. Palma, J. L. Mera, J. García Monge, J. M. Chacón, J. Martí, J. M. Heredia, F. A. Icaza, E. Rebolledo, J. J. Tablada, E. González Martínez, A. Reyes, G. Mistral, F. Sánchez, L. Lugones, R. Güiraldes, A. Storni, R. A. Arrieta, J. L. Borges, B. Fernández Moreno, O. Girondo, M. Azuela, N. Guzmán, E. Abreu Gómez, A. Hernández Catá, and A. Torres Rioseco, with and appendix on "Filipinas en el confín del mundo hispánico."

195. Dorfman, Ariel. Imaginación y violencia en América Latina. 2d. ed. Barcelona: Anagrama, 1972 (1970).

Contains: 1. La violencia en la novela hispanoamericana actual. 2. Borges y la violencia americana. 3. Hombres de Maíz, el Mito como Tiempo y Palabra. 4. El sentido de la historia en la obra de Alejo Carpentier. 5. La muerte acto imaginativo en Cien Años de Soledad. 6. En torno a Pedro Páramo, de Juan Rulfo. 7. José María Arguedas y Mario Vargas Llosa: "Dos visiones de una sola América."

196. Durán Luzio, Juan. Creación y utopía: letras de Hispanoamérica. San José: Editorial de la Universidad Nacional de Costa Rica, 1979.

197. Earle, Peter G., and Germán Gullón. Editor. Surrealismo / Surrealismo: Latinoamérica y España. Philadelphia, PA: University of Pennsylvania, 1977.

Contains: 1. "Acercamiento al surrealismo": Anna Balakian, Jaime Alazraki, Emir Rodríguez Monegal. 2. "El surrealismo en Latinoamérica": Mario E. Ruiz, Estuardo Núñez, José Emilio Pacheco, Afrânio Coutinho. 3. "El modo surrealista y los escritores": Keith A. Mc Duffie, René de Costa, Alfredo A. Roggiano, Erdmute Wenzel White, Alberto Gutiérrez de la Solana. 4. "El surrealismo en España': Paul Ilie, Ricardo Gullón, Gonzalo Sobejano, and José María Capote Benot.

198. Englekirk, John E., et al. An Outline History of Spanish American Literature. 4th edition. New York: Irvington, 1979 (1941).

This is the most famous Spanish American literary history, completely revised and enlarged from the first edition prepared under the auspice of Instituto Internacional de Literatura Iberoamericano, by a committee of four eminent Spanish American specialists: John E. Englekirk, Irving A. Leonard, John T. Reid, and John A. Crow, with the Chairman and Editor E. Herman Hespelt.

Contains a complete critical overview with bibliographies on literary histories, anthologies, and critics.

199. Faurie, Marie-Josephe. Le Modernisme Hispano-Americain et ses sources francaises. Paris: Centre de Recherches de l'Institut d'Etudes Hispaniques, 1966.

Contains: Avant-propos. Introduction. Premiere partie: Emploi de la Mytologie Classique. Chapitre I. La Renaissance de la Grece antique au XIX siecle. Chapitre II. Le "Coloquio de los Centauros": l'oeuvre. Chapitre III. Le "Coloquio de los Centauros" et ses sources. Deuxieme partie: Emploi de la Mytologie Scandinave. Chapitre I. Castalia Bárbara: l'oeuvre. Chapitre II. Castalia Bárbara et ses sources. Chapitre III. Un systeme de versification original: "Leyes de la versificación castellana." Son application aux poemes de Castalia Bárbara. Troisieme partie: Emploi de l'Orient. Chapitre I. La Renaissance Orientale au XIX siecle. Chapitre II. Orient Superficiel: 'l'externe-orient'. Chapitre III. Orient profond: le bouddhisme. Chapitre IV. Orient biblique: la Salomé de Julián del Casal. Chapitre V. La Salomé de Casal et ses sources littéraires et picturals. Quatrieme partie: Dans les Domaines de l'Irrationnel. Chapitre I. Fantasie - Belles histoires - Imagination anthropomorphique. Chapitre II. Imagination créatrice - Lugones le reuissellement des images. Chapitre III. Imagination onirique - Casal ou le cauchemar prémonitoire - Nervo ou les premiers accents surréalistes. Conclusion. Bibliographie.

200. Fell, Claude. Estudios de literatura hispanoamericana contemporánea. México: SepStentas, 1976.

Several brief commentaries on S. Elizondo, O. Paz, J. L. Borges, M. Fernández, and others.

201. Fernández Retamar, Roberto. Calibán: apuntes sobre la cultura en nuestra América. México: Ediciones Diógenes, 1971.

202. ____________. Para una teoría de la literatura hispanoamericana y otras aproximaciones. La Habana: Casa de las Américas, 1975.

Contains: La crítica de Martí. Lecciones de Portuondo. A propósito del círculo de Praga y del estudio de nuestra literatura. Para una teoría de la literatura hispanoamericana. Algunos problemas teóricos de la literatura hispanoamericana. Modernismo, noventiocho, subdesarrollo. Sobre la vanguardia en la literatura latinoamericana. Antipoesía y poesía conversacional en hispanoamérica. Apuntes sobre revolución y literatura en Cuba.

203. Fiction et Realité: la Littérature Latino-Américaine. Bruxelles: Université Libre de Bruxelles, Institut de Sociologie, 1983.

With an introduction by Marcos Alvarez García, including nine brief essays on the subject. I. Approches Generales. Introduction, Marcos Alvarez García. La solitude de l'Amérique Latine, G. García Márquez. Options de l'ecrivain latino-américain d'aujourd'hui, J. Cortázar. Interview de Manuel Scorza "La Littérature a l'étranger," André Jansen. Dix erreurs ou mensonges frequents sur la littérature et la culture en Amérique Latine, Eduardo Galeano. II. Etudes particulieres. La culture cubaine, Alejo Carpentier. Les Brésiliens et la littératures latino-américaine, Antonio Cándido. La littérature chilienne dans le contexte latino-américain, Fernando Alegría. Facons d'écrire, Pierre Mertens. García Márquez, Prix Nobel, Volodia Teitelboim.

204. Flores, Angel. The Literature of Spanish America. New York: Las Américas, 1966-1969. 5 vols.

Contains: Vol. 1. The Colonial period. Vol. 2. 1825-1885. Vol. 3-5. The 20th Century. Vol. 3. Includes: B. Fernández Moreno. R. Gallegos, R. Guiraldes, L. C. López, H. Quiroga, R. Arévalo Martínez, P. Barba Jacob, E. Barrios, J. de Viana, V. García Calderón, M. Díaz Rodríguez, R. Molinari, R. Pocaterra. Vol. 4. C. Alegría, A. Arguedas, J. L. Borges, J. de la Cuadra, V. Huidobro, J. Icaza, P. Neruda, E. Amorim, M. Benedetti, J. Donoso, M. Denevi, J. Carrera Andrade, A. Céspedes, and A. Uslar Pietri.

205. Forster, Merlin H. Tradition and Renewal: Essays on Twentieth Century Latin American Literature and Culture. Urbana, IL: University of Illinois Press, Center for Latin American and Caribbean Studies, 1975.

Includes: Introduction: Merlin H. Forster." Latin American Vanguardismo, Chronology and Terminology," Merlin H. Forster. "Graca Aranha and Brazilian Modernism," Anoar Aiex. "Notes on Regional and National Trends in Afro-Brazilian Cult Music," Gerard H. Béhague. "The Black Presence and Two Brazilian Modernists, Jorge de Lima, and José Lins do Rego," Richard A. Preto-Rodas. "Native and Foreign Influences in Contemporary Mexican Fiction, A Search for Identity," Luis Leal. "The Function of Myth in Fernando del Paso's José Trigo," Dagoberto Orantía. "Four Contemporary Mexican Poets: Marco Antonio Montes de Oca, Gabriel Zaid, José Emilio Pacheco, Homero Aridjis," Merlin H. Forster. "Jenaro Prieto, The Man and His Work," Thomas C. Meehan.

206. Foster, David William, and Virginia Ramos Foster. Compiler. Modern Latin American Literature. New York: F. Ungar, 1975. 2 vols.

Provides information on 137 major writers of 20th-century (Spanish and Portuguese language), with criticism on each writer, bibliographic chronological selections, bibliographic sources, and, in each volume's appendix there is a list of all the works mentioned by the critics.

207. Fossey, Jean Michel. Galaxia latinoamericana. Las Palmas de Gran Canaria: Inventarios Provinciales, 1973.

Notes on: R. Fernández Retamar, G. García Márquez, J. Lezama Lima, S. Sarduy, N. Guillén, M. Puig, and others.

208. Franco, Jean. An introduction to Spanish American Literature. 2d ed. Cambridge: Cambridge University Press, 1975 (1969).

209. __________. Introducción a la literatura hispanoamericana. Caracas: Monte Avila, 1971.

Translated into English, originally published by Cambridge University. (See item 208.)

210. __________. Historia de la literatura hispanoamericana. Barcelona: Ariel, 1975.

Translated into English by Carlos Pujol. (See item 211.)

211. __________. Spanish American Literature, Since Independence. London: Breen Ltda., and New York: Barnes, and Noble, 1973.

Contains: Introduction: The colonized imagination. 1. Independence and literature. 2. Civilization and barbarism. 3. The inheritance of Romanticism. 4. Realism and naturalism before 1914. 5. Tradition and change: José Martí, and Manuel González Prada. 6. The many faces of modernism. 7. Realism and regionalism. 8. Poetry since modernism. 9. Contemporary prose-writing. 10. The theatre.

212. Gallagher, David P. Modern Latin American Literature. New York and London: Oxford University Press, 1973.

Contains: 1. Introduction: The Nineteenth Century. 2. Poetry, 1880-1925. 3. César Vallejo. 4. Pablo Neruda. 5. Octavio Paz. 6. The Regionalist Novel. 7. Latin American Fiction from 1940. 8. Jorge Luis Borges. 9. Mario Vargas Llosa. 10. Gabriel García Márquez. 11. Guillermo Cabrera Infante.

213. Gallo, Ugo, and Giuseppe Bellini. Storia della letteratura ispanoamericana. 2d ed. Milano: Nova Accademia Editrice, 1958 (1954).

Bibliography and critical anthology of studies. Special attention to writers of contemporary period. Divided into four sections: 1. Colonial period to independence. 2. Romanticism. 3. Modernism. 4. 20th century.

214. García Calderón, Ventura. Semblanzas de América. Madrid: Revista hispanoamericana Cervantes, 1920.

Biographical sketches various important writers such as J. E. Rodó, R. Darío, J. A. Silva, J. Herrera y Reissig, R. Palma, J. S. Chocano, E. Gómez Carrillo, Almafuerte, J. Zorrilla de San Martín, C. Reyles, M. González Prada, J. Montalvo.

215. García Godoy, Federico. Americanismo literario. Madrid: Editorial América, 1915

In subjective criticism on four authors, García Godoy defends theory that nationalism provides Spanish American unity: J. Martí, J. E. Rodo, F. García Calderón, and R. Blanco Fombona.

216. García Prada, Carlos. Estudios hispanoamericanos. México: El Colegio de México, 1945.

Divided into two parts: Ensayos and Notas de libros. First: includes a comprehensive introduction a la Antología de líricos colombianos, published in 1937 (2 vols.) and several studies on J. E. Rivera, J. A. Silva, G. Valencia, G. Pardo García, P. Barba Jacob, L. de Greiff, L. C. López, A. Torres Rioseco, T. Carrasquilla. Second: includes the notes published in the Revista Iberoamericana de Literatura (from 1939 to 1943) about the works of A. Gómez Restrepo, J. M. Marroquín, E. Santovenia, R. Angarita Arvelo, M. Picón Salas, C. Benítez, M. Carvajal, I. E. Arciniegas, J. Bosch, A. Sacotto Arias, J. Marinello, R. Gallegos, L. Rodríguez Embil, F. Díez de Medina, J. P. Echagüe, and others.

217. ________. Letras hispanoamericanas. 1a. y 2a. series. Madrid: Ediciones Iberoamericanas, 1963. 2 vols.

218. Gatica Martínez, Tomás. Ensayos sobre literatura hispanoamericana. Santiago de Chile: Andes, 1930.

Several commentaries on J. S. Chocano, J. M. Eguren, V. García Calderón, M. González Prada, A. Hidalgo, R. Palma, A. Valdelomar, C. Vallejo, O. V. Andrade, H. Ascasubi, E. Banchs, A. Capdevilla, E. Carriego, E. Echeverría, B. Fernández Moreno, M. Gálvez, C. Guido y Spano, J. Hernández, L. Lugones, J. Mármol, R. Obligado, P. Palacios, A. Storni, J. L. Borges.

219. González, Aníbal. La crónica modernista hispanoamericana. Madrid: Ediciones José Porrúa Turanzas, 1983.

Divided into four chapters: 1. Modernismo, modernidad, filología: la escritura modernista. 2. Arqueologías: orígenes de la crónica modernista. 3. Entropías: ocaso de la crónica modernista. 4. Ecos de la crónica modernista. First chapter about the critical desire of philologic definitions (19th-century), second studies three texts (Martí, Gutiérrez Nájera, del Casal), third includes three chronicles (Darío, Rodó, Gómez Carrillo), and fourth considers influences of the Modernist chronicles on Silva, Reyes, Borges, Carpentier, and Lezama Lima.

220. González, Manuel Pedro. Ensayos críticos. Caracas: Universidad Central de Venezuela, 1963.

221. ________. Estudios sobre literaturas hispanoamericanas: glosas y semblanzas. México: Cuadernos Americanos, 1951.

222. González, Patricia Elena, and Eliana Ortega. Editors. La sartén por el mango. Encuentro de escritoras latinoamericanas. Río Piedras: Ediciones Huracán, 1984.

Contains: Prólogo. Introducción, por Patricia Elena González. I. Estrategias: 1. "Hipótesis de una escritura diferente," por Marta Traba. 2. "La crítica literaria feminista y la escritora en América Latina," por Sara Castro-Klarén. 3. "Tretas del débil," por Josefina Ludmer. II. Perspectivas: 1. "Dos lecturas del cisne:

Rubén Darío y Delmira Agustini," por Sylvia Molloy. 2. "El bildungsroman y la experiencia latinoamericana: La pájara pinta de Albalucía Angel," por Gabriela Mora. 3. "La Sabina de Julieta Campos, en el laberinto de la intertextualidad," por Juan Bruce-Novoa. 4. "En breve cárcel: la Diana, la violencia y la mujer que escribe," por Oscar Montero. 5. "La pasión y la marginalidad en (de) la escritura: Rosario Ferré," por Ronald Méndez-Clark. III. Calamares en su tinta: Testimonios. "Apuntes al margen de un texto de Rosario Ferré," por Juan Gelpi.

223. González Echeverría, Roberto. The Voices of the Masters. Writing and authority in Modern Latin American Literature. Austin, TX: University of Texas at Austin, Institute of Latin American Studies, 1985.

Introduction, commentary and notes. Preamble. 1. The Case of the Speaking Statue: Ariel and the Magisterial Rhetoric of the Latin American Essay. 2. Doña Bárbara Writes the Plain. 3. The Dictatorship of Rhetoric / The Rhetoric of Dictatorship. 4. Terra Nostra: Theory and Practice. 5. Los Reyes: Cortázar's Mythology of Writing. 6. Biografía de un cimarrón and the Novel of the Cuban Revolution. 7. Literature and Exile: Carpentier's, Right of Sanctuary. Meta-End, by Guillermo Cabrera Infante.

224. González Ruano, César. Veintidós retratos de escritores hispanoamericanos. Madrid: Ediciones Cultura Hispánica, 1952.

Useful critical notes on E. Gómez Carrillo, A. Hernández Catá, J. M. Vargas Vila, V. Huidobro, G. Mistral, C. Vallejo, and others.

225. Grossman, Rudolf. Historia y problemas de la literatura latinoamericana. Madrid: Revista de Occidente, 1975.

226. Guibert, Rita. Seven Voices. New York: A. Knopf, 1972.

Several interviews published in Life (originally in Spanish) on: O. Paz, P. Neruda, J. L. Borges (poet and prose fiction), M. A. Asturias, J. Cortázar, and G. García Márquez.

227. Gutiérrez Girardot, Rafael. Modernismo. Barcelona: Montesinos, 1983.

Includes three essays: El arte en la sociedad burguesa moderna. Secularización, vida urbana, sustitutos de religión. La inteligencia, la bohemia, las utopías. Concludes with a brief chronology.

228. Hamilton, Carlos. Historia de la literatura hispanoamericana. 2d ed. Revised and expanded. New York: Las Américas, 1966 (1960). 2 vols.

Divided into two parts. 1. The colonial period and 19th-century. 2. 20th-century: modernism, postmodernism, vanguardism, the short story and tendencies in the contemporary novel, theater, essays, and literary criticism.

229. Harss, Luis, and Barbara Dohmann. Into the Mainstream: Conversations with Latin-American Writers. 2d ed. New York: Harper & Row,

1969, (1967)

Translation into Spanish by B. Dohmann (see item 230.)

230. ______. Los nuestros. 4th ed. Buenos Aires: Sudamericana, 1978 (1966).

Combination of interviews with contemporary authors and studies on their works: A. Carpentier, M. A. Asturias, J. L. Borges, J. Guimaraes Rosa, J. C. Onetti, J. Cortázar, J. Rulfo, C. Fuentes, G. García Márquez, and M. Vargas Llosa.

231. Henríquez Ureña, Max. Breve historia del Modernismo. Reprinted. México: Fondo de Cultura Económica, 1978 (1954).

Contains: Explicación preliminar. I. Ojeada de conjunto. II. La poesía de habla española al despuntar el Modernismo. III. José Martí. IV. Manuel Gutiérrez Nájera. V. Salvador Díaz Mirón. VI. Rubén Darío. VII. Julián del Casal. VIII. José Asunción Silva. IX. Historia de un nombre. X. Buenos Aires. XI. Montevideo. XII. Caracas. XIII. Bogotá. XIV. Lima. XV. Santiago de Chile. XVI. Ecuador, Bolivia, Paraguay. XVII. América Central. XVIII. Las Antillas, XIX. México. XX. El Modernismo en España.

232. Henríquez Ureña, Pedro. Ensayos en busca de nuestra expresión. Buenos Aires: Raigal, 1952

Contains: "Evocación de Pedro Henríquez Ureña" by Alfonso Reyes, and "Homenaje a Pedro Henríquez Ureña" by Ezequiel Martínez Estrada. Others articles published in Seis ensayos en busca de nuestra expresión (Buenos Aires: Babel, 1928) on J. Ruiz de Alarcón, D. Sarmiento, J. E. Rodó, J. Martí, E. González Martínez, A. Reyes, et al.

233. ______. Literary Currents in Hispanic America. Cambridge, MA: Harvard University Press, 1945

Eight lectures delivered at Harvard University in November, December 1940 and February and March 1941, expanded with notes and bibliography. (See item 234.)

234. ______. Las corrientes literarias en la América Hispánica. 2d ed. 3d reprinted. México: Fondo de Cultura Económica, 1969 (1949).

Useful general essay translated into Spanish by Joaquín Díez-Canedo. Contains: I. El descubrimiento del nuevo Mundo en la imaginación de Europa. II. La creación de una sociedad nueva (1492-1600). III. El florecimiento del mundo colonial (1600-1800). IV. La declaración de la independencia intelectual (1800-1830). V. Romanticismo y anarquía (1830-1860). VI. El período de organización (1860-1890). VII. Literatura pura (1890-1920). VIII. Problemas de hoy (1920-1940).

235. ______. Plenitud de América. Ensayos escogidos. Buenos Aires:

Peña, Del Giudice, 1952 .

Selection and preliminary study by Javier Fernández. Contains twenty essays on various aspects of culture: "La utopía de América," "América española y su originalidad," "on The baroque," "The Mexican Revolution," and important writers of the 19th century (D. Sarmiento, J. Martí), and others in the 20th century (J. E. Rodó, B. Sanín Cano).

236. Iduarte, Andrés. Pláticas hispanoamericanas. México: Tezontle, 1951.

Prologue by Federico de Onís. Studies on: J. Sierra, E. Díez Canedo, G. Mistral, R. Gallegos, C. Vallejo, E. M. de Hostos, J. Montalvo, C. Alegría, Valle Inclán en México, B. Sanín Cano, D. F. Sarmiento, Cuba, Varona y Martí, R. Roa y J. Martí, and E. A. Poe.

237. Jackson, Richard L. Black writers in Latin America. Albuquerque, NM: University of New México Press, 1979.

Study on the development of a black literature due to the anti-slavery movement and cultural nationalism in several Spanish American countries. Concludes that: "there is little black literature in Latin America that specifically supports black nationalism and a concomitant militancy."

238. ____________. The Black Image in Latin American Literature. Albuquerque, NM: University of New México Press, 1976.

1. Backdrop to Literature: Racism, "Mestizaje" and the Crisis of Black Identity. 2. False Tears for the Black Man: The White Aesthetic in the Nineteenth-Century Antislavery Novel in Cuba. 3. Into the Twentieth-Century: The Discovery, Use, and Abuse of Black People and Their Culture. 4. Toward Racial Equality: The Socio-Negristic Narrative, the Black and his Literary Defenders. 5. Black Song Without Color: The Black Experience and the Negritude of Synthesis in Afro-Latin American Literature. 6. A Summation, with Conclusions, Credibility and a Summation of Terms, The White Aesthetic and the Paradox of Color.

239. Jiménez, José Olivio. Editor. El simbolismo. Madrid: Taurus, 1979.

Contains: I. Valoraciones generales y testimonios. R. Gullón: "Simbolismo y modernismo," José Olivio Jiménez: "La conciencia del simbolismo en los modernistas hispánicos (Algunos testimonios)." II. Hacia el simbolismo. Carlos Bousoño: "Símbolos en la poesía de San Juan de la Cruz." Jorge Guillén: "La poética de Bécquer." III. En la estética simbolista. Luis Antonio de Villena: "El camino simbolista de Julián Casal." Jaime Giordano: "Darío a la luz del simbolismo." Emmy Nedermann: "Juan R. Jiménez: sus vivencias y tendencias simbolistas." Bernardo Gicovate: "La poesía de J. Herrera y Reissig y el simbolismo." P. Henríquez Ureña: "La poesía de Enrique González Martínez." IV. Relaciones con el simbolismo francés. Bernardo Gicovate: "La poesía de Juan Ramón Jiménez en el simbolismo." Allen W. Phillips: "Novedad y lenguaje en tres poetas: Laforgue, Lugones y López Velarde." V. El símbolo: Génesis, estructura, sentido. Iván A. Schulman: "El simbolismo de José Martí: Teoría y lenguaje." Agnes Gullón: "La formación del símbolo en Antonio Machado (Percepción y lenguaje)." Américo Ferrari: "La función del símbolo en la obra de José María Eguren." VI. El simbolismo y la prosa modernista. William R. Risley: "Hacia el simbolismo en la prosa de Valle-Inclán: Jardín umbrío." Roland Grass: "Notas sobre los comienzos de la novela simbolista-decadente en Hispanoamérica (Amado Nervo y Carlos Reyles)." Hernán Vidal: "Sangre Patria de Manuel Díaz Rodríguez y la conjunción naturalista-simbolista."

240. __________. Estudios críticos sobre la prosa modernista hispanoamericana. New York: Eliseo Torres, 1975.

Essays on: Martí, Gutiérrez Nájera, Casal, Silva, Darío, Nervo, Rivas Groot, Gómez Carrillo, Lugones, Díaz Rodríguez, Arévalo Martínez, Regino Boti, and Palés Matos.

241. Jiménez, Juan Ramón. El modernismo. Notas de un curso (1953). México: Aguilar, 1962.

Edition, prologue and notes by Ricardo Gullón and Eugenio Fernández Méndez. In this work the author gives his opinion on this poetic movement: "El modernismo no fue solamente una tendencia literaria: el modernismo fue una tendencia general. Alcanzó a todo." "Porque lo que se llama modernismo no es cosa de escuela ni de forma, sino de actitud."

242. __________. Españoles de tres mundos, viejo mundo, nuevo mundo, otros mundos. Caricaturas líricas (1914-1940). Buenos Aires: Losada, 1942.

Divided into five parts: 1. Muertos transparentes. 2. Rudos y entrefinos del 98 y demás. 3. Internacionales y solitarios. 4. Entes de antros y dianches. 5. Estetas de limbo. Acute judgements on Spanish and Spanish American writers: J. Martí, R. Darío, J. A. Silva, J. E. Rodó, A. Reyes, T. de la Parra, P. Neruda, E. Florit, J. L. Borges, R. Núñez, and D. M. Loynaz.

243. Jitrik, Noé. Las contradicciones del modernismo. México: El Colegio de México, 1978.

Contains: Una introducción: el modernismo y su sistema productivo. Acento y sonoridad. Contar, cantar y decir. Risa, dicen, cantan y cuentan. La máquina semiótica/La máquina fabril. Ruptura y reconciliación.

244. __________. Producción literaria y producción social. Buenos Aires: Sudamericana, 1975.

Contains: Prólogo: "No es la misma cosa con otro nombre." La perifrástica productiva en Cien años de soledad. Producción literaria y producción social. Arte, violencia, ruptura. Crítica satélite y trabajo crítico en El perseguidor de Julio Cortázar. Destrucción y formas en las narraciones latinoamericanas actuales. El "auto-cuestionamiento" en el origen de los cambios.

245. Johnson, Harvey L., and Phillip B. Taylor Jr. Publishers. Contemporary Latin American Literature. Houston, TX: University of Houston, 1973.

Introduction by Harvey L. Johnson. Includes Dialogue Between Jorge Luis Borges and Donald A. Yates. Essays by: Donald A. Yates, Luis Leal, Seymour Menton, Fernando Alegría, Ben Belitt, George W. Woodyard. Character and Conflict in the Contemporary Central American Theatre by Joan Rea Green. Contemporary Brazilian Fiction by Fabio Lucas. Representative Essayists of Central America by Richard R. Allen.

246. Labrador Ruiz, Enrique. El pan de los muertos. Santa Clara: Universidad Central de las Villas, 1958.

Several articles on R. López Velarde, V. Barbieri, H. Quiroga, M. Galvéz, A. Gerchunoff, A. Storni, E. Bobadilla, M. Fernández, L. F. Rodríguez, B. Sanín Cano, María Teresa de la Parra, and others.

247. Landarech, Alfredo María. Estudios literarios: capítulos de literatura centroamericana. San Salvador: Ministerio de Cultura, Departamento Cultura, 1959.

248. Latcham, Ricardo A. Carnet crítico (ensayos). Montevideo: Editorial Alfa, 1962.

Essays on: El realismo mexicano de Mariano Azuela. Naufragio de indios, por Ermilo Abreu Gómez. El modernismo esteticista de Díaz Rodríguez. La frustración de Pío Gil. Revisión de Pocaterra. Pedro Claver, el santo de los esclavos, Gusto de México, Una novela de Mariano Picón Salas. Regreso de Tres mundos. La obra de Antonia Palacios. Casas muertas y su contenido venezolano. Una novela de la gran ciudad. La poesía de Rafael Pineda. Ida Gramcko y su mundo mágico. Los cuentos de Antonio Márquez Salas. La narrativa de Oscar Guaramato. Un ensayo sobre el ensayo. Nuevos cuentistas uruguayos: Una tumba sin nombre, de Juan Carlos Onetti. Los relatos de Felisberto Hernández. Don Juan 38, por Enrique Amorim. Montevideanos, por Mario Benedetti. La tregua, por Mario Benedetti. Dos poetas Uruguayos. Evocación de Enrique Amorim. Narradores del Uruguay. Cuentos de la generación del 50, por Enrique Lafourcade. Para subir al cielo, por Enrique Lafourcade. El príncipe y las ovejas, por Enrique Lafourcade. Coronación, por José Donoso. El Charleston, por José Donoso. Angeles bajo la lluvia, por Armando Cassigoli. La fosa, por Helvio Soto. Cuentos de Cámara, por Cristián Huneeus y Ruidos en el espejo, por Fernando Rivas. Seres de un día, por Luis Alberto Heiremans. Los túneles morados, por Daniel Belmar. Eloy, por Carlos Droguett. Los penitenciales, por Humberto Díaz Casanueva y El corazón escrito, por Rosamel del Valle. Efrain Barquero, poeta popular de Chile. Esquema de la nueva poesía chilena.

249. ________. Doce ensayos. Santiago de Chile: Ediciones La Semana: Literaria, 1944.

Contains: Elogio de Coquimbo. Meditación del ají. La literatura peruana. Novelas de la selva. Tres libros peruanos: Mirador Indio, de Luis E. Valcárcel, Simanche, de José Ortiz Reyes, Mar y Playa,de José Díez Canseco. Amorim, las quitanderas y los caminos de América. Dos novelas cubanas: Ciénaga, de Luis Felipe Rodríguez. Contrabando, de Enrique Serpa. Los cuentos y las novelas de Carlos Montenegro. El Cid, de Huidobro. Mapu, de Mariano Latorre. Una novela del conventillo: Los Hombres Obscuros, de Nicomedes Guzmán. Las tres colonias.

250. Latin America in its Literature. New York: Holmes & Meier Publishing, 1980.

César Fernández Moreno, General Editor; Julio Ortega, Asistant Editor, and Ivan A. Schulman, Editor of English Edition. Translated from Spanish by Mary G. Berg. Part one: A literature in the world. Part two: Ruptures of tradition. Part three: Literature as experimentation. Part four: The language of literature. Part five: The social function of literature. Bibliography. (See item 141.)

251. Leal, Luis. Breve historia de la literatura hispanoamericana. New York: Alfred A. Knopf, 1971.

Contains: I. Las literaturas prehispánicas. II. Los orígenes (siglo dieciséis). III. El barroco (siglo diecisiete). IV. Rococó y neoclasicismo (siglo dieciocho). V. Del neoclasicismo al romanticismo (1800-1832). VI. El romanticismo (1832-1862). VII. Del romanticismo al modernismo (1862-1888). VIII. Realismo, naturalismo y modernismo (1880-1910): A. Realismo y naturalismo, B. El modernismo. IX. Postmodernismo, vanguardismo y criollismo (1910-1940): A. El postmodernismo, B. El vanguardismo, C. El criollismo. X. La literatura contemporánea (1940-1970): A. Postvanguardismo y existencialismo, B. El descontento y la promesa.

252. Leante, César. El espacio real. La Habana: Unión de Escritores y Artistas de Cuba, 1975.

Comments on: Cirilo Villaverde, Carlos Loveira, Labrador Ruiz, Alejo Carpentier, Luis Felipe Rodríguez, Quiroga, and Gallegos.

253. Leguizamón, Julio A. Historia de la literatura hispanoamericana. Buenos Aires: Editoriales Reunidas, 1945. 2 vols.

Contains: Vol. 1. I. Posibilidad, sentido y épocas; literaturas precolombinas, afroamericanismo, épocas de la literatura hispanoamericana. II. Las letras coloniales. III. Los cronistas e historiadores de las Indias Occidentales. IV. Itinerario y perfil de la poesía narrativa. V. Clasicismo y barroco en la lírica. VI. Poesía dramática y la prosa, La época de la revolución. VII. La literatura de la epopeya. VIII. Los últimos clásicos. IX. El romanticismo: aparición y caracteres. X. Poesía romántica rioplatense. XI. Poesía gauchesca. XII. Poesía romántica hispanoamericana. Vol. 2. XIII. Figuras representativas del proceso histórico social. XIV. Las formas narrativas. XV. La literatura dramática. XVI. Interludio post-romántico y post-modernista. XVII. La poesía modernista. XVIII. La poesía de postguerra. XIX. La prosa contemporánea. XX. La literatura dramática. Otros géneros. Brief overview. Extensive bibliography, later amplified, revised and published as Bibliografía general de la literatura hispanoamericana. Buenos Aires: Editoriales Reunidas, 1954. No annotated.

254. Leo, Ulrich. Interpretaciones latinoamericanas: ensayos de teoría y práctica estilísticas, 1939-1958. Santiago de Cuba: Universidad de Oriente, 1960.

Divided into two sections: 1. Literary aesthetics. 2. Stylistic practice and epilogue. Selected essays published in newspapers and journals over a twenty-year period.

255. Lezama Lima, José. La expresión americana. Madrid: Alianza Editorial, 1969.

Five essays on popular myths, the baroque in Spanish-America, Romanticism and the romantics, the "criollismo," and opinion on Spanish-American topics.

256. Lida, Raimundo. Letras hispánicas: estudios, esquemas. México: Fondo de Cultura Económica, 1958.

Studies on: A. Reyes, R. Darío, J. L. Borges.

257. Literatura en la revolución y revolución en la literatura (Polémica) por Oscar Collazos, Julio Cortázar y Mario Vargas Llosa. México: Siglo XXI, 1970.

Includes: Oscar Collazos: "Encrucijada del lenguaje." Julio Cortázar: "Literatura en la revolución y revolución en la literatura: algunos malentendidos a liquidar." Mario Vargas Llosa: "Luzbel, Europa y otras conspiraciones." Oscar Collazos: "Contrarepuesta para armar."

258. Littérature Latino-Américaine d'aujourd'hui. Paris: Unión Générale d'Editions, 1980.

Contains: Colloque du Centre Culturel International de Cerisy-La-Salle, 1976. I. "Sur le caractere "Ancilar" de notre récit latino-américain," par Ana Pizarro. II. "Fonction de la mort dans trois romans de Carlos Fuentes," par Jean-Paul Borel. III. "La dictée de Gaspar de France," par Jacques Leenhardt. IV. "Nouvelle réfutation du Cosmos," par Saúl Yurkievich. V. "Amérique Latine: exil et littérature," par Julio Cortázar. VI. "Réflexion autocritique a propos de Moi, le Supréme du point de vue socio-linguistique et ideologique. Condition du narrateur," par Augusto Roa Bastos. VII. "Niveaux semantiques de la notion de personages dans le romans de Roa Bastos," par Rubén Bareiro-Saguier. VIII. "Modernisme et apres modernisme dans la littérature brésilienne," par José Guilherme Merquior. IX. Table ronde: Coronation de José Donoso, Essai d' étude sociologique. X. "A propos de Paradiso de J. Lezama Lima," par Noé Jitrik. XI. "Littérature et révolution," par Angel Rama. XII. "Macondo a Paris," (résumé), par Tzvetan Todorov. XIII. "Tours, détours, contours d'un systeme poétique: José Lezama Lima, " par Benito Pelegrin. XIV. "Borges, écrivain engagé," par Jean Andreu. XV. "De la poésie cubaine dans la révolution," par Hans-George Ruprecht. XVI. "Nouvelles formes du discours poétique dans l'Amérique du langue espagnole," par Gerardo Mario Goloboff.

259. Litvak, Lily. Editor. El Modernismo. El escritor y la crítica. Madrid: Taurus, 1975.

Contains: I. Caracterización del Modernismo. Ramón del Valle Inclán: "Modernismo." Eduardo L. Chavarri: "¿Qué es el modernismo y qué significa como escuela del arte en general y de la literatura en particular?" Rafael Ferreres: "Los límites del modernismo y la generación del noventa y ocho." Yerko Moretic: "Acerca de las raíces ideológicas del modernismo hispanoamericano." Ivan A. Schulman: "Reflexiones en torno a la definición del modernismo." Octavio Paz: "Traducción y metáfora." II. Técnicas del Modernismo. Edmundo Girón: "La azul sonrisa, disquisición sobre la adjetivación modernista." III. Temas del Modernismo. Manuel Díaz Rodríguez: "Paréntesis modernista o ligero ensayo sobre el modernismo." Luis Monguió: "De la problemática del modernismo: La crítica y el cosmopolitismo." Rafael Ferreres: "La mujer y la melancolía en los modernistas." Ernesto Mejía Sánchez: "Hércules y Onfalia, motivo modernista." IV. Los modernistas. Manuel Machado: "Los poetas de hoy." Enrique Díez Canedo: "Rubén Darío, Juan Ramón Jiménez y los comienzos del modernismo en España." Juan Ramón Jiménez: "El modernismo poético en España y en Hispanoamerica." Luis Monguió: "La modalidad peruana del modernismo." Rafael Alberto Arrieta: "El modernismo, 1893-1900." Mario Rodríguez Fernández: "La poesía modernista chilena." V. Revistas del Modernismo. Donald F. Fogelquist, "Helios, voz de un renacimiento hispánico." Boyd G. Carter, "La Revista Azul, la resurrección fallida," "Revista Azul, de Manuel Caballero." Porfirio Martínez Peñaloza, La Revista Moderna. VI. El Antimodernismo. José Delito y Piñuela: "¿Qué es el modernismo y qué significa como escuela dentro del arte en general y de la literatura en particular?."

260. Lorenz, Günter W. Diálogo con América Latina: panorama de una literatura del futuro. Valparaíso: Universidad Católica de Valparaíso, 1972.

Translated from German. The original title is: Dialog mit Lateinamerika... Tubingen und Basel: Horst Endmann, 1970. Critical commentaries on: R. Castellanos, F. Alegría, R. Molinari, M. Vargas Llosa, E. Sábato, A. Roa Bastos, M. A. Asturias, and others.

261. Losada, Alejandro. La literatura en la sociedad de América Latina. Los modos de producción entre 1750-1980. Estrategia de investigación. 3d ed. Dinamarca: Romansk Institut-Aarhus Universitet, 1984 (1980).

The first edition published in Berlin (LAI, Lateinamerika-Institut der Freien Universitat Berlin), had much critical repercussion by original outline. Second edition, Denmark: University of Odense, 1981.

262. __________. La literatura en la sociedad de América Latina: modelos teóricos. 2d ed. Dinamarca: Romansk Institut-Aarhus Universitet, 1984.

263. Mañú Iragui, Jesús. Estructuralismo en cuatro tiempos: ensayos críticos sobre Darío, Cortázar, Fuentes y García Márquez. Caracas: Universidad Simón Bolívar, 1974.

264. Marco, Joaquín. La nueva literatura en España y América. Borges, Paz, Vargas Llosa, Donoso. Barcelona: Editorial Lumen, 1972.

265. Marichal, Juan. Cuatro fases de la historia intelectual latino-americana. (1810-1970). Madrid: Fundación Juan March y Ediciones Cátedra, 1978.

Present author's four lectures to the March Foundation (Madrid, January, 1978). 1. El designio Constitucional, de Moreno a Bolívar (1810-1830). 2. De Echeverría a Sarmiento: el liberalismo romántico (1837-1868). 3. De Martí a Rodó: el idealismo democrático (1870-1910). 4. De Martínez Estrada a Octavio Paz: el balance de una historia (1930-1970).

266. Marinello, Juan. Contemporáneos: noticia y memoria. Santa Clara: Universidad Central de las Villas, 1964.

Essays on: N. Guillén, and A. Hernández Catá.

267. __________. Literatura hispanoamericana: Hombres, Meditaciones. 2d ed. México: Universidad Nacional Autónoma de México, 1963 (1937).

Critical notes on: J. Martí, G. Mistral, J. C. Mariátegui, J. Varona, L. F. Rodríguez, P. Neruda, N. Guillén, Cuban poetry, Güiraldes (Don Segundo Sombra), J. E. Rivera (La Vorágine), R. Gallegos (Doña Bárbara), A. Acosta, and A. Carpentier.

268. __________. Meditación americana. Buenos Aires: Procyon, 1959.

Essays on: A. Carpentier, and others.

269. __________. Sobre el Modernismo. Polémica y definición. México: Universidad Nacional Autónoma de México, 1959.

Conclusion of a polemic with Manuel Pedro González on Modernism. Marinello underlines two principal topics: "lo esencial y dominante en el Modernismo es el impulso de superación a través de la forma novedosa, elaborada y distinta. La segunda gran nota privativa podría situarse la tendencia a rechazar lo español como inspiración, norma y dechado, y a aceptar las modalidades en boga en la Europa más avanzada singularmente en Francia," and remarks, "Se trata pues de una postura individualista y puesta hacia afuera. De ahí nacen el absentismo y el apoliticismo que dominan el momento modernista en Hispanoamérica" (pp. 12-14).

270. Martín, José Luis. Literatura hispanoamericana contemporánea con una

biografía amplia e índices. Río Piedras: Editorial Edil, 1973.

Divided into four parts: 1. Poesía, antes y después de Neruda. 2. Teatro del Río de la Plata y México, este último con Villaurrutia y Usigli. 3. Ensayo, antes y después de A. Reyes. 4. Narrativa, con enfoques social, realismo sicológico y mágico. Bibliography.

271. Martínez, José Luis. Unidad y diversidad de la literatura latinoamericana. México: Joaquín Mortiz, 1972.

A comprehensive study on the several topics of Spanish American literature.

272. Martínez, Olga Aída. Figuras literarias hispanoamericanas. México: Costa-Amic, 1972.

Contains: 1. Sor Juana Inés de la Cruz o la Décima musa. 2. Enfoques sobre la novelística hispanoamericana. I. Héroes en la novelística hispanoamericana del siglo XX. II. Tiempo-espacio. Formas y fondo del concepto. III. Aplicación de la teoría de los conceptos de Alejo Carpentier. IV. Julio Cortázar o la vigilia creadora. 3. Rubén Darío. 4. Divagaciones sobre poesía cubana: José Martí y Nicolás Guillén. 5. Lo fantástico en Leopoldo Lugones. 6. Miguel Angel Asturias o el mito en la narrativa meso-americana.

273. Matamoro, Blas, et al. Los escritores hispanoamericanos frente a sus críticos. Toulouse: Université de Toulouse-Le-Mirail, 1983.

Contains the papers from Coloquio Internacional, Toulouse, March 10-12, 1982. Blas Matamoro: "¿Qué es eso de la crítica literaria?." Fernando Moreno: "Lectura, crítica y comunicación." Nicasio Perera San Martín: "De algunas tentaciones y trampas de la crítica (En torno al discurso crítico sobre Florencio Sánchez)." Myriam Hilda Najt, María Victoria Reyzabal: "Crítica a la crítica desde la textualidad cortazariana." Mónica Mansour: "Estructuralismo y semiótica como instrumentos de la crítica." Helena Araújo: "¿Crítica literaria feminista?." Milagros Ezquerro: "Teoría y Ficción." Juan Octavio Prenz: "Literatura hispanoamericana, discurso crítico y traducción." Montserrat Ordóñez: "El computador como instrumento de investigación: una concordancia de Boquitas pintadas de Manuel Puig." Edmond Cros: Problemas de semántica textual en La muerte de Artemio Cruz." José Emilio Balladares Cuadra: "Los suplementos literarios: el caso de Nicaragua." Jacques Gilard: "Los suplementos literarios: el caso de Colombia." Ida Vitale: "Poesía y crítica: la dispersión y el límite." Raúl Dorra: "Morirás lejos: la ética en la escritura." Alber Bensoussan: "Función crítica y función "traduciente"." Antonio Melis: "El silencio de la crítica: la literatura hispanoamericana en Italia." Claude Fell: "Teoría y crítica de la creación literaria en Mario Vargas Llosa."

274. Maturo, Graciela, et al. Hacia una crítica literaria latinoamericana. Buenos Aires: F. García Cambeiro, 1976.

Contains: Graciela Maturo: "Sobre la reintegración de la crítica a la cultura latinoamericana." Gaspar Pío del Corro: "Reflexiones y esquemas de base para una crítica literaria latinoamericana." Zulma Palermo: "Función y sentido de la crítica literaria latinoamericana." Lida Aronne Amestoy: "Pautas para un enfoque arquetípico de la literatura." Elisa Calabrese: "Estructuralismo: ¿Pérdida o recuperación de sentido?." Eugenio Castelli: "Bases semióticas para una crítica hermenéutica." Graciela Ricci: "La búsqueda del sentido: cinco momentos y un método." Liliana Befumo: "Descubrimiento de la realidad latinoamericana." Norma Pérez Martín: "Crítica y creación." Gladys C. Marín: "Psicocrítica e investigación literaria." Marta Lena Paz: "La crítica teatral y América Latina."

275. __________. La literatura hispanoamericana: De la utopía al paraíso. Buenos Aires: F. García Cambeiro, 1983.

Contains: Introducción. El mito, fundamento y clave de la cultura. Luis de Tejeda y su peregrino místico. La lectura del mito en las letras latinoamericanas. La moderna novela latinoamericana: de la utopía al paraíso. Alquimia y profecía en el poema "Salamandra" de Octavio Paz. Sábato: la búsqueda de la salvación. Saverio el Cruel: el despertar del humillado. La polémica actual sobre el realismo mágico en las letras latinoamericanas. Notas sobre literatura hispanoamericana. Fantasía y realismo en la literatura. Yo el Supremo: la recuperación del sentido. Sobre Juan Larrea y el surrealismo hispanoamericano. De Luis de Tejeda a Juan Larrea a través de la doctrina del amor.

276. Mead, Robert G. Perspectivas interamericanas: literatura y libertad. New York: Las Américas, 1967.

Notes on C. Fuentes, M. González Prada, and others.

277. __________. Temas hispanoamericanos: Libertad intelectual, González Prada, Letras mexicanas y argentinas, Valor de la historiografía en la literatura hispanoamericana, Mariátegui, Panamericanismo. México: Ediciones de Andrea, 1959.

Studies that first appeared in reviews and periodicals published in the United States and Spanish America. Important monographs, interviews, reports on authors. Valuable ideological commentary in the chapter: González Prada prosista y pensador.

278. Meléndez, Concha. Asomante. Estudios hispanoamericanos. San Juan: Universidad de Puerto Rico, Instituto Hispanoamericano, 1943.

Collection of essays on: La presencia de Yunque y Asomante. Hostos y la naturaleza de América. El arte indio de Matilde Pérez. Antonio S. Pedreira: vida y expresión. España en el corazón de Pablo Neruda. Enseñanza de Andrés Bello.

279. __________. Figuración de Puerto Rico y otros estudios. San Juan: Instituto de Cultura Puertorriqueña, 1958.

Literary criticism and aesthetic studies on Puerto Rican social and political themes. Also includes essays on several writers: Margot Arce, Lola Rodríguez de Tió, Antonio S. Pedreira, Ana Roque de Duprey, Abelardo Díaz Alfaro, René Marqués, Enrique A. Laguerre, Luis Hernández Aquino, Jorge Isaacs, Miguel Angel Asturias, José Asunción Silva, José Martí, Gabriela Mistral, and Alfonso Reyes.

280. ________. Signos de Iberoamérica. México: Imprenta M. L. Sánchez, 1936.

Articles and critical notes on: A. Reyes, M. J. Othón, Sor Juana Inés, R. Güiraldes, J. E. Rivera, R. Gallegos, R. Darío, E. A. Laguerre, E. Varona, J. Marinello, and J. Mañach.

281. Miller, Ivette E., and Charles M. Tatum. Editors. Latin American Women Writers: Yesterday and Today. Pittsburgh, PA: Carnegie-Mellon University, 1977.

With an introduction by Yvette E. Miller, contains selected proceedings from the Conference on Women Writers from Latin American, March 15-16, 1975, sponsored by the Latin American Literary Review, Carnegie-Mellon University, Pittsburgh, PA.

Includes: "A Random Survey of the Ratio of Female Poets to Male in Anthologies: Less-Than-Tokenism as a Mexican Tradition," Beth Miller. "Women Intellectuals in Chilean Society," Martin C. Taylor. "Clorinda Matto de Turner and Mercedes Cabello de Carbonera: Societal Criticism and Morality," John C. Miller. "Life and Early Literary Career of the Nineteenth Century Colombian Writer," Soledad Acosta de Samper, and Harold E. Hinds, Jr. "Teresa de la Parra, Venezuelan Novelist and Feminist," Ronni Gordon Stillman. "Elena Poniatowska's Hasta no verte, Jesús Mío (Until I See you, Dear Jesus)," Charles M. Tatum. "María Angélica Bosco and Beatriz Guido: An Approach to Two Argentine Novelists Between 1960 and 1970," Esther A. Azzario. "Argentine Women in the Novels of Silvina Bullrich," Corina S. Mathieu. "Three Female Playwrights Explore Contemporary Latin American Reality: Myrna Casas, Griselda Gambaro, Luisa Josefina Hernández," Gloria Feiman Waldman. "Brechtian Aesthetics in Chile: Isidora Aguirre's Los Papeleros (The Garbage Collectors)," Eleanore Maxwell Dial. "A Thematic Exploration of the Works of Elena Garro," Gabriela Mora. "Nellie Campobello: Romantic Revolutionary and Mexican Realist," Dale E. Verlinger. "Feminine Symbolism in Gabriela Mistral's Fruta," Carmelo Virgilio. "Two Poets of America: Juana de Asbaje and Sara de Ibáñez," Celia de Zapata. "The Phenomenology of Nothingness in the Poetry of Julia de Burgos," Elpidio Loguna-Díaz. "Love and Death: The Thematic Journey of Julia de Burgos," Nelly D. Santos. "Short Stories of Lydia Cabrera: Transpositions or Creations?," Rosa Valdes-Cruz. Interview with Women Writers in Colombia, Raymond L. Williams. Women Poets: Silvia Barros, (translations by Robert Lima), Angela de Hoyos, (translations by Mireya Robles and Angela de Hoyos). Maya Islas, (translations by Robert Lima). Teresinha Pereira, (translations by Robert Lima), Mireya Robles, (translations by Angela de Hoyos. Olga Casanova-Sánchez, (translations by Robert Lima), Gladys Zaldivar, (translations by Arthur A. Natella and Elías L. Rivers), Iris Zavala, (translations by Digna Sánchez-Méndez and William T. Little).

282. Minc, Rose S. Editor. Literatures in Transition: The Many Voices of the Caribbean Area. A Symposium. Gattersburg, MA: Montclair State College, 1982.

Presents the material of the Fifth Convention on Spanish American Literature of Montclair State College, in March, 1982. Collection of the nineteen most important original contributions: Edmundo Desnoes: "El Caribe: Paraíso/Infierno." Luis R. Sánchez: "Nuevas canciones festivas para ser lloradas." Guillermo Cabrera Infante: "Lucho Gatica y La barca." Rafael Catalá on poets Manuel Navarro Luna, Clemente Soto Vélez and Pedro Mir; Germán Carrillo on Gabriel García Márquez; Oscar Montero on Severo Sarduy; Jaime Giordano on the bilingual. Juan G. Gelpi-Pérez: "Desorden frente a purismo: La nueva narrativa frente a René Marqués."

283. Molloy, Sylvia. La diffusion de la littérature hispano-américaine en France au XXeme siecle. París: Faculté des Letres et Sciences Humaines de Paris-Sorbonne, 1972.

Contains: Première Partie: De 1900 a 1920: "La decouverte," Rubén Darío. Deuxième Partie: De 1920 a 1940: "Les débuts d'un dialogue, Ricardo Güiraldes," "L'Américanisme de Valery Larbaud," "Le role des revues," "Jorge Luis Borges: la traduction de l'oeuvre de Borges en France." Troisième Partie: De 1940 a nos jours: "Le dialogue et l'échange," Jules Supervielle.

284. Monguió, Luis. Estudios sobre literatura hispanoamericana y española. México: Ediciones de Andrea, 1958.

Several essays on poetry: El concepto de la poesía en algunos poetas hispanoamericanos representativos. El negro en algunos poetas españoles y americanos anteriores a 1800. Un rastro del romance de "Fontefrida" en la poesía gauchesca. Recordatorio a Ricardo Jaimes Freyre. El origen de unos versos de "A Roosevelt." El corrido mexicano, canto de libertad. Muerte y poesía: España 1936-39, remarks on P. Neruda, and C. Vallejo. Other subjects are the critical works of A. Bello, E. Echeverría, P. Neruda, G. Valencia, A. Nervo, V. Huidobro, and R. Darío.

285. Moraña, Mabel. Literatura y cultura nacional en Hispanoamérica (1910-1940). Minneapolis, MN: Institute for the Study of Ideologies and Literature, 1984.

Includes: Introduction. Capítulo Uno: Crisis y Populismo en América Latina. I. Latinoamérica y la crisis mundial de 1929. II. Cambios Políticos: el Populismo. III. El Nivel Cultural. Capítulo Dos: Nacionalismo y Cultura Nacional en Hispanoamérica. I. Esencialismo nacionalista: el caso argentino. II. Indigenismo y Nacionalidad en el Perú. Capítulo Tres: Americanismo e Internacionalización. Capítulo Cuatro: Humanismo Burgués y Humanismo "Radical." Capítulo Cinco: Consideraciones Finales y Perspectivas: "Arte Nuevo." Realismo y Cultura Popular. Bibliography.

286. Olivera, Otto. Breve historia de la literatura antillana. México: Ediciones de Andrea, 1957.

Divided into four chapters. I. Los Orígenes (Siglos XVI-XVIII). A. Prosa: Crónica e Historia. Otros historiadores. B. Poesía: La poesía de Circunstancias. La poesía épica. La poesía lírica. C. Teatro. II. A. Poesía: La iniciación romántica. La plenitud del romanticismo. La poesía satírica y nativista. El romanticismo mesurado. La poesía civil. Otros poetas. B. Prosa: El costumbrismo y la tradición. La novela costumbrista. La novela antiesclavista. La novela alegórico-filosófica. La novela histórica. Otros narradores. El ensayo y la crítica. Otros autores. C. Teatro. III. Entre dos siglos (Décadas de 1880-1910). A. Poesía: Los precursores modernistas. Dos modernistas. Romanticismo rezagado y transición hacia el modernismo. Otros poetas. B. Prosa: El costumbrismo y la tradición. La novela y el cuento, realismo y naturalismo. La novela histórico-costumbrista. La narración artístico-psicológica. La narración satírica. Otros narradores. El ensayo y la crítica. Otros críticos y ensayistas. C. Teatro. IV. El período Contemporáneo. (Desde la década de 1910). A. Poesía: Los iniciadores. Poética de la pureza y la serenidad. La poesía negra. La poesía social. Trascendentalismo y metafísica. El nuevo criollismo poético. Otros poetas. B. Prosa: Tres maestros de la narración. La novela y el cuento realista. La novela y el cuento psicológico. Otros narradores. El ensayo y la crítica. Otros críticos y ensayistas. C. Teatro. Bibliografía General.

287. Orjuela, Héctor H. Literatura hispanoamericana. Ensayos de interpretación y de crítica. Bogotá: Publicaciones del Instituto Caro y Cuervo, 1980.

Contains: I. La periodización y el estudio de la literatura hispanoamericana: un nuevo planteamiento. I. Antecedentes: teoría generacional y periodización literaria. II. Hacia un nuevo planteamiento. Esquema de periodización de la literatura hispanoamericana. II. El carnero. I. Anticipos de la narrativa hispanoamericana. II. El autor. III. El carnero. IV. Estructura y plan de la obra. V. Historia y ficción. VI. Las historietas de El Carnero. VII. El carnero, libro único de la colonia. III. El antimodernismo de Carrasquilla. IV. Revaloración de una vieja polémica literaria: William Cullen Bryant y la oda Niágara de José María Heredia. V. José Martí y la invención de América. VI. Imagen de los Estados Unidos en la poesía de hispanoamérica: de la revolución cubana hasta el presente.

288. Ortega, José. Letras hispanoamericanas de nuestro tiempo. Madrid: J. Porrúa Turanzas, 1976.

Prologue by Antonio Ferrés. Contains: I. Estructura temporal y temporalidad en Pedro Páramo, de Juan Rulfo, temporalidad e historia. II. Pablo Neruda: la forja de un escritor social, bibliografía sobre Neruda y España. III. La temporalidad en cuatro relatos de Juan Carlos Onetti: El Pozo, Un sueño realizado, La casa en la arena, La cara de la desgracia. IV. De la contemplación a la praxis: Los Fundadores del Alba, de Renato Prada. V. Pedro Shimose, poeta comprometido. VI. Siete variaciones del juego realidad-imaginación en La increíble y triste historia de la cándida Eréndida y su abuela desalmada, de Gabriel García Márquez. VII. Octaedro, de Cortázar: ocho rutas de la ambiguedad. VIII. El arte del escamoteo en Borges: tiempo y realidad en Tlön, Uqbar, Orbis Tertius y El jardín de los senderos que se bifurcan.

289. Ortega, Julio. Convergencias / Divergencias / Incidencias. Barcelona: Tusquest, 1973.

Essays on: S. Sarduy, O. Paz, J. Cortázar, J. Lezama Lima, E. Rodríguez Monegal, C. Oquendo de Amat, F. Alegría, and S. Garmendia.

290. ___________. Figuración de la persona. Barcelona: Edhasa, 1971.

Essays on M. González Prada, W. Delgado, C. Oquendo de Amat, M. Adán, J. S. Chocano, C. Belli, J. M. Eguren, J. Cortázar, and N. Parra.

291. Paz, Octavio. Cuadrivivio: Darío, López Velarde, Pessoa, Cernuda. México: J. Mortiz, 1965.

292. ___________. In/Mediaciones. Barcelona: Seix Barral, 1979

El uso y la contemplación: Alrededores de la literatura hispanoamericana. ¿Es moderna nuestra literatura?. El arte de México: materia y sentido. El Más allá de Jorge Guillén. El Príncipe: el Clown. Elizabeth Bishop o el poder de la reticencia. El árbol de la vida. Piedras: reflejos y reflexiones. La mirada anterior. La pluma y el metate. Le con d'Irene. Un catálogo descabalado. El fin de las habladurías. Emilio Adolfo Westphalen: iluminación y subversión. Corazón de León y Saladino. La pregunta de Carlos Fuentes. Islas y puentes. Respuestas a Cuestionario -y algo más. Los dedos en la llama. Poesía para ver. Entre testigos. En blanco y negro. Pequeña divagación en torno a los hombres / bestias / hombres / bestias / hom.. El espacio múltiple. El diablo suelto. La invitación al espacio. Descripción de José Luis Cuevas. Joaquín Xirau Icaza. Sólido / Insólito.

293. Paz Castillo, Fernando. De la época modernista, 1892-1910. Caracas: Biblioteca Popular Venezolana, 1968.

Contains: Presentación. I. De la época modernista 1892-1910. El Cojo Ilustrado I. El Cojo Ilustrado II. Tres poetas: Rubén Darío, José Asunción Silva, José Asunción Silva y Miguel de Unamuno, Leopoldo Lugones. III. Ajenas voces nuestras: Salvador Díaz Mirón y la poesía Venezolana. Julián del Casal. Amado Nervo. De mucha significación. IV. Alboradas y Persistencias. El Humo de mi Pipa. V. Manuel Díaz Rodríguez. Don Juan Ramón Jiménez. Díaz Rodríguez y Maeterlinck. Rodó y El Cojo Ilustrado. Don León Lameda y Andrés Mata, Su Obra. Rafael Marcano Rodríguez. Eloy G. González y Ricardo Jaimes Freyre. VI. Pedro-Emilio Coll. Un Balance Literario de Comienzos de Siglo. El Pequeño Filósofo de Caracas I. El Pequeño Filósofo de Caracas II. En París, En Madrid. Al

Compás de los Recuerdos, El Castillo de Elsinor y José Tadeo Arreaza Calatrava, La Colina de los Sueños. VII. Amigos Cercanos: Pedro César Domínici, Luis Manuel Urbaneja Achelpohl, Rafael Benavides Ponce, Antonio Ramón Alvarez, Tulio M. Cestero, Enrique Gómez Carrillo. VIII. Entre Amigos Cercanos y Lejanos: Anatole France, Maurice Barrés, Seudónimos de Pedro-Emilio Coll. IX. Rufino Blanco-Fombona y Amigos. Trovadores y Trovas. Tres Poetas de su Predilección: Edmond Rostand, Unamuno y Blanco-Fombona. X. Bajo el Mismo Signo: Jesús Semprum, Mimí, Alejandro Fernández García, Santiago Key Ayala y Alejandro Romanace. Angel César Rivas y su Juventud Literaria. ¿Quo Vadis? y Rivas. Rafael Silva a través de El Cojo Ilustrado. Arreaza Calatrava, Alejandro Carías, Don Julio Calcaño y Alfredo Arvelo Larriva. Juan Duzán, un Poeta de la Vieja Caracas.

294. Pearsall, Priscilla. An Art Alienated Form Itself: Studies in Spanish American Modernism. Mississippi: University, Romance Monographs, 1984.

The critic explain his opinion: "for Modernism is necessarily both the interiorization and immediacy through which it is renewed, and the regressive vision which undermines it" (pp.9). This monograph is divided into three chapters: 1. Julián del Casal: Modernity and the Art of the Urban Interior. 2. Manuel Gutiérrez Nájera: Modernity and Destruction of the Romantic Angel Consolador. 3. Rubén Darío: Renewal and Tradition in Spanish American Modernism. Covers bibliography of works cited.

295. Pérus, Francoise. Literatura y Sociedad en América Latina: El Modernismo. 2d ed. La Habana: Casa de las Américas, 1976 (1970).

Contains: 1. Estructura social y producción intelectual. 2. Determinaciones y especificidad de las prácticas literarias. 3. El desarrollo del capitalismo en América Latina: 1880-1910. 4. Modernismo y sociedad: discusión de algunas hipótesis de interpretación. 5. La práctica poética de Rubén Darío.

296. Phillips, Allen W. Estudios y notas sobre literatura hispanoamericana. México: Editorial Cultura, 1965.

Includes five essays on three important modernist poets: J. Martí, R. Darío, and L. Lugones; and two others devoted to R. López Velarde, and J. L. Borges.

297. ________. Temas del modernismo hispánico y otros estudios. Madrid: Gredos, 1974.

Contains: I. Temas del Centenario de Rubén Darío. Nueva luz sobre Emelina. El oro de Mallorca: breve comentario sobre la novela autobiográfica de Darío. Releyendo Prosas profanas. II. Sobre Valle-Inclán, Flor de santidad: novela poemática de Valle-Inclán, III. Unas relaciones literarias, Rubén Darío y Valle-Inclán: historia de una amistad literaria. IV. Dos temas hispanoamericanos. V. Sobre dos poetas españoles, La tierra de Alvargonzález: verso y prosa, Antonio Machado; sobre la poética de García Lorca.

298. Pickenhayn, Jorge Oscar. Literatura siglo XX en el Río de la Plata. Treinta y seis ensayos sobre escritores de Argentina y Uruguay. Buenos Aires: Plus Ultra, 1984.

Commentaries on H. Quiroga, M. Fernández, R. Güiraldes, C. Reyles, J. de Viana, E. Banchs, J.L. Borges, A. Zum Felde, and others.

299. Picon Garfield, Evelyn. Women's Voices from Latin America. Detroit, MI: Wayne State University Press, 1985.

Interviews with six contemporary authors: A. Somers, G. Gambaro, J. Campos, E. Orphée, M. Traba, L. Valenzuela. Bibliographic notes.

300. ____________., and Ivan A. Schulman. "Las entrañas del vacío." Ensayos sobre la modernidad hispanoamericana. México: Cuadernos Americanos, 1984.

Includes: Palabras preliminares. Primera Parte: Hacia una teoría de la modernidad hispanoamericana. Capítulo I. La idea de lo moderno. Capítulo II. Historia y modernidad. Capítulo III. El espíritu de lo moderno. Segunda Parte. El escritor y las disyunciones de la modernidad. Capítulo IV. José Martí: el Ismaelillo y las prefiguraciones vanguardistas del modernismo. Capítulo V. Ibis y el motivo de la metamorfosis. Capítulo VI. Ricardo Güiraldes y la dialéctica del centro. Capítulo VII. Tradición y ruptura en Tres novelas ejemplares de Vicente Huidobro y Hans Arp.

301. Portuondo, José Antonio. La emancipación literaria de Hispanoamérica. La Habana: Casa de las Américas, 1975.

302. ____________. La historia y las generaciones. Santiago de Cuba: 1958.

Includes: Períodos y Generaciones en la historiografía literaria hispanoamericana. Esquema de las generaciones literarias cubanas.

303. Ramírez Molas, Pedro. Tiempo y narración: Enfoques de la temporalidad en Borges, Carpentier, Cortázar y García Márquez. Madrid: Gredos, 1978.

Essays on: El tiempo lineal. Borges, el precursor. El tiempo en el relato y el relato en el tiempo: Alejo Carpentier, Viaje a la semilla, Los pasos perdidos, La anagnórisis del instante, El siglo de las luces. Julio Cortázar, El perseguidor, El problema del tiemen El perseguidor, Rayuela, 62, modelo para armar. Gabriel García Márquez: Cien años de soledad.

304. Reid, John T. Spanish American Images of the United States, 1790-1960. Gainesville, FL: University of Florida Press, 1977.

The author surveys Spanish American views of United States society, politics, individual character, and customs. This essay is divided into three historical periods: 1790-1825, 1826-1890, 1891-1960. The sources vary: essays, travel literature, novels, historical writings and occasionally questionaires.

305. Ribeyro, Julio Ramón. La caza sutil. (Ensayos y artículos de crítica literaria). Lima: Editorial Milla Batres, 1976.

Several essays on European and Spanish American literature. Notes on: Los ríos profundos (Una novela de José María Arguedas). Arguedas o la destrucción de la Arcadia, and algunas disgresiones en torno a El otoño del patriarca.

306. Ricci Della Grisa, Graciela N. Realismo mágico y conciencia mítica. Buenos Aires: F. García Cambeiro, 1986.

The author explains the mythical cycles of Latin American prose fiction: "Los rasgos estructurales de la conciencia latinoamericana: la recurrencia del arquetipo de muerte y resurrección, el mestizaje; la aceleración de la función simbólico-sintética de la psique, resultado de una pluralidad étnica, cultura e histórica; la facilidad para aceptar lo maravilloso; la herencia mítico-religiosa europea, medio-oriental, africana y autóctona." Includes textual studies of L. Lugones, G. García Márquez, and M. Granata.

307. Rivera, Francisco. Inscripciones. Caracas: Fundarte, 1981

Notes and critical articles on Roberto Juarroz, José Emilio Pacheco, J. G. Cobo-Borda, Guillermo Meneses, José Donoso, Juan Calzadilla, and Alejo Carpentier.

308. Rodríguez, Ileana, and Marc Zimmerman. Editors. Process of Unity in Caribbean Society: Ideologies and Literature. Minneapolis, MN: Institute for the Study of Ideologies and Literatures, 1983.

Preface. Section I. Introduction: Towards a Theory of Caribbean Unity. 1. "The Literature of the Caribbean: Initial Perspectives," Ileana Rodríguez. 2. "Imperialism and Cultural Production in the Caribbean," Lisa Davis. 3. "The Unity of the Caribbean and its Literatures," Marc Zimmerman. Section II. The Caribbean: From the Perspective of the Social Sciences. "Introductory remarks," Stuart Schwartz. 1. "The Historical Unity of the Caribbean," Franklin Knight. 2. Discussion: Bases of Historical Conceptualization, Franklin Knight and discussants. a) Historical Models and Perspectives; b) The Place of Linguistics, Aesthetics and Literature; c) Towards a Synthesis. Section III. The Caribbean from the perspective of the Humanities. 1. "Towards a Theory of Caribbean Culture and a Holistic view of the Antilles," Roberto Márquez. 2. Language, Literature and the People of the Caribbean: A Commentary on Roberto Márquez' paper Maximilien Laroche; 3. Discussion: Bases of Caribbean Literary Conceptualization: Identity and Contradiction; Totality and Immigration; Roberto Márquez and discussants. Section IV. Caribbean Literatures in Function of a Theory of Unity. 1. "Towards a New History of Caribbean Literature," Ileana Rodríguez. 2. "Populism and Nationalism: Some Reservations," John Beverley. 3. "The Francophone Antilles and the Caribbean Struggle for Liberation," Guy Viet Levilain. 4. "Revolutionary Hope as Immanent Moment: The Writings of Wilson Harris," Sandra Drake. Section V. Final Commentaries. 1. Literature, Culture and Politics, Edward Baker and discussants; 2. Problems and Prospects, Hernán

Vidal, Lisa Davis, and Ileana Rodríguez.

309. Roffé, Reina. Espejo de escritores. Entrevistas con: Borges, Cortázar, Fuentes, Goytisolo, Onetti, Puig, Rama, Rulfo, Sánchez, Vargas Llosa. Hanover, NH: Ediciones del Norte, 1985.

Notes and prologue by Reina Roffé. Includes: Jorge Luis Borges, El memorioso. Juan Carlos Onetti, Un escritor. Julio Cortázar, Modelos para desarmar. Juan Rulfo, Infra-mundo. Carlos Fuentes, Estos fueron los palacios. Juan Goytisolo, La libertad de los parias. Manuel Puig, Del "kitsch" a Lacan. Mario Vargas Llosa, Maestro de las voces. Luis Rafael Sánchez, De la guaracha al beat. Angel Rama, Más allá de la ciudad letrada.

310. Rojas Manuel. De la poesía a la revolución. Santiago de Chile: Ercilla, 1938.

Essays on Chilean literature and important writers such as: H. Quiroga, J. Martí, and Alberto Edwards.

311. Ross, Waldo. Ensayos sobre geografía interior. Madrid: 1971.

Introduction by Robert Ricard. Includes: La soledad en la obra de Rómulo Gallegos. Meditación sobre el mundo de Juan Solito. Bolívar: El espíritu de la Carta de Jamaica. Itinerario de la muerte en José Asunción Silva. Dos momentos de la libertad de la pampa: William Henry Hudson y Ricardo Guiraldes. Santa Rosa de Lima y la formación del Espíritu hispanoamericano. Don Quijote y los símbolos estructurales del Martín Fierro. Alejo Carpentier o sobre la metamorfosis del tiempo.

312. ________. Problemática de la literatura hispanoamericana. Berlín: Coloquium Verlag, 1976.

Includes: Personificación de los sentimientos. Alí Lameda: Un mundo de sentimientos personificados. Miguel de Unamuno: El proceso dialéctico de la personificación. Vicente Huidobro: Las personificaciones generan la conciencia creadora del poeta. Jorge Luis Borges: La paligenesia de una personificación desmembrada. Costa Du Rels: La función teleológica de las personificaciones. Conclusión y orientación bibliográfica.

313. Sánchez, Luis Alberto. Balance y liquidación del Novecientos. Santiago de Chile: Ercilla, 1941.

Divided into twelve chapters: 1. Antesala del Modernimo. 2. El modernismo, hecho social. 3. "Melificó toda acritud del arte." 4. "A falta de Laureles." 5. Rodó, el guía. 6. Ariel y compañía. 7. Los Calibanes. 8. El anti-Proteo. 9. - 10. Estética del arielismo. 1. Religión, conversos y calculadores. 12. Balance y liquidación.

314. ________. Escritores representativos de América. 2d ed. Madrid: Gredos, 1976 (1964). 3 vols.

Vol. 1. Alonso de Ercilla y Zúñiga, Inca Garcilaso de la Vega, Bernardo de Balbuena, Pedro de Oña, Fr. Diego de Hojeda, Juan Ruiz de Alarcón y Mendoza, Francisco Núñez de Pineda y Bascuñán, Juan Espinosa Medrano "El Lunarejo," Carlos de Siguenza y Góngora, Sor Juana Inés de la Cruz, Don Pedro de Peralta, La Madre Castillo, Juan Bautista de Aguirre, Rafael Landívar, Manuel José de Lavardén, José Joaquín Fernández de Lizardi, José Joaquín de Olmedo, Andrés Bello. Vol. 2. José de la Luz y Caballero, Esteban Echeverría, Vicente Pérez Rosales, José Batres Montúfar, Domingo Faustino Sarmiento, Julio Arboleda, Juan Montalvo, Juan León Mera, Ricardo Palma, José Hernández, Ignacio Manuel Altamirano, Jorge Isaacs, Eugenio María de Hostos, Manuel González Prada, Manuel Acuña, José Martí. Vol. 3. Salvador Díaz-Mirón, Juan Zorrilla de San Martín, Tomás Carrasquilla, José Asunción Silva, Rubén Darío, José Enrique Rodó, Macedonio Fernández, José María Eguren, José Santos Chocano, Delmira Agustini, José Eustasio Rivera, Teresa de la Parra, J. Rubén Romero, César Vallejo, Vicente Huidobro, and L. Andrés Eloy Blanco.

315. ________. Historia comparada de las literaturas americanas: Desde los orígenes hasta el barroco. Del naturalismo neoclásico al naturalismo romántico. Del naturalismo al posmodernismo. Del vanguardismo a nuestros días. Buenos Aires: Losada, 1973-1976. 4 vols.

Comparative reference for Spanish American and United States literature, emphasizing the former.

316. ________. Lupa y atalaya. Ensayos (1923-1976). Madrid: Ediciones Cultura Hispánica, 1977 .

317. ________. Nueva historia de la literatura americana. Asunción: Editorial Guarania, 1950.

Edition revised and expanded from the original (1937), divided into four parts and thirteen chapters, and includes writers from the colonial period to 1944.

318. Sánchez Boudy, José. Modernimo y Americanismo. Barcelona: Bosch, 1970.

Valuable study on the trends.

319. Sánchez Trincado, José Luis. Literatura latinoamericana: siglo XX. Buenos Aires: A. Peña Lillo, 1964.

A comprehensive study on the topic.

320. Saz, Agustín del. Literatura iberoamericana. 2d ed. Barcelona: Juventud, 1978 (1961).

Includes: Indigenismo. Romanticismo y Naturalismo. El Modernismo Hispanolusoamericano. Novecentismo. Posmodernismo y Vanguardismo. Otros posmodernismo y Vanguardismo. Prosa narrativa moderna. Otros géneros literarios. La literatura iberoamericana desde la década de los sesenta.

321. Serra, Edelweis. El mensaje literario. Estudios estilísticos y semiológicos. Rosario, Argentina: Universidad Nacional de Rosario, 1979.

Contains: Introducción. 1. Leopoldo Lugones y el Canto Natal. 2. Función criollista del mito en Leopoldo Marechal: El Viaje de la Primavera. 3. Poesía y poética en Octavio Paz: I. Correspondencias entre poesía y ensayo. II. La poética en el poema. III. En el fuego del poema. 4. La estrategia del lenguaje en Historia Universal de la Infamia, de Jorge Luis Borges. 5. Estructura y estilo de la novela El acoso, de Alejo Carpentier: El simbolismo, Figuras de la narración, La descripción, El discurso interior. 6. Estructura y significado en Pedro Páramo, de Juan Rulfo: I. La organización narrativa, II. El aspecto fantástico, III. La perspectiva mítica, IV. La formulación expresiva, V. Nota final. 7. Narrema e isotopía en Cien años de soledad, de Gabriel García Márquez: El narrema, 1.1. Narremas temporales, 1.2. Narremas espaciales, 1.3. Narremas hiperbólicos, 1.4. El narrema visionario, 1.5. Narremas simbólicos e imágenes mítico-simbólicas; 2.1. La isotopía de la soledad, 2.1.2. Los actuantes de la soledad, 2.1.3. Remedios, la bella, 2.1.4. Invariante de la soledad. Bibliografía selectiva.

322. Silva Castro, Raúl. El Modernismo y otros ensayos literarios. Santiago de Chile: Nascimento, 1965.

Valuable study on: "El modernismo y Rubén Darío."

323. Subero, Efraín. El problema de definir lo hispanoamericano. Caracas: Universidad Católica Andrés Bello, Instituto Humanístico de Investigación, 1974.

Selected bibliography on the subject with 400 items.

324. ___________. Literatura del subdesarrollo. Caracas: 1977

Overview on the topic.

325. Tamayo Vargas, Augusto. Literatura en hispanoamérica. Lima: Ediciones Peisa, 1973. 2 vols.

Comprehensive coverage of Spanish American literature.

326. Torre, Guillermo de. Claves de la literatura hispanoamericana. Madrid: Tauro, 1959.

Essays demonstrating the important connection between Spanish and Spanish American literature. Author explains (pp. 33): "Este mestizaje de elementos constitutivos se nos aparece como un común denominador, como la constante más definitoria de las letras hispanoamericanas."

327. ___________. Tres conceptos de la literatura hispanoamericana. Buenos Aires: Losada, 1963.

Includes: Diálogo de literaturas. Tres conceptos de la literatura hispanoamericana. Visita a Alfonso Reyes y panorama de sus obras completas. Aproximaciones de Gabriela Mistral. Victoria Ocampo, memorialista. Una carta-autobiografía de Ricardo Güiraldes. El universo novelesco de Eduardo Mallea. La polémica del creacionismo. Huidobro y Reverdy. Reconocimiento crítico de César Vallejo. Poesía negra de Luis Palés Matos. La poesía de Clara Silva. Marta Brunet y su narrativa chilena. Dos novelas venezolanas de Miguel Otero Silva. El ensayo americano y algunos ensayistas. Breve desfile de críticos literarios. Larra en América.

328. Torrealba Lossi, Mario. _Temas literarios hispanoamericanos_. Caracas: Tipografía Vargas, 1960.

Contains twelve essays on several subjects including Sor Juana, Rómulo Gallegos, and social poetry.

329. Torres Fierro, Danubio. _Memoria plural. Entrevistas a escritores latinoamericanos_. Buenos Aires: Sudamericana, 1986.

The author interviews: J. Bianco, A. Bioy Casares, J. Cabral de Melo Neto, G. Cabrera Infante, H. de Campos, J. Edwards, S. Elizonso, C. Fuentes, A. Girri, E. Molina, O. Orozco, M. Puig, E. Sábato, S. Sarduy, and M. Vargas Llosa.

330. Torres-Ríoseco, Arturo. _Aspects of Spanish-American Literature_. Seattle, WA: University of Washington Press, 1963.

Essays on: J. E. Rodó, and the literary influence of the United States on Spanish American literature and contemporary novelists.

331. ___________. _Ensayos sobre literatura latino-americana_. 2d ed. México: Tezontle, 1959 (1953).

Several essays and articles on: Teatro indígena en México. Tres dramaturgos mexicanos del período colonial (H. González de Eslava, J. Ruiz de Alarcón, Sor Juana Inés). Las teorías poéticas de Poe y el caso de José Asunción Silva. _Los Raros_ (R. Darío). Categorías literarias. De la novela en América (_Don Segundo Sombra_). La evolución social y la novela en México. El humorismo en la literatura hispanoamericana. José Santos Chocano. Consideraciones acerca del pensamiento hispanoamericano. Apuntes sobre el estilo y carácter de Manuel González Prada. Ricardo Jaimes Freyre. Xavier Villaurrutia.

332. ___________. _Expressão literaria do Novo Mundo_. Río de Janeiro: Editora Brasileira, 1945.

Translated from Spanish to Portuguese by Valdemar Cavalcanti. Contains: Comments on: Euclides da Cunha, Sor Juana Inés de la Cruz, José A. Silva, José Hernández, Rubén Darío, J. E. Rodó, José Castro Alves, J. de Ibarbourou, Pablo Neruda, D. F. Sarmiento, Jorge Isaacs, and Machado de Assís.

333. ___________. _Historia de la literatura iberoamericana_. New York:

Las Américas, 1965.

Manual on Spanish American and Brazilian literatures, from their origins to the mid-20th century.

334. __________. La gran literatura iberoamericana. 2d ed. Buenos Aires: Emecé, 1951 (1945).

Translation of the original into English: The Epic of Latin American Literature (1942). (See item 338.)

Divided into six chapters: 1. Los siglos coloniales. 2. La rebelión romántica en Hispanoamérica. 3. La poesía Hispanoamericana y el Modernismo. 4. La literatura gauchesca. 5. La novela Hispanoamericana. 6. La literatura Brasileña. Notes and bibliography in each chapter.

335. __________. New World Literature. Tradition and Revolt in Latin America. 3d ed. Berkeley and Los Angeles, CA: University of California Press, 1970 (1949).

Covers several chapters of Spanish American literary history. Colonial Culture. Sor Juana Inés de la Cruz. Independence and romanticism. Martín Fierro (J. Hernández). The influence of French Culture. A re-evaluation of R. Darío, J. E. Rodó. Social Poetry. The Poetry of the Future. The Parallel between Brazil and Spanish American Literature.

336. __________. Nueva historia de la gran literatura iberoamericana. 7th ed. Buenos Aires: Emecé, 1972 (1945).

Includes history and criticism from the colonial period to the first half of the 20th century.

337. __________. Panorama de la literatura iberoamericana. Santiago de Chile: Zig-Zag, 1964.

Contains a collection of critical essays on literary movements in Spanish America and Brazil works arranged in chronological order from colonial period to contemporary writers.

338. __________. The Epic of Latin American Literature. 3d ed. Berkeley, CA: University of California Press, 1970 (1942).

Original version of La gran literatura iberoamericana (1945). (For a table of contents see item 334).

339. Ugarte, Manuel. Escritores iberoamericanos de 1900. 2d ed. México: Editorial Vértice, 1947 (1943).

Interesting information on the period with various commentaries on important contemporary writers including: D. Agustini, F. Contreras, J. S. Chocano, R. Darío, E. Gómez Carrillo, J. Ingenieros, L. Lugones, A. Nervo, B. Roldán, F. Sánchez, A. Storni, and J. M. Vargas Vila.

340. Valbuena Briones, Angel. Literatura Hispanoamericana. 4th ed. Barcelona: Gustavo Gili, 1973 (1962).

Manual divided into thirty chapters with notes and bibliography at the end of each chapter.

1. Epica e historia. 2. La epopeya en Chile. 3. Garcilaso de la Vega, El Inca. 4. El Barroco, Arte Hispánico. 5. La poesía barroca de Balbuena. 6. El teatro de Ruiz de Alarcón. 7. La poesía de Valle Caviedes, síntesis criolla del estilo barroco. 8. El culteranismo de Sigüenza y Góngora. 9. Sor Juana Inés de la Cruz, erudita de la poesía. 10. El romanticismo en Hispanoamérica. 11. La novela sentimental. 12. La poesía gauchesca. 13. El modernismo. 14. Rubén Darío, apóstol del modernismo. 15. El lugar de Amado Nervo en el modernismo. 16. La poesía de Leopoldo Lugones. 17. El estilo de Herrera y Reissig. 18. La novela naturalista en el modernismo. 19. La novela modernista. 20. Evolución de la narración argentina de temas nativos hasta Don Segundo Sombra. 21. La novela de la revolución mejicana. 22. Tres incursiones en la novela de Rómulo Gallegos. 23. El análisis psicológico en la novela de Eduardo Barrios. 24. El arte de José Eustasio Rivera. 25. El verso quemante de Gabriela Mistral. 26. La personalidad poética de César Vallejo. 27. El tema negro en la poesía antillana. 28. La aventura poética de Pablo Neruda. 29. Consideraciones sobre la literatura hispanoamericana contemporánea. 30. El camino de América.

341. Valdivieso, Jaime. Realidad y ficción en Latinoamérica. México: J. Mortiz, 1975.

Includes: I. Realidad y Ficción. Literatura y realidad. Antropomorfismo y lenguaje. Distanciamientos y aproximaciones. La literatura: una investigación de la realidad. Literatura, dolor y enfermedad. Frialdad y pasión del acto literario. Técnica de novelar y realidad. Tres modos descriptivos. El escritor, sus mentiras y un fondo insobornable. Novela y decadencia. La vieja "inspiración" y la nueva "torre de Marfil." De lo literario y lo extraliterario. II. El escritor en Latinoamérica. Literatura y fundación. El escritor y la voz de la tierra. Literatura y publicidad. Nuestra lengua. Realidad mágica y realidad fantástica. Universalidad y mito. El dilema latinoamericano. El escritor como desmitificador. Literatura y unidad latinoamericana. Conclusiones finales: telurismo y metafísica. III. Tres poetas. Neruda: misión y poesía, La voz de la tierra. El "gran Meaulnes" y un libro sobre los pájaros de Chile, La vega Central y la revelación del hombre, Un testamento ideológico. Gabriela Mistral: hija de árbol. Vicente Huidobro o la Trampa de la invención. IV. Algunos narradores. Carpentier y Cortázar: dos visiones de un mundo en crisis. Lezama Lima: un alquimista de la novela. Manuel Rojas o una nueva mirada. Carlos Sepúlveda Leyton: un precursor desconocido.

342. Valenzuela, Víctor M. Anti-United State Sentiment in Latin American Literature and Other Essays. Bethlehem, PA: 1982.

Essay carefully written on Spanish-American literary works critical of the United States. Covers: R. Darío, G. Mistral, M. A. Asturias, J. J. Arévalo, R. Latcham, C. Vallejos, and P. Neruda.

343. ______. Contemporary Latin American Writers. New York: Las Américas, 1971.

Contains: I. Introduction. II. Existentialism and the Contemporary Latin American Novel. III. A Puerto Rican Play: The Oxcart by René Marqués. IV. Jorge Luis Borges and his World of Labyrinths. V. Nicanor Parra: An Antipoet Poet. VI. João Guimarães Rosa: Notes on The Devil to Pay in the Backlands.

344. ______. Ensayos sobre literatura hispanoamericana. Pittsburgh, PA: Latin American Press, 1978.

345. ______. Grandes escritoras hispanoamericanas. Bethlehem, PA: Lehigh University, 1974.

Includes: Introducción. Sor Juana Inés de la Cruz. Dos poetisas uruguayas: Delmira Agustini y Juana de Ibarbourou. Gabriela Mistral: Premio Nobel. Clorinda Matto de Turner: Aves sin nido. Marta Brunet. María Luisa Bombal: La amortajada. Otras novelistas contemporáneas. Conclusión: Otras novelistas hispanoamericanas y sus obras.

346. ______. Hombres y temas de Iberoamérica. New York: Las Américas, 1959.

Several essays previously published in literary reviews on the contemporary writers: A. Reyes, M. Brunet, G. Mistral, and others.

347. Virgillo, Carmelo, and Naomi Lindstrom. Editors. Woman as Myth and Metaphor in Latin American Literature. Colombia, MO: University of Missouri Press, 1985.

Introduction. Archetypal criticism. 1. "The Archetype of Psychic Renewal in La vorágine," by Richard J. Callan. 2. "Soledade-Persephone: A Cyclical Myth in A Bagaceira," by Fred P. Ellison. Discourse analysis. 3. "Visual and Verbal Distances in the Mexican Theater: The Plays of Elena Garro," by Sandra Messinger Cypess. 4. "Narrative Persona in Eva Perón's La razón de mi vida," by David William Foster. The making and unmaking of myth. 5. "The Female Persona in the Spanish American Essay: An Overview," by Peter G. Earle. 6. "The Presence of Woman in the Poetry of Octavio Paz," by Ann Marie Remley Rambo. Myth and culture. 7. "Recovering the Lost Erotic Priestess of Caribbean Tradition," by Matías Montes Huidobro. 8. "From Dusky Venus to Mater Dolorosa: The Female Protagonist in the Cuban Antislavery Novel," by Lorna V. Williams. Myth as language. 9. "Woman as Metaphorical System: An Analysis of Gabriela Mistral's Poem "Fruta"," by Carmelo Virgillo, 10. "Arlt's Exposition of the Myth of Woman," by Naomi Lindstrom. Folk-popular culture. 11. "Women, Men, and Ambivalence within the Brazilian "Literatura de Cordel," by Candace Slater. Select Bibliography.

348. Volek, Emil. Cuatro claves para la modernidad: Análisis semiótico

de textos hispánicos. Aleixandre, Borges, Carpentier, Cabrera Infante. Madrid: Gredos, 1984.

Essay on four important contemporary writers. Contains: Aleixandre's surrealist poetry, Borges, "El arte narrativo y la magia," Carpentier, Los pasos perdidos, and Cabrera Infante, Tres tristes tigres.

349. Yates, Donald A., et al. Editor. Otros Mundos, Otros Fuegos. Fantasía y Realismo Mágico en Iberoamérica. East Lansing, MI: Michigan State University, Latin American Studies Center, 1975.

(Memoria del XVI Congreso del Instituto Internacional de Literatura Iberoamericana, 1973). A landmark compilation of critical essays. Contains: Sesión Inaugural. Emir Rodríguez Monegal: "Realismo mágico vs. literatura fantástica: un diálogo de sordos." I. Fantasía y realismo mágico. Enrique Anderson Imbert: "Literatura fantástica, Realismo mágico y Lo real maravilloso." Z. Nelly Martínez: "Realismo mágico y lo fantástico en la ficción hispanoamericana contemporánea." Arturo A. Fox: "Realismo mágico y algunas consideraciones formales sobre su concepto." Celia Zapata: "¿Realismo mágico o cuento fantástico." Lucila Inés Mena: "Fantasía y realismo mágico." Peter G. Earle: "Muerte y transfiguración del realismo mágico." Raquel Chang Rodríguez: "Realidad y fantasía en El Carnero." Evelyn U. Irving: "Rafael Arévalo Martínez: Un hombre fantástico y su literatura fantástica." Margaret Peden: "The World of the Second Reality in Three Novels by Carlos Fuentes." Mario Ruiz: "El caso de la venganza del Azar: Anderson Imbert y su mundo fantástico." María Elvira Bermúdez: "La fantasía en la literatura mexicana." Marta Gallo: "Realismo mágico en Pedro Páramo." Antonio J. Ciccone: "La reencarnación sobrenatural como elemento fantástico en Los días enmascarados de Carlos Fuentes." Alicia Borinsky: "Plan de evasión de Adolfo Bioy Casares: la representación de la representación." Edelweis Serra: "Conjunción de realidad y fantasía en La noche boca arriba de Julio Cortázar." Octavio Corvalán: Horacio Ponce, un nombre para la historia de la nueva narrativa." II. Ciencia ficción y lo macabro. Richard Reeve: "La ciencia ficción: hacia una definición y breve historia." Marvin D'Lugo: "Frutos prohibidos: la fantaciencia rioplatense." A. Owen Aldridge: "The Vampire Theme in Latin America." George O. Schanzer: "Un caso de vampirismo satírico: Mujica Láinez." III. Homenaje a Jorge Luis Borges y a Pablo Neruda en sus 50 años. Augusto Tamayo Vargas: "Jorge Luis Borges entre los grandes transformadores de la literatura hispanoamericana de este siglo." Didier T. Jaen: "The Master Game y la literatura fantástica de Borges." Juan Loveluck: "Crepusculario en su medio siglo." Carlos Cortínez: "Fidelidad en Neruda a su visión residenciaria." Luis Sáinz de Medrano: "El último Neruda." Eliana S. Rivero: "Fantasía y mito en la obra de Pablo Neruda: La espada encendida." Mireya Jaimes Freyre: "Neruda, poeta revolucionario." IV. Literatura cubana. Rosa Valdés Cruz: "El realismo mágico en los cuentos negros de Lydia Cabrera." Gerald Langowski: "Los pasos perdidos." Surrealist Concept of Le merveilleux." Ramón García Castro: "Dos cuentos de Alejo Carpentier: Los elegidos y El derecho de asilo." Roberto González Echevarría: "Carpentier y el realismo mágico." Seymour Menton: "Antonio Benítez y el realismo mágico en la narrativa de la revolución cubana." Alberto Gutiérrez de la Solana: "La crítica y la investigación literaria de la diáspora cubana." V. Literatura chicana. Luis Dávila: "Chicano Fantasy Through a Glass Darkly." Frank Pino, Jr.: "Realidad y fantasía en Y no se lo tragó la tierra de Thomas Rivera." Guillermo Rojas: "Alurista, Chicano Poet, Poet of Social Protest." Nicolás Kanellos: "La Llorona de Alurista." Pedro J. Bravo Elizondo: "El teatro chicano." VI. Problemas de traducción. Suzanne Jill Levine: "On Translating Severo Sarduy's Cobra." Roberto González Echeverría: "Sarduy en traducción." Alfred J. Mac Adam: "Translation as Metaphor." VII. Problemas de crítica literaria. Mireya Camurati: "Fantasía folklórica y ficción literaria." Arturo Jasso: "Algunos problemas de la crítica literaria mexicana." Theodore W. Jensen: "El pitagorismo en Las fuerzas extrañas de Lugones." Alfred J. Mac Adam: "Narrativa y metáfora: una lectura de La invención de Morel." Carlos J. Cano: "El 'hombre nuevo' de Rayuela, ¿Marx o McLuhan?." VIII. Mesa redonda. Luis Harss: "Macondo huevo filosófico." IX. Temas generales. E. Dale Carter, Jr.: "El doble en Rayuela: Retrato de conflicto síquico." Juan Carlos Ghiano: "Una ceremonia mágica en la composición de Facundo." Margaret McClear: "The Myth of Sisyphus is Asturias Mulata de Tal." Kurt Levy: "¿Arranco de nuevo Mejía Vallejo?." Carmelo Gariano: "Lo medieval en el cosmos mágico fantástico de García Márquez." Hugo J. Verani: "Juan Carlos Onetti y la creación literaria." Teresinha Alves Pereira: Rayuela e A Maça no Escuro: duas montagens de realismo mágico." León F. Lyday: "O Tunel and Vamos Soltar os Demonios" Días Gomes Two Newest Plays." Alyce de Kuehne: "Cuzzani: The Contribution of a Playwright to the Fantastic Literature of Argentina." Gerald Head: "El castigo de Toribio Aldrete y la estructura de Pedro Páramo." Isis Quinteros: "Un camino de interferencias en el realismo de José Donoso." Marta Morello Frosch: "El realismo integrador de Siete lunas y siete serpientes de Demetrio Aguilera Malta." Katalin Kulin: "Orden de valores en el mundo de Cien años de soledad." Mary E. Davis: "Julio Cortázar: The Magic Chessboard." Lucía Fox: "La penumbra mágica y los protagonistas de Rayuela y Sobre héroes y tumbas." Luis Quesada: "Tema y estilo en Fuera del juego." Eduardo Neale Silva: "Muro occidental - Miniestampa de César Vallejo." George Melnykovich: "La metáfora tensiva en Carlos Pellicer."

350. Yurkievich, Saúl. A través de la trama. Sobre vanguardias literarias y otras concomitancias. Barcelona: Muchnik Editores, 1984.

Contains: Sobre la vanguardia literaria en América Latina. El sujeto transversal o la subjetividad caleidoscópica. La lengua llamando sus adentro. Residencia en la tierra: paradigma de la primera vanguardia. Estética de lo discontinuo y fragmentario: el collage. El relato limítrofe. 62, Modelo para armar enigmas que desarman. Salir a lo abierto. Contar y cantar: Julio Cortázar y Saúl Yurkievich entrevistados por Pierre Lartigue. Borges/Cortázar: mundos y modos de la ficción fantástica. Borges: del anacronismo al simulacro. La resta o el arresto. La ficción somática. Esa glotonería políglota de Larva. José Lezama Lima: la risueña oscuridad o los emblemas emigrantes. Para dar en el blanco. Alberto Girri: fases de su creciente. Los disparadores poéticos. Salvador Tenreiro: Conversación con Saúl Yurkievich.

351. __________. La confabulación con la palabra. Madrid: Taurus, 1978.

Julio Cortázar: al unísono y al dísono. Eros Ludens (juego, amor, humor según Rayuela). Los tanteos mánticos de Julio Cortázar. De pameos por meopas a poemas. Nueva refutación del cosmos. Mundo moroso y sentido errático en Felisberto Hernández. En el hueco voráz de Onetti. El salto por el ojo de la aguja. El génesis oceánico. José Lezama Lima: el eros relacionable o la imagen omnívoda y omnívora. Alberto Girri: la elocuencia de la lucidez. De lo lúcido y lo lúdico. Roque Dalton: en las bocacalles de la historia. Por los resistentes maniluvios. La pluralidad operativa. Vueltas y revueltas de nuestra poesía. Crítica de la razón lingüística. La confabulación con la palabra.

Poetry

352. Aldaya, Alicia G. R. Tres poetas hispanoamericanos: Dulce María Loynaz, Jaime Torres Bodet, José Martí. Madrid: Playor, 1978.

Prologue by Hilda Perera. Contains: Don Jaime Torres Bodet sin tregua: el tiempo y el poeta. Bibliografía. De la negación a la afirmación: "Eros" y "Agape" en"versos" de Dulce María Loynaz. Amor y dolor en Poemas sin nombre de Dulce María Loynaz. Bibliografía. José Martí: temas más frecuentes en su poesía. En torno a Flores del Destierro y Versos varios. Los poemas de la Edad de Oro. Bibliography.

353. Arango, Manuel Antonio. Tres figuras representativas de Hispanoamérica en la generación de vanguardia o literatura de post-guerra. Bogotá: Editorial Prócer, 1967.

Essays on: P. Barba Jacob, C. Vallejo, and A. Reyes.

354. Argüello, Santiago. Modernismo y modernistas. Guatemala: Tipografía Nacional, 1935. 2 vols.

Contains: Vol. 1. ¿Tiene América literatura propia?. El modernismo en su evolución. M. Gutierrez Nájera, J. A. Silva, R. Blanco Fombona, precursores. Vol. 2. R. Darío ("encarnación del modernismo"), A. Nervo, El modernismo en Guatemala y R. Arévalo Martínez.

355. Bajarlía, Juan Jacobo. Literatura de vanguardia del Ulises de Joyce y las escuelas poéticas. Buenos Aires: Editorial Araújo, 1946.

Essay with commentaries on: J. Herrera y Reissig, R. Jaimes Freyre, F. L. Bernárdez, and other poets.

356. __________. El vanguardismo poético en América y España. Buenos Aires: Perrot, 1957.

Several essays on Spanish and Spanish American poets.

357. Bellini, Giuseppe. P. Neruda e altri saggi sulla poesia ispanoamericana. Milano: La Goliardica, 1966.

The most important among several essays: "Traiettoria poetica di Gabriela Mistral," and "La poesia di Neruda (dalle origini a Extravagario)."

358. Beltrán Guerrero, Luis. Modernismo y modernistas. Caracas: Academia Nacional de la Historia, 1978.

Valuable essay on the "modernismo."

359. Benedetti, Mario. Compiler. Los poetas comunicantes. Montevideo: Biblioteca de Marcha, 1972.

Includes: Una hora con Roque Dalton. Nicanor Parra o el artefacto con laureles. Jorge Enrique Adoum y su Ecuador amargo. Ernesto Cardenal: evangelio y revolución. Carlos María Gutiérrez: el poeta que vino del periodismo. Gonzalo Rojas y su poesía activa. Eliseo Diego y su brega contra el tiempo. Fernández Retamar o las preocupaciones de un optimista. Juan Gelman y su ardua empresa de matar la melancolía. Idea Vilariño: el amor y la muerte, esas certezas.

360. Blanco Fombona, Rufino. El modernismo y los poetas modernistas. Madrid: Mundo Latino, 1929.

Personal view of the principal modernist poets: R. Darío, S. Díaz Mirón, M. Gutiérrez Nájera, A. Nervo, E. González Martínez, J. A. Silva, G. Valencia, J. S. Chocano, R. Jaimes Freyre, J. E. Rodó, J. Herrera y Reissig, and L. Lugones.

361. Borello, Rodolfo A. et al. Trayectoria de la poesía gauchesca. Buenos Aires: Plus Ultra, 1977.

Contains four essays on the topic: "La primitiva poesía gauchesca y Bartolomé Hidalgo," por Horacio Jorge Becco. "Introducción a la poesía gauchesca," por Rodolfo Borello. "La culminación de la poesía gauchesca," por Adolfo A. Prieto. "La poesía gauchesca de Hidalgo a Ascasubi," por Félix Winberg.

362. Brenes Mesén, Roberto. Crítica americanista. San José: 1936.

Several commentaries on: L. Lugones, J. Martí, G. Mistral, J. Herrera y Reissig, R. H. Valle, A. Guillén, and J. de Ibarbourou.

363. Brotherston, Gordon. Latin American Poetry, origins and presence. Cambridge: Cambridge University Press, 1975.

1. Introduction. 2. Vernacular American (discussion of "negroide" literature). 3. The Great Song of America. 4. Modernism and Rubén Darío. 5. Brazilian Modernism. 6. Precedent, Self and Communal Self: Vallejo and Neruda. The Traditions of Octavio Paz and Modern Priorites .

364. Bueno, Raúl. Poesía hispanoamericana de vanguardia. Procedimientos de interpretación textual. Lima: Latinoamericana Editores, 1985.

Contains: El uso poético del lenguaje. 1. El lenguaje poético. 2. La función poética. 3. Breve análisis de la función poética. 4. Sobre el mundo representado y su decurso: el relato. 5. Final. Vallejo y la exactitud poética. Dos ejemplos. Borges y la fobia crepuscular. 1. La metáfora mítica. 2. La metáfora práctica. 3. Los acordes del paisaje. 4. La estructura binaria del sentido. 5. Apoteosis de la noche (intertexto y pre-texto). 6. Nueva lectura de Ultimo rojo sol. El análisis semio-narrativo de textos líricos. 1. Bases semiológicas: el estatuto poético de la poesía. 2. Primer ejemplo (García Lorca). 3. Segundo ejemplo (Cardenal). Para la interpretación del poema vanguardista. 1. El tiempo disuelto en el mar. 2. Tiempo humano versus tiempo total. 3. El juego de las metáforas. 4. Realidades más o menos distantes. 5. Un desvanecimiento de perfumes y razas. 6. Hacia el proyecto ideológico. Interpretación del poemario. 1. Primer informe sobre nuestro modelo crítico. 2. El poemario y su hablante básico: dos categorías operativas. 3. El sentido como corriente contínua. 4. El objeto-poemario, primeras operaciones descriptivas. 5. El anuncio: primer rodeo del sentido. 6. Las grandes redes asociativas. 7. Sobre la enunciación ficticia. 8. El poeta y su amada. 9. Un operador divino: la amada. 10. Ideología de la naturalización. 11. Elogio de la locura. 12. Breve recuento de nuestro modelo crítico. Bibliography.

365. Bullrich, Santiago. Recreación y realidad en Pisarello, Gelman y Vallejo. Buenos Aires: Jorge Alvarez, 1963.

366. Cansinos Assens, Rafael. La nueva literatura. III. La Evolución de la poesía, (1917-1927). Colección de estudios críticos. Madrid: Editorial Páez, 1927.

Essays on several poets. Articles on Borges and Chocano especially important. Includes: R. Darío, A. Nervo, L. G. Urbina, R. Blanco Fombona, A. A. Vasseur, J. Herrera y Reissig, V. Huidobro, A. Capdevila, M. Ugarte, J. S. Chocano, E. González Lanuza, J. L. Borges, and C. Mastronardi.

367. Carrera Andrade, Jorge. Reflections on Spanish-American Poetry. New York State University of New York Press, 1973.

Translated by Don C. Bliss, and Gabriela de C. Bliss. 1. Spanish-American originality. 2. Poetry and Society in Spanish America. 3. Trends in Spanish American Poetry (Twentieth century). 4. Decade of my poetry. 5. Poetry of reality and utopia.

368. Castagnino, Raúl H. Imágenes modernistas. Buenos Aires: Editorial Nova, 1967.

Studies on R. Darío, R. Blanco Fombona, A. Nervo, and R. del Valle Inclán.

369. Charpentier, Oscar S. Itinerario de la poesía pura. De Poe a Neru-

da a través de las escuelas de vanguardia. Buenos Aires: Ediciones Madrid, 1965.

370. Cometta Manzoni, Aída. El indio en la poesía de América española. Buenos Aires: Joaquín Torres editor, 1939.

A comprehensive chronological study of the topic covering poetry from Ercilla to the contemporaries. Divided into three chapters: 1. Período literario hispanoamericano o colonial. 2. Período literario hispanoamericano o cosmopolita. 3. Período literario indoamericano o nacional.

371. Cuadra, Pablo Antonio. Torres de Dios. Ensayos sobre poetas. Managua: Academia Nicaraguense de la Lengua, 1958.

Contains five essays with valuable information on several poets. 1. Dos mares y cinco poetas (C. Vallejo, P. Neruda, R. Molinari, O. Paz, and J. Pasos). 2. Sor Juana Inés de la Cruz y el drama del Barroco americano. 3. Introducción al pensamiento vivo de Rubén Darío. 4. Azarías H. Pallais y la presentación de su voz. 5. Los poetas en la torre (Memorias del movimiento de Vanguardia).

372. Dibicki, Andrew. Poetas hispanoamericanos contemporáneos. Puntos de vista, perspectiva, experiencia. Madrid: Gredos, 1976.

Contains: 1. Punto de vista y experiencia en los Versos sencillos de José Martí. 2. El hablante y la poetización de la tragedia humana en la obra lírica de César Vallejo. 3. Los cambios de enfoque, la ironía y la complejidad vital en poemas de Jorge Luis Borges. 4. La originalidad de Carlos Pellicer: perspectiva y significado en su poesía. 5. Transformación y vitalidad del mundo material en dos libros de Pablo Neruda. 6. Xavier Villaurrutia: recursos verbales y valores afectivos. 7. El trasfondo filosófico y la experiencia poéticas en obras de Octavio Paz. 8. La distancia psíquica y la experiencia del lector en la poesía de Nicanor Parra. 9. La sugerencia, el punto de vista y la alegoría: la poesía concreta y universal de Jaime Sabines. 10. Perspectiva, distanciamiento y el tema del tiempo: la obra lírica de José Emilio Pacheco. 1. La perspectiva, el punto de vista y la poesía conceptual.

373. Ferro, Hellen. Historia de la poesía hispanoamericana. New York: Las Américas, 1964.

Useful summarizing history of Spanish American poetry from colonial period to present. No critical commentary.

374. Forster, Merlin. Historia de la poesía hispanoamericana. Clear Creek, IN: The American Hispanist, 1981.

Essay divided into two parts: 1. A series of ten chapters that cover pre-Columbian times to the present. 2. An extensive bibliography (pp. 209-324,) on various subjects divided into four major sections: I. Estudios críticos y bibliográficos. II. Antologías. III. Epoca precolombina. IV. Poetas principales. Contains a brief introduction that expresses author's methodology: "Nuestro método es esencialmente descriptivo y valorativo. Hemos utilizado diez divisiones cronológicas, en parte de acuerdo con el desarrollo político y cultural de Hispanoamérica y en parte con los períodos literarios dominantes. Dentro de cada división temporal distinguimos a los poetas de importancia y comentamos su obra con relativa amplitud."

375. Florit, Eugenio. Poesía en José Martí, Juan Ramón Jiménez, Alfonso Reyes, Federico García Lorca y Pablo Neruda. Miami, FL: Ediciones Universal, 1978.

Contains: Los versos de Martí. Nota sobre la poesía de Juan Ramón Jiménez. Alfonso Reyes y la poesía. Vida y poesía de Federico García Lorca.

376. Gicovate, Bernardo. Conceptos fundamentales de literatura comparada: iniciación a la poesía modernista. San Juan: Asomante, 1963.

Schematic essay on modernist poetry, focusing in previous movements and modernist beginnings.

377. __________. Ensayos sobre poesía hispánica: del modernismo a la vanguardia. México: Ediciones de Andrea, 1967.

Collection of previously published articles on six important poetry topics: 1. El Modernismo y su historia. 2. Sobre el Soneto de Enrique Banchs. 3. Dante y Darío. 4. La poesía de Julio Herrera y Reissig y el Simbolismo. 5. Dos notas sobre poesía y política (references to Neruda and Vallejo). 6. De Rubén Darío a César Vallejo: una constante poética.

378. Gullón, Ricardo. Direcciones del Modernismo. 2d ed. expanded. Madrid: Gredos, 1971 (1963).

Contains: Direcciones del modernismo. Juan Ramón y el modernismo. Indigenismo y modernismo. Exostismo y modernismo. Pitagorismo y modernismo. Rubén Darío y el modernismo.

379. Hamilton, Carlos D. Nuevo lenguaje poético de Silva a Neruda. Bogotá: Publicaciones del Instituto Caro y Cuervo, 1965.

Personal criticism and commentaries on J. A. Silva, V. Huidobro, G. Mistral, P. Neruda, and others.

380. Ibarra, Cristóbal H. Francisco Gavidia y Rubén Darío: semilla y floración del modernismo. San Salvador: Ministerio de Educación, 1958.

381. Lagos, Ramiro. Mester de rebeldía de la poesía hispanoamericana. Madrid-Bogotá: Ediciones Dos Mundos, 1974.

Contains: 1. Génesis de la protesta. 2. Emancipación de la protesta. 3. Movimientos de la poesía. 4. Testimonio y evasión. 5. La poesía anti-imperialista. 6. Factores que gritan protesta. Essay and anthology on: Guillén, Neruda, Asturias, Pellicer, Darío,

González Prada, Chocano, Herrera y Reissig, and Eloy Blanco.

382. Lamothe, Luis. Los mayores poetas hispanoamericanos de 1850 a 1950. México: Libro Mex, 1959.

Important history criticism and commentaries on S. Díaz Mirón, E. González Martínez, A. Nervo, A. Valdelomar, and others.

383. Liscano, Juan. La poesía hispanoamericana en los últimos 15 años. Caracas: Ministerio de Educación, Dirección de Cultura y Bellas Artes, 1959.

Covers the period 1944-1955 and includes several subjects: notes on O. Paz, J. Torres Bodet, Guadalupe Amor, to women poets from Venezuela, the present condition of poetry in that country. The critic recognizes four trends: 1. The poet with a political commitment. 2. The poet characterized by pure intellectualism. 3. The eclectic poet. 4. The poet of "negación desesperada."

384. López de Vallarino, Teresa. Dos poetas de América: Juvencio Valle y Rogelio Sinán. Santiago de Chile: Universidad de Concepción, 1948.

385. Mansour, Mónica. La poesía negrista. México: Ediciones Era, 1973.

Commentaries on the poet N. Guillén, and others.

386. Martínez Peñaloza, Porfirio. Algunos epígonos del modernismo y otras notas. México: Editorial Jus, 1966.

Contains: Carta de don Jaime Torres Bodet. Noticia. La Revista Moderna. Julio Ruelas y su Ambiente Literario. Nota sobre la Poesía en el Período Industrial. "Era un cautivo beso enamorado," Textos de Luis G. Urbina no recopilados. "L'art c'est l'azur." Adiciones a la Bibliografía de Díaz Mirón. Homenaje a Ramón López Velarde. "Vuelvo a Tí desde las tenebrosas..." I y II: López Velarde evocado por Manuel Gómez Morin. En torno de un Prólogo olvidado. Algunos Epígonos del Modernismo: I. II. III. IV.: Homenaje a don Jaime Torres Bodet: "Un 'Estado de alma' decadentista...". Los primeros poemas de don Jaime Torres Bodet. Los primeros poemas de Carlos Pellicer. "La estrella que sé...". Los primeros poemas de Bernardo Ortiz de Montellano. La Poesía de José Gorostiza. Addenda y notas. "Estos rosales con aire...sonoros...," A la memoria del poeta Alfredo Ortiz Vidales. Acerca de sonetos mexicanos. Sonetos mexicanos atípicos.

387. Meléndez, Concha. Poetas hispanoamericanos diversos. San Juan: Editorial Cordillera, 1971.

Excellent collection of critical essays on P. Neruda, and R. Darío. Several notes on the works of the Puerto Rican poets: Luis Muñoz Rivera, Luis Palés Matos, Juan Martínez Capó, Obdulio Bauzá, Pedro Bernaola, and Carmen Marrero.

388. Meza Fuentes, Roberto. De Díaz Mirón a Rubén Darío. Santiago de Chi-

le: Nascimento, 1940.

Study on modernism: S. Díaz Mirón, M. Gutiérrez Nájera, J. Martí, J. A. Silva, J. del Casal, and R. Darío.

389. Miranda S., Estela. Algunas poetisas de Chile y Uruguay. Su sentido de la vida y su interpretación del paisaje. Santiago de Chile: Nascimento, 1937.

Prologue by Norberto Pinilla. Essay on: G. Mistral, M. I. Peralta, and M. Monvel (Chilean), M. E. Vaz Ferreira, D. Agustini, and J. de Ibarbourou (Uruguayan). Contains a useful bibliography.

390. Orjuela, Héctor H. Imagen de los Estados Unidos en la poesía de Hispanoamérica. México: Universidad Nacional Autónoma de México, 1980.

Contains: I. Españoles e ingleses: encomenderos e inquisidores, comerciantes y piratas. II. Españoles e ingleses: herencia de una imagen. III. Independencia, monroísmo y formación de las nacionalidades: 1776-1830. IV. Romanticismo, anarquía y destino manifiesto: 1830-1889. V. Panamericanismo, Política del Garrote y Arielismo: 1889-1933. VI. De la Política del Buen Vecino a la Revolución Cubana: 1933-1959. Epílogo sin conclusión. Contains a selected bibliography of books and articles.

391. Pinilla, Norberto. Cinco poetas. Ensayos. Santiago de Chile: M. Barros Borgoño, 1938.

A conscientious essay on Julio Vicuña Cifuentes, Carlos R. Mondaca, and Julio Herrera y Reissig. The two other poets treated are Gibrán Jalil Gibrán, and Federico García Lorca.

392. Rivera-Rodas, Oscar. Cinco momentos de la lírica hispanoamericana: Historia literaria de un género. La Paz: Instituto Boliviano de Cultura, 1978.

The five stages are defined as follows: 1. Poesía de enunciación (M. Gutiérrez Nájera, J. Martí, J. A. Silva, S. Díaz Mirón, and J. del Casal). 2. Poesía de revelación (R. Darío, R. Jaimés Freyre, G. Valencia, A. Nervo, E. González Martínez). 3. Poesía de sugestión (from J. Herrera y Reissig, and L. Lugones to ultraístas: J. J. Tablada and R. López Velarde, with the creacionista V. Huidobro). 4. Poesía de disociación (C. Vallejo, R. Molinari, J. L. Borges, J. Gorostiza, X. Villaurrutia, and the first P. Neruda). 5. Poesía de identificación (P. Neruda from Canto General, J. Carrera Andrade, M. Otero Silva, O. Cerruto, N. Guillén, and O. Paz).

393. Rodman, Selden. South America of the Poets. New York: Hawthorn Books, 1970.

Interviews with important writers: J. L. Borges, Josefina Pla, J. Amado, C. Fuentes, P. Neruda, and Nicanor Parra.

394. Rosenbaum, Sidonia Carmen. Modern Women Poets of Spanish America.

New York: Hispanic Institute in the United States, 1945.

Critical historical view starting with the colonial period to romanticism, and treating the development of the lyrical process in women writers. The principal essay is devoted to Delmira Agustini (Considered the first modernist women poet); the others discuss three later poets: Gabriela Mistral, Alfonsina Storni, and Juana de Ibarbourou.

395. Ruiz del Vizo, Hortensia. Poesía negra del Caribe y otras áreas. Miami, FL: Ediciones Universal, 1972.

396. Sansone de Martínez, Eneida. La imagen en la poesía gauchesca. Montevideo: Universidad de la República, Facultad de Humanidades y Ciencias del Uruguay, 1962.

Contains: I. La imagen - Consideraciones generales. II. La imagen - forma. III. La imagen - Contenido sensorial. IV. La imagen - Temas. Pequeño diccionario de seudónimos de poetas gauchescos. Bibliography.

397. Saz, Agustín del. La poesía hispanoamericana. Barcelona: Seix Barral, 1948.

Comprehensive general history from the colonial period to 1945.

398. Schulman, Ivan A. Génesis del Modernismo. 2d ed. México: El Colegio de México, 1968 (1966).

Contains: Introducción. José Martí y Manuel Gutiérrez Nájera: iniciadores del modernismo (1875-1877). Bécquer y Martí: coincidencias en su teoría literaria. El modernismo y la teoría literaria de Manuel Gutiérrez Nájera. Génesis del azul modernista. Función y sentido del color en la poesía de Manuel Gutiérrez Nájera. Las estructuras polares en la obra de José Martí y Julián del Casal. Tiempo e imagen en la poesía de José Asunción Silva.

399. ___________., and Manuel Pedro González. Martí, Darío y el Modernismo. 2d ed. Madrid: Gredos, 1974 (1969)

Contains: "En la mina martiana" (Prólogo), por Cintio Vitier. "Reflexiones en torno a la definición del modernismo," por Iván A. Shulman. Planteamiento de un problema historiográfico. La naturaleza del modernismo. El modernismo: época y esquema. Estética, ideología y época. Realidad y evasión. El modernismo: arte sincrético. El modernismo: ¿movimiento concluso?. "Evolución de la estimativa martiana," por Manuel Pedro González. "José Martí, su circunstancia y su tiempo," por Manuel Pedro González. "Conciencia y voluntad de estilo en Martí" (1875-1880), por Manuel Pedro González. "Martí, creador de la gran prosa modernista," por Manuel Pedro González. "Resonancias martianas en la prosa de Rubén Darío (1898-1916)," por Iván A. Schulman. "El pobre y grande José Martí," "Voces de Martí," Resonancias estilísticas, Resonancias estructurales, "Darío y Martí: Marcha triunfal, El centenario de Calderón y Castelar," por Iván A. Schulman. El léxico: caprichos, bizarrías, tintas. Estructura.

400. Serra, Edelweis. Poesía Hispanoamericana. Ensayos de aproximación interpretativa. Santa Fe, Argentina: Universidad Católica de Santa Fe, Facultad de Letras, Instituto de Literaturas Hispánicas, 1964.

Contains: Al encuentro de Juana Inés de la Cruz. El mundo lírico de José Asunción Silva registrado por el epíteto. La cosmovisión onírica de la poesía de Julio Herrera y Reissig. Itinerario poético de Juana de Ibarbourou. La poesía de soledad de Gabriela Mistral. El desgarramiento emocional en la poesía de César Vallejo. La vida y la muerte, el tiempo y la eternidad en la poesía de Jorge Luis Borges. Poesía y estilo de El buque de Francisco Luis Bernárdez.

401. Stimson, Frederick S. The News Schools of Spanish American Poetry. North Carolina, NC: University of North Carolina Press, 1970.

Includes: I. Spanish American Poetry Before 1910. II. Postmodernismo (1910 to World War I), "The Men," Pedro Prado; "The Women," Gabriela Mistral. III. Vanguardismo (World War I to World War II), "Ultraísmo," Jorge Luis Borges; "Creacionismo," Vicente Huidobro; "Simplismo," Alberto Hidalgo; "Estridentismo," Manuel Maples Arce; "Jitanjáfora," Mariano Brull; "Poesía negra," Nicolás Guillén. IV. Postvanguardismo (World War II), "Superrealismo," Pablo Neruda.

402. Sucre, Guillermo. La máscara, la transparencia. Ensayos sobre poesía hispanoamericana. Caracas: Monte Avila, 1975.

Includes: I. Dentro del cristal. La sensibilidad americana. El universo, el verso de su música activa. La imagen como centro. Un sistema crítico. II. La máscara, la transparencia. Del autor al texto. Huidobro: altura y caída. Vallejo: inocencia y utopía. Borges: marginal, central. Lezama Lima: el logos de la imaginación. Paz: la vivacidad, la transparencia. Juarroz: sino/si no. III. Lenguaje y conciencia crítica. Las palabras (y la palabra). Una poesía escéptica de sí misma. Adiciones, adhesiones. La alusión o mención. La escritura desértica. El hielo y la pira. El antiverbo y la verba: La trampa de la historia. La metáfora del silencio. El poema: una fértil miseria. IV. El cuerpo, el instante. La doble verdad. La poesía del cuerpo. La belleza demoníaca del mundo. El familiar del mundo: El cuerpo del poema. ¿La última lectura?.

403. Toruño, Juan Felipe. Los desterrados. Semblanzas de poetas de América. San Salvador: Ediciones Orto, 1938-1952. 3 vols.

Published: Vol 1. 1938, Vol. 2. 1942, and Vol. 3. 1952. Study on poets and works, especially the contemporary.

404. Uribe Ferrer, René. Modernismo y poesía contemporánea. Medellín: Imprenta Departamental de Antioquía, 1962.

405. Valdés-Cruz, Rosa E. La poesía negroide en América. New York: Las Américas, 1970.

Essay on various poets and their work: N. Guillén, L. Palés Matos, E. Ballagas, and others.

406. Vela, Arqueles. El modernismo. Su filosofía, su estética, su técnica. 4th ed. México: Editorial Porrúa, 1979 (1949).

Divided into nine parts: Primera Parte. 1. Génesis del modernismo. 2. Manifestaciones románticas. 3. El parnasianismo. 4. Los simbolistas. 5. Teoría de colores y sonidos. 6. Poe: primer brote modernista. 7. La melodía: efecto poético. 8. Efecto musical del ritornelo. 9. Deslinde romántico modernista. 10. Poesía decadente y modernismo. Segunda Parte. 11. Baudelaire, Mallarmé, Verlaine. Módulos de la decadencia. 12. Lautréamont: síntesis romántico vanguardista. 13. Religiosidad y demonismo. 14. Rimbaud: epígono europeo. 15. Paralelos líricos. 16. Intelectualismo, naturalismo y realismo. 17. Realismo e idealismo. 18. Intelectualismo y sensualismo. Tercera Parte. 19. Gutiérrez Nájera: genealogía del modernismo. 20. La complejidad modernista. 21. El pesimismo: producto de época. 22. Franceismo o germanismo. 23. La revolución adjetival y la imagen nueva. 24. Lo individual, lo nacional y lo universal. Cuarta Parte. 25. Rubén Darío: genio del modernismo. 26. Aticismo y modernismo. 27. Vida y poética. 28. Dolor individual y dolor social. 29. Amor y poética. 30. Estados eropáticos. 31. Panteísmo y religiosidad. 32. Laforgue y el buen humor sombrío. 33. Darío y los símiles europeos. 34. Mitología y filosofía. 35. Trayectoria mística. 36. Porfirio Barba-Jacob, Ricardo Arenales,Main, Jiménez, etc.. Quinta Parte. 37. La poesía femenina y la condición social de la mujer. 38. Gómez de Avellaneda: precursor femenino del modernismo. 39. Delmira Agustini: genio femenino del modernismo. 40. Poesía y biografía. 41. Realidad en la vida y realidad en la imagen. 42. Lo antiguo en Rubén Darío y lo primitivo en Delmira Agustini. 43. Sensualismo y misticismo. 44. La opresión social y la erótica femenina. 45. Gabriela Mistral y la lírica neutra. 46. La erótica: cartel sentimental. 47. María Eugenia Vaz Ferreira y la erótica metafísica. 48. La poesía femenina: liberación sentimental. Sexta Parte. 49. Herrera y Reissig: genio musical del modernismo. 50. Impresionismo y expresionismo. 51. Ilimitación del mundo poético. 52. Desnaturalización de la imagen. 53. Lugones: interludio decadente. 54. López Velarde: poeta del altiplano. 5. Elementos poéticos. 56. Magia y mística. 57. Fervor y lascivia. 58. Lo provincial y lo universal. 59. Eugenio de Castro: interludio entre modernismo y post-modernismo. 60. La crítica y lo social. 61. Evaristo Carriego y la poesía provincial. 62. La crítica y Rubén Darío. 63. Naturaleza rítmica del español. 64. La renovación rubendariana y lo popular español. 65. Rubén Darío y los trovadores. 66. Los estilos modernistas. 67. Lo popular y lo culto: variantes estilísticas. Séptima Parte: 68. Lo real y lo irreal: elementos poéticos. 69. Teoría musical del verso. 70. Estructura visible y estructura audible. Octava Parte. 71. La lírica post-modernista. 72. Poética y tecnolatría. 73. Apollinaire: creador de la poesía espacial. 74. Apollinaire y las literaturas de vanguardia. 75. Mutación de los elementos poéticos. 76. Poesía: fenómeno lingüístico. 77. Elementos naturales y sobrenaturales. 78. La imagen de la poesía de vanguardia. 79. Greguería lírica y greguería social. 80. Lenguaje usual y lenguaje poético. 81. Pablo Neruda. Lo cotidiano y el surrealismo. 82. Maples Arce: Memorial de la Sangre. 83. Prosaísmo y verso libre. Novena Parte: 84. Regino Pedroso y la recreación poética. 85. Lo social y lo poético. 86. Lo contingencial y lo permanente. 87. Poesía pura y poesía impura. 88. Renato Leduc y la poesía ludiónica. 89. El misticismo tardío. 90. Retórica y poética.

407. Vian, Francesco. Il modernismo nella poesia ispanica. Milano: La Goliardica, 1955.

Work centering the development of this poetic movement; includes helpful information on J. Herrera y Reissig, and J. S. Chocano.

408. Videla, Gloria. El ultraísmo. Estudios sobre movimientos poéticos de vanguardia en España. 2d ed. Madrid: Gredos, 1971 (1963).

Deals with the relationship between Spanish American poets and literary reviews, periodicals, and newspapers. Includes: "Relación del ultraísmo con otras escuelas de vanguardia (creacionismo)," and information on V. Huidobro, and J. L. Borges.

409. Xirau, Ramón. Poesía y conocimiento. México: J. Mortiz, 1978.

Essays on: I. Poesía y conocimiento. II. Borges. III. Lezama Lima. IV. Octavio Paz. Nota final. Concepto de Imagen en y más allá del lenguaje.

410. __________. Poesía hispanoamericana y española. México: Universidad Nacional Autónoma de México, 1961.

Essay on: M. J. Othon, O. Paz, J. L. Borges, V. Huidobro, and others.

411. __________. Poesía iberoamericana contemporánea. Doce ensayos. México: SepSetentas, 1972.

Contains: Cinco vías a Ifigenia cruel. Vicente Huidobro: Teoría y práctica del creacionismo. Borges o el elogio de la sensibilidad. Muerte sin fin: o del poema-objeto. La presencia de una ausencia. Sara de Ibáñez. José Lezama Lima: De la imagen y la semejanza. Trivio de Octavio Paz. Roberto Juarroz. Alí Chumacero. Jaime Sabines. Teoría de la poesía concreta del Brasil.

412. __________. Poetas de México y España. Madrid: J. Porrúa Turanzas, 1962.

Contains: "Lo mexicano en las letras del siglo XX," and excellent critical notes on A. Chumacero, J. Gorostiza, Sor Juana Inés, and O. Paz.

413. Yurkievich, Saúl. Celebración del Modernismo. Barcelona: Tusquest, 1976.

Liforos contra Lirófagos. Para dar vida al hombre entero. Rubén Darío: Los placeres de luz en el abismo. Leopoldo Lugones o la pluralidad operativa. Julio Herrera y Reissig: El áurico ensimismo.

414. ______. Fundadores de la nueva poesía latinoamericana: Vallejo, Huidobro, Borges, Neruda, Paz. 3d ed. Barcelona: Barral, 1978 (1971).

Essays on: César Vallejo. Vallejo, realista y arbitrario. En torno de Trilce. César Vallejo y su percepción del tiempo discontinuo. Vicente Huidobro. Vicente Huidobro: el alto azor. Jorge Luis Borges. Borges, poeta circular. Oliverio Girondo: La pupila del cero. Pablo Neruda. La imaginación mitológica de Pablo Neruda. Mito e historia, dos generadores del Canto General. Octavio Paz. Octavio Paz, indagador de la palabra, La topoética de Octavio Paz.

## Prose Fiction

415. Acevedo, Ramón Luis. La novela centroamericana: desde el Popol Vuh hasta los umbrales de la novela actual. Río Piedras: Universidad de Puerto Rico, Editorial Universitaria, 1982.

Essays covers the Central American novel from its origins to 1940. Divided into six chapters: 1. Antecedentes desde el Popol-Vuh hasta los libros de viajes. 2. La picaresca de Irisarri, la novela romántica de Milla y otros, hasta fines del siglo XIX. 3. Variantes de la novela realista. 4. Novela modernista. 5. Rafael Arévalo Martínez. 6. La novela criollista hasta 1940 (incluyendo a Flavio Herrera).

416. Adams, Michael Ian. Three Authors of Alienation: Bombal, Onetti, Carpentier. Austin, TX: University of Texas Press, 1975.

417. Alegría, Fernando. Historia de la novela hispanoamericana. 4th ed. expanded. México: Ediciones de Andrea, 1974 (1959).

Covers the works of Fernández de Lizardi (1816) to those of writers up to 1970. Particularly excellent for study of contemporary novelists,literary movements and commentary, arranged chronologically. Helpful bibliography on novelists.

418. ______. La novela hispanoamericana del siglo XX. Buenos Aires: Centro Editor de América Latina, 1967.

Brief essay with concise bibliography. Divided into three chapters: 1. La novela modernista. 2. El regionalismo mundonovista. 3. El neorrealismo.

419. ______. Nueva historia de la novela hispanoamericana. Hanover

NH: Ediciones del Norte, 1986.

A comprehensive study of the contemporary novels and recent trends. Analyses of more than one hundred authors.

420. Amorós, Andrés. Introducción a la novela hispanoamericana actual. 2d ed. Salamanca: Anaya, 1973 (1971).

Contains: I. Introducción. II. La novela realista. III. Antecedentes de la novela actual. IV. La novela actual: Alejo Carpentier, Juan Carlos Onetti, Ernesto Sábato, José Lezama Lima, Julio Cortázar, Juan Rulfo, Carlos Fuentes, Gabriel García Márquez, Mario Vargas Llosa. V. Conclusión.

421. Añez, Jorge. De la Vorágine a Doña Bárbara. Bogotá: Imprenta del Departamento, 1944.

422. Ara, Guillermo. La novela naturalista hispanoamericana. Buenos Aires: Editorial de la Universidad de Buenos Aires, 1965.

Valuable study on the French naturalism influence in the Spanish American novelists.

423. Avalle-Arce, Juan B. Editor. Los narradores hispanoamericanos de hoy. Chapel Hill, NC: University of North Carolina, 1973.

Transcription of the works presented at a Symposium held at the University of North Carolina (February, 19-20, 1971). Contains: Enrique Anderson Imbert: "La mano del comandante Aranda' de Alfonso Reyes." Frances W. Weber: "Cortázar, la figura del '62 Modelo para armar'." Jack Himelblau: "Reflexiones sobre la génesis de 'El Señor Presidente'." José Durand: "La irrealidad mágica en Asturias: 'Los brujos'." Carlos Blanco Aguinaga: "Sobre la lluvia y la historia en las ficciones de García Márquez." Martha Morello-Frosch: "Manuel Puig: La traición de Rita Hayworth, Boquitas pintadas." José M. Valverde: "Carta informativa y un prologuillo a 'La ciudad y los perros'." Ana María Barrenechea: "Severo Sarduy, aventura textual."

424. Bacarisse, Salvador. Editor. Contemporary Latin American Fiction. Carpentier, Sábato, Onetti, Roa, Donoso, Fuentes, García Márquez. Seven Essays. Edinburgh: Scottish Academic Press, 1980.

425. Bazán, Juan F. La narrativa latinoamericana. Asunción: Diálogo, 1970.

Contains: La narrativa latinoamericana. Factores técnicos en la obra de ficción de ayer y hoy. Julio Cortázar: Los premios. Ciertas expresiones en el idioma literario. Mario Vargas Llosa: La Casa Verde. Gabriel García Márquez: Cien años de soledad. Carlos Martínez Moreno: El Paredón. Carlos Fuentes: La muerte de Artemio Cruz. Juan Carlos Onetti: Onetti o el descubrimiento de la ciudad. Leopoldo Marechal: Adán Buenosayres. Joao Guimaraes Rosa: Gran Sertón Veredas. Agustín Yañez: Ojerosa y Pintada. Rosario Castellanos: Oficio de Tinieblas. Juan García Ponce: La

Presencia Lejana. Ernesto Sábato: Sobre Héroes y Tumbas. José María Arguedas: Todas las Sangres. Salvador Garmedia: La Mala Vida. José Donoso: Coronación. Alberto Ramírez Aguilar: Camino a la nada. Mario Benedetti: Gracias por el fuego, Montevideanos. Juan Rulfo: Pedro Páramo. B. Traven: Canasta de cuentos mexicanos. Augusto Roa Bastos: Borrador de Informe. David Viñas: Los dueños de la tierra. Marta Brunet: Soledad de la Sangre. Abelardo Arias: La Viña Estéril. Salvador Garmendia: Día de Ceniza.

426. __________. Narrativa paraguaya y latinoamericana. Asunción: 1976.

Spanish American writers included: José Agustín, Mariano Azuela, Carlos Fuentes, José Revueltas, Juan Rulfo, Leopoldo Marechal, César Vallejo, Enrique Medina, Silvina Bullrich, Gustavo Martínez Zuviría, Daniel Moyano, Héctor A. Murena, Ernesto Sábato, Bernardo Verbitsky, and David Viñas.

427. Bedoya M., Luis Iván. Ensayos sobre narrativa hispanoamericana. Medellín: Ediciones Pepe, 1980.

428. Bellini, Giuseppe. Il labirinto magico. Studi sul nuovo romanzo ispano-americano. Milano: Cisalpino-Goliardica, 1973.

429. __________. Il mondo allucinante: da Asturias a García Márquez: studi sul romanzo ispano-americano della dittatura. Milano: Cisalpino-Goliardica, 1976.

Contains: I. L'America come problema. II. Il mondo allucinante: El Señor Presidente. III. L'inferno nel meraviglioso: El Reino de este Mundo. IV. Il regno del grottesco e del deforme: El secuestro del General. V. Le opere e i giorni di un dittatore illuminato: El recurso del método. VI. Grandezza e miseria della dittatura perpetua: Yo el Supremo. VII. Il tempo dell'eternitá: El otoño del patriarca.

430. Bleznick, Donald W. Variaciones interpretativas en torno a la nueva narrativa hispanoamericana. Santiago de Chile: Editorial Universitaria, 1972.

431. Boorman, Joan Rea. La estructura del narrador en la novela hispanoamericana contemporánea. Madrid-Miami-New York-San Juan: Hispanova, 1976.

Contains: I. El narrador. El narrador dramatizado. El narrador no dramatizado. II. Narradores múltiples: La casa verde, Rayuela, Gracias por el fuego, Rosaura a las diez, Este domingo. III. El tiempo y la secuencia narrativa. La ruptura del 'Continuun' Espacio-Tiempo: Hijo de ladrón, La muerte de Artemio Cruz, El acoso. Rupturas temporales: La hojarasca,simultaneidad, Pedro Páramo, El eterno presente.

432. Boyd, John P. Perspectiva de la nueva narrativa hispanoamericana: autores. Río Piedras: 1973.

433. Brotherston, Gordon. The Emergence of the Latin American Novel. London-New York: Melborune, Cambridge University Press, 1977.

Includes: 1. Settings and people. 2. America's magic forest: Miguel Angel Asturias. 3. The genesis of America: Alejo Carpentier. 4. Survival in the sullied city: Juan Carlos Onetti. 5. Province of dead souls: Juan Rulfo. 6. Intellectual geography: Julio Cortázar. 7. Tupac Amaru dismembered: José María Arguedas. 8. Social structures: Mario Vargas Llosa. 9. An end to secular solitude: Gabriel García Márquez. 10. A permanent home?.

434. Brushwood, John S. La novela hispanoamericana del siglo XX. Una vista panorámica. Traducción de Raymond L. Williams. México: Fondo de Cultura Económica, 1984. (See item 435.)

Contains: I. La herencia (1900-1915). II. El año de Los de abajo (1916). III. Desde Los de abajo hasta Don Segundo Sombra (1917-1925). IV. El año de Don Segundo Sombra (1926). V. Desde Don Segundo Sombra hasta Doña Bárbara (1927-1928). VI. El año de Doña Bárbara (1929). VII. Desde Doña Bárbara hasta Don Goyo (1930-1932). VIII. El año de Don Goyo (1933). IX. Desde Don Goyo hasta Todo verdor perecerá (1934-1940). X. El año de Todo verdor perecerá (1941). XI. Desde Todo verdor perecerá hasta El Señor Presidente (1942-1945). XII. Los años de la reafirmación de la novela (1946-1949). XIII. Desde El reino de este mundo hasta Pedro Páramo (1950-1954). XIV. El año de Pedro Páramo (1955). XV. Desde Pedro Páramo hasta Rayuela (1956-1962). XVI. El año de Rayuela (1963). XVII. Desde Rayuela hasta Cien años de soledad (1964-1966). XVIII. El año de Cien años de soledad (1967). XIX. Desde Cien años de soledad hasta El recurso del método (1968-1973). XX. El año de El recurso del método (1974). XXI. Después de El recurso del método (1975-1980). Conclusiones. Lista de novelas por año y por país. Bibliografía selecta.

435. ______________. The Spanish American Novel. A Twentieth-Century Survey. Austin and London: University of Texas Press, 1975.

Includes: Preface. 1. The Heritage (1900-1915). 2. The Year of Los de abajo (1916). 3. From Los de abajo to Don Segundo Sombra (1917-1925). 4. The Year of Don segundo Sombra (1926). 5. From Don Segundo Sombra to Doña Bárbara (1927-1928). 6. The Year of Doña Bárbara (1929). 7. From Doña Bárbara to Don Goyo (1930-1932). 8. The Year of Don Goyo (1933). 9. From Don Goyo to Todo verdor perecerá (1934-1940). 10. The Year of Todo verdor perecerá (1941). 11. From Todo verdor perecerá to El Señor Presidente (1942-1945). 12. The Years of the Reaffirmation of Fiction: El Señor Presidente (1946), Al filo del agua (1947), Adán Buenosayres (1948), El reino de este mundo (1949). 13. From El reino de este mundo to Pedro Páramo (1950-1954). 14. The Year of Pedro Páramo (1955). 15. From Pedro Páramo to Rayuela (1956-1962). 16. The Year of Rayuela (1963). 17. From Rayuela to Cien años de soledad (1964-1966). 18. The Year of Cien años de soledad (1967). 19. After Cien años de soledad (1968-1970). 20. Conclusions.

436. Campos, Julieta. La imagen en el espejo. México: Universidad Na-

cional Autónoma de México, 1965.

Essay on the Mexican novel after 1940 with helpful references to the works of novelists A. Carpentier, J. Rulfo, and A. Yañez.

437. Carpentier, Alejo. La novela latinoamericana en vísperas de un nuevo siglo y otros ensayos. México: Siglo XXI. Editores, 1981. Madrid: Siglo XXI de España, 1981.

Contains: La novela latinoamericana en vísperas de un nuevo siglo. Papel social del novelista. América ante la joven literatura europea. Visión de América. Conciencia e identidad de América. América Latina en la confluencia de coordenadas históricas y su repercusión en la música. La cultura de los pueblos que habitan en las tierras del mar Caribe. Cervantes en el alba de hoy. Saint-John Perse urbi et orbi, Nacido en la noche, el día/semejante a muchos días/distinto cada día. Varese en vida. A puertas abiertas. Sobre el meridiano intelectual de nuestra América. Martí y Francia.

438. Castagnaro, R. Anthony. The Early Spanish American Novel. New York: Las Américas, 1971.

Includes: I. The Colonial Beginnings. II. The First Spanish American Novel. III. The Formative Directions of the Nineteenth Century. IV. The Novel in Nineteenth Century Mexico. A. The Bleak Romantic Bequest. B. Altamirano and the Literary Renascence. C. The Nineteenth Century Culmination. D. Conclusion. V. The Novel in Nineteenth Century Argentina. A. The Romantic Temper in Exile. B. The Exploratory Middle Period. C. The Argentine Generation of 1880. D. Conclusion. VI. Other Highlights. A. The "Indianista" Novels. B. The anti-Slavery Theme. C. The Romantic Summit: Jorge Isaacs María. D. The First Master of Realism: Alberto Blest Gana. E. History and Fiction: The powerful Art of Eduardo Acevedo Díaz. VII. Summary and Conclusion.

439. Castelli, Eugenio. Para una caracterización de la nueva narrativa hispanoamericana. Santa Fe, Argentina: Dirección General de la Provincia, 1971.

440. Chiampi, Irlemar. O realismo maravilhoso. Forma e ideología no romance hispanoamericano. Sao Paulo: Perspectiva, 1980.

Introduction by Emir Rodríguez Monegal. Essay about the renewal of the language in contemporary prose fiction, with examples by M. A. Asturias, A. Carpentier, and García Márquez.

441. Codina de Giannoni, Iverna. América en la novela. Buenos Aires: Cruz del Sur, 1964.

Essay with references to A. Roa Bastos, M. Benedetti, J. E. Rivera, and others.

442. Cometta Manzoni, Aída. El indio en la novela de América. Buenos Aires: Editorial Futuro, 1964.

443. Conte, Rafael. Lenguaje y violencia, introducción a la nueva novela hispanoamericana. Madrid: Al-Borak, 1972.

Contains: 1. Pórtico. 2. Algunas fechas para una historia. 3. Evolución histórica. 4. Nueve nombres: Jorge Luis Borges o la fundación, Paréntesis sobre Adolfo Bioy Casares, Miguel Angel Asturias o el lenguaje, Alejo Carpentier o la historia, Juan Rulfo o la violencia, Juan Carlos Onetti o la desesperación, Julio Cortázar o la esperanza de la destrucción, Gabriel García Márquez o el mito, Carlos Fuentes o la contradicción, Mario Vargas Llosa o la dialéctica. 5. Dos casos aislados: José Lezama o el aerolito, João Guimarães Rosa o el habla eterna. 6. Los nuevos: Salvador Elizondo o la investigación estructural, Severo Sarduy o la experimentación linguística, Manuel Puig o la tradición renovada. Veinticinco narradores de hoy. 7. Lenguaje y violencia. 8. Aviso final. 9. Bibliografía.

444. Cowie, Lancelot. El indio en la narrativa contemporánea de México y Guatemala. México: Instituto Nacional Indigenista, 1976.

Translated to Spanish by María Elena Hope de Sánchez.

445. Cruz, Salvador de la. La novela iberoamericana actual. México: Departamento de Divulgación de la Secretaría de Educación Pública, 1956.

446. Díaz Seijas, Pedro. La gran narrativa latinoamericana. Caracas: Instituto Universitario Pedagógico, 1976.

Essays on six writers on his novels: Doña Bárbara (Gallegos), Pies de barro (Salvador Garmendia), El siglo de las luces (Carpentier), La mala hora (García Márquez), Rayuela (Cortázar), La muerte de Artemio Cruz (Fuentes).

447. Donoso, José. Historia personal del "boom". Barcelona: Anagrama, 1972.

Personal commentaries on contemporary Spanish American novel and novelists.

448. ________. The Boom in Spanish American Literature; A Personal History. New York: Columbia University Press, 1977. (See item 447.)

Translated by Gregory Kolovakos.

449. Eyzaguirre, Luis B. El héroe en la novela hispanoamericana. Santiago de Chile: Editorial Universitaria, 1973.

Helpful work of archetypal criticism with samples of classic novels by R. Gallegos, J. E. Rivera, M. Azuela, J. Cortázar, J. C. Onetti, E. Sábato, and by contemporary writers J. Donoso, C. Fuentes, M. Vargas Llosa, G. Cabrera Infante, and G. García Márquez.

450. Fernández, Magalí. Rómulo Gallegos y Agustín Yáñez: dos ensayos so-

bre literatura hispanoamericana. New York: Iberama, 1972.

451. Flores, Angel, and Raúl Silva Cáceres. Editors. La novela hispanoamericana actual. Compilación de ensayos críticos. New York: Las Américas, 1971.

Contains: Palabras preliminares, por Angel Flores. Prólogo: "Aparición y sentido de la novela actual," por Raúl Silva Cáceres. "Mito y temporalidad en Los pasos perdidos de Alejo Carpentier," por Raúl Silva Cáceres. "Paradiso de Lezama Lima," por Julio Ortega. "Juan Carlos Onetti y la aventura del hombre (El Astillero y Juntacadávares)," por Mario Benedetti. "Rayuela de Julio Cortázar: un tipo de análisis estructural," por Alfred MacAdam. "Pedro Páramo en la novela mexicana: ubicación y bosquejo," por Luis Mario Schneider. "Individuo e historia: La muerte de Artemio Cruz," por Joseph Sommers. "García Márquez: de Aracataca a Macondo," por Mario Vargas Llosa. "La muerte como acto imaginario en Cien años de soledad," por Ariel Dorfman. "La ciudad y los perros: novela del determinismo ambiental," por Rosa Boldori. "Las formas del realismo actual en La Casa Verde," por José Miguel Oviedo. Bibliography.

452. Foster, David William. Alternative Voices in the Contemporary Latin American Narrative. Columbia, MO: University of Missouri Press, 1985.

Contains: 1. Latin American Documentary Narrative. 2. Narrative Persona in Eva Peron's: La razón de mi vida. 3. The Demythification of Buenos Aires in the Argentine Novel of the Seventies. 4. Correcting the Balance: Varieties of Understudied Latin American Fiction. Concluding Remarks. Bibliography.

453. ____________. Studies in the Contemporary Spanish-American Short Story. Columbia, MO: University of Missouri Press, 1979.

Excellent essays with structuralist perspective on stories by J. L. Borges, J. Cortázar, G. García Márquez, J. Rulfo, M. Benedetti, and G. Cabrera Infante.

454. Fox-Lockert, Lucía. Women Novelist in Spain and Spanish America. Metuchen, N. J. and London: The Scarecrow Press, 1979.

Work divided into two parts: Spanish novelists and Spanish American novelists. Authors included are: Gertrudis Gómez de Avellaneda, Clorinda Matto de Turner, Mercedes Cabello de Carbonera, Teresa de la Parra, María Luisa Bombal, Silvina Bullrich, Clara Silva, Marta Brunet, Rosario Castellanos, Beatriz Guido, Elena Garro, Luisa Josefina Hernández, and Elena Poniatowska.

455. Fuentes, Carlos. La nueva novela hispanoamericana. 5th ed. México: J. Mortiz, 1976 (1969).

Substantial analysis on the work of J. L. Borges, M. Vargas Llosa, C. Fuentes, A. Carpentier, G. García Márquez, J. Cortázar, and J. Goytisolo. Brief and personal commentaries.

456. Gálvez Acero, Marina. La novela hispanoamericana del siglo XX. Madrid: Cincel, 1981.

457. García Márquez, Gabriel, and Mario Vargas Llosa. La novela en América Latina: diálogo. 2d ed. Lima: Millas Batres Editor, 1970 (1968).

458. Gertel, Zunilda. La novela hispanoamericana contemporánea. Buenos Aires: Columba, 1970.

A study on the novels of G. García Márquez, J. Cortázar, J. Donoso, an others.

459. Giacoman, Helmy F. Editor, with the assistance of Angel Luis Morales, Elba A. De la Torre, and Ivan A. Schulman. Perspectivas de la nueva narrativa hispanoamericana. Puerto Rico-Barcelona: Ediciones Puerto, 1973.

Contains: Gabriel García Márquez vs. Mario Vargas Llosa, Julio Cortázar vs. Jorge Luis Borges, and Juan Rulfo vs. Juan José Arreola.

460. Goić, Cedomil. Historia de la novela hispanoamericana. Valparaíso: Universidad Católica de Valparaíso, 1972.

Contains: Primera época: Novela Moderna, 1800-1934. I. Neoclasicismo. II. Generación de 1792: Manuel del Campo y Rivas, Jacobo de Villaurrutia, Fray Servando Teresa de Mier. III. Generación de 1807: Anónimo de Xicoténcal, José Joaquín Fernández de Lizardi. IV. Generación de 1822: Antonio José de Irisarri. V. Romanticismo. VI. Generación de 1837: Eugenio Díaz, Cirilo Villaverde. VII. Generación de 1852: José Mármol. VIII. Generación de 1867: Alberto Blest Gana, Ignacio Manuel Altamirano, Jorge Isaacs. IX. Naturalismo. X. Generación de 1882: Eugenio Cambaceres, Eduardo Acevedo Díaz, Tomás Carrasquilla. XI. Generación de 1897: Manuel Díaz Rodríguez, Mariano Azuela, Enrique Larreta. XII. Generación de 1912: José Eustasio Rivera, Rómulo Gallegos, Ricardo Guiraldes. Segunda época: Novela contemporánea, 1935-1972. XIII. Superrealismo. XIV. Generación de 1927: Miguel Angel Asturias, Eduardo Mallea, Alejo Carpentier. XV. Generación de 1942: Julio Cortázar, Juan Carlos Onetti, Carlos Droguett. XVI. Generación de 1957: Gabriel García Márquez, José Donoso, Manuel Puig. XVII. Generación de 1972: Mario Vargas Llosa.

461. ____________., et al. La novela hispanoamericana: descubrimiento e invención de América. Valparaíso: Universidad Católica de Valparaíso, 1973.

462. González Bermejo, Ernesto. Cosas de escritores. Montevideo: Biblioteca de Marcha, 1971.

Commentaries on three contemporary novelists: G. García Márquez, M. Vargas Llosa, and J. Cortázar.

463. González del Valle, Luis, and Vicente Cabrera. La nueva ficción his-

panoamericana a través de M. A. Asturias y G. García Márquez.

Contains: Prefacio. Fantasía y realidad en la nueva ficción hispanoamericana: realismo artístico. Pluralidad y ambiguedad temática de Mulata de tal. Fantasía y realidad en Mulata de Tal. Sentido y forma de Maladrón. Los funerales de Mamá Grande: cuento de transición técnica. Aspectos temáticos y estilísticos de Cien años de soledad. Lo fantástico en un nuevo cuento de García Márquez. Aspectos temáticos y estructurales de Un señor muy viejo con unas alas enormes. Bibliografía. Apéndice a la bibliografía.

464. Hayden, Rose Lee. An existencial focus on some novels of the River Plate. East Lansing, MI: Michigan State University, Latin American Studies Center, 1973.

Includes critical commentaries on E. Mallea, C. Mazzanti, J. C. Onetti, and E. Sábato.

465. Jansen, André. La novela hispanoamericana actual y sus antecedentes. Barcelona: Labor, 1973.

466. Jara Cuadra, René. Modos de estructuración mítica de la realidad en la novela hispanoamericana contemporánea. Valparaíso: Universidad Católica de Chile, 1970.

467. Jiménez, José Olivio. Editor. Estudios críticos sobre la prosa modernista hispanoamericana. New York: Eliseo Torres & Son, 1975.

Essays on: Martí, Gutiérrez Nájera, Casal, Silva, Darío, Nervo, Rivas Groot, Gómez Carrillo, Lugones, Díaz Rodríguez, Arévalo Martínez, Regino Boti, and Palés Matos.

468. Kapschutschenko, Ludmila. El laberinto en la narrativa hispanoamericana contemporánea. London: Tamesis Book, 1981.

Essay on four writers with selective bibliography. Each writer discussed individually in separate chapters: J. L. Borges, A. Carpentier, J. Cortázar, and C. Fuentes.

469. Lafforgue, Jorge. Editor. Nueva novela latinoamericana. Buenos Aires: Paidós, 1972-1974. 2 vols.

Contains: Vol. 1. "La nueva novela latinoamericana," Jorge Lafforgue. "Tres notas sobre Arguedas," Mario Vargas Llosa. "Novela e ideología en Agustín Yáñez," Eduardo Romano. "Realidad y Estilo de Juan Rulfo," Carlos Blanco Aguinaga. "Carlos Martínez Moreno: testimonio del derrumbe," Josefina Delgado. "Paradiso, de José Lezama Lima," Mario Vargas Llosa. "Anotado al margen de Cien años de soledad," Ernesto Volkening. "El arte intimista de García Ponce," Angel Rama. "Vicente Leñero, Los albañiles, lector y actor," Iris Josefina Ludmer. "La ciudad y los perros, novela moral," Jorge Lafforgue. "Tres tristes tigres, obra abierta," Luis Gregorich. "José Trigo: el terror a la historia," Nora dottori. Vol. 2. "La narrativa argentina actual," Jorge Lafforgue. "La novela futura' de Macedonio Fernández," Noé Jitrik. "Macedonio Fernández y su humorismo de la nada," Ana María Barrenechea. "Pruebas y hazañas de Adán Buenosayres," Centro de Investigaciones Literarias Buenosayres. "Borges o la ficción laberíntica," Nicolás Rosa. "Lo arquetípico en la narrativa argentina del 40," Jorge B. Rivera. "El caso Sábato," César Fernández Moreno. "La estructura de Rayuela, de Julio Cortázar," Ana María Barrenechea. "Zama: la poética de la destrucción," Noemí Ulla. "Walsh: la reconstrucción de los hechos," Aníbal Ford. "Conti: de lo mítico a lo documental," Eduardo Romano. "Clase media: cuerpo y destino (Una lectura de La traición de Rita Hayworth de Manuel Puig)," Ricardo Piglia. "Semblanza de un genio rioplatense," Juan Carlos Onetti. Guía cronológica.

470. Langowski, Gerald J. El surrealismo en la ficción hispanoamerica. Madrid: Gredos, 1982.

Contains: Introducción. I. Breve esbozo del surrealismo francés. II. Un vistazo al surrealismo hispanoamericano. III. La penetración del mundo onírico (María Luisa Bombal, La última niebla, 1935) IV. Una pesadilla surrealista de la realidad (Miguel Angel Asturias, El Señor Presidente, 1946), La onomatopeya, Los símiles, La repetición, El verbalismo polisemántico, las palabras de portmanteau, La escritura automática, Las metáforas. V. Concepto surrealista de "le merveilleux" (Alejo Carpentier, Los pasos perdidos, 1953), El simbolismo, Las imágenes, El tiempo. VI. La excursión a lo inconsciente (Ernesto Sábato, Sobre héroes y tumbas, 1961). VII. Una anti-novela surrealista (Julio Cortázar, Rayuela, 1963), Morelliana, Rayuela = la patafísica, Los juegos surrealistas, Las imágenes surrealistas, Las imágenes contradictorias, La abstracción, Las imágenes ridículas, Las imágenes alucinatorias, La negación de propiedades, Las imágenes cómicas, Los descomunales aspectos lingüísticos, Los clisés, El retruécano aliterativo, La letra "H" como prefijo, "Glíglico", El contralenguaje por excelencia. VIII. El automatismo controlado (Juan Rulfo, Pedro Páramo, 1955). IX. El montaje surrealista (Mario Vargas Llosa, La Casa Verde, 1963), Las perspectivas ambiguas, La fragmentación de secuencias temporales, El diálogo elíptico, El caos sintáctico. Conclusión. Apéndice I: El surrealismo en las Américas. Apéndice II: Manifiestos y textos teóricos de los surrealistas argentinos. Apéndice III: Letter from Chile. Bibliography.

471. La novela iberoamericana contemporánea. Caracas: Universidad Central de Venezuela, Organización de Bienestar Estudiantil, 1968. (Instituto Internacional de Literatura Iberoamericana).

Includes: Carlos Lozano: "Autodefinición, compromiso e identificación en la obra de Fernando Alegría." Alberto J. Carlos: "El curioso infierno dantesco en El Señor Presidente." Didier Jaén: "El sentido lírico de la evocación del pasado en Pedro Páramo." Giovanni Previtali: "Don Segundo Sombra y los simbolistas franceses." Augusto Tamayo Vargas: "Ciro Alegría, José María Arguedas y la generación del 30." Lowell Dumham: "Rómulo Gallegos, el artista y el tiempo." Raúl Alberto Piérola: "Sábato y la novela psicológica argentina." Esperanza Figueroa Amaral: "La casa verde de Mario Vargas Llosa." Edna Coll: "Teresa de la Parra, Marta

Brunet y Magdalena Mondragón: abresurcos en la novelística femenina hispanoamericana." Jaime Alberto Rojas Rivera: "Manuel Rojas y Aniceto Hevia: simbiosis literaria." Alfred John MacAdam: "Los premios: una tentativa de clasificación formal." Seymour Menton: "La estructura épica de Los de abajo y un prólogo especulativo." Alyce de Kuehne: "Los dos aspectos del humor en Los de abajo." Alba Omil de Piérola: "Mujica Laínez y las posibilidades de la novela."

472. Lazo, Raimundo. La novela andina: pasado y futuro; Alcides Arguedas, César Vallejo, Ciro Alegría, Jorge Icaza, José María Arguedas, previsible misión de Vargas Llosa y los futuros narradores. México: Porrúa, 1971.

473. Leal, Luis. El cuento hispanoamericano. Buenos Aires: Centro Editor de América Latina, 1967.

Brief commentary based on the Mexican edition. (See item 474.)

474. ___________. Historia del cuento hispanoamericano. 2d ed. expanded. México: Ediciones de Andrea, 1971 (1966).

Contains: I. Los orígenes. II. Romanticismo. III. Realismo y naturalismo. IV. Modernismo y criollismo. V. El postmodernismo. VI. Vanguardismo y realismo social. VII. Expresionismo y realismo mágico. VIII. El neorrealismo. IX. Ultimas promociones. Bibliografía: I. Estudios críticos y bibliográficos, II. Antologías, III. Teoría.

475. León Hazera, Lydia de. La novela de la selva hispanoamericana. Nacimiento, desarrollo y transformación. Estudio estilístico. Bogotá: Publicaciones del Instituto Caro y Cuervo, 1971.

Includes: 1. Nacimiento de la novela de la selva. 2. Cinco obras que señalaron el derrotero de la novela de la selva. 3. Dos cuentistas de la selva: Horacio Quiroga y Ventura García Calderón. 4. La Vorágine cristalización de la novela de la selva. 5. Cuatro obras que reflejan la influencia de La Vorágine, Toá, Canaima, La serpiente de oro, Llanura, soledad y viento. 6. Los pasos perdidos de Alejo Carpentier, un viaje mítico a la selva. 7. La visión espacial-intemporal de la selva en La casa verde. 8. Resumen y conclusión.

476. Libertella, Héctor. Nueva escritura en Latinoamérica. Caracas: Monte Avila: 1977.

Essay on several writers but with special emphasis on four novelists: S. Elizondo, S. Sarduy, M. Puig, and R. Arenas.

477. Loveluck, Juan. Editor. La novela hispanoamericana. 4th ed. revised. Santiago de Chile: Editorial Universitaria, 1972 (1963).

Contains: I. La novela hispanoamericana y sus orígenes. Pedro Henríquez Ureña: "Apuntaciones sobre la novela en América." Hernando Téllez: "La novela en Latinoamérica." Antonio Curcio Altamar: "La ausencia de novela en el Nuevo Reino." Fernando Alegría: "Orígenes de la novela hispanoamericana." II. Caracteres generales de la novela hispanoamericana. Pedro Grases: "De la novela en América." Arturo Torres-Rioseco: "De la novela en América." Enrique Anderson Imbert: "Discusión sobre la novela en América." José A. Portuondo: "El rasgo predominante en la novela hispanoamericana." Max Henríquez Ureña: "Influencias francesas en la novela de la América española." Emir Rodríguez Monegal: "Un juego de espejos enfrentados." III. La novela y el juicio de sus creadores. Ciro Alegría: "Notas sobre el personaje en la novela hispanoamericana." Mario Benedetti: "Los temas del novelista hispanoamericano." Alejo Carpentier: "Problemática en la actual novela latinoamericana." Carlos Fuentes: "La nueva novela latinoamericana." Augusto Roa Bastos: "Imagen y perspectivas de la narrativa latinoamericana actual." IV. De la exégesis reciente. E. Anderson Imbert: "Formas de la novela contemporánea." Peter G. Earle: "Camino oscuro, La novela hispanoamericana contemporánea." Symour Menton: "La novela experimental y la república comprensiva de Hispanoamérica." Estudio analítico y comparativo de Nostromo, Le Dictateur, Tirano Banderas y El señor Presidente." E. Rodríguez Monegal: "La nueva novela latinoamericana." Bibliografía crítica de la novela hispanoamericana.

478. ________. Editor. Novelistas hispanoamericanos de hoy. Madrid: Taurus, 1976.

Contains: Fernando Ainsa: "La espiral abierta de la novela hispanoamericana." Augusto Roa Bastos: "Imagen y perspectivas de la narrativa latinoamericana actual." Jaime Concha: "Tierra de nadie de Juan C. Onetti." Humberto E. Robles: "Perspectivismo, yuxtaposición y contraste en El señor Presidente." Ramona Lagos: "Tentación y penitencia en Al filo del agua, de Agustín Yáñez." Carlos Santander: "El tiempo maravilloso en la obra de Alejo Carpentier." Joseph Sommers: "A través de la ventana de la sepultura: Juan Rulfo." José Promis Ojeda: "La desintegración del orden en la novela de José Donoso." Lilia Dapaz Strout: "Sobre héroes y tumbas: misterio ritual de purificación, La resurrección de la carne." Nelson Osorio: "La expresión de los niveles de la realidad de Vargas Llosa." Juan Loveluck: "Forma e intención en La muerte de Artemio Cruz." Jean Franco: "París, ciudad fabulosa." Ariel Dorfman: "La muerte como acto imaginativo en Cien años de soledad." Juan Loveluck: "Bibliografía de la novela hispanoamericana."

479. Luis, William. Editor. Voices from Under: Black Narrative in Latin American and Caribbean. Westport, CT: Greenwood Press, 1984.

Bibliography focuses on recent contributions to the field with this purpose: "to rescue black narrative in Latin America and the Caribbean from the fringe and bring it to the foreground of Western Literature." Introduction by W. Luis, with essays by Roberto González Echeverría, Richard L. Jackson, Julia Cuervo Hewitt, Lisa Davis, Carol Beane, Joseph Ferdinand, and Jonathan Tittler.

480. Mac Adam, Alfred J. Modern Latin American Narrative: The Dreams of

Reason. Chicago, IL: University of Chicago Press, 1977.

481. Mejía Duque, Jaime. Narrativa y neocolonialismo en América Latina: notas abstractas para una teoría concreta. 3d ed. Bogotá: Ediciones del Tercer Mundo, 1977 (1972).

482. Minc, Rosa S. Editor. Latin American Fiction Today. Montclair State College, NJ: Ediciones Hispamérica, 1980.

Includes several studies presented at a symposium given in 1980 at Monclair State College, New Jersey. Margo Glantz on "Arreola," John Incledon on "S. Elizondo," Roberto Echavarren on "F. Hernández," Luis A. Díez on "Onetti and Poe," Flora H. Schiminovich on "M. Fernández."

483. ________. The Contemporary Latin American Short Story. New York: Senda Nueva de Ediciones, 1979.

Contributions include: 1. Wolfgang Bernard Fleishmann: "Some Thoughts on a Conference on Latin American Literature." 2. Rose S. Minc: "Palabras de la Editora." 3. Luis Harss: "The Story as Poem." 4. Julio Ricci: "La obra de L. S. Garini en el contexto de la cuentística uruguaya actual." 5. Adrián G. Montoro: "Subtexts Reported Speech in Borge's Stories." 6. Saúl Sosnowski: "Tlön, Uqbar, Orbis Tertius: historia y desplazamientos." 7. Diana Sorensen Goodrich: "Presencia de la otredad en Octaedro." 8. John Neyenesch: "On this Side of the Glass: An Analysis of Julio Cortázar's Axolot." 9. L. H. Quackenbush: "Instrucciones para John Howell de Julio Cortázar, un papel en busca de personaje." 10. Doris Sommer: Pattern and Predictability in the Stories of Julio Cortázar." 11. Richard A. Valdés: "Julio Cortázar's Fantomas contra los vampiros multinacionales, Literature or Propaganda." 12. José Sánchez-Boudy: "El cuento cubano en el extranjero: innovación y perspectiva." 13. Roberto A. Veguez: "Condenados de condado: el ciclo de cuentos y su proyección ideológica." 14. Estelle Irizarry: "Lydia Cabrera, fabuladora surrealista." 15. María Luisa Bastos: "Tortura y discurso autoritario, La última conquista de El Angel, de Elvira Orphée." 16. Myron I. Lichtblau: "Narrative Voice in Eduardo Mallea's La razón humana." 17. John Beverley: "Form and Ideology in Modern Venezuelan Narrative." 18. Federico Van Der Wens, Celmina Van Der Wens: "El lenguaje de los sentidos en Cantar de ciegos de Carlos Fuentes." 19. Naomi Lindstrom: "Woman's Voice in the Short Stories of Marta Lynch." 20. Norman Fulton, Closing Remarks.

484. Morán, Fernando. Novela y semidesarrollo (Una interpretación de la novela hispanoamericana y española). Madrid: Taurus, 1971.

Provides a sociological view of the subject.

485. Morales Padrón, Francisco. América en sus novelas. Madrid: Instituto de Cooperación Iberoamericana, 1983.

Divided into three chapters and eleven subjects, with helpful comments: 1. Cuestiones sociales: El indio en las novelas, El mestizo de la novela, El negro y el mulato en las novelas, Superstición, sincretismo y catolicismo, Desplazamientos humanos: los "Espaldas mojadas." 2. Dilemas económicos: El intervencionismo, dependencias, Las novelas de las compañías fruteras, La novela de la mina. 3. El tema político: Caciques y dictadores, El caso del canal de Panamá, El problema de Puerto Rico.

486. Moreno-Durán, Rafael Humberto. De la barbarie a la imaginación. Barcelona: Tusquest, 1976.

Essay with an introductory historical overview discussing the evolution of Latin American letters from"criollismo" to the contemporary "boom".

487. Navas Ruiz, Ricardo. Literatura y compromiso: Ensayos sobre la novela política hispanoamericana. Sao Paulo: Universidad de Sao Paulo, Faculdade de Filosofía e Letras, Instituto de Cultura Hispánica de Sao Paulo, 1961.

Collected lectures given at University of Sao Paulo in 1961 on the political aspects of several novels published from Independence to present. Three books used as samples are Amalia (J. Mármol), Tirano Banderas (R. del Valle Inclán), and El señor Presidente (M. A. Asturias).

488. Ocampo de Gómez, Aurora M. La crítica de la novela iberoamericana contemporánea, antología. México: Universidad Nacional Autónoma de México, 1973.

Provides valuable bibliography and general overviews.

489. Ortega, José. La estética neobarroca en la narrativa hispanoamericana. Madrid: J. Porrúa Turanzas, 1984.

Includes: A modo de justificación. Hacia una poética del neobarroco: Paradiso, de Lezama Lima, Imagen y estructura en Paradiso, Estructura e imagen en Paradiso/Oppiano Licario. Apunte sobre la retórica neobarroca en Cobra, de Severo Sarduy. El sentido del neobarroco en TTT, de Cabrera Infante. Aproximación estructural a José Trigo, de Fernando del Paso, La visión estética del mundo en Palinuro de México, de Fernando del Paso. Sábato y sus laberintos: Juan Pablo Castel, El túnel. Lucides y paradoja: Sobre héroes y tumbas. Abaddon, el exterminador: estructura e ideología.

490. Ortega, Julio. La contemplación y la fiesta: Ensayos sobre la novela latinoamericana. 2d ed. Caracas: Monte Avila, 1969 (1968).

Essays that analyze language and metaphoric descriptions, and apply criticism post-structural to text of J. L. Borges, J. Rulfo, J. Cortázar, J. Lezama Lima, G. García Márquez, A. Carpentier, C. Fuentes, G. Cabrera Infante, S. Sarduy, J. E. Pacheco, and A. Arguedas.

491. __________. Poetics of Change, the New Spanish-American Narrative. Austin, TX: University of Texas Press, 1984.

Translated from Spanish with the assistance of Galen D. Greaser. Includes: I. A critical model. 1. The New Spanish-American Narrative. 2. The First Letter. 3. Borges and the Latin-American Text. 4. Pedro Páramo. 5. Hopscotch. 6. Morelli on the Threshold. 7. Reading Paradiso. 8. One Hundred Years of Solitude. 9. The Autumn of the Patriarch: Text and Culture. II. The site of the text. 10. The site of the text. 11. Explosion in a Cathedral. 12. A Change of Skin. 13. Three Trapped Tigers. 14. From Cuba with a Song. 15. On the Text of History. 16. A book on Death.

492. Ortiz Aponte, Sally. La esotería en la narrativa hispanoamericana. Río Piedras: Universidad de Puerto Rico, Editorial Universitaria, 1982.

493. Ospina, Uriel. Problema y perspectivas de la novela americana. Bogotá: Ediciones Tercer Mundo, 1964.

Considers several subjects with special emphasis on the Spanish-American contemporary novel the obsession with psychological, insufficient, and political problems.

494. Ostria González, Mauricio. Editor. La naturaleza y el hombre en la novela hispanoamericana. Antofagasta, Chile: Universidad del Norte, 1969.

Commentaries on the topic with references to the works by C. Alegría.

495. Oviedo, José Miguel, et al. Editor. Narrativa Hispanoamericana. Cali, Colombia: Universidad del Valle, 1974.

Contains: "Memoria del IV Congreso de la Narrativa Hispanoamericana." Includes: "Recurrencias y divergencias en Pantaleón y las visitadoras," José Miguel Oviedo. "Código y lenguaje en la nueva narrativa mexicana, el ejemplo: José Agustín," Jorge Ruffinelli. "El lenguaje como posibilidad de cambio," Eduardo Gudiño Kieffer. "El lenguaje simbólico en la novela latinoamericana contemporánea," Graciela Maturo. "Guimaraes Rosa y los nuevos contadores de historias," Haydée M. Jofré Barroso. "El zorro de arriba y El zorro de abajo: función y riesgo del realismo," Antonio Cornejo Polar. "Bomarzo: Una visión cíclica de la historia," Eduardo Font. "La encarnación del verbo en la narrativa cubana," William L. Siemens. "Martín Adán: narrador peruano y su prosa precursora de las nuevas corrientes literarias," Estuardo Núñez. "Lenguaje y realidad oculta en los cuentos de José Donoso," Estelle Quain. "El ingreso de Puerto Rico en la nueva narrativa por el camino del lenguaje," Estelle Irizarry. "Hombres de maíz y el poder de incantación de la palabra," Z. Nelly Martínez. "Un ejemplar de la novísima novela puertorriqueña," José Luis Couse. "Aportes de la autocrítica a la narrativa contemporánea," Helena Sassone. "El nuevo lenguaje: 'El traidor' como héroe ideológico," Marta Morello Frosch. "Problema (s) de lenguaje en la nueva narrativa hispanoamericana: comunicación e incomunicación," Julio Ariza González. "Cabrera Infante, Bustrofedón y la retórica," J. David Suárez Torres. "Derecho de Asilo," Luis M. Quesada. "Interpretación de la imagen de las Armas secretas de Cortázar," María Eugenia March de Orti. "Dabeiba y Cóndores no entierran todos los días: la crítica y el lenguaje de un nuevo punto de vista latinoamericano," Mario E. Ruíz. "Cóndores: novela de lenguaje," Laura Lee Crumley de Pérez. "El bilinguismo y la búsqueda de un nuevo estilo en las novelas de José María Arguedas," Juana Martínez Gómez. "Aureliano Babilonia, un esperpento sicológico," Ebel Botero. "El diálogo como aspecto socio-linguístico en la narrativa de Juan Rulfo en la novela Pedro Páramo," Manuel Antonio Arango L.

496. Palley, Nicholas N. Dos novelas de la tierra. Monterrey, México: Universidad Interamericana de Monterrey, 1972.

Essay on Doña Bárbara (R. Gallegos), and Don Segundo Sombra (R. Güiraldes).

497. Peden, Margaret Sayers. Editor. The Latin American Short Story: A Critical History. Boston: Twayne, 1983.

Works on H. Quiroga, J. L. Borges, and others.

498. Pérez, Galo René. La novela hispanoamericana: historia y crítica. 2d ed. Madrid: Editorial Oriens, 1982.

Contains: Primera Parte: Siglo XIX. 1. Modalidades de la novela hispanoamericana. 2. Aparición de la novela en el siglo XIX. El periquillo Sarniento, primera novela hispanoamericana. 3. Tendencias de la novela romántica. A) La novela indianista: Juan León Mera, Juan Zorrilla de San Martín. B) La novela histórica: Manuel de Jesús Galván, Eduardo Acevedo Díaz. C. La novela política: Esteban Echeverría, Domingo Faustino Sarmiento, José Mármol. D) La novela sentimental: Jorge Isaacs, Rafael Delgado. E) La novela descriptiva y costumbrista: Lucio Victorio Mansilla. 4. La novela realista: Manuel Payno, Luis Martínez, Ignacio Manuel Altamirano, Alberto Blest Gana. 5. La novela naturalista: José López-Portillo y Rojas, Emilio Rabasa, Federico Gamboa. Segunda Parte: Siglo XX. 1. La novela modernista: José Martí, Enrique Larreta, Gonzalo Zaldumbide, Horacio Quiroga. 2. La novela telúrica: Ricardo Güiraldes, Benito Lynch, Roberto Payró, José Eustasio Rivera, Rómulo Gallegos, José de la Cuadra, Enrique Gil Gilbert, Adalberto Ortiz, Joaquín Gallegos Lara. 3. La novela indigenista: Clorinda Matto de Turner, Alcides Arguedas, César Vallejo, Ciro Alegría, Jorge Icaza. 4. La novela de la Revolución Mexicana: Mariano Azuela, Gregorio López y Fuentes, Martín Luis Guzmán, José Rubén Romero. 5. Metamorfosis de la novela contemporánea: Miguel Angel Asturias, Eduardo Mallea, Agustín Yáñez, Alfredo Pareja Diez-Canseco, Arturo Uslar-Pietri, Alejo Carpentier, Ernesto Sábato, Mario Vargas Llosa, Julio Cortázar, and Gabriel García Márquez.

499. Pérez, Trinidad. Recopilación de textos sobre tres novelas ejemplares. La Habana: Casa de las Américas, 1971

Includes critical studies on La vorágine (J. E. Rivera), Don Segundo Sombra (R. Güiraldes), and Doña Bárbara (R. Gallegos).

500. Pupo-Walker, Enrique. Editor. El cuento hispanoamericano ante la crítica. Madrid: Editorial Castalia, 1980.

Includes: Enrique Pupo-Walker: Notas sobre la trayectoria y significación del cuento hispanoamericano. A. Estudios Particulares. José J. Arrom: "Precursores coloniales del cuento hispanoamericano: Fray Martín de Murúa y el idilio indianista." Enrique Pupo-Walker: "Originalidad y composición de un texto romántico: El matadero, de Esteban Echeverría." Antonio Muñoz: "Notas sobre los rasgos formales del cuento modernista." Jaime Alazraki: "Relectura de Horacio Quiroga." Enrique Anderson Imbert: "La mano del comandante Aranda', de Alfonso Reyes." Emir Rodríguez Monegal: "Símbolos en la obra de Borges." Richard J. Callan: "Asturias: El interior oscuro reflejado en El espejo de Lida Sal." Eduardo G. González: "El acoso: Lectura, escritura e historia." John Deredita: "El doble en dos cuentos de Onetti." Martha Morello-Frosch: "La tiranía del orden en los cuentos de Cortázar." Hugo Rodríguez-Alcalá: "Jorge Luis Borges en La excavación, de Augusto Roa Bastos." Manuel Durán: "Los cuentos de Juan Rulfo o la realidad trascendida." George R. McMurray: "Santelices, de José Donoso." Donald A. Yates: "Un acercamiento a Marco Denevi." Roger M. Peel: "Los cuentos de García Márquez." Richard Reeve: "Los cuentos de Carlos Fuentes: de la fantasía al neorrealismo." Julio Ortega: "Los cuentos de Antonio Benítez." B. Estudios Generales. Luis Leal: "El nuevo cuento mexicano." Julio Durán-Cerda: "Esquema de la evolución del cuento en Chile." Earl M. Aldrich, Jr.: "Aspectos del cuento contemporáneo peruano." Seymour Menton: "El cuento de la revolución cubana: una visión antológica y algo más." C. Apéndices. Alexander E. Severino: "Tendencias principales del desarrollo del cuento brasileño." Jorge Campos: "Divagaciones desde España en torno al cuento hispanoamericano."

501. Rábago, Alberto. La novela psicológica en hispanoamérica. Ensayo estético-humanístico. México: Publicaciones Cruz del Sur, 1981.

Includes: Introducción. I: Ubicación de la novela psicológica. 1. La corriente novelística en Europa. 2. La novela hispanoamericana moderna. II: Marco conceptual de una psicología aplicada a la novela. III: Técnica narrativa: Barrios y Sábato. IV: Aspectos de tiempo en Barrios y Sábato. 1. El tiempo y la literatura. 2. Situación temporal del narrador. V: El hermano asno, conflicto humano y tradición franciscana. 1. Lázaro: ascesis e integración personal. 2. Fray Rufino: integración ético-espiritual y el dilema del "yo." 3. El encuentro de Lázaro y Rufino: unidad de la novela. VI: Visión existencial y personalidad en Los hombres del hombre. 1. Sentido de identidad y modalidades de la personalidad. 2. La angustia del narrador y sus manifestaciones. 3. El mundo de relaciones del narrador. VII: Técnica narrativa: María Luisa Bombal. VIII: La última niebla: surrealismo e inmovilidad ontológica. IX: El árbol: imagética, metamorfosis y revelación ontológica. 1. El ciclo de Mozart. 2. El ciclo de Beethoven. 3. El ciclo de Chopin. X: El túnel: la ambivalencia del "yo" en Juan Pablo Castel. 1. Alienación y ruptura de la identidad: el "yo" real y el "yo" idealizado. 2. El sistema de exigencias del "yo" idealizado. 3. Características y efectos de las exigencias neuróticas. 4. María Iribarne: los ideales de su "yo" real.

502. Rama, Angel. Diez problemas para el novelista latinoamericano. Caracas: Síntesis Dosmil, 1972.

Contains: 1. Las bases económicas. 2. Las élites culturales. 3. El novelista y su público. 4. El novelista y la literatura nacional. 5. El novelista y la lengua. 6. Los maestros literarios. 7. La novela, género objetivo. 8. Las filosofías en la novela. 9. La novela, género burgués. 10. Un don creador.

503. __________. La novela en América Latina: Panoramas, 1920-1980. Bogotá: Instituto Colombiano de Cultura, 1982.

Contains: La formación de la novela latinoamericana. La generación del medio siglo. Diez problemas para el novelista latinoamericano. Medio siglo de narrativa latinoamericana (1922-1972). Los procesos de transculturación en la narrativa latinoamericana. El boom en perspectiva. La tecnificación narrativa. Los dictadores latinoamericanos en la novela. El dictador letrado de la revolución latinoamericana. Un culto racionalista en el desenfreno tropical. El patriarca solo dentro de un poema cíclico. Los contestatarios del poder. El estremecimiento nuevo en la narrativa uruguaya.

504. __________. Transculturación narrativa en América Latina. México: Siglo Veintiuno Editores, 1982.

Includes: Primera Parte. I. Literatura y Cultura. 1. Independencia, originalidad, representatividad. 2. Respuesta al conflicto vanguardismo-regionalismo. 3. Transculturación y género narrativo. II. Regiones, culturas y literaturas. 1. Subculturas regionales y clasistas. 2. Conflictos del regionalismo con la modernización. 3. Regiones maceradas aisladamente. Segunda Parte. Introducción. III. El área cultural andina. 1. El área cultural andina. 2. Indigenismo del mesticismo. 3. Regionalismo y cultura. IV. La gesta del mestizo. V. La inteligencia mítica. 1. Concentración y reiteración. 2. El camino de la transculturación. 3. La forma, el género novela y el lenguaje. 4. La inteligencia mítica. Tercera Parte. VI. La novela-ópera de los pobres. 1. Investigación artística e ideológica. 2. La palabra-cosa de la lengua quechua. 3. Función de la música y del canto. 4. La ópera de los pobres. VII. Los ríos cruzados del mito y de la historia. 1. El contrapunto de los narradores. 2. La línea de sombra. 3. Los niveles de las concepciones míticas.

505. Reyna Tapia, John. The Indian in the Spanish-American Novel. Washington, D.C.: University Press of America, 1981.

Contains: Prologue. I. The Precursors. Notes. II. The Poetic Novel. A. Atala, 1801 (French. B. Cumándá, 1871 (Ecuadorian).

Notes. III. The Historical Novel. A. Jicotencal, 1826 (Mexican). B. Enriquillo, 1879-1882 (Dominican). Notes. IV. The Novel of Social Protest. A. El Indio, 1935 (Mexican). B. Huasipungo, 1934 (Ecuadorian). Notes. V. The Novel of Revolution and Liberation. A. Los de Abajo, 1916 (Mexican). B. Tierra, 1932 (Mexican). Conclusion. Notes. Bibliography.

506. Ríos, Roberto E. La novela y el hombre hispanoamericano. Buenos Aires: Nueva Imagen, 1969.

Essay on several contemporary writers: C. Alegría, J. Cortázar, E. Mallea, and A. Carpentier.

507. Rodríguez Alcalá, Hugo. Narrativa Hispanoamericana. Güiraldes, Carpentier, Roa Bastos, Rulfo. Estudios sobre invención y sentido. Madrid: Gredos, 1973.

Includes: Lo real y lo "ideal" en Don Segundo Sombra. Conclusión. Sobre El Camino de Santiago de Alejo Carpentier. Dos cuentos de Augusto Roa Bastos, verdad oficial y verdad verdadera: Borrador de un informe. Un experimento fallido: El pájaro mosca. Nostalgia del paraíso y tres relatos de Juan Rulfo. Juan Fulfo: Nostalgia del Paraíso, estudio estilístico de En la madrugada, Bajo el peso de la cruz, No oyes ladrar los perros. Análisis estilístico de El llano en llamas. La narrativa paraguaya desde los comienzos del siglo XX. Los fundadores. Las dos corrientes de la narrativa.

508. Rodríguez Almodóbar, Antonio. Lecciones de narrativa hispano-americana, siglo XX (orientación y crítica). Sevilla: Publicaciones de la Universidad de Sevilla, 1972.

Contains information on C. Fuentes, M. Vargas Llosa, J. Cortázar, E. Sábato, and G. García Márquez.

509. Rodríguez-Luis, Julio. Hermenéutica y praxis del indigenismo: la novela indigenista, de Clorinda Matto a José María Arguedas. México: Fondo de Cultura Económica, 1980.

Also includes studies on Alcides Arguedas, Jorge Icaza, and Ciro Alegría.

510. Rodríguez Monegal, Emir. El arte de narrar. Diálogos. 2d ed. Caracas: Monte Avila, 1977 (1968).

The author interviews: Homero Aridjis, Max Aub (I), Max Aub (II), Guillermo Cabrera Infante, Leonor Fini, Carlos Fuentes, Salvador Garmendia, Juan Goytisolo, Beatriz Guido, Ernesto Sábato, Gustavo Sáinz, Severo Sarduy, and Leopoldo Torre Nilsson.

511. ____________. El boom de la novela hispanoamericana. Caracas: Tiempo Nuevo, 1972.

512. ____________. Narradores de esta América. 2d ed. enlarged. Buenos Aires: Alfa Argentina, 1974-1977. 2 vols. (1969).

Introduction to the characteristics of contemporary novel, study on principal authors. Vol. 1. C. Alegría, E. Amorim, M. A. Asturias, J. L. Borges, A. Carpentier, M. Brunet, E. Mallea, S. González Vera, L. Marechal, M. Rojas, H. Quiroga, and R. Gallegos. Vol. 2. M. Puig, J. Rulfo, S. Sarduy, J. Cortázar, C. Fuentes, G. García Márquez, C. Martínez Moreno, M. Vargas Llosa, J. Donoso, G. Cabrera Infante, A. Carpentier, J. C. Onetti, and M. Benedetti.

513. Rojas Guardia, Pablo. La realidad mágica. Caracas: Monte Avila, 1969.

Study on C. Alegría, J. Cortázar, E. Mallea, M. Mújica Láinez, C. Fuentes, M. Vargas Llosa, and G. García Márquez.

514. Roy, Joaquín. Editor. Narrativa y Crítica de nuestra América. Madrid: Editorial Castalia, 1978.

Contains: Joaquín Roy: "La nueva narrativa americana: texto y contexto." Jaime Alazraki: "Jorge Luis Borges." Seymour Menton: "Miguel Angel Asturias." Roberto González Echeverría: "Alejo Carpentier." Hugo J. Verani: "Juan Carlos Onetti." Marina Gálvez: "Ernesto Sábato." Angela B. Dellepiane: "Julio Cortázar." Luis Leal: "Juan Rulfo." Richard Reeve: "Carlos Fuentes." Jorge Campos: "Gabriel García Márquez." Joaquín Roy: "Mario Vargas Llosa." Ivan A. Schulman: "Severo Sarduy." Joaquín Roy: "Bibliografía."

515. Sánchez, Luis Alberto. América, novela sin novelistas. 2d ed. Santiago de Chile: Editorial Ercilla, 1940 (1933).

516. __________. Proceso y contenido de la novela hispanoamericana. 3d ed. Madrid: Gredos, 1976 (1953).

Valuable study divided into five parts. Primera Parte. Sobre la novela en general y sus resonancias americanas. I. Pequeño tratado sobre la novela en general. II. ¿Existe una novela "americana"? Segunda Parte. La protonovela colonial. III. Problemática de la novela colonial. IV. La novela en los cronistas. V. La protonovela costumbrista: Lizardi. Tercera Parte. La novela de tendencia subjetiva. VI. La novela idealista o sentimental. VII. La novela psicológica (y modernista). VIII. La novela maginativa y poemática. IX. La novela autobiográfica. Cuarta Parte. La novela de tendencia objetiva. X. La novela costumbrista. XI. La novela naturalista. XII. La novela regional. Quinta Parte. Novelas de tendencia mixta. XIII. La novela histórica. XIV. La novela de guerra. XV. La novela biográfica y la biografía novelada. XVI. Novelas de aventuras. XVII. La novela política. XVIII. La novela social I. Novela del inmigrante, Los abúlicos. Novela de la Revolución mexicana. XIX. La novela social II. Novela antiimperialista. Novela indigenista. XX. La novela social III. Novela agraria. Novela urbana. XXI. América, novela con novelistas. XXII. Algunas conclusiones.

517. Sánchez-Boudy, José. La nueva novela hispanoamericana y Tres tristes tigres. Miami, FL: Ediciones Universal, 1971.

518. Sarduy, Severo. Escrito sobre un cuerpo. Ensayos de crítica. Buenos Aires: Sudamericana, 1969.

A concise analysis of several contemporary novelists: J. Cortázar, S. Elizondo, J. Donoso, C. Fuentes, and J. Lezama Lima.

519. Saz, Agustín del. La novela hispanoamericana: las novelas de las selvas caucheras y la novela psicológica. Barcelona: Librería Cami, 1954.

520. ________. Resumen de historia de la novela hispanoamericana. Barcelona: Seix Barral, 1949.

521. Scheines, Gregorio. Novelas rebeldes de América y otros ensayos. Buenos Aires: Americalee, 1960.

Essays on R. Gallegos, J. Icaza, and R. Payró.

522. Schulman, Ivan A., Manuel Pedro González, Juan Loveluck, and Fernando Alegría. Coloquio sobre la novela hispanoamericana. México: Fondo de Cultura Económica, 1967.

Collection of four essays: 1. The New Technique. 2. The International Context. 3. Crisis and Renovation of the Novel. 4. Styles in Writing Novels or Styles in Living.

523. Schwartz, Kessel. A new History of Spanish American Fiction. Coral Gables, FL: University of Miami Press, 1971. 2 vols.

Contains: Vol. 1. From colonial times to the Mexican Revolution and beyond. Vol. 2. Social concern, universalism, and the new novel.

524. Schwartz, Ronald. Nomads, Exiles, and Emigrés: The Rebirth of the Latin American Narrative, 1960-1980. Metuchen, N. J.: Scarecrow Press, 1980.

Valuable insights on select authors: A. Carpentier, J. Cortázar, J. Lezama Lima, G. García Márquez, M. Vargas Llosa, G. Cabrera Infante, C. Fuentes, M. Puig, S. Sarduy, and J. Donoso.

525. Selva, Mauricio de la. Diálogos con América. México: Cuadernos Americanos, 1964.

Provides critical commentaries on F. Alegría, J. J. Arreola, and J. Revueltas.

526. Serra, Edelweis. Tipología del cuento literario. Textos hispanoamericanos. Madrid: Colecciones Universitarias Planeta, 1978.

Includes: I. Estructura típica del cuento. II. El arte de contar. III. El cuento clásico hispanoamericano: Quiroga-Borges. IV. Tradición e innovación: Cortázar. V. El cuento "fantástico." VI. Un narrador fuera de serie: Felisberto Hernández. VII. El fenómeno coloquial. VIII. Retórica de la prosa.

527. Shaw, Donald L. Nueva narrativa hispanoamericana. Madrid: Ediciones Cátedra, 1981.

Essay on contemporary authors: R. Arenas, G. Cabrera Infante, J. Lezama Lima, A. Carpentier, S. Sarduy, and others.

528. Siemens, William L. Worlds Reborn: The Hero in the modern Spanish American novel. Morgantown, WV: West Virginia University Press, 1984.

Archetypal study based on Lord Raglan's hero paradigm. Essay of eight representative novels of the twentieth century.

529. Spell, Jefferson Rea. Contemporary Spanish-American Fiction. Chapel Hill, NC: University of North Carolina Press, 1944.

Includes an introduction with a brief survey of the fiction before 1944 and useful information about the life and work of E. Barrios, M. Gálvez, M. Azuela, C. Loveira, J. E. Rivera, R. Güiraldes, R. Gallegos, J. Icaza, and C. Alegría. The essay concludes with a chapter devoted to trends in contemporary fiction.

530. Tittler, Jonathan. Narrative Irony in the Contemporary Spanish-American Novel. Ithaca and London: Cornell University Press, 1984.

Contains: Introduction: An Approximation to Irony. Part I: Static Irony. 1. The Death of Artemio Cruz: Anatomy of a Self. 2. Pedro Páramo: The Structure of Death. 3. Betrayed by Rita Hayworth: The Androgynous Text. 4. Three Trapped Tigers: The Absent Voice in the Gallery. Part II: Kinetic Irony. 5. Aunt Julia and the Scriptwriter: An Affair with Irony. 6. A Manual for Manuel: Homo Lewdens. The Fragmented Life of Don Jacobo Lerner: The Esthetics of Fragmentation. Epilogue: Toward a Spanish-American Writing. Works Consulted.

531. Torres-Ríoseco, Arturo. Grandes novelistas de la América Hispana. Berkeley, Los Angeles: University of California Press. 3d ed. 1949 (1943) 2 vols.

The second expanded edition of Novelistas contemporáneos de América (See item 534.) Contains Vol. 1. M. Azuela, R. Gallegos, R. Güiraldes, B. Lynch, C. Reyles, and J. E. Rivera. Vol. 2. E. Barrios, M. Díaz Rodríguez, M. Gálvez, P. Prado, and J. Edwards Bello.

532. ___________. La novela en la América Hispana. 2d ed. Berkeley and Los Angeles: University of California Press, 1949 (1939).

Treats the works of several authors and the influence of geography on the "novela criolla:" J. J. Fernández de Lizardi (El periquillo sarniento), A. Blest Gana, M. Azuela, L. Orrego Luco, and M. Latorre.

533. ___________. Editor. La novela Iberoamericana. Albuquerque, NM:

University of New Mexico Press, 1951

Contains: "Memoria del V Congreso del Instituto Internacional de Literatura Iberoamericana." Collection of 13 essays that covers colonial period to mid-20th century.

534. ________. Novelistas contemporáneos de América. Santiago de Chile: Editorial Nascimento, 1939.

Contains: M. Azuela, E. Barrios, M. Díaz Rodríguez, R. Gallegos, M. Gálvez, R. Guiraldes, B. Lynch, P. Prado, C. Reyles, and J. E. Rivera.

535. Tovar, Antonio. Novela española e hispanoamericana. Madrid: Alfaguara, 1972.

Essay on several Spanish American novels: J. Donoso, G. García Márquez, J. Cortázar, and M. Vargas Llosa.

536. Trigo, Pedro. Narrativa de un continente en transformación. Caracas: Universidad Central de Venezuela, Dirección de Cultura, 1976.

Work on contemporary writers: A. Bryce Echenique, M. Vargas Llosa, J. Agustín, J. Cortázar, M. Puig, and G. Sainz.

537. Undurraga, Antonio de. Autopsia de la novela: teoría y práctica de los narradores. México: Costa-Amic, 1967.

538. Uslar Pietri, Arturo. Breve historia de la novela hispanoamericana. Caracas: Edime, 1957.

539. Vázquez Amaral, José. The Contemporary Latin American Narrative. New York: Las Américas, 1970.

Includes: Introduction. I. The Underdogs: A novel of the Mexican Revolution. II. The Death of Artemio Cruz by Carlos Fuentes. III. A New Genre Is Born: Latin American Fiction. IV. Rómulo Gallegos and the Drama of Civlization on the South American Plains: Doña Bárbara. V. Ricardo Guiraldes and the Metaphysical Gaucho: Don Segundo Sombra. VI. Ciro Alegría: Broad and Alien Is the World-The Indian in Literature. VII. The Green House: Mario Vargas Llosa and the Contemporary Indian. VIII. The Return of the Native: Alejo Carpentier's The Lost Steps. IX. El Señor Presidente by Miguel Angel Asturias. X. Gabriel García Márquez: One Hundred Years of Solitude. XI. Julio Cortázar's Hopscotch and Argentinian Spiritual Alienation. XII. The Diary of Che Guevara: Reality as Fiction. Conclusion. Bibliography.

540. Verdugo, Iber. El carácter de la literatura hispanoamericana y la novelística de Miguel Angel Asturias. Guatemala: Editorial Universitaria, 1968.

541. Vergara, Ricardo. La novela latinoamericana, descubrimiento e invención de América. Valparaíso: Ediciones Universitarias de Valparaíso, 1973.

Includes several commentaries on the novels by J. Donoso, G. García Márquez, A. Carpentier, J. Cortázar, and C. Droguett.

542. Vidal, Hernán. Literatura hispanoamericana e ideología liberal: surgimiento y crisis. (Una problemática sobre la dependencia en torno a la narrativa del boom). Buenos Aires: Ediciones Hispamérica, 1976.

Contains: I. Problemática. II. Romanticismo español. III. Narrativa del boom. Includes bibliography.

543. Zaldívar, Gladys. Editor. Cinco aproximaciones a la narrativa hispanoamericana contemporánea. Madrid: Playor, 1977.

Contains: 1. Concepción Alzola: "Verba cubanorum." 2. Rafael Catalá: "La crisis de la reconciliación y de la transcendencia en Los pasos perdidos." 3. Luis Jiménez: "Funcionalidad de los animales en El llano en llamas." 4. Arthur Natella: "El mundo literario de María Luisa Bombal." 5. Gladys Zaldívar: "El arte narrativo del Eliseo Diego en Divertimentos y versiones."

544. Zum Felde, Alberto. Indice crítico de la literatura hispanoamericana. Vol. 2. La narrativa. México: Guarania, 1959.

Includes: Introducción general. La novela romántica. La narrativa realista. La novela realista, intrahistoria de América. El modernismo de la narrativa. Las modalidades suprarealistas de mediados del siglo.

545. ________. La narrativa en Hispanoamérica. Madrid: Aguilar, 1964. (See item 544.)

## Drama

546. Bravo Elizondo, Pedro. Teatro hispanoamericano de crítica social. Madrid: Playor, 1975.

Includes: Prefacio. Introducción. Capítulo I.: Antecedentes históricos del teatro moderno de crítica social. Alfred Jarry y Ubu Roi. Antonin Artaud y El Teatro y su Doble. El teatro vanguardista. Dadaísmo. Surrealismo. Expresionismo. Brecht y el Teatro Epico. Capítulo II. Antecedentes en el estudio de obras propuestas. Una tarde de ira: la potencialidad subyacente. El robo del cochino: la antesala de la revolución. La muerte no entrará en Palacio: tragedia de la traición. La pasión según Antígona Pérez: radiografía de la dictadura. Las manos de Dios: el encadenamiento de Prometeo. El centroforward murió al amanecer: la forja del héroe. Los invasores: la amenaza. Collacocha: búsqueda de la morada del hombre americano. Conclusiones. Bibliografía. Apéndice.

547. Casas, Myrna. Teatro de vanguardia: Contemporary Spanish American Theater. Lexington, MA: D.C. Heath, 1974.

548. Castagnino, Raúl H. Semiótica, Ideología y Teatro Hispanoamericano contemporáneo. Buenos Aires: Editorial Nova, 1974.

Contains: Las bases. Interpretación de signos y semiósis en textos dramáticos hispanoamericanos. Perspectiva histórica general. Teatro uruguayo: Mario Benedetti: Ida y vuelta. Teatro mexicano-guatemalteco: Carlos Solórzano: Las manos de Dios. Teatro peruano: Sebastián Salazar Bondy: El fabricante de deudas. Formas contemporáneas del teatro argentino. Teatro argentino. Agustín Cuzzani: Sempronio. Teatro colombiano: Enrique Buenaventura: En la diestra de Dios Padre. Teatro cubano: Abelardo Estorino: El robo del cochino. Teatro salvadoreño: Walter Béneke: Funeral Home. Teatro panameño: José Jesús Martínez: Juicio Final. Acto de fe. Síntesis bibliográfica.

549. Dauster, Frank M. Ensayos sobre el teatro hispanoamericano. México: Secretaría de Educación Pública, 1975.

Includes: I. José Triana: el juego violento. II. El tiempo amargo: el teatro de Antón Arrufat. III. La forma ritual en Los huéspedes reales. IV. El teatro de Elena Garro: evasión e ilusión. V. Francisco Arriví: la máscara y el jardín. VI. René Marqués y el tiempo culpable. VII. Carlos Solórzano: la libertad sin límites. VIII. El teatro de Emilio Carballido. IX. Brecht y Dragún: teoría y práctica.

550. ____________. Historia del teatro hispanoamericano, siglos XIX y XX. 2d ed. enlarged. México: Ediciones de Andrea, 1973 (1966).

Includes: I. La época de la independencia. II. Siglo XIX: romanticismo y costumbrismo. III. Introducción al teatro contemporáneo de hispanoamérica. IV. El auge del teatro rioplatense: 1884-1930. El sainete criollo. V. Teatro mexicano 1900-1930. VI. La renovación rioplatense. VIII. El teatro chileno hasta 1941. IX. El teatro en Cuba antes de la guerra. X. El teatro puertorriqueño. XI. El teatro argentino de la posguerra. XII. El florecimiento del teatro uruguayo. XIII. El nuevo teatro mexicano. XIV. El teatro chileno actual. XV. El nuevo teatro cubano. XVI. El teatro peruano en el siglo XX. XVII. El teatro en Venezuela en el siglo XX. XVIII. El teatro moderno en Colombia. XIX. El teatro centroamericano. XX. El teatro en los otros países. Bibliografía general. Indice de dramaturgos hispanoamericanos.

551. Eidelberg, Nora. Teatro Experimental Hispanoamericano 1960-1980: la realidad social como manipulación. Minneapolis, MN: Institute for the Study of Ideologies and Literature, 1985.

Studies of various works by Juan Carlos Ghiano, Susana Torres Molina, Vicente Leñero, Isaac Chocrón, and Julio Ortega. Also critical comments on: Carlos Villasís Endara, María Asunción Requena, Alejandro Sieveking, Jairo Aníbal Niño, Luis Valdés, Rosario Castellanos, and José Ignacio Cabrujas.

552. Giordano, Enrique. La teatralización de la obra dramática: De Florencio Sánchez a Roberto Arlt. México: Premiá, 1982.

Essay on: F. Sánchez, S. Eichelbaum, C. Nalé Roxlo, and R. Arlt.

553. Gutiérrez Portada, Sonia, and Hugo Díaz. Editors. Teatro popular y cambio social en América Latina: panorama de una experiencia. Costa Rica: Editorial Universitaria Centro Americana, 1979.

Collection of thirteen essays on popular theater and representation of social reality.

554. Jones, Willis Knapp. Behind Spanish American Footlights. Austin-London: University of Texas Press, 1966.

Includes: 1. Pre-Colombian Drama in America. 2. New World Elements in Early American Drama. 3. Paraguayan Drama. 4. The Guaraní Theatre of Paraguay. 5. Uruguayan Drama. 6. Springs of Drama in the River Plate Region. 7. Beginnings of Argentine National Drama. 8. Florencio Sánchez. 9. The Gringa Theme in the River Plate Drama. 10. Well-Known Twentieth Century Argentine Dramatists. 11. Some Contemporary Argentine Dramatists. 12. Early Actors and Actresses of Latin America. 13. Beginnings of Drama in Chile. 14. Chile's National Theatre. 15. The Contemporary Chilean Theatre. 16. Peruvian Drama. 17. Bolivian Drama. 18. Drama in New Granada. 19. The Theatre in Independent Ecuador. 20. The Colombian National Theatre. 21. Independent Venezuela and Its Theatre. 22. The Theatre in Panamá. 23. The Theatre in Puerto Rico. 24. The Theatre in the Dominican Republic. 25. Cuban Drama. 26. Costa Rican Drama. 27. Nicaraguan Drama. 28. Drama in Honduras. 29. Drama in El Salvador. 30. Drama in Guatemala. 31. Mexico's Theatre over 373 Years. 32. Twentieth Century Mexico and Its Theatre. Appendix: A Reading List of Spanish American Plays. Bibliography.

555. __________. Breve historia del teatro latinoamericano. México: Ediciones de Andrea, 1956.

556. Lyday, Leon F., and George W. Woodyard. Editors. Dramatist in Revolt: The New Latin American Theater. Austin, TX: University of Texas, 1976.

Works of major playwrights selected by specialists: Eugene Skinner on "Carballido," Alyce de Kuehne on "Cuzzani," George Woodyard on "Jorge Díaz," Donald Schmidt on "Osvaldo Dragún," Sandra Cypess on "Griselda Gambaro," Merlin Forster on "Carlos Gorostiza," Margaret Peden on "Luis Heiremans and Egon Wolff," John Knowles on Luisa Josefina Hernández," Tamara Holzapfel on "René Marqués," Richard Mazzara on "Jorge Andrade," Leon F. Lyday on "Alfredo Días Gomes," Peter Schoenbach on "Plinio Marcos," and Frank Dauster on "Triana and Arrufat."

557. Monleón, José. América Latina: Teatro y revolución. Caracas: Ateneo de Caracas, 1978.

558. Morfi, Angélica. Temas del Teatro. Santo Domingo: Editora del Caribe, 1969.

Contains criticism on A. Tapia, E. Laguerre, R. Marqués, F. Arriví, and P. Fernández.

559. Neglia, Erminio. Aspectos del teatro moderno hispanoamericano. Bogotá: Stella, 1975.

Includes: Capítulo I. El grotesco criollo. II. El nuevo realismo y la tradición popular rioplatense. III. Una recapitulación de la renovación teatral en Hispanoamérica. IV. La ambiguedad en el teatro y el problema del lenguaje. V. El teatro comprometido en Hispanoamérica. VI. Los recursos dramáticos. VII. Temas y rumbos del teatro rural hispanoamericano del siglo XX. VIII. El teatro de evasión. IX. La escenificación del fluir psíquico en el teatro hispanoamericano. Conclusiones. General bibliography.

560. Ordaz, Luis. Historia del teatro en el Río de la Plata. 2d ed. Buenos Aires: Leviatán, 1957 (1946).

Contains: Los orígenes. Del picadero al escenario. Los sainetes criollos. La época de oro del teatro argentino. El teatro por secciones. Las sociedades de autores. Sigue la historia. Otros autores. Los teatros independientes. Panorama final. Apéndice: la última década (La escena profesional, La escena independiente).

561. Rojo, Grínor. Los orígenes del teatro hispanoamericano contemporáneo: la generación de dramaturgos de 1927: Dos direcciones. Valparaíso: Ediciones Universitarias de Valparaíso, 1972.

562. Saz, Agustín del. Teatro hispanoamericano. Barcelona: Vergara, 1963. 2 vols.

Includes: Vol. I. 1. El dramatismo indio prehispánico. 2. El mestizaje teatral. 3. El siglo XVII. Los comienzos del barroco teatral hispano en América. 4. El siglo XVIII. Plenitud del barroco teatral y su decadencia. 5. El siglo XVIII argentino. 6. El teatro hispanoamericano en el siglo XIX. 7. El teatro mexicano del siglo XIX. 8. El teatro romántico realista, Chile. 9. Argentina. Albores de un teatro. 10. El teatro romántico rioplatense. 11. El teatro popular argentino. 12. El teatro uruguayo. Vol. II. 13. Introducción al teatro hispanoamericano del siglo XX. Lo rioplatense. 14. El teatro mexicano del siglo XX. 15. Los dramaturgos creadores del teatro mexicano. 16. Los dramaturgos mexicanos contemporáneos. 17. El teatro rioplatense. El género chico. El sainete porteño. 18. El teatro rioplatense. Los dramaturgos uruguayos. 19. Los dramaturgos argentinos del siglo XX. 20. Otros teatros desde el Modernismo. Los antillanos. El chileno. a) Puerto Rico; b) Cuba; y c) República Dominicana. 21. Otros teatros desde el Modernismo (continuación): a) Venezuela; b) Perú; c) Paraguay; d) Costa Rica; e) Nicaragua; f) Panamá; g) El Salvador; h) Honduras; i) Guatemala. 22. Otros teatros desde el Modernismo (continuación): Colombia. 23. Otros teatros desde el Modernismo: Bolivia, Ecuador.

563. Solórzano, Carlos. Teatro latinoamericano del siglo XX. 2d ed. en-

larged. México: Editorial Pormaca, 1964 (1961).

Revised and expanded second edition to include Argentine and Uruguayan theater.

564. Valenzuela, Víctor M. Siete comediógrafas hispanoamericanas. Bethlehem, PA: Lehigh University, 1975.

Includes: Sor Juana Inés de la Cruz, Gertrudis Gómez de Avellaneda, Josefina Plá, Elisa Lerner, Isidora Aguirre, Maruxa Vilalta, Griselda Gambaro. Conclusión. Otras comediógrafas hispanoamericanas.

## Essay

565. Crawford, William R. A Century of Latin American Thought. Rpt. Cambridge, MA: Harvard University Press, 1961 (1944).

Essay divided into eight chapters: 1. Independencia y nacionalismo (Echeverría, J. B. Alberdi, and D. F. Sarmiento). 2. Generación del 42 y después (A. Bello, V. Lastarria, F. Bilbao, and V. Letelier). 3. Reacción (J. E. Rodó). 4. Positivismo e idealismo en Argentina (E. Suárez, O. Bunge, A. Arguedas, J. B. González, J. Ingenieros, A. Korn, M. Ugarte, M. Galvez, R. Rojas). 5. Rebelión en la costa occidental (J. Montalvo, M. González Prada, and J. C. Mariátegui). 6. Tres pensadores del Brasil (E. Da Cunha, Bonifacio, and G. Freire). 7. Cubanos y Hostos (F. Varela, Paz, Saco, E. Varona, E. M. Hostos, and C. Acosta). 8. Los mexicanos (J. J. Mora, M. J. Rubalcava, I. Altamirano, I. Ramírez, J. Sierra, Bulnes, J. de Vasconcelos, A. Caso, and Ramos).

566. Earle, Peter G. and, Robert G. Mead Jr. Editors. Historia del ensayo hispanoamericano. México: Ediciones de Andrea, 1973.

Revised and expanded from original version by Robert G. Mead Jr.: Breve historia del ensayo americano (1956). Extensive bibliography and articles on J. Vasconcelos, A. Caso, R. Rojas, E. Martínez Estrada, J. C. Mariátegui, A. Reyes, J. L. Borges, and others.

567. Levy, Kurt L., and Keith Ellis. Editors. El Ensayo y la Crítica Literaria en Iberoamérica. Toronto, Canada: Universidad de Toronto, 1970.

Contains: "Memoria del XIV Congreso Internacional del Instituto de Literatura Iberoamericana (Toronto, 24-28 agosto, 1969)." Includes: Kurt L. Levy: Un estreno doble, palabras de bienvenida. Ernesto Mejía Sánchez: "Ensayo sobre el ensayo hispanoamericano." Peter G. Earle: "El ensayo hispanoamericano como experiencia literaria." Alberto J. Carlos: "La conciencia feminista en dos ensayos: Sor Juana y la Avellaneda." John D. Browning: "Los Estados Unidos vistos por un observador centroamericano del siglo pasado." Luis Leal: "La Visión de Anáhuac de Alfonso Reyes: tema y estructura." Afranio Coutinho: "A crítica literária de Machado de Assis."

Giovanni Pontiero: "O modernismo brasileiro e a sua crítica." Fabio Lucas: "A crítica no Brasil." Edna Coll: "La mujer puertorriqueña en el quehacer literario." Alberto Gutiérrez de la Solana: "En torno a Fernando Ortiz, lo afrocubano y otros ensayos." John F. Garganigo: "La estética de Javier de Viana: cinco artículos desconocidos." Ludwig Schrader: "Rubén Darío, crítico literario en Los raros." Didier T. Jaen: "Lo inquietante en el arte: aproximación a Otras inquisiciones de Jorge Luis Borges." Raúl Alberto Pierola: "Temas de Jorge Luis Borges, ensayista." Cecilia Hernández de Mendoza: "Antonio Gómez Restrepo, crítico." Andrés A. Valdespino: "Orígenes de la crítica literaria en Hispanoamérica: la crítica antirromántica de José María Heredia." Graciela Palau de Nemes: " El espacio como preocupación trascendental y artística en el ensayo de Paz y la narrativa de Cortázar." Jaime Alazraki: "Borges: una nueva técnica ensayística." Darío Puccini: "Borges como crítico literario y el problema de la novela." Alba Omil de Pierola: "Jorge Luis Borges: del ensayo a la ficción narrativa." Kurt Schnelle: "Acerca del problema de la novela latinoamericana." Daniel R. Reedy: "La dualidad del "yo" en El hombre que parecía un caballo." René L. F. Durand: "La figura del negro en el Martín Fierro de José Hernández." Martín C. Taylor: "Parálisis y progreso en la crítica mistraliana." Francisco Monterde: "Fermín Estrella Gutiérrez." Enrique Anderson Imbert: "Métodos de la crítica literaria." Roberto Burgos Ojeda: "La magia como elemento fundamental en la nueva narrativa latinoamericana." Adalbert Dessau: "El tema de la soledad en las novelas de Gabriel García Márquez." José Antonio Portuondo: "El ensayo y la crítica en Cuba revolucionaria." Emir Rodríguez Monegal: "El ensayo y la crítica en la América Hispánica." Luis Alberto Sánchez: "Discurso." Eduardo Neale-Silva: "Trilce XVI: ¿ensayo o poesía?." Alfredo Lozada: "Rodeada está de ausencia: La amada crepuscular de Veinte poemas de amor y una canción desesperada." Klaus Muller-Bergh: "Oficio de tinieblas" de Alejo Carpentier." Salvador Bueno: "Alejo Carpentier y su concepto de la historia."

568. Lévy, Isaac,and Juan Loveluck. Editors. El ensayo hispánico. Columbia, SC: University of South Carolina, 1984.

Includes useful annotated bibliography.

569. Mejía Sánchez, Ernesto, and Fedro Guillén. Editors. El ensayo actual latinoamericano. México: Ediciones de Andrea, 1971

Prologue by Ernesto Mejía Sánchez. Includes: Argentina: Alfredo L. Palacios: "Bolívar y Alberdi, comunidad regional iberoamericana." Bolivia: Fernando Díez de Medina: "Europa y América, dos polos culturales." Brasil: Josué de Castro: "El hambre, el gran descubrimiento del siglo XX." Colombia: Germán Arginiegas: "Fray Servando." Costa Rica: Vicente Sáenz: "Deformación de la cultura occidental, centroamérica y otros apuntes." Cuba: Jorge Mañach: "El quijotismo y América." Chile: Ricardo Donoso: "Antecedentes de la emancipación de Hispanoamérica." Ecuador: Benjamín Carrión: "El Ecuador, breve indagación de su verdad." El Salvador: Alberto Masferrer: "La misión de América." Guatemala: Juan José Arévalo: "Las cuatro raíces del servilismo." Haití: Jean Prince-Mars: "Así habló el tío." Honduras: Ramón Rosa: "La independencia de Centroamérica." México: Alfonso Reyes: "México es una nuez." Nicaragua: Edelberto Torres: "Francisco Morazán." Panamá: Octavio Méndez Pereira: "Castilla la vieja." Paraguay: Natalicio González" "Ideología Guaraní." Perú: José Carlos Mariátegui: "La reforma universitaria." Puerto Rico: Concha Meléndez: "Signos de Iberoamérica." República Dominicana: Pedro Henríquez Ureña: "El descontento y la promesa." Uruguay: Alfredo Zum Felde: "El americanismo, tendencia congénita y constante." Venezuela: Mariano Picón-Salas: "El impacto inicial." Conclusion by Fedro Guillén.

570. Rey de Guido, Clara. Contribución al estudio del ensayo en Hispanoamérica. Caracas: Biblioteca Nacional de la Historia, 1985.

Divided into two parts: 1. Construcción del sistema ensayístico hispanoamericano: temas, métodos y funciones. 2. Bibliography.

571. Sacoto, Antonio. El indio en el ensayo de América Española. New York: Las Américas, 1971.

572. Stabb, Martin S. In Quest of Identity. Patterns in the Spanish American Essay of Ideas, 1890-1960. Chapel Hill, NC: The University of North Carolina Press, 1967.

Work divided into six chapters: 1. The Sick Continent and its Diagnosticians. 2. The Revolt Against Scientism. 3. America Rediscovered. 4. The New Humanism and the Left. 5. Argentina's Quest for Identity. 6. The search for Essence in Mexico and Elsewhere.

573. Vázquez, Alberto M. Editor. El ensayo en Hispanoamérica. New Orleans, LA: Ediciones El Colibrí, 1972.

574. Vitier, Medardo. Del ensayo americano. México: Fondo de Cultura Económica, 1945.

Traditional book with three themes: 1. Cultural and Racial. 2. Political and Economic. 3. Historical. Divided into fifteen chapters: I. La hechura política y la cultura. II. El ensayo como género. III. El Facundo, de Sarmiento. IV. Los siete tratados, de Montalvo. V. Ensayos, de Hostos. VI. El mensaje de Rodó. VII. Dos libros de Francisco García Calderon. VIII. Los ídolos del foro, de Carlos Arturo Torres. IX. Ensayos, de José Carlos Mariátegui. X. Pedro Henríquez Ureña y el ensayo. XI. José Vasconcelos y sus libros. XII. Un libro de Luis López de Meza. XIII. En torno a Germán Arciniegas. XIV. Alfonso Reyes. XV. Reflexión final.

575. Zum Felde, Alberto. Indice crítico de la literatura hispanoamericana. Vol. 1. El ensayo y la crítica. México: Guarania, 1954.

Contains: Del ensayo en la época colonial. El imperio del positivismo científico. Restauración de la metafísica.

## NATIONAL

### ARGENTINA

576. Agosti, Héctor P. Cantar Opinado. Buenos Aires: Editorial Boedo, 1982.

   Several studies on M. Puig, A. Gerchunoff, Beatriz Guido, Torre Nilsson and Beatriz Guido.

577. Ara, Guillermo. Los argentinos y la literatura nacional: estudios para una teoría de nuestra expresión. Buenos Aires: Huemul, 1966

   Several essays on the interpretation of the national reality of special signifiance: "la incorporación de la realidad," "la novela del siglo XX," and "el humanismo."

578. Arrieta, Rafael Alberto. Editor. Historia de la literatura argentina. Buenos Aires: Peuser, 1958-1959. 6 vols.

   Contains: Vol. 1. La literatura colonial. Las letras durante la revolución y el período de la Independencia; (colaboradores: Julio Caillet-Bois, Roberto F. Giusti). Vol. 2. Esteban Echeverría y el romanticismo en el Plata. Las letras en el destierro; (colaboradores: Rafael Alberto Arrieta, Ricardo Saenz-Hayes, Ezequiel Martínez Estrada). Vol. 3. Las letras en la segunda mitad del siglo XIX; (colaboradores: Rafael Alberto Arrieta, Julio Caillet-Bois, Angel J. Battistessa, Roberto F. Giusti). Vol. 4. Las letras en la primera mitad del siglo XX; (colaboradores: Juan P. Ramos, Julio Noé, Luis Emilio Soto, Carmelo Bonet, Roberto P. Giusti, César Fernández Moreno). Vol. 5. Folklore literario y literatura folklórica, Guillermo Hudson, escritor argentino de lengua inglesa; (colaboradores: Augusto Raúl Cortázar, Luis Franco). Vol. 6. Panoramas complementarios: la historiografía, el libro y los bibliógrafos; (colaboradores: Ricardo Caillet-Bois, Rafael Alberto Arrieta, Domingo Buonocore).

579. Avellaneda, Andrés. El habla de la ideología: Modos de réplica literaria en la Argentina contemporánea. Buenos Aires: Sudamericana, 1983.

   Essays on: J. L. Borges, A. Bioy Casares, J. Cortázar, E. Martínez Estrada, E. Anderson-Imbert, and others.

580. Ayala Gauna, Valmiro. ¿Existe una literatura nacional? y otros ensayos. Santa Fe: Calmegna, 1971.

   Study on Argentine literature subjects with valuable information.

581. Berenguer Carisomo, Arturo. Las corrientes estéticas en la literatura argentina. Buenos Aires: Huemul, 1973-1978. 4 vols.

Essay on aesthetic trends from classicism to modernism, with important documentation.

582. ___________. Literatura argentina. Barcelona: Labor, 1970.

583. Bullrich, Silvina. La mujer argentina en la literatura. Buenos Aires: Ministerio de Cultura y Educación, Centro Nacional de Documentación e Información Educativa, 1972.

584. Cambours Ocampo, Arturo. El problema de las generaciones literarias: esquema de las últimas promociones argentinas. Buenos Aires: Peña Lillo, 1963.

Essay on the 1930-1940 generation and beyond. Appendix with documents, literary manifests and excerpts from literary magazines.

585. ___________. Indagaciones sobre literatura argentina. Buenos Aires: Albatros, 1952.

Notes on: Don Segundo Sombra, Leopoldo Lugones frente a dos generaciones literarias argentinas, and La creación literaria y Alfonsina Storni.

586. Carilla, Emilio. Autores, libros y lecturas en la literatura argentina. Tucumán: 1979

587. ___________. Estudios de literatura argentina, siglo XX. 2d ed. revised and enlarged. Tucumán: Universidad Nacional de Tucumán, Facultad de Filosofía y Letras, 1968 (1960).

Collection of studies on diverse subjects: Argentina's literary reality, J. L. Borges, Modernism, Amado Alonso in Argentina, B. Fernández Moreno, R. Güiraldes, L. Lugones, R. Jaimes Freyre, and other writers.

588. ___________. Literatura argentina, 1800-1950. (Esquema generacional). Tucumán: Universidad Nacional de Tucumán; Facultad de Filosofía y Letras, 1954.

589. Cóccaro, Nicolás. Las letras y el destino argentino. Buenos Aires: Editorial Sopena, 1969.

Critical notes and studies on E. Anderson-Imbert, E. Banchs, J. L. Borges, J. Cortázar, L. Lugones, E. Sábato, B. Lynch, and others.

590. Córdoba Iturburu, Cayetano. El movimiento martinfierrista. Buenos Aires: Ediciones Culturales Argentinas, 1967.

591. ___________. La revolución martinfierrista. Buenos Aires: Ediciones Culturales Argentinas, 1962.

592. Cúneo, Dardo. El desencuentro argentino, (1930-1955). Buenos Aires: Pleamar, 1965.

593. __________. El romanticismo político. Buenos Aires: Transición, 1955.

Commentaries on A. Gerchunoff, M. Fernández, L. Lugones, and R. Payró.

594. __________. Las propias vanguardias. Buenos Aires: Ediciones Culturales Argentinas, 1973.

Critical essays on: Sarmiento, J. Hernández, Lugones, Almafuerte, Macedonio Fernández, Manuel Ugarte, Guiraldes, Martínez Estrada, Roberto Arlt, "El cabecita negra," "La aventura de América," and "Síntesis de país y época."

595. Erro, Carlos Alberto. Medida del criollismo. Buenos Aires: Porter, 1929.

On R. Guiraldes, J. L. Borges, and E. Mallea.

596. Fernández Moreno, César. ¿Poetizar o politizar?. Buenos Aires: Losada, 1973.

Essays on: Baldomero Fernández Moreno, Enrique Amorim, Jorge Luis Borges, David Viñas, and Oliverio Girondo.

597. Ghiano, Juan Carlos. Constantes de la literatura argentina. Buenos Aires: Editorial Raigal, 1953.

Divided into eight chapters: 1. Constantes de la literatura argentina. 2. Echeverría, el iniciador. 3. Miguel Cané en su tiempo. 4. Guiraldes novelista. 5. Mallea novelista. 6. El teatro nacional. 7. Teatro argentino contemporáneo. 8. Literatura argentina siglo XX.

598. __________. Relecturas argentinas, de José Hernández a Alberto Girri. Buenos Aires: Mar de Solís, 1978.

599. __________. Temas y aptitudes. Buenos Aires: Ollantay, 1949.

Critical commentaries on L. Lugones, H. Quiroga, R. Arlt, L. Marechal, F. L. Bernárdez, J. L. Borges, and E. Molina.

600. Goldar, Ernesto. El peronismo en la literatura argentina. Buenos Aires: Editorial Freeland, 1971.

Commentaries on D. Viñas, S. Bullrich, J. Cortázar, L. Marechal, E. Sábato, and other writers.

601. González Tuñón, Raúl. La literatura resplandeciente. Buenos Aires: Editorial Boedo-Silbalba, 1976.

602. Gostautas, Stasys. Buenos Aires y Arlt, Dostoievsky, Martínez Estrada y Escalabrini (sic) Ortiz. Madrid: Insula, 1977.

603. Gregorich, Luis. Tierra de nadie: notas sobre literatura y políti-

ca argentina. Buenos Aires: Editorial Mariano Moreno, 1981

Divided into three parts: 1. Artículos y notas sobre literatura. 2. Tres entrevistas. 3. Notas sobre política, historia y vida social.

604. Guglielmini, Homero M. Fronteras de la literatura argentina. Buenos Aires: Eudeba, 1972.

Critical commentaries on W. H. Hudson, Martín Fierro (J. Hernández), and E. Echeverría.

605. Hernández Arregui, Juan José. Imperialismo y cultura. La política en la inteligencia argentina. 2d ed. Buenos Aires: Plus Ultra, 1973 (1957).

Discussion of literature from social and political perspectives.

606. Jitrik, Noé. El escritor argentino, dependencia o libertad. Buenos Aires: Ediciones del Candil, 1967.

Essays on R. Arlt, E. Larreta, and R. Güiraldes.

607. __________. El fuego de la especie: ensayo sobre seis escritores argentinos. Buenos Aires: Siglo Veintiuno, 1971

Critical notes on six writers of the 19th and 20th centuries: J. Hernández, E. Echeverría, R. Payró, M. Fernández, J. L. Borges, and J. Cortázar.

608. __________. Ensayos y estudios de literatura argentina. Buenos Aires: Editorial Galerna, 1970.

Contains: Ensayos y estudios de literatura. Para una lectura de Facundo de Domingo F. Sarmiento. Cambaceres: adentro y afuera. Los desplazamientos de la culpa en las obras "sociales" de Manuel Gálvez. Horacio Quiroga, autor de folletines. Hombres en su tiempo: psicología y literatura de la generación del 80, soledad y urbanidad. Ensayo sobre la adaptación del romanticismo en la Argentina. Poesía argentina entre dos radicalismos. Bipolaridad en la historia de la literatura argentina.

609. __________. Escritores argentinos. Buenos Aires: Ediciones del Candil, 1967.

Commentaries on R. Güiraldes, R. Arlt, and E. Larreta.

610. Justo, Liborio. Literatura argentina y expresión americana. Buenos Aires: Rascate, 1976.

Several critical commentaries on J. L. Borges, R. Arlt, M. Gálvez, L. Lugones, E. Mallea, E. Martínez Estrada, and E. Sábato.

611. Kovacci, Ofelia. La pampa a través de Ricardo Güiraldes; un intento de valoración de lo argentino. Buenos Aires: Universidad de Buenos Aires, Facultad de Filosofía y Letras, 1961.

612. Lindstrom, Naomi. Literary Expressionism in Argentina: The Presentation of Incoherence. Tempe, AZ: Arizona State University, 1977.

613. Loprete, Carlos Alberto. La literatura modernista en la Argentina 2d ed. Buenos Aires: Plus Ultra, 1976 (1955)

Contains: I. El Modernismo. II. Revistas, periódicos y diarios. III. La polémica de lo moderno. IV. Los hombres y las obras. V. Los dos orgullos, (Enrique Larreta, Leopoldo Lugones).

614. Magis, Carlos Horacio. La literatura argentina. México: Editorial Pormaca, 1965.

Historical synthesis of Colonial literature to contemporary (1516-1960), with the principal writers of each period. Author views literature as a social, economic and political account of country's history.

615. Martínez Estrada, Ezequiel. Cuadrante del pampero. Buenos Aires: Editorial Deucalión, 1956.

Important essay on several national problems and various writers: L. Lugones, B. Fernández Moreno, and H. Quiroga.

616. ________. Para una revisión de las letras argentinas, prolegómenos. Buenos Aires: Losada, 1967.

Critical commentaries on: O. Andrade, A. Gerchunoff, and L. Lugones.

617. Mastronardi, Carlos. Formas de la realidad nacional. Buenos Aires: Ediciones Culturales Argentinas, 1961.

618. Matamoro, Blas. Oligarquía y literatura. Buenos Aires: del Sol, 1975.

Commentaries on A. Bioy Casares, V. Ocampo, J. Cortázar, E. Mallea, M. Mujica Láinez, and their relationship with oligarchy.

619. Murena, Héctor A. El pecado original de América. 2d ed. Buenos Aires: Sudamericana, 1965 (1954).

Critical commentaries on R. Arlt, H. Quiroga, J. L. Borges, F. Sánchez, and E. Martínez Estrada.

620. Pagés Larraya, Antonio. Sala Groussac. Buenos Aires: Kraft, 1965

621. Prieto, Adolfo. Estudios de literatura argentina. Buenos Aires: Galerna, 1969.

Commentaries on the works of R. Arlt, J. Cortázar, M. Gálvez, L. Marechal, Sarmiento, and E. Martínez Estrada.

622. ________. La literatura autobiográfica argentina. 2d ed. Bue-

nos Aires: Jorge Alvarez, 1966 (1962).

623. ________. Literatura y subdesarrollo: notas para un análisis de la literatura argentina. Rosario, Santa Fe: Biblioteca, 1968

624. Ramos, Jorge Abelardo. Crisis y resurrección de la literatura argentina. 2d ed. Buenos Aires: Editorial Coyoacán, 1961 (1954).

Critical commentaries on J. L. Borges, J. Hernández, E. Martínez Estrada, and E. Sábato.

625. Rodhe, Jorge Max. Estudios Literarios. Buenos Aires: Coni, 1920.

626. ________. Las ideas estéticas en la literatura argentina. Buenos Aires: Coni, 1921-1926. 4 vols.

Valuable information on literary trends from the neoclassicism.

627. Rodríguez Monegal, Emir. El juicio de los parricidas. Buenos Aires: Editorial Deucalión, 1956.

Critical comments on J. L. Borges, E. Mallea, E. Martínez Estrada, and H. A. Murena.

628. Rojas, Ricardo. Historia de la literatura argentina. 4th ed. Buenos Aires: Kraft, 1957. (1917-22). 9 vols.

Contains: 1-2. Los gauchescos. 3-4. Los coloniales. 5-6. Los proscriptos. 7-8. Los modernos. 9. Indice general.

629. Rossler, Osvaldo. Convergencias. Ensayos. Buenos Aires: Plus Ultra, 1976.

Contains: Defensa de la poesía. La Ciudad como destino y herencia: Fernández Moreno. El ángel enfermo. Paredes y violencias. La maravillosa realidad. Una carta. Naturaleza y poesía. Nuestros malditos: Arlt, Jacobo Fijman, N. Olivari. Formas de la conducta: Macedonio Fernández, Banchs, Storni, Martíez Estrada, Adiós a Hidalgo. El lema. A canto y fuego. La opción. Cuatro rostros de la poesía americana: Borges, Parra, Paz, Neruda. Marechal o el argumento de Dios sobre las cosas. El último romántico: Pedro M. Obligado. González Tuñón. Una poesía que quiere prestar utilidad. La política, esa otra meta de la juventud. El mar, el otro mar. Razón del poeta.

630. Sánchez Garrido, Amelia. Indagación de lo argentino. Buenos Aires: Ediciones Culturales Argentinas, 1962.

631. Scrimaglio, Marta. Literatura argentina de vanguardia (1920-1930). Rosario, Santa Fe: Biblioteca, 1974.

Commentaries on F. L. Bernárdez, O. Girondo, J. L. Borges, E. González Lanuza, L. Marechal, and R. E. Molinari.

632. Seigel, Lázaro. El paisaje lírico de la pampa y otros ensayos. La

Plata: Municipalidad de La Plata, 1962.

633. Soto, Luis Emilio. Crítica y estimación. Buenos Aires: Sur, 1938

Essays: on L. Lugones, E. Mallea, D. F. Sarmiento, and E. Martínez Estrada.

634. Universidad Nacional de La Plata. Estudios literarios e interdisciplinarios. La Plata: Facultad de Humanidades y Ciencias de la Educación, Departamento de Letras, 1968.

Contains several essays. Oscar A. Fernández: "Notas generales e interdisciplinarias sobre el impresionismo." Víctor Montenegro: "Una interpretación acerca de los elementos morbosos en las novelas de Roberto Arlt." Marta Berrutti de Maciel: "Motivaciones psicológicas en los principales personajes de Divertidas aventuras del nieto de Juan Moreira (R. Payró)." Marcelo Alberto Villanueva: "Un salto hacia adelante o la razón de la sinrazón: ensayos sobre Rayuela de Julio Cortázar."

635. Verbitsky, Bernardo. Literatura y conciencia nacional. Buenos Aires: Paidós, 1975.

636. Viñas, David. Literatura argentina y realidad política. 2d ed. Buenos Aires: Siglo Veinte, 1971-1975 (1964).

Divided into four chapters: I. Constantes con variaciones. La mirada a Europa. Del viaje colonial al viaje estético. "Niños" y "Criados favoritos": de Amalia a Beatriz Guido a través de La gran aldea. II. El liberalismo: Negatividad y programa. Mármol: los ojos del romanticismo. Mitre y el burgués fanfarrón. III. El apogeo de la oligarquía. Mansilla: Clase social, público y clientela. Cané. Martel y los culpables del 90. IV. La crisis de la ciudad liberal. De los "gentlemen" -escritores a la profesionalización de la literatura. Florencio Sánchez y la revolución de los intelectuales. Gerchunoff: gauchos judíos y xenofobia.

637. ______. Literatura argentina y realidad política: de Sarmiento a Cortázar. Buenos Aires: Siglo Veinte, 1971.

Critical commentaries on R. Arlt, L. Marechal, A. Bioy Casares, J. L. Borges, E. Cambaceres, M. Cané, E. Carriego, J. Cortázar, A. Discépolo, M. Gálvez, B. Guido, R. Güiraldes, L. Lugones, M. Lynch, E. Mallea, E. Martínez Estrada, V. Ocampo, D. F. Sarmiento, and E. Sábato.

638. Wapnir, Salomón. Imágenes y letras. Buenos Aires: Instituto Amigos del Libro Argentino, 1955.

Comments on R. Güiraldes, B. Lynch, and A. Storni.

639. Yunque, Alvaro. La literatura social en la Argentina. Historia de los movimientos literarios desde la emancipación nacional a nuestros días. Buenos Aires: Editorial Claridad, 1941

Contains: 1. El arte intención y el arte sonido. 2. Aparición de un pueblo y de una poesía. 3. El impulso de Mayo. 4. La ilusión rivadaviana y la realidad. 5. Mayo y la colonia. 6. Renacimiento del arte civil. 7. El gauchismo. 8. Otra inquietud. 9. El impulso proletario. Appendix with documentation.

Poetry

640. Alonso Gamo, José María. Tres poetas argentinos: Marechal, Molinari, Bernárdez. Madrid: Ediciones Cultura Hispánica, 1951.

641. Battistessa, Angel, and Vicente Barbieri. Dos poetas argentinos. Buenos Aires: Municipalidad de la ciudad de Buenos Aires, 1945.

Essays on Enrique Banchs, and Baldomero Fernández Moreno.

642. Fernández Moreno, César. La realidad y los papeles; panorama y muestra de la poesía argentina contemporánea. Madrid: Aguilar, 1967.

Essay on the various generations and poetic periods: 1. Modernismo. 2. Postmodernismo. 3. Pre-vanguardismo. 4. Sencillismo. 5. Ultraísmo. 6. Generación del 40. 7. Generación del 50. 8. Poesía existencial y realidad nacional.

643. Ghiano, Juan Carlos. Poesía argentina del siglo XX. Buenos Aires: Fondo de Cultura Económica, 1957.

Divided into three chapters according several literary trends. Modernismo y posmodernismo (1896-1925): Leopoldo Lugones, Enrique Banchs, Arturo Marasso, Rafael Alberto Arrieta, Enrique Larreta, Arturo Capdevila, Alfonsina Storni, Baldomero Fernández Moreno, Ezequiel Martínez Estrada, Alvaro Melián Lafinur, Angel de Estrada, Leopoldo Díaz, Pedro Miguel Obligado, Ricardo Rojas, Pedro B. Palacios (Almafuerte), Evaristo Carriego, Miguel A. Camino, Juan Carlos Dávalos, Antonio de la Torre, Bernardo Canal Feijóo, Ricardo Güiraldes, Macedonio Fernández. Imaginismo y formas de contención (1925-1940): Oliverio Girondo, Jorge Luis Borges, Eduardo González Lanuza, Carlos Mastronardi, Francisco Luis Bernárdez, Leopoldo Marechal, Ricardo E. Molinari, Conrado Nalé Roxlo, José González Carbalho, Roberto Ledesma, Fermín Estrella Gutiérrez, Ulyses Petit de Murat, Juan L. Ortiz, Norah Lange, Jacobo Fijman, Brandán Caraffa, Amado Villar, Nicolás Olivari, Israel Zeitlin (César Tiempo), Pedro Juan Vignale, José Sebastián Tallón, Lysandro Z. D. Galtier, Francisco López Merino, Alfredo R. Bufano, Enrique Méndez Calzada, Horacio Rega Molina, José Pedroni, Luis L. Franco, Raúl González Tuñón, Cayetano Córdova Iturburu, Carlos M. Grunberg, Aristóbulo Echegaray, José Ananía (José Portogalo). Neorromanticismo, renovaciones superrealistas y otras modalidades (1940-1950): María de Villarino, Ignacio B. Anzoátegui, Mario Binetti, Osvaldo Horacio Dondo, Fryda Schultz de Mantovani, Vicente Barbieri, Silvina Ocampo, Enrique Molina, Olga Orozco, Juan Rodolfo Wilcock, Roberto Paine, Daniel J. Devoto, César Fernández Moreno, Eduardo A. Jonquières, Alfonso Sola González, Alberto Ponce de León, César Rosales,

Guillermo Orce Remis, Mario Busignani, Raúl Galán, Horacio Estan Ratti, Jorge Vocos Lescano, León Benarós, Héctor E. Ciocchini, Miguel D. Etchebarne, Eduardo Jorge Bosco, Juan G. Ferreyra Basso, Jorge Calvetti, Manuel J. Castilla, Antonio Esteban Aguero, Nicandro Pereyra, Osvaldo Svanascini, Jorge Enrique Ramponi, Ernesto B. Rodríguez, Horacio Jorge Becco, Alberto Girri, Emilio Sosa López, Fernando Guibert.

644. González Lanuza, Eduardo. Los martinfierristas. Buenos Aires: Ediciones Culturales Argentinas, 1961.

645. Ibarra, Néstor. La nueva poesía argentina: ensayo crítico sobre el ultraísmo: 1921-1929. Buenos Aires: Molinari, 1930.

646. Martínez, David. Poesía argentina actual, 1930-1960. Buenos Aires: Ministerio de Educación y Justicia, 1961.

Overview with an introduction to some seventy poets.

647. Mazzei, Angel. El modernismo en la Argentina: Enrique Banchs, El día domingo en la poesía argentina. Buenos Aires: Ciordia, 1950.

648. ________. El Modernismo en la Argentina: la poesía de Buenos Aires. 2d ed. Buenos Aires: Ciordia, 1962 (1950).

649. Percas, Helena. La poesía femenina argentina (1810-1950). Madrid: Ediciones Cultura Hispánica, 1958.

Essay on the poetry of Argentine women writers from Independence (1810) to mid-20th century. Romanticism, Modernism, "Generación de 1916," and Alfonsina Storni, Ultra-Modernism (Norah Lange), Neoclassicism-Ultra-Modernism (María de Villarino, María Granata, Fryda Schultz de Mantovani, and Silvina Ocampo). Especially important chapter on A. Storni's style. Extensive bibliography.

650. Running, Thorpe. Borge's Ultraist Movement and its Poets. Lathrup Village, MI: International Book Publishing, 1981.

Comprehensive overview of the ultraist movement in Argentina, and a useful history of poetic development from R. Güiraldes to J. L. Borges. Includes: E. González Lanuza, Norah Lange, F. L. Bernárdez, L. Marechal, R. Molinari, and O. Girondo.

651. Sola, Graciela de. Proyecciones del surrealismo en la literatura argentina. Buenos Aires: Ediciones Culturales Argentinas, 1967

Contains: Advertencia preliminar. I. El surrealismo. 1. Antecedentes de la visión surrealista. 2. Los movimientos de "vanguardia." 3. El movimiento surrealista. 4. El pensamiento surrealista. 5. Surrealismo y arte. II. La literatura argentina y el surrealismo. 1. América y el surrealismo. 2. Precursores de la "revolte" hispanoamericana. 3. Posibles antecedentes de una visión surrealista en las primeras décadas de este siglo. 4. El ultraísmo. 5. Difusión del surrealismo. 6. El neoromanticismo. 7. La visión surrealista en algunas obras de ficción. 8.

Los grupos "de vanguardia." 9. Otros poetas vinculados con el surrealismo. 10. La producción poética posterior a 1950. III. El grupo surrealista argentino. 1. Las revistas del surrealismo y otras que denotan su influencia. 2. El grupo surrealista argentino. 3. Consideración de las obras surrealistas más importantes. IV. Conclusiones. V. Breve selección poética del surrealismo argentino: Aldo Pellegrini, Carlos Latorre, Enrique Molina, Juan José Ceselli, Francisco Madariaga, Julio Llinas, Juan Antonio Vasco. VI. Apéndice documental. Includes bibliography.

652. Tomat Guido, Francisco,and Celia Paschero. La poesía moderna argentina. Buenos Aires: Ministerio de Relaciones y Culto, 1964.

## Prose Fiction

653. Alonso, Fernando,and Arturo Rezzano. Novela y sociedad argentinas: Buenos Aires: Paidós, 1971.

654. Boldori, Rosa, et al. Narrativa argentina del litoral: Greca, Castellani, Pisarello, Riestra, Saer, Gorodischer. Rosario, Santa Fe: Centro de Estudios Semánticos, 1981.

655. Barrenechea, Ana María, and Emma Speratti Piñero. La literatura fantástica en Argentina. México: Universidad Nacional Autónoma de México, 1957.

Essay divided into five chapters with an introduction by A. M. Barrenechea, who also wrote three chapters: 1. La expresión de las fuerzas extrañas en Leopoldo Lugones. 2. Realismo e imaginación en la obra de Horacio Quiroga. 3. La literatura fantástica en las últimas generaciones argentinas: Julio Cortázar. Two works by E. Speratti Piñero: 1. La creación de la nada en el humorismo de Macedonio Fernández. 2. La expresión de la irrealidad en la obra de Jorge Luis Borges.

656. Castellanos, Carmelina de. Tres nombres en la novela argentina. Santa Fe, Argentina: Colmegna, 1977.

Essays on: R. Arlt, M. Mujica Láinez, and E. Sábato.

657. Castelli, Eugenio. Moyano, Benedetto, Cortázar. Rosario: Editorial Colmegna, 1968.

658. Domínguez de Rodríguez Pasqués, Petrona. El discurso indirecto libre en la novela argentina. Rio de Janeiro: Pontifícia Universidade Católica do Rio Grande do Sul, 1975.

Essay on the modern Argentine novel treating: "El discurso indirecto libre." Divided into four parts: 1. Introduction and definition of the DIL. 2. Seven chapters on preceding studies. 3. Nine chapters on the DIL in the novel. 4. Two chapters on statistics and conclusions. The author considers samples by E. Larreta, B. Lynch, R. Güiraldes, E. Mallea, E. Sábato, J. Cortázar, J. L. Borges, and other writers.

659. Foster, David William. Currents in the Contemporary Argentine Novel. Arlt, Mallea, Sábato and Cortázar. Columbia, MO: University of Missouri Press, 1975.

Essay on the critical history of the Argentine contemporary novel. Study on R. Arlt (Los siete locos and Los Lanzallamas), E. Mallea (La bahía del silencio), E. Sábato (Sobre héroes y tumbas), J. Cortázar (Rayuela), and studies on L. Marechal, A. di Benedetto, D. Moyano, M. E. de Miguel, P. Orgambide, and M. Puig.

660. ________. Social Realism in the Argentine Narrative. Chapel Hill, NC: University of North Carolina at Chapel Hill, 1986.

661. García, Germán. El inmigrante en la novela argentina. Buenos Aires: Hachette, 1970.

662. Ghiano, Juan Carlos. La novela argentina contemporánea, 1940-1960. Buenos Aires: Dirección General de Relaciones Culturales, 1964.

Impartial overview on twenty years of the contemporary Argentine novel.

663. ________. Testimonio de la novela argentina. Buenos Aires: Ediciones Leviatán, 1956.

Study of R. Payró, R. Guiraldes, and R. Arlt.

664. Jitrik, Noé. Seis novelistas argentinos de la nueva promoción. Mendoza: Biblioteca Pública General San Martín, 1959.

Essays on di Benedetto, B. Guido, H. A. Murena, D. Viñas, and others.

665. Mastrángelo, Carlos. El cuento argentino: contribución al conocimiento de su historia, teoría y práctica. 2d ed. Buenos Aires: Editorial Nova, 1975 (1963).

Interesting work on Argentine story. Divided into six parts: Primera Parte: I. Menosprecio y chapuceo del cuento en nuestro país. II. El cuento: antiguo y moderno género literario. Segunda Parte: Nuestras antologías del cuento. III. Siglo XIX: notables escritores pero muy pocos cuentistas. IV. Una selección realizada por Manuel Gálvez. V. Una colección que promete más de lo que cumple. VI. Una "muestra" de cuentos en la que muchos no lo son. VII. Cuentistas Argentinos de Hoy contiene también cuentos notables. VIII. Una valiosísima y heterógenea recopilación. IX. Una Contribución de los autores nuevos. X. No todos los Cuentos de nuestra tierra son cuentos. XI. Excelentes cuentistas en la selección de Pagés Larraya. XII. Más gauchos que cuentos en una antología. XIII. Importante aporte con un valioso prólogo. XIV. Visión panorámica de más de un siglo de cuentística nacional. Tercera Parte: XV. Cuentistas que no figuran en las antologías argentinas del cuento. XVI. Idem. Cuentistas del litoral y otros. Cuarta Parte: XVII. El cuento, el relato y la novela corta. XVIII. Elementos para una definición del cuento. XIX. ¿Una fórmula para escribir cuentos?. Quinta Parte: XX. Hacia una teoría del cuento. XXI. Por qué El matadero, de Echeverría, no es un cuento. XXII. Por qué A la deriva, de Horacio Quiroga es un cuento. XXIII. Teorizadores del cuento y cuentistas argentinos, principales figuras de los últimos años: 1960 y 1974. Sexta Parte: XXIV. El cuento argentino de vanguardia. (Apuntes para el estudio de su origen, evolución y significado).

666. Meehan, Thomas C. Essays on Argentine Narrators. Valencia-Chapel Hill: Albatros Ediciones Hispanófila, 1982.

Bilingual essays. Includes: Prefiguración de Don Segundo Sombra, como contador de cuentos. Los niños perversos en los cuentos de Silvina Ocampo. Preocupación metafísica y creación en La invención de Morel, de Adolfo Bioy Casares. Temporal simultaneity and the theme of Time Travel in a Fantastic Story by Adolfo Bioy Casares. Estructura y Temas en El sueño de los héroes, de Adolfo Bioy Casares; The Motifs of the Homunculus and the Shrinking Man in two versions of a short stoy by Adolfo Bioy Casares. Scatological humor in a short story by Fernando Sorrentino.

667. Plá, Roger. Proposiciones (novela nueva y narrativa argentina). Rosario, Santa Fe: Biblioteca, 1969.

668. Portantiero, Juan Carlos. Realismo y realidad en la narrativa argentina. Buenos Aires: Editorial Procyón, 1961.

669. Solá González, Alfonso. Capítulos de la novela argentina. Mendoza, (Argentina): Cuadernos de Versión, 1959.

Essay, including a note on "El ultraísmo en la novela."

670. Tijeras, Eduardo. El relato breve en la Argentina. Madrid: Ediciones Cultura Hispánica, 1973.

Study on Argentine short story. Contains: Nota de presentación. Antecedentes y precursores. Boedo y Florida. Inmigración. Crisis de 1930. Recapitulación y síntesis. Penúltima escala (1916-1929). Peronismo y literatura. Hoy en el cuento (de 1930 a nuestros días). Narradores contemporáneos inclasificados cronológicamente. Panorama en esquemas. Rioplatenses y aclimatados. Para una supuesta antología ideal contemporánea.

671. Williams Alzaga, Enrique. La pampa en la novela argentina. Buenos Aires: Angel Estrada, 1955.

Discussion of rural landscape in the Argentine novel, with descriptions and impressions of regional travel. Commentaries on E. Larreta, B. Lynch, and R. Güiraldes.

## Drama

672. Berenguer Carisomo, Arturo. Las ideas estéticas en el teatro argentino. Buenos Aires: Instituto Nacional de Historia del Teatro, 1947.

From the colonial period to 1918. Contains: Introducción. Las corrientes del teatro nacional. El ciclo épico argentino. La raíz indígena. Primera Parte. La colonia (1617-1809). 1. La raíz culta y urbana. 2. El neo-clasicismo (La estética). 3. El neoclasicismo jacobino. 4. El origen popular. Segunda Parte. La emancipación (1810-1830). 5. El neo-clasicismo jacobino. 6. Juan Cruz Varela. 7. Formación del Teatro Popular. Tercera Parte. El realismo-naturalismo (1840-1918). 8. El siglo XIX (la estética). 9. Los románticos. 10. El teatro del exilio. 11. El ciclo nativo. 12. La dramática realista-naturalista (1900-1918).

673. Casadevall, Domingo E. El teatro nacional: sipnosis y perspectivas. Buenos Aires: Ediciones Culturales Argentinas, 1961.

674. ________. La evolución argentina vista por el teatro nacional. Buenos Aires: Ediciones Culturales Argentinas, 1965.

Contains: I. Comienzos del teatro nacional. II. Evolución del teatro gauchesco. III. El género chico nacional. IV. Buenos Aires cosmopolita y la prole de Cocoliche. V. La clase superior acaudalada. VI. La clase superior empobrecida y el nuevo rico extranjero. VII. La clase media desorbitada: rastacueros y snobs. VIII. La clase media desorbitada: caídos, cursis y guarangos. IX. El salto de clase. X. La clase inferior. XI. Lanceros, vivos, ranunes, chiflados, cancheros, ricos tipos y locos lindos. XII. La política. XIII. Teatro de temas regionales. XIV. Teatro evocativo. XV. Piezas de índole conceptual, polémica, psicológica y farsesca. XVI. Esplendor, menoscabo y renovación del teatro nacional.

675. Castagnino, Raúl. Literatura dramática argentina, 1717-1967. Buenos Aires: Pleamar, 1968.

Expanded version of Castagnino's Esquema de la literatura dramática argentina (1950).

676. ________. Sociología del teatro argentino. Buenos Aires: Editorial Nova, 1963.

677. Foster, David William. The Argentine Teatro Independiente. 1930-1955. York, SC: Spanish Literature Publishing co., 1986.

Contains: Popular Culture as Mediating Sign between Fantasy and Reality in Arlt's Trescientos millones. Arlt's La isla desierta as Expressionistic Theater. Strategic Defamiliarization in Un guapo del 900 by Samuel Eichelbaum. Semiology of the Stage in Carlos Gorostiza's El Puente. Strategies of Audience Confusion in Nalé Roxlo's Judith y las rosas. Other Varieties of Argentine Dramatic Activity in the 1930s and 1940s. Narrative Strategies in Osvaldo Dragún's Historias para ser contadas. Documentary Appendices. A. "Teatro del pueblo" by Luis Ordaz. B. "Los autores independientes en los teatros comerciales" by Roberto Arlt. C. "Theater at Movie Prices" by Sergio Bagú.

678. Morales, Ernesto. Historia del teatro argentino. Buenos Aires:

Editorial Lautaro, 1944.

Contains: Antecedentes indígenas. El teatro en la Colonia. El teatro y la Revolución. El teatro durante las guerras civiles. El teatro de la tiranía y la proscripción. La reconstrucción civil. Teatro gauchesco. Teatro moderno. Teatro contemporáneo.

679. Tschudi, Lilián. Teatro argentino actual. Buenos Aires: F. García Cambeiro, 1974.

Essay

680. Koremblit, Bernardo E. El ensayo en la Argentina. Buenos Aires: Ministerio de Relaciones Exteriores y Culto, 1964.

681. Loprete, Carlos Alberto. El ensueño argentino. Buenos Aires: Plus Ultra, 1985.

Divided into five chapters: I. La indagatoria. II. Nosotros y los otros. III. Asedios al carácter argentino. IV. Sociedad y vida. V. Repensar la Argentina.

BOLIVIA

682. Avila Echazú, Edgar. Historia y antología de la literatura boliviana. La Paz: Universidad Boliviana, 1978.

683. __________. Resumen y antología de la literatura boliviana. La Paz: Gisbert, 1973.

684. Barnadas, José M., and Juan José Coy. Realidad socio-histórica y expresión literaria en Bolivia. Introducción general y bibliografía, esquemas metodológicos de aproximación a la narrativa boliviana. Cochabamba: Editorial Los Amigos del Libro, 1977.

685. Castañón Barrientos, Carlos. Escritos y escritores. La Paz: Universo, 1970.

686. __________. Sobre literatura. La Paz: Universo, 1971.

687. Diez de Medina, Fernando. Literatura boliviana: Introducción al estudio de las letras nacionales del tiempo mítico a la producción contemporánea. 4th ed. up to date. La Paz: Editorial Los Amigos del Libro, 1982 (1953).

Contains: Introducción: 1. Para una literatura nacional. 2. Bolivia: Tema generador. Los surcos andinos: 3. El tiempo mítico. 4. El pasado Kolla. 5. La herencia Quechua. La siembra hispana: 6. La conquista. 7. La colonia. 8. La Independencia. La Germinación republicana: 9. El siglo XIX: Los románticos. 10. La guerra del pacífico y los indagadores. 11. El siglo XX: Realistas y exotistas. 12. Los eclécticos y la generación del centenario. 13. La guerra del Chaco y la escuela vernacular. Reflexiones finales.

688. Finot, Enrique. Historia de la literatura boliviana. 5th ed. enlarged by José de Mesa, and Teresa Gisbert. La Paz: Gisbert, 1981.

Contains: Primera Parte. Los orígenes. 1. Consideraciones Preliminares. 2. Literatura precolombina. 3. Período colonial. 4. El período de la Independencia. Segunda Parte. El siglo XIX. 1. Reflexiones generales. 2. La poesía boliviana hasta 1900. 3. El género teatral en el siglo XIX. 4. La novela en el siglo XIX. 5. Los historiadores del siglo pasado. 6. Otros géneros literarios hasta 1900. Tercera Parte. Los contemporáneos. 1. Antecedentes. 2. Los poetas del siglo actual. 3. La novela y el cuento contemporáneos. 4. El nuevo teatro boliviano. 5. Historiadores contemporáneos. 6. Otros géneros literarios en el siglo XX. Apéndices: El período colonial, by José de Mesa y Teresa Gisbert, and Los Contemporáneos, by Luis Felipe Vilela.

689. Guzmán, Augusto. Panorama de la literatura boliviana del siglo XX. Cochabamba: Editorial Los Amigos del Libro, 1967.

Comments on principal authors and their work.

690. Medinacelli, Carlos. Estudios críticos. Sucre: Editorial Charca, 1938.

691. Medinacelli, Emilio. Literatura de Bolivia. La Paz: Imp. El Progreso, 1965.

692. Ortega, José. Letras bolivianas de hoy: Renato Prada y Pedro Shimose; manual de bibliografía de la literatura boliviana. Buenos Aires: F. García Cambeiro, 1973.

693. Otero, Gustavo Adolfo. Figuras de la cultura boliviana. Quito: Casa de la Cultura Ecuatoriana, 1952.

Contains a prologue and nineteen notes on Bolivian writers and publicists. Commentaries on Gabriel René Moreno, Rosendo Villalobos, Ricardo Jaimes Freyre, and Alcides Arguedas. Serious omissions: Nataniel Aguirre, Gregorio Reynols, and Frank Tamayo.

694. Pastor Poppe, Ricardo. Escritores bolivianos contemporáneos. La Paz: Editorial Los Amigos del Libro, 1980.

Overview on contemporary Bolivian writers (1960 and 1970), and the social-political, telluric, and metaphysical influence on the "conciencia de bolivianidad, tercemundismo y universalidad."

695. Sanjinés C., Javier. Editor. Tendencias actuales en la literatura boliviana. Minneapolis, MN-Valencia, Spain: Institute for the Study of Ideologies & Literature / Instituto de Cine y Radio-Televisión, 1985.

Contains: Javier Sanjinés C.: Introducción. Luis H. Antezana: "La novela boliviana en el último cuarto de siglo." Ana Rebeca Prada: "El cuento contemporáneo de la represión en Bolivia." Blanca Wiethunchter: "Poesía boliviana contemporánea: Oscar Cerruto, Jaime Sánez, Pedro Shimose y Jesús Urzagasti." Leonardo García Pabón: "Aproximación a la crítica literaria en Bolivia de 1960 a 1980." Oscar Muñoz Cadima: .El teatro nacional en busca de un punto de partida: 1967." Carlos D. Mesa Gisbert: "Cine boliviano 1953-1983. Aproximación a una experiencia." Bibliografía. Carlos D. Mesa Gisbert: "Bibliografía de la novela boliviana (1962-1980)." Rubén Vargas Portugal: "Indice bibliográfico de libros de poesía bolivianos publicados entre 1960-1980." Wilma Torrico Arroyo, and Rubén Vargas Portugal: "Indice bibliográfico de libros de cuentos bolivianos publicados entre 1960-1980." Wilma Torrico Arroyo: "Indice bibliográfico de libros de crítica y ensayo literario bolivianos publicados entre 1960-1980."

696. Vargas, Manuel. La literatura y el escritor en Bolivia. Cochabamba: Instituto de Estudios Sociales, 1978.

697. Vilela, Hugo. Alcides Arguedas y otros nombres en la literatura boliviana. Buenos Aires: Editorial Kier, 1945.

Studies on Arguedas, Juan Capriles, Carlos Medinacelli, Oscar Cerruto, Angel Sales, Díaz Villamil, Luis Felipe Vilela, and Francisco Alvarez García.

698. Villalobos, Rosendo. Letras bolivianas: Los poetas y sus obras. Los prosistas literarios. La Paz: Editorial Boliviana, 1936.

Critical commentary on R. Jaimes Freyre.

699. Villarroel Claure, Rigoberto. Elogio de la crítica y otros ensayos. 2d ed. La Paz: 1975 (1937).

Essays on Gabriel René Moreno, Ignacio Prudencio Bustillo, Ricardo Jaimes Freyre, Claudio Peñaranda, Gregorio Reynolds, and Franz Tamayo.

## Poetry

700. Castillo, Carmen. Una visión personal de la poesía boliviana. La Paz: Los Amigos del Libro, 1967.

701. Francovich, Guillermo. Tres poetas modernistas de Bolivia. La Paz: Editorial Juventud, 1971.

Studies on Ricardo Jaimes Freyre, Franz Tamayo and Gregorio Reynolds.

702. Guzmán, Augusto. Poetas y escritores de Bolivia. La Paz: Los amigos del Libro, 1975.

## Prose Fiction

703. Alcázar, Reinaldo M. *El cuento de carácter social en Bolivia entre 1935-1970*. La Paz: 1976.

704. ___________. *El cuento social boliviano*. La Paz: Imprenta Alenkar, 1981.

705. Echevarría C., Evelio. *La novela social en Bolivia*. 2d ed. La Paz: Editorial Difusión, 1973.

706. Guzmán, Augusto. *La novela en Bolivia*. *Proceso 1847-1954*. La Paz: Editorial Juventud, 1955.

New expanded edition of *Historia de la novela Boliviana* (1938), covering 83 authors and 137 novels. Divided into three chapters: 1. Romanticism (1847-1905). 2. Realism (1905-1932). 3. Naturalism (1932-1945).

707. ___________. *Panorama de la novela en Bolivia (proceso 1834-1973)*. La Paz: Editorial Juventud, 1973.

708. Ortega, José. *Temas sobre la moderna narrativa boliviana*. Cochabamba: Los Amigos del Libro, 1973.

709. Rivera-Rodas, Oscar. *La nueva narrativa boliviana: aproximación a sus aspectos formales*. La Paz: Ediciones Camarlinghi, 1972.

710. ___________. *La nueva narrativa boliviana*. Oruro: Quelco, 1972.

Contains: I. Antecedentes. Arranque de la nueva narrativa, 1967. II. Actitud narrativa en la novela. III. Actitud narrativa en el cuento. IV. La frustración social a través de las técnicas básicas. V. El determinismo social a través de la forma novelada. VI. Subjetivismo. VII. Objetivismo. VIII. Antinovela.

## Drama

711. Muñoz Cadima, Oscar. *Teatro boliviano contemporáneo*. La Paz: Municipalidad de La Paz, 1981.

Divided into two parts. Introducción. Primera Parte. I. Los primeros años del Teatro Boliviano. II. *La Huerta*: Acercamiento al problema del indio. III. *En la Pendiente*: Conflicto entre las castas sociales en Bolivia. Segunda Parte. IV. Tentativa de reorganización del Teatro Boliviano. V. El Teatro Social de Raúl Salmón, 1943-1952, 1964-1969. VI. El Teatro Nacional en busca de un punto de partida. VII. *El Hombre del Sombrero de Paja*. VIII. *La Nariz*. IX. Conclusiones. Includes bibliography.

712. Soria, Mario T. *Teatro boliviano en el siglo XX*. La Paz: Editorial Casa de la Cultura Franz Tamayo, 1980.

Includes: Historia: 1900-1920, 1920-1940, 1940-1960, 1960-1979. Seis dramaturgos bolivianos (vida y obra): Mario Flores, Antonio Díaz Villamil, Joaquín Gantier, Raúl Salmón, Guillermo Francovich, Adolfo Costa du Rels. Bibliografía, Bibliografía del teatro boliviano del siglo XX, Bibliografía, artículos y ensayos selectos. Entrevistas.

Essay

713. Francovich, Guillermo. El pensamiento boliviano en el siglo XX. México: Fondo de Cultura Económica, 1956.

CHILE

714. Alegría, Fernando. La literatura chilena contemporánea. Buenos Aires: Centro Editor de América Latina, 1968.

715. __________. La literatura chilena del siglo XX. 3d ed. Santiago de Chile: Editorial Zig-Zag, 1970 (1962).

716. __________. Las fronteras del realismo: literatura chilena del siglo XX. Santiago de Chile: Editorial Zig-Zag, 1962.

Divided into two parts: 1. Major novelists and short story writers: B. Lillo, S. González Vera, M. Rojas, J. Donoso, and others. 2. Contemporary poetry and evolution of the genre during the mid-20th century: G. Mistral, V. Huidobro, and P. Neruda. Concludes with an analysis of the new poets (generation of 1938).

717. Desarrollo de Chile en la primera mitad del siglo XX. Santiago de Chile: Editorial Universitaria, 1953. 2 vols.

Contains: Chilean literature: Poetry, drama and prose fiction. Hernán del Solar: "La poesía chilena en la primera mitad del siglo XX." Zlatko Brncic Juricic: "El teatro chileno a través de 50 años, 1900-1950." Ernesto Montenegro: "La novela chilena en medio siglo."

718. Díaz Arrieta, Hernán (Alone). Historia personal de la literatura chilena (desde Don Alonso de Ercilla hasta Pablo Neruda) 2d ed. Santiago de Chile: Editorial Zig-Zag, 1962 (1954).

Classical biographical studies on several writers with an anthology of the 20th century.

719. __________. Los cuatro grandes de la literatura chilena del siglo XX: Augusto D'Halmar, Pedro Prado, Gabriela Mistral, Pablo Neruda. Santiago de Chile: Editorial Zig-Zag, 1963.

720. __________. Pretérito imperfecto. Memorias de un crítico literario. Santiago de Chile: Editorial Nascimento, 1976.

Commentaries on: V. Huidobro, G. Mistral, P. Neruda, and others.

721. Dyson, John P. La evolución de la crítica literaria en Chile. Ensayo y bibliografía. Santiago de Chile: Instituto de Literatura Chilena, 1965.

Divided into four chapters with introduction. 1. A chronological overview of the period; discussion of dominant currents and leaders, comparison with the first period (1886-1889). 2. Analysis of Revista Cómica. 3. Revista Pluma y Lápiz. 4. On: Francisco Contreras, theoretician of modernism. Extensive bibliography on F. Contreras and Appendixes: A. Modernist manifest; B. Index of Revista Cómica.

722. Estudios de lengua y literatura como humanidades. Homenaje a Juan Uribe Echevarría. Santiago de Chile: Seminario de Humanidades, 1960.

Contains: Juan Vilches: "Los estudios de literatura en la educación nacional." Mario Rodríguez Fernández: "La poesía moderna chilena." Norma Cortés Larrieu: "Hijo de ladrón, de Manuel Rojas." Pedro Lastra: "Las actuales promociones poéticas."

723. Ferrero, Mario. Escritores a trasluz. Santiago de Chile: Editorial Universitaria, 1971.

Studies on: Gabriela Mistral, Edgardo Garrido Merino, Vicente Huidobro, Pedro Sienna, Pablo de Rokha, María Lefebre, Ricardo Latcham, Pablo Neruda, Andrés Sabella, Teófilo Cid, Nicomedes Guzmán, Nicanor Parra, and Edesio Alvarado.

724. __________. Premios nacionales de literatura. 2d ed. Santiago de Chile: Editorial Ercilla, 1965 (1963). 2 vols.

Vol. 1.: A. Cruchaga Santa María, E. Barrios, A. D'Halmar, J. Edwards Bello, M. Latorre, P. Neruda, and S. Lillo. Vol. 2.: P. Prado, J. S. González Vera, G. Mistral, F. Santiván, D. de la Vega, V. D. Silva, and F. A. Encina.

725. Lillo, Samuel. Literatura chilena. 7th ed. Santiago de Chile: Editorial Nascimento, 1952 (1918).

Work with much valuable information.

726. Melfi, Domingo. El viaje literario. Santiago de Chile: Editorial Nascimento, 1945.

Comments and critical evaluations on C. Pezoa Véliz, J. Díaz Garcés, L. Durand, B. Lillo, A. Blest Gana, F. Gana, and J. J. Vallejo. Also an essay on R. Darío's Chilean sojourn (1886-1889).

727. __________. Estudios de literatura chilena. First series. Santiago de Chile: Editorial Nascimento, 1938.

Work divided into four chapters: 1. Panorama literario chileno.

2. and 3. on: A. Blest Gana, D. Riquelme, C. Pezoa Véliz, B. Lillo, and L. Orrego Luco. 4. Perspectiva de la novela.

728. Merino Reyes, Luis. Escritores chilenos laureados con el Premio Nacional de Literatura. Santiago de Chile: Arancibia Editores, 1979.

Includes: Augusto D'Halmar (1942), Joaquín Edwards Bello (1943), Mariano Latorre (1944), Pablo Neruda (1945), Eduardo Barrios (1946), Samuel A. Lillo (1947), Angel Cruchaga Santa María (1948), Pedro Prado (1949), José Santos González Vera (1950), Gabriela Mistral (1951), Fernando Santiván (1952), Daniel de la Vega (1953), Víctor Domingo Silva (1954), Francisco Antonio Encina (1955), Max Jara (1956), Manuel Rojas (1957), Diego Dublé Urrutia (1958), Hernán Díaz Arrieta (1959), Julio Barrenechea (1960), Marta Brunet (1961), Juan Guzmán Cruchaga (1962), Benjamín Subercaseaux (1963), Francisco Coloane (1964), Pablo de Rokha (1965), Juvencio Valle (1966), Salvador Reyes (1967), Hernán del Solar (1968), Nicanor Parra (1969), Carlos Droguett (1970), Humberto Díaz Casanueva (1971), Edgardo Garrido Merino (1972), Sady Zañartu (1974), Arturo Aldunate Phillips (1976), and Rodolfo Oroz Scheibe (1977).

729. __________. Panorama de la literatura chilena. Washington, D.C.: Pan American Union, 1959.

730. __________. Perfil Humano de la literatura chilena. Santiago de Chile: Editorial Orbe, 1967.

Includes: En torno a Luis Merino Reyes, Andrés Bello, Vicente Pérez Rosales, Benjamín Vicuña Mackenna, José Victorino Lastarria, Alberto Blest Gana, Don Francisco Antonio Encina, Augusto D'Halmar. Paradojas de una amistad, Los personajes rubios de Mariano Latorre. Notas sobre Joaquín Edwards Bello. Valparaíso. Confesiones imperdonables. Evocación de Januario Espinosa. Yáñez Silva. Max Jara, su vida y su poesía. Jenaro Prieto. Homenaje a Winnet de Rokha. Humanidad de Luis Durand. El novelista Alberto Romero. Juan Marín: médico, cuentista, novelista. El criollismo de Marta Brunet. Juvencio Valle. María Luisa Bombal: Patas de perro. Tres novelistas actuales. El soneto de Rubén Darío a D'Halmar. Un estudiante del año veinte. Recuerdo del poeta Carlos Préndez. Aldo Torres: una trágica existencia. El poeta David Valjalo: amigo entre los amigos. Vigilia entre mis libros.

731. Montes, Hugo. Capítulos de literatura chilena. Santiago de Chile: Ministerio de Educación, Centro de Perfeccionamiento, Experimentación e Investigaciones Pedagógicas, 1974.

732. Montes, Hugo y Julio Orlandi. Historia de la literatura chilena. 10th ed. Santiago de Chile: Editorial del Pacífico, 1977 (1955).

A texbook divided into 21 chapters that chronologically recount the evolution of Chilean literature from El reino de Chile (1541) to present.

733. Montes, Hugo, and Julio Orlandi. Historia y antología de la literatura chilena. 17th ed. Santiago de Chile: Editorial Del Pacífico,

1965 (1955).

Historical study starting Valdivia's letters and concluding with Neruda's poetry. Covers poetry, prose fiction, criticism, theater and essay.

734. Montenegro, Ernesto. Mis contemporáneos. Santiago de Chile: Instituto de Literatura Chilena, 1968.

Essays on: P. A. González, B. Lillo, F. Gana, D. Dublé Urrutia, F. Contreras, C. Pezoa Véliz, A. D'Halmar, E. Barrios, P. Prado, H. Díaz Arrieta (Alone), M. Rojas, and J. S. González Vera.

735. Rojas, Manuel. Historia breve de la literatura chilena. Santiago de Chile: Editorial Zig-Zag, 1963.

Overview of Chilean literature with helpful commentaries.

736. Silva Castro, Raúl. Evolución de las letras chilenas, 1810-1960. Santiago de Chile: Editorial Andrés Bello, 1960.

737. __________. Editor. La literatura crítica de Chile. Santiago de Chile: Editorial Andrés Bello, 1969.

Essays by prestigious critics on M. Latorre, L. Orrego Luco, B. Lillo, M. Magallanes Moure, G. Mistral, J. J. Vallejo, J. S. González Vera, E. Barrios, A. Blest Gana, J. Edwards Bello, R. Maluenda, F. Gana, D. Riquelme, C. Pezoa Véliz, and E. Lafourcade.

738. __________. Panorama literario de Chile. Santiago de Chile. Editorial Universitaria, 1961.

Essay on Chilean literature with an introduction. Divided into two parts: 1. Poetry and Prose fiction. 2. Bibliography and appendix with useful studies.

739. Torres-Ríoseco, Arturo. Breve historia de la literatura chilena. México: Ediciones de Andrea, 1956.

Brief overview that covers the 16th to the 20th centuries.

740. Vaïse, Emilio (Omer Emeth). Estudios críticos de literatura chilena. Santiago de Chile: Editorial Nascimento, 1940. Vol. 1.

Contains studies on: E. Barrios, M. Brunet, J. Edwards Bello, F. Gana, M. Latorre, and B. Lillo.

741. __________. Estudios críticos de literatura chilena. Vol. 2. Santiago de Chile: Edición de la Biblioteca Nacional, 1961.

Studies on: M. Magallanes Moure, G. Mistral, L. Orrego Luco, and F. Santiván.

742. Valenzuela, Víctor M. Cuatro escritores chilenos. New York: Las Américas, 1961.

Studies on: Luis Orrego Luco, Emilio Rodríguez Mendoza, Baldomero Lillo, and Federico Gana.

Poetry

743. Bocaz, Luis. Poesía chilena (1960-1965). Santiago de Chile: 1966.

744. Concha, Jaime. Poesía chilena. Santiago de Chile: Editora Quimantú. 1973.

745. Cruz Adler, Bernardo. Veinte poetas chilenos. Glosas críticas. San Felipe: Editorial San Felipe, 1948. Vol. II.

Includes: Diego Dublé Urrutia, Vicente Huidobro, Pablo de Rokha, Juvencio Valle, Oscar Castro, Julio Barrenechea, Francisco Donoso, Carlos Acuña, María Isabel Peralta, Carlos Préndez Saldías, Manuel Magallanes Moure, Carlos Pezoa Véliz, Angel Cruchaga Santa María, and others.

746. Fein, John M. Modernismo in Chilean literature: the second period. Durham, NC: Duke University Press, 1965.

Study of two periodicals (Revista Cómica and Pluma y Lápiz) and their evolution.

747. Ibáñez Langlois, José Miguel. Poesía chilena e hispanoamericana actual. Santiago de Chile: Editorial Nascimento, 1975.

Critical notes on: Oscar Castro, V. Huidobro, Gabriela Mistral, Nicanor Parra, Pablo de Rokha, Humberto Díaz Casanueva, and Pablo Neruda.

748. Kupareo, Raimundo, et al. Creaciones Humanas: I La poesía. Santiago de Chile: Pontificia Universidad Católica de Chile, 1965.

Contains a study on Pedro Prado.

749. ___________., et al. La poesía y sus problemas en Chile. Santiago de Chile: Pontificia Universidad Católica de Chile, Facultad de Filosofía y Ciencias de la Educación. 1970.

750. Montes, Hugo. La lírica chilena de hoy. 2d ed. Santiago de Chile: Editorial Zig-Zag, 1970 (1967).

Comments on: O. Castro, C. Pezoa Véliz, P. Neruda, G. Mistral, V. Huidobro, and J. Valle.

751. ___________. Poesía actual de Chile y España: presencia de Gabriela Mistral, Pablo Neruda y Vicente Huidobro en la poesía española de hoy. Barcelona: Sayma, 1963.

Studies on several topics: "Caos y cosmos en la poesía." A study on 20th century poetry in the Spanish language. Analysis on major poets: R. Darío, G. Mistral, V. Huidobro. Important comments on

P. Neruda in the last chapter, "Nueva poesía épica."

752. Osses, Mario. Trinidad poética de Chile: Angel Cruchaga Santa María, Gabriela Mistral y Pablo Neruda. Santiago de Chile: Universidad de Chile, 1947.

753. Rodríguez Fernández, Mario. El Modernismo en Chile y en Hispanoamérica. Ensayo ilustrado con textos de poetas nacionales. Homenaje al centenario del nacimiento de Rubén Darío. Santiago de Chile: Universidad de Chile, Facultad de Filosofía y Educación, Instituto de Literatura Chilena, 1967.

Valuable essay on the topic, contains two important chapters: 1. "Problemática del Modernismo. La explicación de Federico de Onís. Sus deformaciones. Las definiciones formalistas: M. Machado, D. Alonso, Pedro Salinas. La teoría de las dos fases del Modernismo: A. Torres Rioseco, Max Henríquez Ureña. La negación de la teoría de las dos fases: J. Marinello. La concepción tipológica del Modernismo: García Prada." 2. "La poesía modernista chilena. Modernismo y Mundonovismo en la lírica chilena. Los poetas que componen la generación modernista: Pedro Antonio González, Antonio Bórquez Solar, Horacio Olivos y Carrasco, Gustavo Valledor Sánchez, Julio Vicuña Cifuentes, Augusto Winter y otros modernistas menores. Consideraciones finales."

754. Santana, Francisco. Evolución de la poesía chilena. Santiago de Chile: Editorial Nascimento, 1976.

755. Turina, Pepita. Sombras y entresombras de la poesía chilena actual. Ensayo. Santiago de Chile: Editorial Barlovento, 1952.

756. Villegas, Juan. Estudios sobre poesía chilena. Santiago de Chile: Editorial Nascimento, 1980.

Discussion of several topics: literary history, use of muth and the individuality of poetic voices.

757. ________. Interpretación de textos poéticos chilenos. Santiago de Chile: Editorial Nascimento, 1977.

Essay on six poets: P. Prado, G. Mistral, A. Cruchaga Santa María, O. Castro, P. Neruda, and N. Parra.

## Prose Fiction

758. Castillo, Homero. El criollismo en la novelística chilena: huellas modalidades y perfiles. México: Ediciones de Andrea, 1962.

Collection of ten essays on "criollismo" in O. Castro, F. Gana, J. S. González Vera, R. Maluenda, F. Coloane, and M. Latorre.

759. Cien años de novela chilena. Homenaje de la Universidad de Concepción al Sesquicentenario de la Independencia de Chile. Concepción:

Ediciones Revista Atenea, 1961.

Contains eighteen essays by critics on several aspects of the novel of E. Barrios, A. Blest Gana, V. Lastarria, M. Latorre, P. Prado, L. Durand, M. Rojas, L. Orrego, and others.

760. Concha, Jaime. Novelistas y cuentistas chilenos. Santiago de Chile. Editora Quimantú, 1973.

761. Dorfman, Ariel. Ensayos quemados en Chile. Buenos Aires: Ediciones de la Flor, 1974.

Critical commentaries on J. Edwards, and A. Skármeta.

762. Goić, Cedomil. La novela chilena: Los mitos degradados. 4th ed. Santiago de Chile: Editorial Universitaria, 1976 (1968).

Overview of the 19th and 20th centuries. Valuable work on Alberto Blest Gana (Martín Rivas), Manuel Rojas (Hijo de Ladrón), María Luisa Bombal (Ultima niebla), and José Donoso (Coronación).

763. Kupareo, Raimundo. Evolución de las formas novelescas. Santiago de Chile: Universidad Católica de Chile, Centro de Investigaciones Estéticas, 1967.

764. Latcham, Ricardo A. Novelistas chilenos de la generación del 40. Sevilla: Revista de Estudios Americanos, 1955.

765. Martínez Dacosta, Silvia. Dos ensayos literarios: Eduardo Barrios y José Donoso. Miami: Ediciones Universal, 1976.

766. Moretic, Yerko. El relato de la pampa salitrera. Santiago de Chile: Ediciones del Litoral, 1962.

Essay divided into two parts: 1. El ascenso mesocrático, a) Realismo ingenuo, b) Populismo-psicologismo. 2. El surgimiento del proletariado. The critic judgein the novelists "un afán de dar a conocer las peculiaridades específicas de la región," but others agents take: "la conmiseración que despierta en el artista la desmedrada suerte de los trabajadores."

767. Peralta, Jaime. Cuentistas chilenos de la generación de 1950. Suecia-Madrid: Instituto Iberoamericano de Gotemburgo / Insula, 1963.

General information on five authors: Claudio Giaconi, Mario Espinosa, Guillermo Blanco, Jorge Edwards, and José Donoso.

768. Promis, José. La novela chilena actual. Buenos Aires: F. García Cambeiro, 1977.

769. Santana, Francisco. La nueva generación de prosistas chilenos: ensayos, biografías y referencias críticas. Santiago de Chile: Editorial Nascimento, 1949.

770. Silva Castro, Raúl. Creadores chilenos de personajes novelescos. Santiago de Chile: Biblioteca de Alta Cultura, 1953.

Studies on several novelists: E. Barrios, A. Blest Gana, A. D'Halmar, L. Durand, J. Edwards Bello, J. S. González Vera, M. Magallanes Moure, P. Prado, F. Santiván, V. D. Silva, M. Latorre, R. Maluenda, L. Orrego Luco, and M. Rojas.

771. ________. Historia crítica de la novela chilena, 1843-1956. Madrid: Ediciones Cultura Hispánica, 1960.

Essays on F. Santiván, V. D. Silva, V. Lastarria, M. Rojas, E. Barrios, E. Lafourcade, M. Latorre, M. Magallanes Moure, L. Orrego Luco, and P. Prado.

772. ________. Panorama de la novela chilena, 1843-1953. México: Fondo de Cultura Económica, 1955.

Critical interpretation of the Chilean novel during this period with references to M. Rojas, L. Durand, A. D'Halmar, E. Barrios, E. Lafourcade, M. Latorre, M. Magallanes Moure, L. Orrego Luco, P. Prado, F. Santiván, and V. D. Silva.

773. Urbistondo, Vicente. El naturalismo de la novela chilena. Prólogo de Raúl Silva Castro. Santiago de Chile: Editorial Andrés Bello, 1966.

Critical commentaries on L. Orrego Luco, A. D'Halmar, and J. Edwards Bello.

774. Valenzuela, Víctor. Cuatro escritores chilenos. New York: Las Américas, 1961.

Critical studies on Luis Orrego Luco, Emilio Rodríguez Mendoza, Baldomero Lillo, and Federico Gana.

775. Zamudio, José. La novela histórica en Chile. 2d ed. Santiago de Chile: Editorial Francisco de Aguirre, 1974 (1949).

A brief study with special attention to Alberto Blest Gana.

## Drama

776. Cánepa Guzmán, Mario. El teatro en Chile: desde los indios hasta los teatros universitarios. Santiago de Chile: Arancibia Editores, 1966.

An informative work covering pre-Hispanic theater to the contemporary playwrights (Antonio Acevedo Hernández, and Armando Moock).

777. ________. El teatro obrero y social en Chile. Santiago de Chile: Ministerio de Educación, 1971.

778. ____________. Gente de teatro. Santiago de Chile: Arancibia Editores, 1969.

779. ____________. Historia del teatro chileno. Santiago de Chile: Editorial Universidad Técnica del Estado, 1974.

780. Castedo Ellerman, Elena. El teatro chileno de mediados del siglo XX. Introducción by Germán Arciniegas. Santiago de Chile: Editorial Andrés Bello, 1982.

781. Rodríguez, Orlando, and Domingo Piga. Teatro chileno del siglo XX. Santiago de Chile: Universidad de Chile, 1964.

Valuable overview on Chilean drama.

## COLOMBIA

782. Arango H., Rubén. Mi literatura: Crítica de la literatura colombiana. Medellín: Imprenta Departamental, 1950.

Biography, critical study, and anthology covering the colonial period to first half of 20th century. Divided into two chapters: 1. La Colonia. 2. La Nueva Patria. This work treats poetry, prose fiction, drama, criticism, and contemporary writers, with special emphasis on J. E. Rivera, I. E. Arciniegas, P. Barba Jacob, B. Sanin Cano, L. López de Meza, R. Maya, and O. Amórtegui.

783. Bayona Posada, Nicolás. Panorama de la literatura colombiana. 7th ed. Bogotá: Librería Colombiana, 1959.

Brief overview and anthology.

784. Bedoya, Luis Iván. Escritos sobre literatura colombiana. Medellín: Ediciones Pepe, 1980.

Studies on: J. Isaacs, T. Carrasquilla, J. E. Rivera, G. García Márquez, A. Cepeda Zamudio, J. Zárate, M. Mejía Vallejo, F. Soto Aparicio, G. Zolá y Ponce, G. Alvarez Gardeazábal, F. Cruz Kronfly, and F. González.

785. Camacho Guizado, Eduardo. Sobre literatura colombiana e hispanoamericana. Bogotá: Instituto Colombiano de Cultura, 1978.

786. Cobo Borda, Juan G. Editor. Obra en marcha 1: la nueva literatura colombiana. Bogotá: Instituto Colombiano de Cultura, 1975.

Work on thirty young writers. All literary trends are represented. Includes bibliographic notes on authors.

787. Fuenmayor, Alfonso. Crónicas sobre el grupo de Barranquilla. Bogotá: Instituto Colombiano de Cultura, 1978.

788. Gutiérrez Girardot, Rafael. Horas de estudio. Bogotá: Instituto Colombiano de Cultura, 1976.

789. Maya, Rafael. Alabanzas del hombre y de la tierra. 2d ed. Bogotá: 1943 (1934).

Contains nineteen essays on: J. A. Silva, B. Sanín Cano, G. Valencia, V. M. Londoño, C. Hispano, J. E. Rivera, P. Barba Jacob, and J. Isaacs.

790. ________. Consideraciones críticas sobre la literatura colombiana. Bogotá: Librería Voluntad, 1944.

Critical notes on Colombian literature and writers. Includes: J. A. Silva, G. Valencia, P. Barba Jacob, and an excellent commentary on B. Sanín Cano.

791. ________. Letras y letrados. Bogotá: Publicaciones del Instituto Caro y Cuervo, 1975.

792. Nuñez Segura, José A. Literatura colombiana: Sipnosis y comentarios de autores representativos. 7th ed. Medellín: Bedout, 1964 (1961).

Work with concise information on historical periods, literary movements and biographies.

793. Ortega Torres, José J. Historia de la literatura colombiana. 2d ed. Bogotá: Cromos, 1935 (1934).

Basic work on Colombian literature from colonial period to 1934, covering 180 writers. Divided into four parts: 1. 1538-1810. 2. 1810-1830. 3. 1830-1900. 4. 1900-1934.

794. Otero Muñoz, Gustavo. Historia de la literatura colombiana. 5th ed. Bogotá: Editorial Voluntad, 1943 (1935).

Overview of Colombian literature to 1943.

795. ________. Resumen de la historia de la literatura colombiana. 4th ed. revised and enlarged. Bogotá: Editorial Voluntad, 1943 (1935).

Brief historical overview from colonial period to present. Divided into two epochs and several periods. 1. 1538-1819, historiadores y cronistas, poetas escritores sobre materias morales y religiosas, sociedades patrióticas, literatura contemporánea de la guerra de la Independencia. 2. 1819-1830, consideraciones generales acerca de la literatura colombiana en el siglo XIX, 1831-1880, el romanticismo, orígenes del costumbrismo, 1881-1930, poesía, teatro, novela, prosa general.

796. Peña Gutiérrez, Isaías. La generación del bloqueo y del estado de sitio. Bogotá: Ediciones Punto Rojo, 1973.

Interviews with contemporary authors, excluding G. García Márquez.

797. Sanín Cano, Baldomero. Crítica y arte. Bogotá: Librería Nueva, 1932.

Several essays on literature and art (European and Spanish American): "Guillermo Valencia o el modernismo." "Rafael Maya o la pasión estética." "Camilo Antonio Echeverri o un humorista frustrado."

798. ________. Letras colombianas. México: Fondo de Cultura Económica, 1944.

Concise critical study on Colombian literature, from the colonial period to 1941, with references on the most important.

799. Villegas, Aquilino. Las letras y los hombres. Manizales: Biblioteca de Escritores Caldenses, 1980.

800. Williams, Raymond L. Editor. Ensayos de literatura colombiana: Primer Encuentro de Colombianistas Norteamericanos. Bogotá: Plaza y Janés, 1985.

Important work. Contains: I. La literatura Antioqueña. Kurt Levy: "El oficio de Manuel." Marino Troncoso: "Manuel Mejía Vallejo: La nostalgia de un liderazgo." María Salgado: "Eco y Narciso: imágenes de Porfirio Barba Jacob." Raymond L. Williams: "Observaciones sobre los cuentos de Alonso Aristizábal y Darío Ruiz." II. La literatura costeña. Seymour Menton: "Los almendros y el castaño, Cien años de soledad y El último justo." William L. Siemens: "Melquíades como Trickster en Cien años de soledad." Donald McGrady: "La función de las imágenes eróticas en la Crónica de una muerte anunciada de García Márquez." Jonathan Tittler: "Bibliogénesis macondina." Germán Carrillo: "Desamor y soledad en El otoño del patriarca." Lawrence Prescott: "Jorge Artel frente a Nicolás Guillén: dos poetas mulatos ante la poesía negra hispanoamericana." Marvin Lewis: "La trayectoria novelística de Manuel Zapata Olivella: de la opresión a la liberación." Ian I. Smart: "Changó, el gran putas, una nueva novela poemática." Ivonne Captain-Hidalgo: "El espacio del tiempo en Changó, el gran putas." III. La literatura colombiana: Nuevas perspectivas y nuevos autores. John S. Brushwoord: "La novela colombiana en la perspectiva hispanoamericana." Ted Lyon: "José Eustasio Rivera: un narrador no tan viejo como se crre." Luis Iván Bedoya: "Mitopoética de la cotidianidad femenina en los cuentos de Fanny Buitrago." Raymond D. Souza: "El discurso evaluativo de Alvarez Gardeazábal." James J. Alstrum: "La escritura alusiva y reflexiva de Darío Jaramillo Agudelo." Héctor H. Orjuela: "Yurupary, El Popol Vuh suramericano." Isaías Peña G.: "La literatura del Frente Nacional." Otto Morales Benítez: "Observaciones acerca de las últimas generaciones: 1940-1984." IV. La historia: obreros y política en la Argentina y Colombia del siglo XIX, aspectos comparativos. Richard J. Walter: "El proletariado y la política en la Argentina del siglo XIX." David Sowell: "Las bases sociales para la movilización de obreros en Bogotá: 1866-1912."

## Poetry

801. Botero, Ebel. Cinco poetas colombianos: estudios sobre Silva, Valencia, Luis Carlos López, Rivera y Maya. Manizales: Imprenta Departamental, 1964.

Essays contains a bio-bibliographical information on each author. Divided into five chapters. In the fifth chapter, devoted to José Eustasio Rivera; the author remarks: "A Rivera le importaba más el aspecto documental y sociológico de La Vorágine que sus innegables cualidades literarias."

802. Caparroso, Carlos Arturo. Dos ciclos de lirismo colombiano. Bogotá: Publicaciones del Instituto Caro y Cuervo, 1961.

Provides correct information on the history of the 19th and early 20th centuries. Bio-bibliographical notes.

803. Charry Lara, Fernando. Lector de poesía. Bogotá: Instituto Colombiano de Cultura, 1975

804. Holguín, Andrés. La poesía inconclusa y otros ensayos. Bogotá: Editorial Centro, 1947.

Essays on the Colombian poetry, the four most important being: El sentido del misterio en Silva, Guillermo Valencia y el parnasianismo, Porfirio Barba Jacob y el romanticismo and La obra poética de Germán Pardo García.

805. Maya, Rafael. Los orígenes del Modernismo en Colombia. Bogotá: Imprenta Nacional, 1961.

806. Mejía Duque, Jaime. Momentos y opciones de la poesía en Colombia, 1890-1978. Bogotá: Inéditos, 1979.

Study on the relationship between poetry and social evolution in Colombia (1890-1978). Useful history on Colombian lyric poetry.

## Prose Fiction

807. Ayala Poveda, Fernando. Novelistas colombianos contemporáneos. Bogotá: Universidad Central, 1983.

Includes Pedro Gómez Valderrama, Plinio Apuleyo Mendoza, Fernando Cruz Kronfly, Jorge Eliécer Pardo, and others.

808. Curcio Altamar, Antonio. Evolución de la novela en Colombia. 2d ed. Bogotá: Instituto Colombiano de Cultura, 1975 (1957).

Essay on J. Isaacs, T. Carrasquilla, J. E. Rivera, and other novelists. The bibliography is a considerable contribution (see item 52).

809. Duffey, Frank M. The Early "cuadro de costumbres" in Colombia. Chapel Hill, NC: The University of North Carolina, 1956

810. López Tamés, Román. La narrativa actual de Colombia y su contexto social. Valladolid: Universidad de Valladolid, 1975.

811. Luque Valderrama, Lucía. La novela femenina en Colombia. Bogotá: Pontificia Universidad Católica Javeriana, 1954.

812. Mc Grady, Donald. La novela histórica en Colombia, 1844-1959. Bogotá: Editorial Kelly, 1962.

Covers 29 historical novels.

813. Menton, Seymour. La novela colombiana: Planetas y satélites. Bogotá: Plaza y Janés, 1978.

Study of one hundred years of the Colombian novel, arranged chronologically beginning with María (J. Isaacs, 1867) and concluding with El titiritero (C. Alvarez Gardeazábal, 1977.)

814. Peña Gutiérrez, Isaías. La narrativa del Frente Nacional: Génesis y contratiempos. Bogotá: Fundación Universidad Central, 1982.

Articles on the periodical Mito (1950-1960); other articles: "Génesis y contratiempo de una narrativa," "La nuestra, ¿otra generación frustrada?."

815. Ramos, Oscar Gerardo. De Manuela a Macondo. Bogotá: Instituto Colombiano de Cultura, 1972.

Studies on several writers of the 19th and 20th centuries: Eugenio díaz, Jorge Isaacs, Luis Segundo de Silvestre, José Manuel Marroquín, Tomás Carrasquilla, José Eustasio Rivera, Eduardo Caballero Calderón, Manuel Mejía Vallejo, and Gabriel García Márquez.

816. Ritter, Daniel John. The Colombian Novelists as Critic an Agent of Social Change. Albuquerque, NM: New Mexico, 1970.

817. Sohn, Guansú. La novela colombiana de protesta social: 1924-1948. Michigan-London: University Microfilms Institute, 1979.

818. Suárez Rendón, Gerardo. La novela sobre la violencia en Colombia. Bogotá: Editor Luis F. Serranos, 1964.

819. Williams, Raymond L. La novela colombiana contemporánea. Bogotá: Plaza y Janés, 1976.

Valuable commentaries on the contemporary novel including Cien años de soledad (G. García Márquez, 1965) to and later publications.

820. __________. Una década de la novela colombiana. La experiencia

*de los setenta*. Bogotá: Plaza y Janés, 1981.

Essay on the period 1970-1979, divided into eleven chapters with an introduction to the contemporary Colombian novel. Analysis of novels by Fanny Buitrago, Fernando Soto Aparicio, Gustavo Alvarez Gardeazábal, Manuel Mejía Vallejo, Gabriel García Márquez (1975), Héctor Sánchez, Andrés Caicedo, Flor Romero de Nohora, and Plinio Apuleyo Mendoza.

### Drama

821. Watson Espener, Maida, and Carlos José Reyes. Editors. *Materiales para una historia del teatro en Colombia*. Bogotá: Instituto Colombiano de Cultura, 1978.

Useful overview on Colombian drama.

### Essay

822. Ruiz, Jorge E., and Juan G. Cobo-Borda. Editores. *Ensayistas colombianos del siglo XX*. Bogotá: Instituto Colombiano de Cultura, 1976.

Valuable contribution to the study of the Colombian essay.

## COSTA RICA

823. Abreu Gómez, Ermilo. *Escritores de Costa Rica. Joaquín García Monge, Alberto Brenes Mesén, Carmen Lyra*. Washington, D.C.: Pan American Union, 1950.

824. Bonilla, Abelardo. *Historia de la literatura costarricense*. San José: Editorial Costa Rica, 1967.

Historical overview with greatest emphasis on the 20th century.

825. Echeverría Loría, Arturo. *De artes y de Letras: opiniónes y comentarios*. San José: Editorial Costa Rica, 1972.

826. Fonseca, Virginia S. de. *Resumen de literatura costarricense*. San José: Editorial Costa Rica, 1978.

Essay on writers, and genres; analysis of principal works, with brief critical commentary.

### Poetry

827. Baeza Flores, Alberto. *Evolución en la poesía costarricense, 1514-1977*. San José: Editorial Costa Rica, 1978.

Overview of poetry from colonial period to the present, with important information on the 20th century. Few critical commentaries.

828. Monge, Carlos Francisco. La imagen separada. Modelos ideológicos de la poesía costarricense 1950-1980. San José: Ministerio de Cultura, Instituto del Libro, 1984.

Essay on contemporary Costa Rican poetry with bibliography and index. Divided into three chapters: 1. The work of Isaac Felipe Azofeifa and Alfredo Cardona Peña. 2. The work of "la generacíón perdida (vanguardism), Carlos Rafael Duverrán, Mario Picardo, Jorge Charpentier, and Ricardo Ulloa Barrenechea. 3. The work of poets "Círculo de Poetas de Turrialba" / "Círculo de Poetas Costarricenses" (San José), Laureano Albán, Jorge Debravo, Julieta Dobles, Rodrigo Quirós, Carlos Francisco Monte, Alfonso Chase and Ronald Bonilla, authors of "Manifiesto trascendentalista: El poema es el resultado de una experiencia de la realidad siempre en movimiento."

829. Zúñiga Díaz, Francisco. El soneto en la poesía costarricense. San José: Editorial Universitaria de Costa Rica, 1979.

## Prose Fiction

830. Menton,Seymour. El cuento costarricense: Estudio, antología y bibliografía. México: Ediciones de Andrea, and Lawrence, KS: University of Kansas Press, 1964.

Includes 22 writers with an anthology of 24 short stories. Important bibliography.

831. Núñez, Francisco María. Itinerario de la novela costarricense. San José: Imprenta Española, 1947.

832. Portuguez de Bolaños, Elizabeth. El cuento en Costa Rica: Estudio, antología y bibliografía. San José: A. Lehmann, 1964.

General information and bibliography. Divided into: 1. Indice del cuento costarricense. 2. Novelas costarricenses que tienen cuadros costumbristas. 3. Cuentos con seudónimos.

## Drama

833. Borges Pérez, Fernando. Historia del teatro en Costa Rica. San José: Imprenta Española, 1942.

Outline history on the Costa Rican theater to the 1940s.

## CUBA

834. Arias, Salvador. Búsqueda y análisis: ensayos críticos sobre literatura cubana. La Habana: Unión Escritores y Artistas Cubanos, 1974.

835. Avila, Leopoldo. Cuba: letteratura e rivoluzione. Le correnti della critica e della letteratura cubana. Milano: Librería Feltrinelli, 1969.

836. Baeza Flores, Alberto. Cuba, el laurel y la palma: ensayos literarios. Miami, FL: Ediciones Universal, 1977.

Essays on: Fornaris, Martí, Mañach, Florit, Cuadra, and Montaner.

837. Benedetti, Mario, et al. Literatura y arte nuevo en Cuba. Barcelona: Editorial Estela, 1971.

Essays by various authors on Cuban intellectuals and their role in a revolutionary society.

838. Bueno, Salvador. Contorno del modernismo en Cuba. La Habana: Lex, 1950.

839. ________. Historia de la literatura cubana. 3d ed. La Habana: Editorial Nacional de Cuba, 1963 (1953).

Revised and expanded edition, 1902-1952.

840. ________. Medio siglo de literatura cubana, 1902-1952. La Habana: Comisión Nacional Cubana de la Unesco, 1953.

Includes the chapter "Itinerario del teatro," that says: "los últimos quince años han demostrado plenamente la existencia de un teatro cubano."

841. ________. Temas y personajes de la literatura cubana. La Habana: Ediciones Unión, 1964.

Several studies on past and present Cuban authors: Delmonte,G. Gómez de Avellaneda, J. J. Milanés, E. Ballagas, and others. Also literary journalism (La revista Cuba y América). Temas y personajes de la novela cubana. Costumbristas cubanos del siglo XIX. Costumbristas cubanos del siglo XX. Los temas de la novela cubana, and París en la literatura cubana.

842. Esténger, Rafael. Caracteres constantes en las letras cubanas: apuntes para la revisión de los valores literarios. La Habana: Alfa, 1954.

843. Fernández de Castro, José Antonio. Tema negro en las letras de Cuba (1608-1935). La Habana: Editorial Mirador, 1943.

844. Fernández Retamar, Roberto. Ensayo de otro mundo. Santiago de Chile: Editorial Universitaria, 1969.

Contains two studies on the role of intellectuals in Cuba's socialist society. 1. Hacia una intelectualidad revolucionaria en Cuba. 2. Sobre poesía y revolución en Cuba.

845. __________. Papelería. Santa Clara: Universidad Central de las Villas, 1962.

Notes on literary policy in Cuba: La Nueva revista cubana y el primer año de la revolución. Sobre el Primer Congreso Nacional de Escritores y Artistas. 1961: Cultura cubana en marcha. Para presentar Poesía joven de Cuba, and Poesía y revolución.

846. González Echeverría, Roberto. Relecturas: estudios de literatura cubana. Caracas: Monte Avila, 1976.

Contains: José Arrom, autor de la Relación acerca de las antiguedades de los Indios (picaresca e historia). Ironía y estilo en Los pasos perdidos, Semejante a la noche, de Alejo Carpentier: historia/ficción. Notas para una cronología de la obra narrativa de Alejo Carpentier (1944-1954). Apetitos de Góngora y Lezama. Sarduy en traducción. Memoria de apariencias y ensayos de Cobra. Concierto barroco y las memorias del porvenir.

847. Henríquez Ureña, Max. Panorama histórico de la literatura cubana, 1492-1952. 2d ed. La Habana: Editorial Arte y Literatura, 1978-1979 (1963). 2 vols.

In the prologue, the author remarks: "El desenvolvimiento de la vida literaria en Cuba está tan estrechamente ligado al de la historia política que se hace imposible disociarlos. He preferido, por tal causa, dar a este libro el título de Panorama histórico, en vez de Historia de la literatura cubana, como es usual en trabajos de pareja índole". Covers colonial period and first epic poem "Espejo de paciencia" de Silvestre de Balboa y Quesada, to first half of the 20th century. Study divided into two parts. First includes: J. M. Heredia, G. Gómez de Avellaneda, C. Vilaverde, R. M. de Mendive, J. C. Zenea. The second includes: "José Martí, su personalidad genial" and the Modernism (J. del Casal), "Los primeros".

848. Lazo, Raimundo. Historia de la literatura cubana. 2d ed. México: Universidad Nacional Autónoma de México, 1974 (1967).

Useful work of Cuban literature from its beginnings to the 1950s. Provides bibliography.

849. __________. La literatura cubana. Esquema histórico desde sus orígenes hasta 1964. 2d ed. México: Universidad Nacional Autónoma de México, 1967 (1965).

850. Lizaso, Félix. Panorama de la cultura cubana. México: Fondo de

Cultura Económica, 1949.

Essay covering the end of 18th century to beginning of 20th century. Notes on: E. J. Varona, and J. Martí. Includes a study on principal literary movements and most important writers.

851. Marinello, Juan. Contemporáneos: noticia y memoria. Santa Clara: Universidad Central de las Villas, 1964.

With a note on N. Guillén.

852. ____________. Meditación americana. Buenos Aires: Procyón, 1959.

Study on A. Carpentier.

853. Martínez Laínez, Fernando. Palabra cubana. Madrid: Akal Editor, 1975.

Critical comments on: Nicolás Guillén, José Lezama Lima, Roberto Fernández Retamar, Antonio Benítez Rojo, Jesús Orta Ruiz, Sergio Chaple, José Antonio Portuondo, Hugo Chinca, Noel Navarro, Félix Pita Rodríguez, and Onelio Jorge Cardoso.

854. Miranda, Julio E. Nueva literatura cubana. Madrid: Taurus, 1971.

Contains: I. Lo cubano en el tiempo. II. Nueva poesía cubana: notas de situación. III. Nueva poesía cubana: fichas mínimas. IV. Nueva narrativa cubana: historia e interpretación. V. Sobre el nuevo teatro cubano. VI. Aparte sobre el ensayo y la crítica. VII. En torno a una frase de Lezana: ¿Revolución cultural en Cuba?.

855. Ortuzar-Young, Ada. Tres representaciones literarias de la vida política cubana. New York : Senda Nueva de Ediciones, 1979.

Includes: Factores históricos y literarios determinantes. Factores históricos. Factores literarios. Carlos Loveira: el deterioro de los valores éticos del individuo. José Antonio Ramos: la tesis pragmática frente a las impurezas de la realidad. Luis Felipe Rodríguez: la tragedia del cañaveral. Conclusiones.

856. Panorama de la literatura cubana: Conferencias. La Habana: Universidad de La Habana, Centro de Estudios Cubanos, 1970.

Contains: José A. Portuondo: "Los comienzos de la literatura cubana (1510-1790)." Nuria Nuiry: "El romanticismo y Cuba." Manuel Díaz Martínez: "El modernismo en Cuba." Camila Henríquez Ureña: "La literatura cubana en la revolución." Ambrosio Fornet: "La crítica contemporánea." Mario Parajón: "El teatro cubano del siglo XIX." Alicia Obaya Martínez: "El costumbrismo en el siglo XIX." Ernesto García Alzola: "La novela cubana en el siglo XX." Salvador Bueno: "La prosa reflexiva en el siglo XIX."

857. Pogolotti, Marcelo. La república de Cuba al través de sus escritores. La Habana: Lex 1958.

Contains: La revista de Avance, Cuba contemporánea and La revista social. Also several critical commentaries on E. Bobadilla (Fray Candil), A. Carpentier, M. de Carrión, J. Castellanos, E. Labrador Ruiz, C. Loveira, L. Novás Calvo, J. M. Poveda, J. A. Ramos, L. F. Rodríguez, E. Roig de Leuchsenring, and E. J. Varona.

858. Portuondo, José Antonio. Bosquejo histórico de las letras cubanas. 2d ed. La Habana: Editorial del Ministerio de Educación, 1962 (1960).

A manual discussing literary movements from a marxist perspective.

859. __________. Crítica de la época y otros ensayos. Santa Clara: Universidad Central de Las Villas, 1965.

Contains articles and criticism on writers (N. Guillén, S. Sarduy). "Introducción a Cuba: literatura," and "Proyección americana de las letras cubanas."

860. __________. El contenido social de la literatura cubana. México: El Colecio de México, 1941.

General information presented from a political perspective.

861. Remos, Juan José. Historia de la literatura cubana. 3d ed. Miami, FL: Mnemosyne, 1969 (1945). 3 vols.

From the 16th to the 20th century. Vol. 1. Origins and classicism. Vol. 2. Romanticism. Vol. 3. Modernism. Descriptive, informative, but contains little critical commentary.

862. __________. Panorama literario de Cuba en nuestro siglo. La Habana: Editorial Cárdenas, 1942.

Brief survey on 20th century. Appendix with four articles: "El preceptismo literario en Cuba." "Raimundo Cabrera," "Sergio Cuevas Zequeira," "Hilarión Cabrisas."

863. __________. Proceso histórico de las letras cubanas. Madrid: Editorial Guadarrama, 1958.

Study on principal literary movements, from colonial period to 20th century. Divided into seven chapters: 1. Los orígenes. 2. Hacia la conciencia nacional. 3. La poesía en el romanticismo. 4. La prosa en el romanticismo. 5. La guerra y la nueva era. 6. La prosa entre las dos guerras. 7. Nuestro siglo.

864. __________. Resumen de historia de la literatura cubana. 2d ed. La Habana: 1945 (1930).

Historical overview with critical commentaries on works and writers. Includes a cultural survey (periodicals, literary newspapaers, theaters), and discusses literary movements. Divided into four chapters: 1. Los orígenes. 2. Clasicismo. 3. Romanticismo. 4. Modernismo.

865. Ripoll, Carlos. La Generación del 23 en Cuba y otros apuntes sobre el Vanguardismo. New York: Las Américas, 1968.

Important work divided into two essays: 1. El Vanguardismo y la generación del 23 en Cuba. 2. Apuntes sobre los ismos.

866. Sánchez-Boudy, José. Historia de la literatura cubana (En el exilio). Miami, FL: Ediciones Universal, 1975. Vol. 1.

Critical commentaries on novels: Enterrado vivo, by Andrés Rivero Collado. Ya el mundo oscurece, by Salvador Díaz Versón. Camino lleno de borrascas, by Emilio Fernández Camus. El grito, by Orlando Núñez. El cielo será nuestro, by Manuel Cobo Souza. Los Ferrández, by Manuel Linares. En las garras de la paloma, by Raoul A. Fowler. De buena cepa, by René G. Landa. Territorio libre, by Luis Ricardo Alonso. El olor de la muerte que viene, by Alvaro de Villa.

867. Santovenia, Emeterio Santiago. Vidas humanas. La Habana: Librería Martí, 1956.

Contains criticism on: A. Costa, D. Delmonte y Aponte, A. Hernández Catá, J. Mañach, F. Ortiz, and E. J. Varona.

868. Vitier, Cintio. Crítica sucesiva. La Habana: Unión Nacional Escritores y Artistas Cubanos, 1971.

Essays on: J. Borrero, M. Brull, J. del Casal, M. de la Cruz, R. Escardó, S. Feijóo, R. Fernández Retamar, J. Lezama Lima, and J. Z. Tallet.

869. __________. Ese sol del mundo moral. 2d ed. Montevideo: Monte Sexto, 1986 (1975).

Essay on cultural evolution in Cuba from colonial period to 1959 (with Camilo Cienfuegos, Ernesto 'Che' Guevara, and Fidel Castro). Includes studies on J. A. Saco, E. Piñeyro, M. Sanguily, J. Martí, E. Florit, J. Lezama Lima, P. de la Torriente, L. Cabrera, N. Guillén, E. Diego, E. Ballasgas, M. Aguirre, J. Mañach, and others..

870. __________. Estudios, notas, efigies cubanas. La Habana: Editorial Minerva, 1944.

Notes on: J. A. Caballero, D. Delmonte y Aponte, J. M. Heredia, J. de la Luz y Caballero, J. Martí, E. Piñeyro, and E. J. Varona.

871. __________. Valoraciones I. Santa Clara: Universidad Central de Las Villas, 1958.

Study on J. Lezama Lima.

872. __________, and Fina García Marruz. Estudios críticos. La Habana: Biblioteca Nacional José Martí, 1964.

Contains two essays: 1. Julián del Casal en su cincuentenario by C. Vitier. 2. Manuel de Zequeira y Arango (en el bicentenario de su nacimiento) by F. García Marruz.

873. Vitier, Medardo. Apuntaciones literarias. La Habana: Editorial Minerva, 1935.

Critical notes on: A. Acosta, F. Lles, J. Mañach, E. Piñeyro, and E. J. Varona.

Poetry

874. Ballagas, Emilio, et al. Iniciación a la poesía afro-cubana. Miami, FL: Ediciones Universal, 1973.

Contains: Emilio Ballagas: "Poesía afro-cubana." Ramón Guirao: "Orbita de la poesía afro-cubana." Armando Guerra Castañeda: "Presencia negra en la poesía popular cubana del siglo XX." Manuel Moreno: "El problema negro en la poesía cubana."

875. Fernández Retamar, Roberto. La poesía contemporánea en Cuba, 1927-1935. La Habana: Orígenes, 1954.

Criticism on: E. Ballagas, M. Brull, E. Diego, S. Feijóo, N. Guillén, J. Lezama Lima, M. Navarro Luna, R. Pedroso, V. Piñera, and C. Vitier.

876. Jiménez, José Olivio. Estudios sobre poesía cubana contemporánea. New York: Las Américas, 1967.

Contains: Nota preliminar. La poesía de Regino Boti en su momento. En torno a un poema de Agustín Acosta. Un momento definitivo en la poesía de Eugenio Florit. Un poema cubano de Angel Gaztelú. Sobre un poema de Roberto Fernández Retamar.

877. Linares Pérez, Marta. La poesía pura en Cuba y su evolución. Madrid: Playor, 1975.

Includes: La poesía pura. Síntesis histórica y su repercusión en Cuba. Hacia la poesía pura. Mariano Brull, el iniciador. Emilio Ballagas, el poeta niño. Eugenio Florit: de la pureza a la trascendencia. Otros cultivadores de la poesía pura en Cuba. Conclusiones.

878. Olivera, Otto. Cuba en su poesía. México: Ediciones de Andrea, 1965.

Study starting with Espejo de paciencia (1608) and including to sixty years of the 20th century. Divided into five sections: 1. Los comienzos de la Colonia. 2. Evolución lenta y cultura embrionaria. 3. El crepúsculo nacional. 4. El divorcio espiritual. 5. La búsqueda de la expresión propia.

879. Vitier, Cintio. Lo cubano en la poesía. 2d ed. La Habana: Instituto del Libro, 1970 (1958).

Concise study that covers from Heredia to Feijóo. Useful interpretations of works on Plácido, Milanés, Gómez de Avellaneda, Zenea, Martí, Casal, Boti, Poveda, Acosta, Tallet, Brull, Ballagas, Florit, Guillén, Lezama Lima, Gaztelú, Baquero, Diego, and others.

## Prose Fiction

880. Barreda, Pedro. The Black Protagonist in the Cuban Novel. Amherst, MA: The University of Massachussets Press, 1979.

Translated by Page Bancroft. Socio-political essay treating works by abolicionist Félix Tanco (Petrona y Rosalía, 1838) to those of Alejo Carpentier (¡Ecue-Yamba-O, 1933).

881. Espinosa, Ciro. Indagación y crítica, novelistas cubanos. La Habana: Cultural, 1940.

A study on the Creole novel in Cuba, with useful critical commentaries on Nicolás Heredia, Miguel de Carrión, and Carlos Loveira.

882. Fernández Vázquez, Antonio A. Novelística cubana de la revolución. (Testimonio y evocación en las novelas cubanas escritas fuera de Cuba: 1959-1975). Miami, FL: Ediciones Universal, 1980.

Contains: Prefacio. Hacia un enfoque inicial. I. Las novelas testimoniales. II. Las novelas evocativas. III. Las novelas figurativas. IV. El sitio de nadie. Introducción. Los personajes y la preparación del escenario. La revolución toma un rumbo inesperado. La revolución como el infante terrible de los burqueses. La muerte del sector burgués. Inferencias finales. Includes bibliography.

883. Gutiérrez de la Solana, Alberto. Maneras de narrar. Contraste de Lino Novás Calvo y Alfonso Hernández Catá. New York: Eliseo Torres & Sons, 1972.

884. Lazo, Raimundo. La novela cubana contemporánea. La Habana: Universidad de La Habana, 1950-1951.

885. ________. Personajes de la novela cubana. La Habana: Universidad de La Habana, 1947-1948.

886. Méndez y Soto, Ernesto. Panorama de la novela cubana de la revolución (1959-1970). Miami, FL: Ediciones Universal, 1977.

Divided into eleven chapters. Contains: I. Condiciones histórico-sociales de la novela cubana. II. La lucha insurreccional: Humberto Arenal, José Becerra Ortega, José Soler Puig, Hilda Perera Soto, César Leante, Luis Amado Blanco. III. La Burguesía: Marcelo Pogolotti, Lisandro Otero, Juan Arcocha, José Soler Puig. IV. El campo: Dora Alonso, Samuel Feijóo. V. El testimonio social: Raúl Aparicio, Eduardo Benet Castellón, Rafael Suárez Solís, Abelardo Piñeiro, Gustavo Eguren, Leonel López-Nussa, Luis Agüero, Miguel Barnet. VI. La revolución socialista: Daura Olema García, José Soler Puig, Raúl González de Cascorro, Víctor Agostini, Lolo Soldevilla, Juan Arcocha, Miguel Cossio Woodward. VII. El Exilio: Andrés Rivero Collado, Rafael Díaz Versón, Emilio Fernández Camus, Eduardo Manet, Bernardo Viera, Manuel Cobo Sausa, Eugenio Sánchez Torrentó, Manuel Linares, José Antonio Mases, Orlando Nuñez Pérez, Luis Ricardo Alonso, René G. Landa, Alvaro de Villa, Pablo A. López Capestany, Angel Castro, Pedro Entenza. VIII. La evasión: Nivaria Tejera, Edmundo Desnoes, Jaime Sarusky, Alejo Carpentier, Noel Navarro, José Lorenzo Fuentes, Virgilio Piñera, Severo Sarduy, X. Aramayo, Julieta Campos, Ezequiel Vieta, José Lezama Lima, Humberto Arenal, Lisandro Otero, Reinaldo Arenas, Guillermo Cabrera Infante, David Buzzi, Manuel Granados, Gregorio Ortega, César Leante, Reynaldo González, Pablo Armando Fernández, Luis Ricardo Alonso. XI. Conclusiones. Includes bibliography.

887. Menton, Seymour. La narrativa de la revolución cubana. Madrid: Playor, 1978. Translation from English (see item 888.)

888. ___________. Prose fiction of the Cuban Revolution. Austin, TX: University of Texas Press, Institute of Latin American Studies, 1975.

Divided into five sections: 1. The Cuban Novel of the Revolution. 2. Literature and Revolution. 3. The Cuban Short Story of the Revolution: An Anthological Survey and More. 4. Antirevolutionary Prose Fiction. 5. Foreign Prose Fiction of the Cuban Revolution. Conclusions. An extensive bibliography.

889. Ortega, Julio. Relato de la utopía: notas sobre narrativa cubana de la revolución. Barcelona: La Gaya Ciencia, 1973.

Essays on: Lezama Lima, Cabrera Infante, Sarduy, Carpentier, Virgilio Piñera, Onelio Jorge Cardoso, Jesús Díaz, Antonio Benítez, Reynaldo González, Norberto Fuentes, and Reynaldo Arenas.

890. Souza, Raymond D. Major Cuban Novelists. Innovation and tradition Columbia, MO: University of Missouri Press, 1976.

Includes: Alejo Carpentier's Timeless History. The Sensorial World of Lezama Lima. Cabrera Infante: Creation in Progress. Summary and Conclusions.

891. Valdés, Berardo, J. Panorama del cuento cubano. Miami: Ediciones Universal, 1976.

Contains: I. El cuento cubano contemporáneo. II. La primera generación de la República. III. La segunda generación de la República. IV. La tercera generación de la República.

892. Vidal, Hernán. Para llegar a Manuel Cofiño. Estudio de una narrativa revolucionaria cubana. Minneapolis, MN: Institute for the Study of Ideologies and Literature, 1984.

Essay on the antagonism between two societies (socialist and capitalist). Divided into three chapters: 1. Literatura revolucionaria cubana: la opción de una crítica literaria eticista. 2. La construcción poética de una ética colectivista. 3. Perfil de una narrativa romántica. Also includes a basic analysis of Cofiño's short stories (1969-1982).

893. Zaldívar, Gladys. Novelística cubana de los años 60. Paradiso, El mundo alucinante. Miami, FL: Ediciones Universal, 1977.

Contains: Introducción. Cifra de Paradiso. La metáfora de la historia en El mundo alucinante. Includes a general bibliography.

## Drama

894. Arrom, José Juan. Historia de la literatura dramática cubana. 2d ed. New York: Ams Press, 1973 (1944).

Traditional study covering 1512 to present, with extensive bibliography.

895. González Freire, Natividad. Teatro cubano, 1928-1961. 2d ed. La Habana: Ministerio de Relaciones Exteriores, 1961 (1958).

Work with references to individual authors and an analysis on literary movements.

896. Leal, Rine. Breve historia del teatro cubano. La Habana: Letras Cubanas, 1980.

897. ________. En primera persona, 1954-1966. La Habana: Instituto del Libro, 1967.

An introduction and study of a collection of 73 newspapers and reviews (1954 to 1966).

898. Montes Huidobro, Matías. Persona, vida, máscara, en el teatro cubano. Miami, FL: Ediciones Universal, 1973.

Contains: Introducción: cuatro elementos de una realidad. 1. Prólogo bufo e inicios republicanos. 2. La República que agoniza: Grau, Prío, y Batista. 3. En el reino de la indivinidad: castrismo. 4. Caín asesina al miedo: epílogo contrarevolucionario. 5. Conclusión: Cuba: los hijos de Thalía. Apéndice: en última persona.

## Essay

899. Valdespino, Andrés. Jorge Mañach y su generación en las letras cubanas. Miami, FL: Ediciones Universal, 1971

Overview of Cuban literature on contemporary period.

## DOMINICAN REPUBLIC

900. Balaguer, Joaquín. _Historia de la literatura dominicana_. Ciudad Trujillo: Editorial Dominicana, 1944.

Overview of the Dominican Culture and literature, from colonial period to contemporary. Contains studies on: Eugenio Deschamps, Manuel de Jesús Galván, José Joaquín Pérez, César Nicolás Penson, Francisco Gregorio Billini, Juan Antonio Alix. With biographic notes.

901. Henríquez Ureña, Max. _Panorama histórico de la literatura dominicana_. 2d ed. Santo Domingo: Editorial Dominicana, 1965 (1945).

Essay divided into two parts: 1. Era colonial. 2. Era de la independencia.

902. Hernández Rueda, Lupo. _La generación del 48 en la literatura dominicana_. Santiago de los Caballeros: Universidad Católica Madre y Maestra, 1981.

903. Incháustegui Cabral, Héctor. _De literatura dominicana siglo veinte_. Santiago de los Caballeros: Universidad Católica Madre y Maestra, 1968.

Contains: Prólogo. Las ciegas esperanzas. El tiempo, la muerte y la poesía. La puerta abierta. Los árboles y el bosque. La esfinge de sal. El pez rojo. La mancha en el lavabo. La araña sobre la tela rota. Cartas a Sergio: I, II, III, IV, V, VI, VII, VIII. La angustia de la patria en Deligne. La ciudad como novela. Vida y novela. Poesía y poetas. Café derramado en la camisa. Una carta a Joaquín. La raya en el corazón. Los analfabetismos fundamentales. Rosa, Rosa, dame un gancho. El dominicano en peligro de asfixia moral. Los poetas más allá de las trincheras o la política y la poesía. Novela e indagación social: _Los enemigos de la tierra_, de Requena II. _La Mañosa_, de Bosch II, III, IV. _Over_, de Marrero II, III. Con perdón: el sexo. Las ediciones. _Crónica del Sur_ II. Entre dos antes y dos después II, III, IV, V, VI. El otro lado del cañamazo. Includes a survey of Dominican writers.

904. Mejía de Fernández, Abigail. _Historia de la literatura dominicana_. 5th ed. Santiago: Editorial El Diario, 1943 (1937).

### Poetry

905. Alcántara Almánzar, José. _Estudios de poesía dominicana_. Santo Domingo: Editora Alfa y Omega, 1979.

Essay on the principal poets of the 19th and 20th centuries: José Joaquín Pérez, Salomé Ureña, Gastón F. Deligne, Domingo Moreno Jiménez, Tomás Hernández Franco, Franklin Mieses Brugos, Aída Cartagena Portalatín, Freddy Gatón Arce, Manuel Rueda, Antonio Fernández Spencer, Lupo Hernández Rueda, and Máximo Avilés Blonda. The interpretation of "lo dominicano," universalist trend (1940), and vanguardist and neorealists postures.

906. Baeza Flores, Alberto. La poesía dominicana en el siglo XX: historia, crítica, estudios comparativo y estilístico: Modernismo, Vedrinismo, Postumismo y Los Triálogos, 1883-1943. Prologue by Héctor Incháustegui Cabral. Santiago: Universidad Católica Madre y Maestra, 1976.

907. __________. La poesía dominicana en el siglo XX. Historia, crítica, estudio comparativo y estilístico. Generaciones y tendencias. Poetas independientes. La Poesía sorprendida. Suprarrealismo. Dominicidad y Universalidad (1943-1947). Santiago: Universidad Católica Madre y Maestra, 1977.

Contains: I. Generaciones y tendencias en la poesía dominicana del siglo XX. II. Circunstancias de un escenario. III. Un corte vertical en la poesía dominicana (I); IV. Un corte vertical en la poesía dominicana (II): V. Un corte vertical en la poesía dominicana (III): VI. Un corte vertical en la poesía dominicana (IV). VII. Tres poetas diferentes. VIII. El paisaje humano y el paisaje geográfico. IX. Tres poetas necesarios. X. Hacia una poesía neorrealista con acento social. XI. Consideraciones generales sobre "La poesía sorprendida," XII. Angulos para una valoración crítica. XIII. Dominicidad y universalidad: XIV. Los poetas de "La poesía sorprendida" (I); XV. Los poetas de "La poesía sorprendida" (II); XVI. "Los poetas de la poesía sorprendida" (III); XVII. El suprarrealismo y la poesía dominicana. XVIII. Desde la realidad hasta el sueño.

908. Bazil, Darío. Poetas y prosistas dominicanos. Santo Domingo: Editorial Cosmos, 1979.

909. Pérez, Carlos Federico. Evolución poética dominicana. Buenos Aires: Poblet, 1956.

910. Rosario Candelier, Bruno. Lo popular y lo culto en la poesía dominicana. Santiago: Universidad Católica Madre y Maestra, 1977.

## Prose Fiction

911. Collado, Felipe. La nueva narrativa dominicana. México: Casa Grande, 1978.

912. Sommer, Doris. One Master for Another: Populism as Patriarchal Rhetoric in Dominican Novels. Lanham, MD: University Press of America, 1983.

Critical models of social relations as presented in five 20th century novels: La mañosa (Juan Bosch), Over (Ramón Marrero Aristy), El masacre se pasa a pie (Freddy Prestol Castillo), De abril en adelante (Marcio Veloz Maggiolo) and Cuando amaban las tierras comuneras (Pedro Mir)

Drama

913. Lockward, Jaime A. Teatro dominicano: pasado y presente. Ciudad Trujillo: Imp. La Nación, 1959.

ECUADOR

914. Arias, Augusto. Panorama de la literatura ecuatoriana. 4th ed. Quito: Empresa Editora El Comercio, 1961 (1936).

915. ___________. Semblanzas. Quito: Imp. del Ministerio de Educación Pública, 1941.

916. Barrera, Isaac J. Historia de la literatura ecuatoriana. Quito: Casa de la Cultura Ecuatoriana, 1944-1955. 4 vols.

Covers the colonial period to 20th century. V. 1. - V. 2. Colonial. V. 3. 19th century and principal writers (J. J. Olmedo, J. Montalvo, E. Mera). V. 4. Focuses on the 20th century with study of major figures.

917. ___________. Historia de la literatura ecuatoriana. 2d ed. Quito: Casa de la Cultura Ecuatoriana, 1960 (1944-45).

918. Carrera Andrade, Jorge. Galería de místicos y de insurgentes: la vida intelectual del Ecuador durante cuatro siglos (1555-1955). Quito: Casa de la Cultura Ecuatoriana, 1959.

Overview of the intellectual evolution in Ecuador, literary movements, writers and works.

919. Pérez, Galo René. Pensamiento y literatura del Ecuador. Crítica y antología. Quito: Casa de la Cultura Ecuatoriana, 1972.

920. Rodríguez Casteló, Hernán. Literatura ecuatoriana. Guayaquil: Editorial Ariel, 1974.

921. Yépez Pazos, Félix. Escritores contemporáneos del Ecuador. Quito: Casa de la Cultura Ecuatoriana, 1975.

Poetry

922. Andrade y Cordero, César. Ruta de la poesía ecuatoriana contemporánea. Breve contribución para una crítica selectiva. Cuenca: Casa de la Cultura Ecuatoriana, Núcleo del Azuay, 1951.

Work on Ecuadorian poetry from 1900 tc the 1950s. Study on major poets.

923. Cordero Espinosa, Jacinto. Poesía y crítica. Cuenca: Casa de la Cultura Ecuatoriana, Núcleo del Azuay, 1958.

Brief analysis and re-evaluation of movements and publications of critical anthologies dealing with Ecuadorian poetry.

924. Lloret Bastidas, Antonio. Motivos de poesía cuencana. Cuenca: Casa de la Cultura Ecuatoriana, Núcleo del Azuay, 1973.

925. Pesántez Rodas, Rodrigo. Siete poetas del Ecuador. Cuenca: Editorial Atlántida, 1971.

Study on: Medardo Angel Silva, Hugo Mayo, Miguel Angel León, Aurora Estrada de Ramírez, Jorge Carrera Andrade, Miguel Angel Zambrano, César Dávila Andrade.

926. Ramón, Gonzalo. Ensayos sobre César Dávila Andrade, Miguel Angel Zambrano y notas sobre varios poetas ecuatorianos. Quito: Casa de la Cultura Ecuatoriana, 1969.

Commentaries on eleven contemporary poets with samples of their work. Special attention to the Afro-Ecuatorian theme in the poems by Adalberto Ortiz.

## Prose Fiction

927. García, Antonio. Sociología de la novela indigenista en el Ecuador, estructura social de la novelística de Jorge Icaza. Quito: Casa de la Cultura Ecuatoriana, 1969.

928. Ribadeneira, Edmundo. La moderna novela ecuatoriana. Quito: Casa de la Cultura Ecuatoriana, 1958.

929. Rojas, Angel. F. La novela ecuatoriana. 2d ed. Guayaquil: Ariel, 1970 (1948).

A socio-political interpretation of history, with commentaries on writers and their works.

930. Sacoto, Antonio. La nueva novela ecuatoriana. Cuenca: Publicaciones del Departamento de Difusión Cultural de la Universidad de Cuenca, 1981.

In the introduction author studies the narrative techniques from the "criollista" (1930) to the "Boom" (generation of Fuentes, Cortázar, Cabrera Infante, García Márquez, and Vargas Llosa). The first six chapters are the most important and include an analysis of the Ecuadorian novelists J. Icaza, J. de la Cuadra, and of six important works published between 1970-1979, by D. Aguilera Malta, J. Dávila Vázquez, Iván Eguez, E. Ribadeneira, E. Cárdenas, and G. A. Jácome.

931. ____________. The Indian in the Ecuatorian Novel. New York: Las

Américas, 1967.

Drama

932. Descalzi, Ricardo. Historia crítica del teatro ecuatoriano. Quito: Casa de la Cultura Ecuatoriana, 1968. 2 vols.

Ecuatorian theater history, principally on 20th century period. Includes 125 playwrights and many plays. Contains: Primera Parte. La historia. I. Los orígenes. 1. Los Aricuchicos. 2. Los Caporales. 3. Los Corazas. 4. Los Reyes. II. El teatro activo. III. El teatro vivo. IV. Carácter y expresión del teatro presente. 1. Teatro Histórico. 2. Teatro Sentimental. 3. Teatro Costumbrista. 4. Teatro Liviano. 5. Teatro Extranjerizante. 6. Teatro Psicológico. 7. Teatro Intelectual. 8. Teatro Político. 9. Teatro Social. 10. Teatro Educativo. 11. Teatro Moral. 12. Teatro Religioso. 13. Teatro Policial. 14. Teatro lírico-Dramático. 15. Teatro Radiofónico. 16. Teatro Vario. 17. Teatro del Disparate. Segunda Parte. Autores y obras.

EL SALVADOR

933. Cardona Peña, Alfredo. Recreo sobre las letras. San Salvador: Ministerio de Educación, 1961.

934. Gallegos Valdés, Luis. Panorama de la literatura salvadoreña. 2d ed. San Salvador: Ministerio de Educación, 1962 (1958).

Covers whole literary history and critical notes.

935. Membreño, María B. de. Literatura de El Salvador. San Salvador: 1959.

936. Toruño, Juan Felipe. Desarrollo literario de El Salvador. Ensayo cronológico de generaciones y etapas de las letras salvadoreñas. San Salvador: Ministerio de Cultura, 1957.

Historical overview with a complete list of writers and their works, little critical commentary.

937. Yanes, Gabriela. Mirrors of the War. Literature and Revolution in El Salvador. New York: Monthly review Press, 1985.

Translated from Spanish by Keith Ellis.

Poetry

938. Guillén, Orlando. Hombres como madrugadas: la poesía de El Salvador. Barcelona: Anthropos Editorial del Hombre, 1985.

939. Lindo, Hugo. Presentación de poetas salvadoreños. Santiago de Chi-

le: Editorial Nascimento, 1954.

Brief,but valuable information.

GUATEMALA

940. Albizúrez Palma, Francisco, and Catalina Barrios y Barrios. Historia de la literatura guatemalteca. Vol. 1. Guatemala: Editorial Universitaria de Guatemala, 1981.

Bibliography by Lourdes Bendfeldt Rojas.

941. Arias, Arturo. Ideologías, literatura y sociedad durante la revolución guatemalteca, 1944-1954. La Habana: Casa de las Américas, 1979.

Analysis of the novel Entre la piedra y la cruz (1948) by Mario Monteforte Toledo and his ideological connection to Guatemala's revolutionary government.

942. Cardoza y Aragón, Luis. Guatemala, las líneas de su mano. México: Fondo de Cultura Económica, 1955.

Essay on Guatemalan Culture (literary, political and social aspects),divided into five chapters: 1. La boa del polen (lyric description of the country). 2. Las huellas de la voz (Popol-Vuh, B. Díaz del Castillo, A. J. de Irisarri, R. Landívar, J. Batres Montúfar, J. Milla, and E. Gómez Carrillo). 3. El viento en la vela (political class struggle). 4. El peso de la noche (reaction against colonialism). 5. Dije lo que he vivido (analysis of the essay).

943. Cerezo Dardón, Hugo. Ensayos. Guatemala: Centro América, 1975.

Essays on: Ramón A. Salazar, Domingo Estrada, Alberto Velázquez, José Rolz Bennett, David Vela, Porfirio Barba-Jacob. Análisis Sobre Antigua Guatemala, Landívar, Pepe Batres Montúfar, Juan Fermín Aycenena. Carlos Wyld Ospina, Antigua en la Poesía de César Brañas. Reflexiones sobre Antigua, monumento de América. El modernismo en Guatemala. José de Jesús Dominguez ¿Poeta Romántico o Premodernista?. Reflexiones sobre nuestro tiempo.

944. Díaz Vasconcelos, Luis Antonio. Autores nacionales. Guatemala: Tipografía Nacional, 1971.

945. Homenaje nacional a tres escritores ilustres: Rafael Arévalo Martínez, José Rodríguez Cerna, Lisandro Sandoval. Guatemala: Tipografía Nacional, 1947.

946. Monsanto Dardón, Carlos Hugo. Sobre seis literatos guatemaltecos. Guatemala: Editorial Piedra Santa, 1979.

Essay on seven writers (poets, novelists, playwrights), with personal commentaries: 1. José Batres Montúfar y Giovanni Batista Casti: dos senderos literarios que se cruzaron. 2. Rafael Arévalo Martínez. 3. Manuel Galich: dramaturgo y crítico olvidado. 4. Vida y muerte en la poesía de Manuel José Arce y Valladares. 5. El amor y la poesía de Romelia Alarcón Folgar. 6. Carlos Manuel Pellecer y algunos rasgos de Memoria de dos geografías.

947. Vela, David. Literatura guatemalteca. 3d ed. Guatemala: Tipografía Nacional, 1948 (1943). 2 vols.

Contains: Vol. 1. Literatura maya (Popol Vuh, Rabinal Achi, Chilam Balam). Literatura colonial (B. Díaz del Castillo, F. de Terrazas, R. Landívar). Vol. 2. Siglos XIX-XX, Historiadores, Periodistas, Poetas, (J. Diéguez Olaverri, J. F. Aycinena, I. Cerna), Cuentistas (A. Mencos Franco, E. Gómez Carrillo), Novelistas (José Milla).

## Prose Fiction

948. Lorand de Olazagasti, Adelaida. El indio en la narrativa guatemaltemateca. San Juan: Universidad de Puerto Rico, Editorial Universitaria, 1968.

Description of how the Indian is presented through prose fiction. Study on M. A. Asturias, and M. Monteforte Toledo.

949. Menton, Seymour. Historia crítica de la novela guatemalteca. Guatemala: Universidad de San Carlos, Editorial Universitaria, 1960.

Study on Guatemalan novel, from its origins (A. J. de Irisarri, 1864) to contemporary writers. Covers romanticism, realism, naturalism (second half of 19th century) modernism and the originality of R. Arévalo Martínez, "criollismo/criollistas" (C. Wyld Ospina, F. Herrera) and contemporaries (M. A. Asturias, M. Monteforte Toledo).

## HONDURAS

950. Bermúdez, Néstor. Escritores de Honduras. La Habana: Imprenta de F. Verdugo, 1939

951. Tróchez, Raúl Gilberto. Imágenes. Ensayos. Tegucigalpa: Tipografías Nacionales Ariston, 1973.

## MEXICO

952. Abreu Gómez, Ermilo. Sala de retratos: intelectuales y artistas de mi época; con notas cronológicas y bibliográficas de Jesús Zavala. México: Editorial Leyenda, 1946.

Contains commentaries on: A. Chumacero, S. Díaz Mirón, E. González Martínez, C. Gorostiza, J. Gorostiza, M. L. Guzmán, E. Huerta, R. López Velarde, G. López y Fuentes, O. Paz, C. Pellicer, J. Revueltas, J. R. Romero, and X. Villaurrutia.

953. Acevedo Escobedo, Antonio. Rostros en el espejo. México: Seminario de Cultura Mexicana, 1974.

Comments on: A. Yáñez, R. Altamirano and "Unas escenas novelescas de la revolución mexicana."

954. Brodman, Bárbara L. The Mexican Cult of Death in Myth and Literature. Gainesville, FL: The University of Florida Press, 1976.

Contains: 1. Historical and Literary Bases of the Cult of Death in Mexico. 2. Historical and Literary Bases of the Cult of Death in Spain. 3. The Cult of Death as a Social Phenomenon. 4. Manifestations of the Cult of Death in the Contemporary Mexican Short Story. 5. Literary influences today: New Trands in Mexican Literature.

955. Campbell, Federico. Conversaciones con escritores. México: Secretaría de Educación Pública, 1972.

956. Carballo, Emmanuel. Diecinueve protagonistas de la literatura mexicana del siglo XX. México: Empresas Editoriales, 1965.

Interviews nineteen important writers (poets, novelists, essayists). Focuses on Mexican literature, of J. J. Arreola, R. Castellanos, C. Fuentes, J. Gorostiza, C. Pellicer, A. Yáñez, A. Reyes, J. Torres Bodet, S. Novo, M. L. Guzmán, and others.

957. Cardona Peña, Alfredo. Semblanzas mexicanas: artistas y escritores del México actual. México: B. Costa Amic, 1955.

Biographical sketches of J. Gorostiza, C. Pellicer, X. Villaurrutia, and others.

958. Fernández, Sergio. Homenajes a Sor Juana, a López Velarde, a José Gorostiza. México: Secretaría de Educación Pública, 1972.

959. Fuentes, Carlos. Tiempo mexicano. México: J. Mortiz, 1971.

Study on Mexican literature and culture.

960. González Peña, Carlos. Historia de la literatura mexicana: Desde los orígenes hasta nuestros días. 13th ed. México: Porrúa, 1977 (1928).

First Edition (1928) revised by its author in 1940, covers development of Mexican literature from the conquest to 1930. Contains biographical notes on writers, and analysis of works by genres.

961. ___________. History of Mexican Literature. 3d ed. Dallas, TX: Southern Methodist University Press, 1968 (1943).

Translated by Gusta Barfield, and Florence Johnson Dunstan from ninth edition into Spanish and published in 1966, with two important appendixes: list of Mexican works in English, and appendix of the original Spanish 9th ed. (1966). (See item 960.)

962. García Rivas, Heriberto. Historia de la literatura mexicana. 2d ed. México: Porrúa, 1974 (1971). 4 vols.

Contains: Vol. 1. Epoca prehispánica y dominación española. Vol. 2-3. Siglos XIX-XX. Vol. 4. Siglo XX, 1951-1971 - (1974). Second edition up to date 1974.

963. García Terrés, Jaime. La feria de los días. México: Universidad Nacional Autónoma de México, 1961.

Several notes on cultural topics: "Los intelectuales mexicanos y la política," "El ambiente literario de México."

964. González Guerrero, Francisco. En torno a la literatura mexicana, re censiones y ensayos. México: Servicio de Educación Pública, 1976.

Prologue and compilation by Pedro F. de Andrea. Commentaries on Mariano Azuela, Rosario Castellanos, Manuel Gutiérrez Nájera, Sor Juana, Sigüenza y Góngora, Gregorio López y Fuentes, Gilberto Owen, José Rubén Romero, and Agustín Yáñez.

965. Howland Bustamante, Sergio. Historia de la literatura mexicana, con algunas notas sobre literatura de Hispanoamérica. México: F. Trillas, 1961.

Commentary on the principal literary trends, biographies of writers and excerpts of their works. Includes three divisions: 1. Pre-Cortesian. 2. Colonial period. 3. Period of Independence (expanded to the present).

966. Jiménez Rueda, Julio. Historia de la literatura mexicana. 5th ed. México: Botas, 1960 (1928).

From indigenous literature to 1960 with excellent bibliography and a chronological table of literary facts.

967. Leal, Luis. Panorama de la literatura mexicana actual. 2d ed. Washington, D.C.: Unión Panamericana, Secretaría de O.E.A., 1975 (1968).

A brief study of the contemporary Mexican literature.

968. Leiva, Raúl. Los sentidos y el mundo: textos de crítica literaria. Guatemala: Ministerio de Educación Pública, 1952.

Commentaries on Mexican literature, such as"Situación de nuestras letras." Judgment on R. Castellanos, E. González Martínez, E. Huerta, O. Paz, J. Revueltas, and X. Villaurrutia.

969. Magdaleno, Mauricio. La voz y el eco. México: Seminario de Cultu-

ra Mexicana, 1964.

Several essays on different subjects (Mexican, European and American cultures) and the work of M. Gutiérrez Nájera, J. Sierra, Francisco Madero, A. Caso, and others.

970. Maples Arce, Manuel. El paisaje en la literatura mexicana. México: Cuadernos Americanos, 1956.

971. Martínez, José Luis. De la naturaleza y carácter de la literatura mexicana. 2d ed. México: Secretaría de Educación Pública, 1963 (1960).

972. __________. La emancipación literaria de México. México: Antigua Librería Robredo, 1955.

973. __________. Literatura mexicana, siglo XX. 2d ed. México: Antigua Librería Robredo, 1950 (1949). 2 vols.

Vol. 1. Literatura mexicana, siglo XX: 1910-1949. "El ensayo y la crítica en México (1940-1946)." "Los frutos de una generación (Los 'Contemporáneos')." "Experiencias de un concurso novelístico." "Misión de las revistas literarias en México." Studies on E. González Martínez, M. L. Guzmán, R. López Velarde, A. Nervo, S. Novo, and J. Revueltas. Vol. 2. Guías bibliográficas. (See item 67.)

974. __________. Problemas literarios. México: Obregón, 1955.

975. Millán, María del Carmen. Literatura mexicana, con notas de literatura hispanoamericana y antología. México: Editorial Esfinge, 1962.

A general overview arranged in chronological order from pre-Hispanic, colonial period, Independence period to modernism and the contemporary epoch, with a critical interpretation of major writers. Contains notes on other Spanish-American literatures and an anthology.

976. Miller, Beth. Mujeres en la literatura. México: Fleischer, 1978.

Contains: "Personajes y personas: Castellanos, Fuentes, Poniatowska y Sains." "El feminismo mexicano de Rosario Castellanos." "La desmitificación de la mujer en la obra de Jaime Torres Bodet." "Elena Poniatowska."

977. Monterde García Icazbalceta, Francisco. Cultura mexicana. Aspectos literarios. México: Intercontinental, 1946.

978. Ortiz Vidales, Salvador. Los bandidos en la literatura mexicana. México: 1949.

979. Paz, Octavio. Corriente alterna. México: Siglo Veintiuno, 1967.

Essay on Carlos Fuentes, "La máscara y la transparencia."

980. __________. Las peras del olmo. 3d ed. Barcelona: Seix Barral, 1974 (1957).

First part contains: Poesía mexicana, Sor Juana Inés de la Cruz, Poesía mexicana moderna, J. J. Tablada, R. López Velarde, C. Pellicer and J. Gorostiza. Second part contains: "Otros temas."

981. __________. México: la última década. Austin, TX: University of Texas, Institute of Latin American Studies, 1970.

982. __________. Puertas al campo. Barcelona: Seix Barral, 1972.

Essay on Marco Antonio Montes de Oca, and Agustín Yáñez.

983. __________. The Siren & the Seashell and Others Essays on Poets and Poetry. Austin, TX: University of Texas Press, 1967.

Contains: El camino de la pasión (Ramón López Velarde), and José J. Tablada.

984. Phillips, Allen W. Cinco estudios sobre literatura mexicana moderna. México: SepSetentas, 1974.

Contains: 1. "Una nota sobre el primer modernismo: Julián del Casal y algunos poetas mexicanos." 2. "La prosa artística de Efrén Rebolledo." 3. "Notas sobre el tema de Lugones en México." 4. "Ramón López Velarde en la poesía hispanoamericana del postmodernismo." 5. "Octavio Paz: crítico de la poesía mexicana moderna."

985. Romero Flores, Jesús. Maestros y amigos: recuerdos y semblanzas de algunos escritores. México: Costa-Amic, 1971.

Comments on M. Azuela, Martín Luis Guzmán, José Mancisidor, and others.

986. Rutherford, John. Mexican Society During the Revolution: A Literary Approach. London: Oxford University Press, 1971.

987. Schneider, Luis Mario. La literatura mexicana. Buenos Aires: Centro Editor de América Latina, 1967. 2 vols.

Brief overview with historical information and criticism.

988. Somolinos P., Juan. La belle époque en México. México: Secretaría de Educación Pública, 1971.

Several articles on prose and poetry from 1890 to 1915, during the predominance of Art Nouveau: J. Sierra, A. Nervo, L. G. Urbina, J. J. Tablada, and others.

989. Spell, Jefferson Rea. Bridging the Gap: Articles on Mexican Literature. México: Editorial Libros de México, 1971.

990. Urbina, Luis Gonzaga. La vida literaria de México y la literatura mexicana durante la guerra de la Independencia. 2d ed. México: Porrúa, 1965 (1946).

Commentaries on E. González Martínez, R. Altamirano, and A. Nervo.

991. Valenzuela Rodarte, Alberto. Historia de la literatura en México e Hispanoamérica. 2d ed. México: JUS, 1975 (1961).

Contains: Preliminar: El mexicano que se va a retratar en su literatura. I. Literatura indígena precortesiana. II. Siglo XVI: Los cronistas. III. Los poetas y otros prosistas del siglo XVI. IV. El teatro. V. El siglo XVII. VI. La educación humanista: Los humanistas. VII. Los principios del siglo XIX. VIII. El romanticismo. IX. Realismo en la novela: muñecos, tipos, caracteres. X. Tiempos modernos. XI. Los ensayistas. XII. Nacionalismo y Americanismo. XIII. Algo del movimiento contemporáneo. Apéndice: I. Del periodismo mexicano: dos especímenes. II. Material épico cristero. III. La Virgen de Guadalupe y el mexicanismo. Conclusión.

992. Vela, Arqueles. Fundamentos de la literatura mexicana. 2d ed. México: Editorial Patria, 1966 (1953).

Study on Mexican literature with light critical conclusions.

993. Vigil, Andrew. La Revolución Mexicana en la literatura. México: Universidad Nacional Autónoma de México, 1956.

994. Vigil, José María. Estudios sobre literatura mexicana. Guadalajara: Editorial Et Caetera, 1972. 2 vols.

Compilation, introduction and notes by Adalberto Navarro Sánchez. Essay on Sor Juana Inés de la Cruz.

## Poetry

995. Dauster, Frank. Ensayos sobre poesía mexicana: asedio a los "Contemporáneos." México: Ediciones de Andrea, 1963.

Essay with an introduction on the principal characteristics of this poetic group, and nine chapters devoted to a special study on the works of Xavier Villaurrutia, José Gorostiza, Carlos Pellicer, Elías Nandino, Salvador Novo, Jaime Torres Bodet, Gilberto Owen, Jorge Cuestas, and Bernardo Ortiz de Montellano.

996. Forster, Merlin H. Los contemporáneos, 1920-1932: perfil de un experimento vanguardista mexicano. México: Ediciones de Andrea, 1964.

Study on this movement with an important analysis of the major poets: Jaime Torres Bodet, Bernardo Ortiz de Montellano, Jorge Cuesta, José Gorostiza, Gilberto Owen, Xavier Villaurrutia, Salvador Novo, and Enrique González Rojo. Important bibliography.

997. González, Carlos I. Viñetas del cisne: Presencia de México en la poesía modernista. Oajaca: Universidad Autónoma Benito Juárez de Oajaca, 1972.

998. González Martínez, Enrique. Algunos aspectos de la lírica mexicana. México: Cultura, 1932.

999. Leiva, Raúl. Imagen de la poesía mexicana contemporánea. México: Universidad Nacional Autónoma de México, 1959.

Overview of modern Mexican poetry divided into seven chapters: 1. Los postmodernistas (E. González Martínez, R. López Velarde, and A. Reyes). 2. El estridentismo (M. Maples Arce). 3. Los contemporáneos (B. Ortiz de Montellano, C. Pellicer, J. Gorostiza, J. Torres Bodet, E. Sandino, J. Cuesta, X. Villaurrutia, S. Novo, and G. Owen). 4. Una mística solitaria (C. Urquiza). 5. Taller (O. Paz, E. Huerta, A. Quintero Alvarez, and N. Beltrán). 6. Tierra Nueva (A. Chumacero, J. González Durán, M. Calvillo, and J. Cárdenas Peña). 7. La generación última (M. Paz Paredes, R. Bonifaz Nuño, J. Arellano, M. Guardia, J. García Terrés, R. Castellanos, and J. Sabines).

1000. Millán, María del Carmen. El paisaje en la poesía mexicana. México: Imprenta Universitaria, 1952.

Critical commentaries on Manuel José Othon, and Luis G. Urbina.

1001. Schneider, Luis Mario. El Estridentismo. Una literatura de la estrategia. México: Ediciones de Bellas Artes, 1970.

Provides information on the subject defined by the critic: "El estridentismo es sin duda el primer movimiento literario mexicano que este siglo introduce novedades. Si bien no se puede afirmar lo mismo con respecto a otras corrientes de vanguardia con las que coincide, pues son demasiado visibles las influencias del futurismo, del unanimismo, del dadaísmo, del creacionismo y del ultraísmo, es en el momento que adopta la ideología social de la Revolución Mexicana y la incorpora a su literatura, que el movimiento adquiere solidez, organización y de alguna manera se separa del resto de la vanguardia internacional." The introduction shows the relation between Mexican poetry, European Vanguardism and Spanish America, with a study on the influence of Spanish Ultraism. Analysis of the work of poets M. Maples Arce, A. Vela, L. Quintanilla, and L. Arzubide.

1002. Selva, Mauricio de la. Algunos poetas mexicanos. México: Finisterre, 1971.

Essay on: Rubén Bonifaz Nuño, José Gorostiza, Efrain Huerta, Marco Antonio Montes de Oca, Elías Nandino, Salvador Novo, Octavio Paz, Carlos Pellicer, Jaime Sabines, and Jaime Torres Bodet.

1003. Vázquez, Jorge Adalberto. Perfil y esencia de la poesía mexicana. México: Secretaría de Educación Pública, 1955.

Comments on M. Gutiérrez Nájera, M. J. Othón, S. Díaz Mirón, A. Nervo, L. G. Urbina, E. González Martínez, R. López Velarde, J. de Asbaje, J. J. Tablada, and X. Icaza.

1004. Villaurrutia, Xavier. _Textos y pretextos_. México: La Casa de España en México, 1940.

Excellent commentaries on poets José Gorostiza, Ramón López Velarde, and Salvador Novo.

1005. Xirau, Ramón. _Tres poetas de la soledad_. México: Antigua Librería Robredo, 1955.

Essay on: José Gorostiza, Octavio Paz, and Xavier Villaurrutia.

## Prose Fiction

1006. Acevedo Escobedo, Antonio. _La ciudad de México en la novela_. México: Secretaría de Obras y Servicios, 1973.

1007. Acker, Bertie. _El cuento mexicano contemporáneo_: _Rulfo, Arreola, y Fuentes_. Madrid: Editorial Playor, 1984.

Work divided into three chapters, one for each novelist, with a bibliography.

1008. Arango L., Manuel Antonio. _Tema y estructura en la novela de la revolución mexicana_. Bogotá: Ediciones Tercer Mundo, 1984.

Contains: I. Introducción. II. Mariano Azuela: _Los de abajo_: a) División, b) Estructura narrativa, c) Correlación simbólica en la estructura tripartita con el tono épico, d) Presencia de la naturaleza, e) Antagonismo, f) Conciencia social, g) La deshumanización, h) Visión del mundo. III. Martín Luis Guzmán: _La sombra del caudillo_ (1929): a) Estructura, b) Trama, c) Visión del mundo. IV. Agustín Yáñez: _Al filo del agua_, a) Acto preparatorio, b) Estructura general de la novela, c) Estructura por capítulos, d) Caracterización, e) Técnica narrativa, f) El tema del contrapunto, g) El estilo, h) El tiempo: 1. Concepto relativo. 2. Tiempo histórico en la novela. 3. El fluir del tiempo. 4. El tiempo como un ciclo, i) Visión del mundo. La creación: _Ojerosa y pintada_. _La tierra pródiga_, _Las tierras flacas_. V. Juan Rulfo: _Pedro Páramo_, a) El feudalismo y el aspecto social, b) Estructura narrativa, c) División paradisíaca, d) Visión del mundo. VI. Carlos Fuentes: _La muerte de Artemio Cruz_ (1962): a) Estructura temática, b) Estructura narrativa, c) Técnica narrativa, d) El tiempo, e) El concepto de historia, f) Enfoque del proceso revolucionario. Includes bibliography.

1009. Aub, Max. _Guía de narradores de la revolución mexicana_. México: Fondo de Cultura Económica, 1969.

References to novels by Martín Luis Guzmán, and Rafael Felipe Muñoz.

1010. Azuela, Mariano. Cien años de novela mexicana. México: Botas, 1947.

Overview of Mexican fiction. Only Rafael Delgado, Fernández de Lizardi, Luis G. Inclán, and José Tomás de Cuellar are mentioned. Four important writers, Mauricio Magdaleno, José María Benítez, José Revueltas, and Agustín Yáñez are omitted.

1011. Barceló, Víctor Manuel. Panorámica del cuento mexicano. Bogotá: Instituto Colombiano de Cultura, 1973 (colofón, 1974).

Essay on: Juan Rulfo, Rosario Castellanos, Sergio Galindo, Juan García Ponce, Vicente Leñero, Gustavo Sainz, Ricardo Pozas, Juan J. Arreola, V. M. Barceló, José Ma. Benítez, Alberto Bonifaz Nuño, Emmanuel Carballo, Guadalupe Dueñas, Efrén Hernández, Francisco Rojas González, Ramón Rubín, and Edmundo Valadés.

1012. Bisbal Siller, María Teresa. Los novelistas y la ciudad de México, 1810-1910. México: Botas, 1963

1013. Brushwood, John S., and José Rojas Garcidueñas. Breve historia de la novela mexicana. México: Ediciones de Andrea, 1959.

Essay divided into two parts: 1. La novela mexicana desde sus orígenes hasta 1910 (J. S. Brushwood). 2. Clasificación de la novela mexicana contemporánea (J. Rojas Garcidueñas). First Part: a) origins, b) romanticism (1830-1867) with Ignacio Rodríguez Galván, Manuel Paynó, and Justo Sierra O'Reilly, c) custom novels with Fernando Orozco y Berra, Florencio M. del Castillo, Juan Díaz Covarrubias, and José M. Ramírez y Rivera, d) novels of national subjects with José M. Roa Bárcena, Eligio Ancona, and Luis G. Inclán, e) realism-transition, with R. Altamirano, and Tomás de Cuellar, f) realism-naturalism, with Emilio Rabasa, Rafael Delgado, and Federico Gamboa, g) historical novel with Vicente Riva Palacio, Juan Mateos, and Heriberto Frías. Second Part: classification: a) realism-custums, b) retrospective, c) social (revolution, "critero," indian, protest), d) psichological and others.

1014. ________. México in Its Novel: A Nation's Search for Identity. 2d ed. Notre Dame, IN: University of Notre Dame Press, 1971 (1966).

Covers 1521-1963 with a chronological list of novels from 1832 to 1963.

1015. ________. México en su novela. México: Fondo de Cultura Económica, 1974.

Translated from English by Francisco González Aramburo (See item 1014.)

1016. ________. La novela mexicana (1967-1982). México: Editorial Grijalbo, 1985.

1017. __________. Los ricos en la prosa mexicana. México: Diógenes, 1970.

1018. Castellanos, Luis Arturo. La novela de la revolución mexicana. Rosario, Santa Fe, Argentina: Universidad Nacional del Litoral, 1968.

Note on M. Azuela.

1019. Coll, Edna. Injerto de temas en las novelas mexicanas contemporáneas. San Juan: Juan Ponce de León, 1964.

1020. Dessau, Adalbert. La novela de la revolución mexicana. México: Fondo de Cultura Económica, 1972.

Original edition in German: Der mexikanische Revolutions-roman. Berlin: 1967. Contains: La novela en el desarrollo de las literaturas latinoamericanas modernas. El marco social, ideológico y literario de la novela de la Revolución Mexicana. El desarrollo social y político, La base ideológica, Los fundamentos literarios, la literatura revolucionaria. La formación de la novela mexicana moderna: Mariano Azuela, juventud y primeras tentativas literarias de Mariano Azuela, los trabajos literarios antes de estallar la Revolución, las primeras novelas de la Revolución, Los de abajo. El final del ciclo revolucionario. El ciclo posrevolucionario. El desarrollo de la novela de la Revolución Mexicana de 1928 a 1947. El viraje de Calles y la explosión liberal. La contrarrevolución en la novela. Principios de una novela de tendencias proletarias revolucionarias. La novela revolucionaria en el período del movimiento Nacional-Revolucionario. Memorias y hechos novelados. La obra de Azuela en la era cardenista. La orientación de la novela mexicana hacia la temática espiritual. Las últimas obras de Azuela. El final de la novela de la Revolución. La problemática literaria en la novela de la Revolución Mexicana. Narraciones histórico-autobiográficas del período de las luchas armadas. El método artístico en la novela de los treintas. La ontología del mexicano en la novela de los cuarentas. Acerca de la discusión literaria de los cuarenta. Resumen.

1021. Duncan, J. Ann. Voices, Visions, and a New Reality. Mexican Fiction Since 1970. Pittsburgh, PA: University of Pittsburgh Press, 1986.

Studies on José Emilio Pacheco, Carlos Montemayor, Humberto Guzmán, Esther Selgson, Antonio Delgado, and Jesús Gardea. Also, a chapter on Alberto Huerta, María Luisa Puga, Arturo Azuela, Guillermo Samperio, Bernardo Ruiz, Federico Campbell, and Hugo Hiriart.

1022. Durán, Manuel. Tríptico mexicano: Juan Rulfo, Carlos Fuentes, Salvador Elizondo. México: Secretaría de Educación Pública, 1973.

1023. Fernández-Arias Campoamor, José. Novelistas de México: esquema de historia de la novela mexicana (de Lizardi al 1950). Madrid: Cultura Hispánica, 1952.

Commentaries and critical notes on Emilio Rabasa, and Federico Gamboa.

1024. Girault Díaz Lombardo, María. Consideraciones críticas sobre algunos cuentistas mexicanos. México: Universidad Iberoamericana, 1957.

1025. González, Manuel Pedro. Trayectoria de la novela en México. 2d ed. México: 1970 (1951).

Comprehensive history of the evolution of the novel with criticism on major writers and trends. Contains individual studies on J. J. Fernández de Lizardi, I. M. Altamirano, G. López y Fuentes, M. Azuela, Muñoz, R. F., M. Magdaleno, M. L. Guzmán, A. Yáñez, J. R. Romero, and E. Rabasa.

1026. Haneffstengel, Renate von. El México de hoy en la novela y el cuento. México: Ediciones de Andrea, 1966.

Studies on C. Fuentes, A. Yáñez, R. Castellanos, J. Rulfo, F. Rojas González, and L. Spota.

1027. Hernández, Julia. Novelistas y cuentistas de la revolución. México: Unidad Mexicana de Escritores, 1960.

1028. Langford, Walter M. La novela mexicana: realidad y valores. México: Editorial Diana, 1975.

Spanish version translated by Luis S. Flores. (See item 1029.)

1029. ________. The Mexican Novel Comes of Age. Notre Dama, IN: University of Notre Dame Press, 1971.

The Mexican novel before Mariano Azuela. Mariano Azuela: a break with the past. The novel of the Mexican revolution: B. Traven, mystery man. Agustín Yáñez: a quantum jump for the Mexican novel. Juan Rulfo: novelist of the dead. Luis Spota: self-made novelist. Carlos Fuentes: "The very model of a modern major novelist." Vicente Leñero: a Mexican Graham Greene?. Sergio Galindo: novelist of human relations, and a dozen more. The novel and the novelist in Mexico today.

1030. Larson, Ross. Fantasy and Imagination in the Mexican Narrative. Tempe, AZ: Arizona State University, 1977.

Contains: Part. 1. Fantasy: I. Fear and the Supernatural. II. Legend and Christian Myths. III. Literary Divertissements. IV. Utopian and Science Fiction. Part. 2. Imagination: V. The Unconscious. VI. Expressionism. VII. Magical Realism. Conclusion.

1031. Leal, Luis. Breve historia del cuento mexicano. México: Ediciones de Andrea, 1956.

Information from pre-hispanic period to middle of 20th century. Notes on: J. J. Arreola, J. Rulfo, E. Carballo, and others. Complete bibliography.

1032. Magaña Esquivel, Antonio. La novela de la revolución. 2d ed. México: Porrúa, 1974 (1964-1965).

Comprenhensive studies on: R. F. Muñoz, G. López y Fuentes, J. López Portillo y Rojas, J. R. Romero, A. Yáñez, M. Azuela, and M. L. Guzmán.

1033. Meregalli, Franco. Narratori messicani, Milano: La Goliardica, 1957.

Contains critical commentaries on J. J. Fernández de Lizardi, and M. Azuela.

1034. Miliani, Domingo. La realidad mexicana en su novela de hoy. Caracas: Monte Avila, 1968.

Critical notes on: M. Azuela, C. Fuentes, and J. Revueltas.

1035. Morton, F. Rand. Los novelistas de la revolución mexicana. México: Ediciones de Andrea, 1949.

Information on the subject, with special studies on: R. F. Muñoz, G. López y Fuentes, M. Azuela, M. L. Guzmán, J. R. Romero, C. Fuentes, M. Magdaleno, and A. Yáñez.

1036. Navarro, Joaquina. La novela realista mexicana. México: Compañía General de Ediciones, 1955.

Critical notes on F. Gamboa, J. López Portillo y Rojas, E. Rabasa, and R. Delgado.

1037. Passafari de Gutiérrez, Clara. Los cambios en la concepción y estructura de la narrativa mexicana desde 1947. Santa Fe, Argentina: Universidad Nacional del Litoral, Facultad de Filosofía y Letras, 1968.

Comments on C. Fuentes, J. J. Arreola, S. Galindo, R. Castellanos, J. Revueltas, J. Rulfo, and A. Yáñez.

1038. Portal, Marta. Proceso narrativo de la Revolución Mexicana. Madrid: Ediciones Cultura Hispánica, 1977.

Structuralist and archetypal commentaries on M. Azuela, J. Ibarguengoitia, F. del Paso. E. Poniatowska, and others. Divided into three parts: Part 1. I. Aproximación a la novela de la revolución mexicana. Introducción. El proceso literario.

La narrativa de la Revolución Mexicana. Evolución de la conciencia del intelectual. II. Metodología. III. Síntesis del proceso histórico. Antecedentes ideológicos y políticos. La Revolución. La Constitución de 1917. La etapa posrevolucionaria. IV. Análisis del proceso político revolucionario acotado por el lenguaje público y actitud de los novelistas. De la necesidad a la idealidad. Recepción y consumición del mito. Actitud de los intelectuales. Part. 2. V. Autores y sistemas narrativos: Mariano Azuela, Martín Luis Guzmán, Nellie Campobello, Gregorio López y Fuentes, Rafael F. Muñoz, José Rubén Romero, José Vasconcelos, Francisco L. Urquizo, Mauricio Magdaleno, José Mancisidor, José Revueltas, Agustín Yáñez, Juan Rulfo, and Carlos Fuentes. La novela indigenista de la década de los cincuenta. Elena Garro, Ibarguengoitia, Fernando del Paso, and Elena Poniatowska. Part. 3. VI. Síntesis significativa de la novela de la revolución. Significación en el tiempo. Biografismo. Ambitos provinciano y capitalino. Nacionalismo. Concepción del tiempo. Lo erótico y la mujer. Ausencia de intimismo religioso. La muerte. Proceso a la Revolución.

1039. Rapp Helen L. La novela del petróleo en México. México: Universidad Nacional Autónoma de México, 1957.

1040. Read, John L. The Mexican Historical Novel, 1826-1910. 2d ed. New York: Russell & Russell, 1973 (1939).

Criticism on the topic divided into three parts: 1. From Independence to Reform. 2. Between Reform and Realism. 3. Realism-Naturalism until 1910. Information and bibliography on J. Sierra, E. Ancona, V. Riva Palacio, P. Almazán, M. Payno, and others.

1041. Rodríguez Coronel, Rogelio. Editor. Recopilación de textos sobre la novela de la Revolución Mexicana. La Habana: Casa de las Américas, 1975.

Contains: Adalbert Dessau, "La novela de la revolución mexicana," and studies on M. Azuela, J. R. Romero, M. L. Guzmán, G. López y Fuentes, and others.

1042. Rosser, Harry L. Conflict and Transition in Rural Mexico: The Fiction of Social Realism. Massachussetts: Crossroads, 1980.

Contains: 1. The Mexican Novel in the Twentieth Century. 2. Regional Reaction to Incursions from the Center: Yáñez, Garro, Mojarro. 3. Consequences of Agrarian Reform: Mondragón, Magdaleno, Barriga Rivas, Azuela. 4. Old Style Bossism and the Emergence of the Technocrats: Rulfo, Yáñez, Bénitez. 5. The Structure and Psyche of Provincial Society in Transition: Magdaleno, Fuentes, Galindo, Castellanos. Conclusion.

1043. Saldívar, Samuel G. Evolución del personaje femenino en la novela mexicana. Lahnham, MD: University Press of America, 1985.

Literary psychoanalysis of feminine characters in works by I. M.

Altamirano, J. López Portillo y Rojas, F. Gamboa, M. Azuela, A. Yáñez, C. Fuentes, J. Agustín, and G. Sainz.

1044. Schmidt, Henry C. The Roots of Lo Mexicano: Self and Society in Mexican Thought 1900-1934. Texas: College Station, 1978.

1045. Sommers, Joseph. After the Storm. Landmarks of the Modern Mexican novel. Albuquerque, NM: University of New México Press, 1966.

Studies on: A. Yáñez, J. Rulfo, C. Fuentes. (See item 1046.) Bibliography and references.

1046. ———. Yáñez, Rulfo, Fuentes, la novela mexicana moderna: ensayo. Caracas: Monte Avila, 1970.

Translated from English by Ariel Grymer.

1047. Spota, Luis. ¿Qué pasa con la novela de México? Monterrey: Ediciones Sierra Madre, 1973.

1048. Taggart, Kennth M. Yáñez, Rulfo y Fuentes: El tema de la muerte en tres novelas mexicanas. Madrid: Editorial Playor, 1983.

Comprehensive studies on: Al filo del agua (Yáñez), Pedro Páramo (Rulfo) and Aura (Fuentes).

1049. Turner, Dorothy Catherine. Aspectos sociales de la vida mexicana a través de algunas novelas de la revolución. México: Universidad Nacional Autónoma de México, 1948.

1050. Valadés, Edmundo, and Luis Leal. La revolución y las letras. Dos estudios sobre la novela y el cuento de la revolución mexicana. México: Instituto Nacional de Bellas Artes, Departamento de Literatura, 1960.

1051. Walker, Ronald G. Infernal Paradise: México and the Modern English Novel. Berkeley, CA: University of California Press, 1978.

## Drama

1052. Acevedo Escobedo, Antonio. Medio siglo de teatro mexicano (1900-1961). México: Instituto Nacional de Bellas Artes, 1965.

1053. Castro Leal, Antonio. Catálogo del teatro mexicano contemporáneo. 2d ed. México: Instituto Nacional de Bellas Artes, 1960.

1054. Foster, David William. Estudios sobre teatro mexicano contemporáneo. Semiología de la competencia teatral. New York: Peter Lang Publishing Inc., 1984.

Contains: 1. Dos ejemplos del metateatro. 2. Los incompleto como textura dramática. 2. Verdad vs. ficción en El Juicio de Vicente Leñero: una tensión productiva. 4. Yo también hablo de la rosa De Emilio Carballido: los límites del teatro brechtiano. 5. Intersecciones entre la cultura popular y el teatro. 6. La imagen del lenguaje en Las manos de Dios de Carlos Solórzano: degradación y subversión del acto comunicativo. 7. El lenguaje coloquial como elemento constitutivo del teatro de la crueldad en Círculo vicioso de José Agustín.

1055. Kuehne, Alyce de. Teatro mexicano contemporáneo, 1940-1962. México: 1962.

References to Emilio Carballido, Sergio Magaña, and Celestino Gorostiza.

1056. Magaña Esquivel, Antonio. Medio siglo de teatro mexicano, 1900-1961. México: Instituto Nacional de Bellas Artes, Departamento de Literatura, 1964.

1057. ___________.,and Ruth S. Lamb. Breve historia del teatro mexicano. México: Ediciones de Andrea, 1958.

Information on subject divided into eight chpaters: 1. Epoca hispánica. 2. La Colonia en el siglo XVI. 3. Edad de oro del teatro, siglos XVII-XVIII (Ruiz de Alarcón, Sor Juana Inés). 4. Durante la guerra de Independencia. 5. Después de la Independencia. 6. La Reforma. 7. La Revolución (1910). 8. Los experimentales y el movimiento de renovación.

1058. María y Campos, Armando de. El teatro de género chico en la revolución mexicana. México: Biblioteca del Instituto Nacional de Estudios Históricos de la Revolución Mexicana, 1956.

Provides much valuable information on the subject.

1059. ___________. El teatro de género dramático en la revolución mexicana. México: Biblioteca del Instituto Nacional de Estudios Históricos de la Revolución Mexicana, 1957.

1060. Nacci, Chris N. Concepción del mundo en el teatro mexicano del siglo XX. México: 1951.

1061. Nomland, John B. Teatro mexicano contemporáneo: 1900-1950. México: Instituto Nacional de Bellas Artes, Departamento de Literatura, 1967.

Translated from English by Paloma Gorostiza de Zozaya, and Luis Reyes de la Maza. Information on "Teatro Infantil," "Teatro de Marionetas," "El Teatro del Pueblo," and "La Revista y Géneros Menores."

1062. Novo, Salvador. Letras vencidas. Xalapa: Universidad Veracruzana, 1962.

Text of criticism "Evocación de Gutiérrez Nájera," with four important articles on the Mexican Theater: "El teatro y la revolución mexicana," "Respuesta académica a Celestino Gorostiza," "El teatro por fuera," and "El teatro en México."

1063. __________. _¿Qué pasa con el teatro en México?_. México: Editorial Novaro, 1967.

1064. Olavarría y Ferrari, Enrique de. _Reseña histórica del teatro en México_. 2d ed. revised and expanded. México: Porrúa, 1961 (1895). 5 vols.

Prologue by Salvador Novo. Contains the author's unpublished manuscript from 1896 to 1911 and a list prepared by David Arce of works written between 1911-1961.

1065. __________. _Indices a la reseña histórica del teatro en México: (1538-1911)_, de Enrique de Olavarría y Ferrari. México: Porrúa, 1968.

1066. Oursler, Anna. _El drama mexicano desde la revolución hasta 1940_. 2d ed. México: Secretaría de Educación Pública, 1946 (1940).

1067. Reyes de la Maza, Luis. _Cien años de teatro en México: 1810-1910_. México: Secretaría de Educación Pública, 1972.

1068. __________. _El teatro en México durante el Porfirismo. 1900-1910_. México: Universidad Nacional Autónoma de México, 1968.

This critic has published other important works on the topic. (In 1958, 1959, 1961, 1972.)

1069. Solórzano, Carlos. _Testimonios teatrales de México_. México: Universidad Nacional Autónoma de México, 1973.

Collection of critical articles written between 1960-1970.

1070. Urbina, Luis G. _Ecos teatrales_. México: Instituto Nacional de Bellas Artes, 1963.

Includes a prologue, selection of works and notes and bibliography by Gerardo Sáenz.

## NICARAGUA

1071. Arellano, Jorge Eduardo. _Panorama de la literatura nicaragüense_. 3d ed. expanded. Managua: Ediciones Nacionales, 1977 (1966).

From the indigenous and colonial period to the present, with information on genres (poetry, prose fiction, drama) and thirty biographical sketches on 20th century writers. Bibliography.

1072. Linares, Julio. _Letras nicaragüenses_ Managua: Editorial San José, 1966.

Short commentaries on authors, trends and genres with anthologies and a list of individual writers.

1073. Pérez Estrada, Francisco. Ensayos nicaragüenses. Managua: Banco de América, 1976.

Poetry

1074. Icaza Tigerino, Julio César. La poesía y los poetas de Nicaragua. Managua: Academia Nicaraguense de la Lengua, 1958.

Commentaries on: Ernesto Cardenal, and Pablo Antonio Cuadra.

PANAMA

1075. Alvarado de Ricord, Elsie. Escritores panameños contemporáneos; notas críticas y bibliográficas. Panamá: Imprenta Cervantes, 1962.

Valuable commentaries.

1076. García S., Ismael. Historia de la literatura panameña. 2d ed. México: Universidad Nacional Autónoma de México, 1972 (1964).

Divided into three parts: 1. Colonial period. 2. 19th century. 3. 20th century (with Modernist poetry). Critical notes and bibliography in each part.

1077. Miró, Rodrigo. La literatura panameña: Origen y proceso. 3d ed. Panamá: Editorial Serviprensa, 1976 (1946).

Contains: 1. (1502-1821) Período de la Colonia: La literatura de la conquista, La historia, El ambiente cultural durante el siglo XVI, Las bellas artes, La literatura burocrática, La expresión criolla. 2. (1821-1903) El Siglo XIX: De la colonia a la República, El romanticismo, Del romanticismo al modernismo. 3. (1903-1970) Las letras de la República Independiente: Las letras republicanas, La generación modernista, Los poetas de la iniciación republicana, La literatura de ideas, La segunda generación poética, El vanguardismo, El cuento y la novela, El ensayo, La última generación poética.

1078. ______. La literatura panameña de la República. Panamá: Imprenta de la Academia, 1960.

Includes in Panorama das literatura das Américas, edited by Joaquim de Montezuma de Carvalho (see item 176) a brief commentary on writers and works.

1079. ______. Teoría de la patria: notas y ensayos sobre literatura panameña, seguida de tres ensayos de interpretación histórica. Buenos Aires: Talleres Gráficos Amorrortu, 1947.

Contains: Proemio. La literatura de Panamá. La verdad sobre Justo Arosemena. Rodolfo Aguilera. D. Guillermo Andreve y su labor literaria. Apuntes sobre Darío Herrera. En torno a Demetrio Fábrega. Introducción a la obra poética de Ricardo Miró. Gaspar Octavio Hernández. Juan Antonio Susto. Ignacio J. Valdés. Las mujeres en la poesía panameña. Tres ensayos de interpretación histórica.

1080. Revilla, Angel. Panamá literario actual. Panamá: Artes Gráficas Virgilio, 1970.

Overview of contemporary writers and works.

### Poetry

1081. Luzcando, Roberto. El nuevo movimiento poético de Panamá. Panamá: Ministerio de Educación, 1960.

Brief study including lists of author's works.

1082. Revilla, Angel. Comentario de asedio sobre poesía panameña. Panamá: 1963.

### Prose Fiction

1083. Miró, Rodrigo. Aspectos de la literatura novelesca en Panamá. Panamá: Imprenta Panamá, 1968.

1084. ________. Orígenes de la literatura novelesca en Panamá. Panamá: Ministerio de Educación, 1948.

Excellent analysis of Panamanian novel.

## PARAGUAY

1085. Centurión, Carlos R. Historia de las letras paraguayas. Buenos Aires: Ayacucho, 1947-1951. 3 vols.

Contains: Vol. 1. Epoca precursora, Epoca de formación. Vol. 2. Epoca de transformación. Vol. 3. Epoca autonómica.

1086. Pla, Josefina. Literatura paraguaya del siglo XX. 2d ed. Asunción: Comuneros, 1972.

1087. Rodríguez Alcalá, Hugo. Historia de la literatura paraguaya. 2d ed. Asunción: Colegio de San José, 1971 (1970).

Historical and critical overview with poetic selections, notes and bibliography.

1088. ________. Literatura paraguaya. 2d ed. Asunción: Comuneros,

1971 (1968).

Covers the colonial period to present. Overview of eight literary trends and major writers with special attention to the development of social themes in literature.

1089. Vallejos, Roque. La literatura paraguaya como expresión de la realidad nacional. Asunción: Editorial Don Bosco, 1967.

Concise essay on the historical evolution of Paraguayan literature.

## Poetry

1090. Pérez-Maricevich, Francisco. La poesía y la narrativa en el Paraguay. Asunción: Editorial del Centenario, 1969.

Contains two parts: 1. "Poesía y conciencia de la poesía paraguaya." 2. Study of prose fiction, particulars G. Casaccia, and A. Roa Bastos.

1091. ___________. Poesía y conciencia de la poesía paraguaya. Asunción: Ediciones Epoca, 1967. (See item 1090).

1092. Wey, Walter. La poesía paraguaya. Historia de una incognita. Montevideo: Biblioteca Alfar, 1951.

Translated from Portuguese by Haydée Lagomarsino, and Gladys Torres. Contains: La incognita paraguaya. El drama del bilinguismo. Clasificación de la poesía paraguaya. Poesía colonial. La poesía romántica. Eloy Fariña Núñez. Alejandro Guanes. La poesía modernista. Julio Correa. Los nuevos. La poesía femenina. Poetas de lengua guaraní.

## Prose Fiction

1093. Bazán, Juan F. Narrativa paraguaya y latinoamericana. Asunción: 1976.

Essay on G. Casaccia, A. Roa Bastos, J. M. Rivarola Matos and others. Important references on Latin American novelists. (See item 426.)

1094. Méndez Faith, Teresa. Paraguay: novela y exilio. Asunción: Aslusa, 1985.

Studies on Gabriel Casaccia, and Augusto Roa Bastos.

# PERU

1095. Adán, Martín. De lo barroco en el Perú. Lima: Universidad Nacional

Mayor de San Marcos, 1968.

Essay that comments on the works of Miramontes, Amarilis, Peralta, Don Felipe Pardo y Aliaga, Concolorcorvo, Olavide y Valdés, Segura: de lo barroco en el Perú, Palma, Chocano, Melgar, and Eguren.

1096. Castro Arenas, Mario. De Palma a Vallejo. Lima: Populibros Peruanos, 1957.

1097. Delgado, Washington. Historia de la literatura republicana: nuevo carácter de la literatura en el Perú independiente. Lima: Ediciones Rickchay Perú, 1980.

Concise overview with valuable information and critical comments on J. de la Riva Agüero, L. A. Sánchez, and J. C. Mariátegui.

1098. Escobar, Alberto. Patio de Letras. 2d ed. Caracas: Monte Avila, 1971 (1965).

Collection of essays on various aspects of Peruvian literature, with special emphasis to Garcilaso de la Vega (El Inca), R. Palma, C. A. Salaverry, J. M. Arguedas, S. Salazar Bondy, V. García Calderón, C. Alegría, C. Vallejo, and M. Vargas Llosa.

1099. Forgues, Roland. La sangre en llamas: ensayos sobre literatura peruana. Lima: Sutidum, 1979.

Criticism on C. Alegría, J. M. Arguedas, C. Vallejo, and M. Vargas Llosa.

1100. García Barrón, Carlos. Diálogos literarios. Lima: Studium, 1976.

Comments on Julio Ortega, José Miguel Oviedo, Antonio Cornejo Polar, Alberto Escobar, and Peruvian literature.

1101. Hidalgo, Alberto. Muertos, heridos y contusos. Buenos Aires: Mercatali, 1920.

References to J. M. Eguren, M. González Prada, R. Palma, and A. Valdelomar.

1102. Jiménez Borja, José. Cien años de literatura y otros estudios críticos. Lima: Talleres Gráficos Barrantes, 1940.

1103. Losada, Alejandro C. Creación y praxis: la producción literaria como praxis social en Hispanoamérica y el Perú. Lima: Universidad Mayor de San Marcos, 1976.

Essays on J. M. Arguedas, J. R. Ribeyro, M. Scorza, A. Bryce Echenique, and M. Vargas Llosa. (See items 261 and 262.)

1104. Mariátegui, José Carlos. Siete ensayos de interpretación de la realidad peruana. 6th ed. Lima: Studium, 1959 (1928).

Critical essay with viewpoint on J. M. Eguren, J. S. Chocano, M. González Prada, A. Hidalgo, M. Melgar, R. Palma, A. Valdelomar, and C. Vallejo.

1105. ________. Seven Interpretative Essays on Peruvian Reality. Austin, TX: University of Texas Press, 1971.

Translated from Spanish. (See item 1104.)

1106. Miró Quesada, Carlos. Rumbo literario del Perú. 2d ed. Buenos Aires: Emecé, 1947 (1927).

Notes on J. S. Chocano, and El Inca Garcilaso.

1107. ________. Tiempo de leer, tiempo de escribir. Lima: 1977.

1108. Núñez, Estuardo. La imagen del mundo en la literatura peruana. México: Fondo de Cultura Económica, 1971.

Notes on: Concolorcorvo, C. A. Salaverry, Garcilaso El Inca, P. Peralta Barnuevo, A. Valdelomar, J. C. Mariátegui, C. Vallejo, J. S. Chocano, R. Palma, with other countries and their connection.

1109. ________. La literatura peruana en el siglo XX: 1900-1965. México: Editorial Pormaca, 1965.

Concise overview on literature in 20th century, with division in genres and excellent critical viewpoint.

1110. Ortega, Julio. La cultura peruana: experiencia y conciencia. México: Fondo de Cultura Económica, 1978.

Overview on Peruvian culture with valuable criticism.

1111. ________. La imaginación crítica: ensayos sobre la modernidad en el Perú. Lima: Ediciones Peisa, 1974.

Prologue by José Lezama Lima. Comments on: J. M. Arguedas, J. M. Eguren, C. Moro, C. Vallejo, and M. Vargas Llosa.

1112. ________. Editor. Imagen de la literatura peruana actual. Lima: Editorial Universitaria, 1968.

Contains: Luis J. Cisneros: "Fisonomía actual de la narrativa peruana," Washington Delgado: "La poesía de Javier Heraud," Alberto Escobar: "Sobre la novela y la crítica," Wolfgang Luchting: "Sobre algunas técnicas narrativas de Julio Ramón Ribeyro."

1113. Paoli, Roberto. Estudios sobre literatura peruana contemporánea. Firenze: Stamperia Editoriale Parenti, 1985.

Includes seven essays: Las raíces literarias de Eguren, Las palabras de Vallejo, Vallejo y Neruda, Poetas peruanos frente a sus problemas expresivos, Mundo y mito en Yaguar Fiesta, Música, memoria e imaginación en Los ríos profundos, la autenticidad lírica de Arguedas.

1114. Ribeyro, Julio Ramón. La caza sutil: ensayos y artículos de crítica literaria. Lima: Milla Batres, 1976.

Several notes on European literature and three important ones on "Lima, ciudad sin novelas," "Una novela de José María Arguedas: Los ríos profundos" and "Arguedas o la destrucción de Arcadia." Bibliography by Fernando Vidal.

1115. Sánchez, Luis Alberto. Introducción crítica a la literatura peruana. 2d ed. revised and expanded. Lima: P. L. Villanueva Editor, 1974.

Bio-bibliography by Willy Pinto Gamboa.

1116. ________. La literatura del Perú. 2d ed. Buenos Aires: Imprenta de Buenos Aires, 1943 (1939).

Six lectures on Peruvian criticism presented at the University of Buenos Aires (1937). Under sociological aspects and divides Perú into three zones: Coast, Mountain region, and Jungle.

1117. ________. La literatura peruana: Derrotero para una historia espiritual del Perú. 5th ed. Lima: P. L. Villanueva, 1981 (1950). 5 vols.

Covers from primitive period of Incas to 1979, with information and bibliography.

1118. ________. Panorama de la literatura del Perú: desde sus orígenes hasta nuestros días. 3d ed. Lima: Milla Batres, 1974.

Prologue by Washington Delgado.

1119. Tamayo Vargas, Augusto. Apuntes para un estudio de la literatura peruana. 4th ed. Lima: Studium, 1977 (1947). 2 vols.

Essay from origins to present, with bibliography.

1120. ________. Literatura peruana. Lima: Universidad Nacional Mayor de San Marcos, 1965. 2 vols.

1121. Yépez Miranda, Alfredo. Peruanidad literaria y revolución. Cuzco: H. G. Rozas, 1940.

## Poetry

1122. Higgins, James. The Poet in Peru: Alienation and the Quest for a Super-Reality. Liverpool: The University, 1982.

Essays on J. M. Eguren, C. Vallejo, C. G. Belli, A. Cisneros, C. Moro, and Martín Adán.

1123. Monguió, Luis. La poesía postmodernista peruana. Berkeley, CA: University of California Press, 1954.

Essay divided into six chapters: 1. Introducción. La modalidad peruana de la poesía modernista. 2. El agotamiento y el abandono del modernismo en la poesía peruana. 3. El vanguardismo y la poesía peruana. 4. El nativismo literario en la poesía peruana. 5. La poesía social peruana. 6. La poesía pura en el Perú. Also: "Contribución a la bibliografía de la poesía peruana (1915-1950)."

1124. Nieto, Luis Carlos. Poetas y escritores peruanos. Cuzco: Editorial Sol y Piedra, 1957.

Concise overview with bio-critical notes on J. S. Chocano, C. Matto de Turner, J. Díez-Canseco, R. Palma, C. Vallejo, and M. Melgar.

1125. Núñez, Estuardo. Panorama actual de la poesía peruana. Lima: Antena, 1938.

Discussion of 20th century Peruvian poetry, with useful definition of schools: "purismo," "neoimpresionismo," and "expresionismo indigenista."

1126. Sologuren, Javier. Tres poetas, tres obras: Belli, Delgado, Salazar, Bondy. Lima: Instituto Raúl Porras Barrenechea, 1969.

1127. Suárez Miraval, Manuel. La poesía en el Perú desde los Quechuas hasta Enrique Garcés. Lima: Editorial Tawantinsuyu, 1959.

1128. Tamayo Vargas, Augusto. La poesía contemporánea en el Perú. Lima: Universidad Nacional de Ingeniería, 1962.

## Prose Fiction

1129. Aldrich, Earl M. Jr. The Modern Short Story in Peru. Madison, WI: University of Wisconsin Press, 1966.

Comments on this 20th century genre in Peru, with emphasis on modernism and writers such as: C. Alegría, and J. M. Arguedas.

1130. Castro Arenas, Mario. La novela peruana y la evolución social. 2d ed. Lima: J. Godard, 1967 (1965).

Studies focusing on social issues arranged chronologically from the Concolorcorvo to present, with special attention to works by E. López Albújar, C. Alegría, C. Matto de Turner, and others.

1131. Cornejo Polar, Antonio. Literatura y sociedad en el Perú: La novela indigenista. Lima: Lasontay, 1980.

Essay on the development of the indigenous novel with a general marxist interpretation.

1132. Lomas, Clara. Literatura y sociedad: Crítica de la realidad peruana en tres novelas de Mario Vargas Llosa: La ciudad y los perros, Conversación en la Catedral, Pantaleón y las visitadoras. 2d ed. Ann Arbor, MI: University Microfilms International, 1986 (1985).

1133. Vargas Llosa, Mario. La novela. José María Arguedas. La novela y el problema de la expresión literaria en el Perú. Vicente López, Argentina: América Nueva, 1974.

## Drama

1134. Gamio J., Ignacio. Dramaturgos peruanos: estudios de teatro peruano. Lima: Servicio de Difusión de la Escuela de Arte Escénico, 1955.

1135. Morris, Roberto J. The Contemporary Peruvian Theater. Lubbok, TX: Texas Tech Press, 1977.

Includes introductory chapter devoted to major trends from 19th century to 1946. Contains three chapters with criticism on main dramatists such as S. Salazar Bondy, P. Gibson Parra, E. Solari Swayne, J. Ríos, A. Alegría, J. Ortega, B. Roca Rey, and J. Chioino.

1136. Natella, Arthur Jr. The New Theater of Peru. New York: Senda Nueva de Ediciones, 1982.

Contains: Preface. I. The development of peruvian drama. II. The struggle for identity. The drama of Sebastian Salazar Bondy. III. The comedy of Sebastian Salazar Bondy. IV. Enrique Solari Swayne and Collacocha. V. Man's fate in the theater of Juan Ríos. VI. Conclusion. Bibliography.

# PUERTO RICO

1137. Alegría, José S. Cincuenta años de literatura puertorriqueña. San Juan: Academia Puertorriqueña de la Lengua, 1955.

1138. Arce de Vázquez, Margot. Impresiones; notas puertorriqueñas (ensayos). San Juan: Editorial Yaurel, 1950.

Prologue by Cesáreo Rosa Nieves. Excellent collection divided into three themes: 1. Frame and figure. 2. Forms. 3. Perspective. First part is devoted into several essays: "Puerto Rico's Landscape," "Hostos the Great Patriot," "Antonio S. Pedreira," and others. Second part includes poetry by Palés Matos, Luis Lloréns Torres, María Cadilla de Martínez, Antonia Sáez, and Spanish Language in Puerto Rico.

1139. Babín, María Teresa. Jornadas literarias. (Temas de Puerto Rico) Barcelona: Ediciones Rumbos, 1967.

Studies literary criticism on several subjects: El tema de Puerto Rico en la literatura contemporánea. Vida y obra del poeta Pachín Marín. Genio y estatura de José de Diego. Veinte años de teatro en Puerto Rico. El cuento en Puerto Rico de hoy. Presencia de Ortega y Gasset en Puerto Rico. "Asomante" en la cultura puertorriqueña.

1140. Braschi, Wilfredo. Perfiles puertorriqueños. 2d ed. San Juan: Biblioteca de Autores Puertorriqueños, 1978 (1956).

Contains critical notes on J. Alegría, E. Astol, T. Blanco, J. Burgos, F. R. Cestero, C. Coll y Toste, J. A. Dávila, C. Lair, L. Lloréns Torres, M. Meléndez Muñoz, L. A. Miranda, J. Monteagudo Rodríguez, L. Palés Matos, A. S. Pedreira, E. Ribera Chevremont, and A. Sáez.

1141. Colberg Petrovich, Juan Enrique. Cuatro autores clásicos contemporáneos de Puerto Rico. San Juan: Editorial Cordillera, 1966.

Contains essays on Concha Meléndez, José A. Balseiro, Miguel Meléndez Muñoz, and Cesáreo Rosa-Nieves.

1142. Díaz de Fortier, Matilde. La crítica literaria en Puerto Rico: 1843-1912. San Juan: Instituto de Cultura Puertorriqueña, 1980.

1143. Escritores contemporáneos de Puerto Rico. San Juan: Sociedad de Autores Puertorriqueños, 1978.

Contains twenty essays on the works of established writers by different critics, with notes, bibliography and criticism.

1144. Géigel Polanco, Vicente. Los ismos en la década de los veinte. San Juan: Instituto de Cultura Puertorriqueña, 1960.

Study reprint of Literatura puertorriqueña. 21 conferencias. (1960). (See item 1150.)

1145. __________. Valores de Puerto Rico. 2d ed. New York: Arno Press, 1975 (1943).

Criticism on Puerto Rican writers such as E. S. Belaval, N. R. Canales, M. Corchado y Juarbe, J. A. Dávila, J. Diego, E. M. Hostos, L. Lloréns Torres, M. Meléndez Muñoz, A. S. Pedreira, and E. Ribera Chevremont.

1146. Hernández Aquino, Luis. El Modernismo en Puerto Rico. Poesía y Prosa. San Juan: Universidad de Puerto Rico, Ediciones de la Torre, 1967.

1147. __________. Movimientos literarios en el siglo XX en Puerto Rico. San Juan: 1951.

1148. Laguerre, Enrique A. Polos en la cultura iberoamericana. Boston: Florentia, 1977.

Several articles and critical notes: "La identidad cultural puertorriqueña," "Levadura de la historia en la narrativa puertorriqueña," "Literatura puertorriqueña contemporánea," and "Concha Meléndez y los polos de la cultura iberoamericana."

1149. __________. Pulso de Puerto Rico, 1952-1954. San Juan: Biblioteca de Autores Puertorriqueños, 1956.

Critical notes and brief articles: "Algunas ideas sobre la crítica," "El teatro puertorriqueño del presente," "Las epístolas mostrencas de Diego Padró," and "Esther (sic) Feliciano Mendoza."

1150. Literatura puertorriqueña. 21 conferencias. San Juan: Instituto de Cultura Puertorriqueña, 1960.

Contains: Josefina Rivera de Alvarez: "Visión histórico-crítica de la literatura puertorriqueña: orígenes, siglos XVI, XVII, XVIII y XIX." María Teresa Babín: "La crítica literaria." Esther Feliciano Mendoza: "Literatura infantil puertorriqueña." Washington Lloréns: "El humorismo, el epigrama y la sátira en la literatura puertorriqueña." Francisco Manrique Cabrera: "Literatura folklórica de Puerto Rico." Manuel García Díaz: "Los neoclásicos en Puerto Rico." Cesáreo Rosa Nieves: "El romanticismo en la literatura puertorriqueña." Emilio S. Belaval: "La literatura de transición: dos décadas de un nuevo siglo." Vicente Geigel Polanco: "Los ismos en la década de los veinte." José Emilio González: "Los poetas puertorriqueños de la década de 1930." Adriana Ramos Mimoso: "El modernismo en la lírica puertorriqueña." Emilio J. Pasarell: "Panorama teatral de Puerto Rico en el siglo XIX (fragments)." Julio María Guzmán: "Realismo y naturalismo en Puerto Rico." Modesto Rivera: "El modernismo, La prosa." Concha Meléndez: "La generación del treinta: cuento y novela." José S. Alegría: "El periodismo puertorriqueño desde su aparición hasta los comienzos del siglo XX." Monelisa Lina Pérez Marchand: "La historia de las ideas en Puerto Rico." Mariana Robles de Cardona: "El ensayo en la generación del treinta."

1151. Manrique Cabrera, Francisco. Historia de la literatura puertorriqueña. 7th ed. Río Piedras: Editorial Cultura, 1977 (1956).

Overview from 16th century to present, with a biographical sketch on each major writer.

1152. __________. Apuntes para la historia literaria de Puerto Rico. 3d ed. San Juan: Instituto de Cultura Puertorriqueña, 1972 (1957).

1153. Marqués, René. Ensayos (1953-1966). 2d ed. revised and expanded

Barcelona: Antillana, 1972 (1966).

Excellent collection of ten essays on several themes with an introduction: Mensaje desde Puerto Rico a los escritores y artistas peruanos (in which R. Marqués states his position on the intellectual's role in modern society of Spanish America). Pesimismo literario y optimismo político. Co-existencia en el Puerto Rico de hoy. El cuento puertorriqueño en la generación de 1940. Nacionalismo versus internacionalismo. La dócil Puerto Rico y sus secuelas.

1154. __________. The Docile Puerto Rican. Philadelphia, PA: Temple University Press, 1976.

Translated and with an introduction by Barbara Bockus Aponte. Contains: Literary Pessimism and Political Optimism: Their Coexistence in Contemporary Puerto Rico. The Sound and the Fury of Mr. Kazin's Critics. The Docile Puerto Rican: Literature and Psychological Reality. The Puerto Rican Short Story of the Forties Generation. The Problem of Language in Puerto Rico. A Character in Folklore and a Theme of Farce in Puerto Rico. Message of a Puerto Rican to the Writers and Artists of Peru. The Function of the Puerto Rican Writer Today.

1155. Martínez Masdeu, Edgar. La crítica puertorriqueña y el modernismo en Puerto Rico. San Juan: Instituto de Cultura Puertorriqueña, 1977.

Contains: I. La literatura puertorriqueña hasta el modernismo: 1. Precedentes. 2. Germinar. 3. Mestizaje o eclecticismo: a. Poesía, b. Teatro, c. Ensayo, d. Narrativa. II. Algunos apuntes sobre el modernismo: 1. Definición. 2. Características. 3. Influencias. 4. Etapas. 5. Géneros Literarios. 6. Valoración. III. La crítica puertorriqueña y el modernismo en Puerto Rico: 1. Conciencia del movimiento modernista y actitudes. 2. La crítica tradicional: a. Poeta pre-modernista, b. Fecha de comienzo del modernismo. 3. Un nuevo planteamiento crítico: a. Estructura, b. Primera parte, c. Segunda parte, d. Tercera parte, e. Cuarta parte, f. Quinta parte, g. Sexta parte. 4. Recapitulación. IV. José de Jesús Domínguez, iniciador del modernismo en Puerto Rico. 1. Semblanza mínima. 2. Domínguez escritor. 3. Las huríes blancas: a. Título, b. Asunto, c. Estructura, d. Temática, e. Exotismo y preciosismo, f. Métrica, g. Recursos estilísticos. 4. Valoración. V. Revistas que impulsaron el movimiento modernista en Puerto Rico: 1. El Carnaval. a. Fundación y duración, b. Propósitos, c. Edición, d. Epocas, e. Escritores extranjeros, f. Colaboradores puertorriqueños, g. Valoración. 2. Revista de las Antillas: a. Fundación y duración, b. Propósitos, c. Edición, d. Epocas, e. Escritores extranjeros, f. Colaboradores puertorriqueños, g. Valoración. 3. Conclusión. VI. Tres poetas claves en el comienzo del modernismo puertorriqueño: 1. El caso De Diego. a. Breve biografía, b. Tres documentos y una polémica, c. Posición de diversos críticos sobre De Diego y el modernismo,

d. Juicio crítico. 2. Arístides Moll Boscana: a. Notas biográficas, b. Un poeta postergado, la crítica, c. "Mi misa rosa" y el modernismo, d. Valoración. 3. Jesús María Lago: a. Biografía mínima, b. La crítica y el poeta, c. Lago y el modernismo, d. Valoración. 4. Conclusión. VII. Luis Lloréns Torres y el modernismo: 1. Formación 2. Lloréns escritor. 3. Lo modernista en Lloréns. 4. Conclusión. VIII: Declinación del modernismo en Puerto Rico: 1. Literatura modernista. 2. Movimientos y actitudes renovadoras. 3. La revista Indice. 4. Recapitulación. IX: Conclusiones. Includes bibliography.

1156. Meléndez, Concha. Personas y libros. San Juan: Editorial Cordillera, 1970.

Collection of essays, articles, and criticism on Puerto Rican literature and Spanish-American literature. Contains: Panorama de la cultura puertorriqueña. José S. Alegría. Sobre las historias de la literatura. (See Obras Completas. San Juan: Instituto de Cultura Puertorriqueña, 1970-1972. 4 vols.)

1157. Miranda, Luis Antonio. El negrismo en la literatura de Puerto Rico. San Juan: Club de la Prensa, 1960.

1158. Rivera de Alvarez, Josefina. Historia de la literatura puertorriqueña. San Juan: Editorial del Departamento de Instrucción Pública, 1969. 2 vols.

Divided into eight chapters, each with an historical and cultural introduction, bibliography, notes and vocabulary.

1159. ________. Literatura puertorriqueña: su proceso en el tiempo. Madrid: Editorial Parthenon, 1984.

1160. Rosa-Nieves, Cesáreo. Ensayos escogidos. (crítica literaria sobre algunos temas puertorriqueños). San Juan: Academia de Artes y Ciencias de Puerto Rico, 1970.

Contains essays on: Francisco Alvarez Marrero, José Gautier Benítez, Lola Rodríguez de Tió, Matías González García, Miguel Meléndez Muñoz, and Luis Palés Matos.

1161. ________. Historia panorámica de la literatura puertorriqueña. (1589-1959). San Juan: Editorial Campos, 1963. 2 vols.

Contains: Vol. 1. From 16th century to 19th. Vol. 2. 20th century. Provides notes on historical literary movements, comments on major writes and genres (poetry, novel, drama, essay, journalism, and oratory). Extensive bibliography.

1162. ________. La lámpara del faro: Variaciones críticas sobre temas puertorriqueños: ensayos. San Juan: Club de la Prensa, 1957-1960. Vol. 1.

Contains: Cinco generaciones estéticas en la poesía puertorriqueña (1843-1956). El madrigal en Puerto Rico. Notas para la poesía puertorriqueña. Poesía y emoción en el tema negro. El romance Delgadina en la tradición puertorriqueña.

1163. __________. La lámpara del faro (ensayos para una interpretación de algunos hitos culturales del fluir puertorriqueño). San Juan: Club de la Prensa, 1957-1960. Vol. 2.

Contains: Algunas características de la cultura puertorriqueña. La alabanza, la diatriba y la guachafita isleña: Reflexiones sobre la crítica de Puerto Rico. Hombre, horizonte y canción. Lucha de fronteras estéticas: el parnasianismo en Puerto Rico. Observaciones para el concepto de una antología.

1164. __________. Plumas estelares en las letras de Puerto Rico. San Juan: Editorial Universitaria, 1969. Vol. 1.

Critical notes on: M. A. Alonso Pacheco, F. Alvarez Marrero, S. Brau, C. Coll y Toste, F. Degetau González, M. Fernández Juncos, J. Gautier Benítez, M. González García, E. M. de Hostos, L. Lloréns Torres, F. G. Marín, R. Matienzo Cintrón, F. Matos Bernier, J. R. Mercado, L. Rodríguez de Tió, A. Tapia y Rivera, and S. Vidarte.

1165. __________. Plumas estelares en las letras de Puerto Rico. San Juan: Editorial Universitaria, 1971. Vol. 2.

Comments on: M. Arce de Vázquez, E. Astol, J. A. Balseiro, A. N. Blanco, T. Blanco, M. Cadilla de Martínez, N. R. Canales, F. R. Cestero, A. Coll y Vidal, J. A. Dávila, V. Dávila, J. de Diego, J. I. de Diego Padró, J. de J. Esteves, J. P. H. Hernández, M. Joglar Cacho, J. M. Lago, C. Lair, A. Malaret, C. Meléndez, M. Meléndez Muñoz, L. A. Miranda, J. Monteagudo Rodríguez, L. Palés Matos, A. S. Pedreira, A. Pérez Pierret, and E. Ribera Chevremont.

1166. Silén, Juan Angel. La generación de escritores de 1970 en Puerto Rico. (1950-1976). Río Piedras: Editorial Cultural, 1977.

1167. Soto Ramos, Julio. Una pica en Flandes: ensayos y otros artículos. San Juan: Club de la Prensa, 1959.

Contains: Diccionario de literatura puertorriqueña (J. Rivera de Alvarez). Fe de erratas de la antología Nueva poesía de Puerto Rico, de Angel Valbuena Briones y L. Hernández Aquino. Voces trascendentalistas. Del tiempo y su figura.

1168. Torres León, Armando. Ensayos literarios. Río Piedras: Universidad de Puerto Rico, Editorial Universitaria, 1977.

1169. Umpierre-Herrera, Luz María. Nuevas aproximaciones críticas a la literatura puertorriqueña contemporánea. Río Piedras: Editorial Cultural, 1983.

Several essays devoted to mayor contemporary writers, such as René Marqués, Pedro Juan Soto, Myrna Casas, Luis Rafael Sánchez, Rosario Ferré, Iris Zavala, and Sandra María Estevez.

## Poetry

1170. Barradas, Efraín, and Rafael Rodríguez. Herejes y mistificadores: muestra de poesía puertorriqueña en los Estados Unidos. Río Piedras: Editorial Huracán, 1980.

1171. Hernández Aquino, Luis. Nuestra aventura literaria: los ismos en la poesía puertorriqueña, 1913-1948. 2d ed. San Juan: Universidad de Puerto Rico, Editorial Universitaria, 1966.

Mayor analysis of the isms, chronologically presented: Pancalismo and Panedismo, Diepalismo and Euforismo, Vanguardismo, Moismo, Atalayismo, Integralismo and Transcendentalismo. Appendix includes documents of each movement and representative anthology.

1172. Franco-Oppenheimer, Félix. Contornos; ensayos. San Juan: Editorial Yaurel, 1960.

Contains several critical notes, four of them on poetry: ¿Existe una poesía genuinamente puertorriqueña? Francisco Lluch Mora, del barro a Dios. La poesía de Joaquín López López. Bronces líricos en la poesía de Antonio Pérez Pierret.

1173. ________. Imagen y visión de edénica de Puerto Rico, en su poesía desde los comienzos hasta nuestros días. 2d ed. San Juan: Universidad de Puerto Rico, Editorial Universitaria, 1972 (1964).

1174. González, José Emilio. La poesía contemporánea de Puerto Rico, 1930-1960. San Juan: Instituto de Cultura Puertorriqueña, 1972.

1175. Laguerre, Enrique A. La poesía modernista en Puerto Rico. 2d ed. San Juan: Editorial Coqui, 1969 (1942).

Introduction analyzes characteristics of Spanish-American Modernism. Study on movement in Puerto Rican literature. Contains brief bibliography.

1176. Pedrosa Izarra, Ciriaco. Religión y religiones en los poetas: la lírica religiosa en la literatura puertorriqueña del siglo XX. Madrid: Ediciones Fax, 1973.

1177. Ramos Mimoso, Adriana. El modernismo en la lírica puertorriqueña. 2d ed. San Juan: Instituto de Cultura Puertorriqueña, 1972 (1960).

1178. Rosa-Nieves, Césareo. La poesía en Puerto Rico. Historia de los temas poéticos en la literatura de Puerto Rico. 3d ed. revised and explaned. San Juan: Editorial Edil, 1969 (1943).

## Prose Fiction

1179. Arana de Love, Francisca. La novela de Puerto Rico durante la primera década del Estado Libre Asociado: 1952-1962. 2d ed. Barcelona: Editorial Vosgos, 1976.

First edition was titled Los temas fundamentales de la novela puertorriqueña durante la primera década de Puerto Rico como Estado Libre Asociado a los Estados Unidos (1952-1962). Washington, D.C.: 1969.

1180. Falcón, Rafael. La emigración puertorriqueña a Nueva York en los cuentos de José Luis González, Pedro Juan Soto y José Luis Vivas Maldonado. New York: Senda Nueva de Ediciones, 1984.

1181. Gómez Tejera, Carmen. La novela en Puerto Rico. Apuntes para su historia. San Juan: Cuadernos de la Universidad de Puerto Rico, 1947.

Essay and analysis on several forms of Puerto Rican novel: legendary, pedagogical, psychological, and historical. Also treats romanticism (A. Tapia y Rivera), political propaganda, satire (M. Corchado, E. M. Hostos), realism (S. Brau, M. A. Zeno Gandía, F. Degetau González), naturalism (M. A. Zeno Gandía, J. E. Levis and R. Martínez Alvarez). Provides extensive bibliography of novels and novelists.

1182. Meléndez, Concha. Literatura de ficción en Puerto Rico: cuento y novela. San Juan: Editorial Cordillera, 1971.

1183. Quiles de la Luz, Lillian. El cuento en la literatura puertorriqueña. Río Piedras: Universidad de Puerto Rico, Editorial Universitaria, 1968.

Covers 1842 (Spanish period) to 1963, and provides chronological bibliography entitled "Indice bibliográfico del cuento en la literatura puertorriqueña (1843-1963)."

1184. Rivera Avilés, Sotero. La generación del 60: aproximación a tres autores. San Juan: Instituto de Cultura Puertorriqueña, 1976.

Notes on: Carmelo Rodríguez Torres, Jorge María Ruscalleda Bercedóniz, and Salvador López González.

## Drama

1185. Arriví, Francisco. Areyto Mayor. San Juan: Instituto de Cultura Puertorriqueña, 1966.

Contains: 1. La Generación de los Treinta: el Teatro. Perspectiva de una generación teatral puertorriqueña: 1938-1956. Evolución del autor dramático puertorriqueño a partir de 1938. 2. Other series of articles on Festivals. Also reprinted in appendixes: "Lo que podría ser un teatro puertorriqueño (Parts 1-4), Emilio Belaval," and "Temas del teatro puertorriqueño de hoy, Piri Fernández."

1186. ________. Conciencia puertorriqueña del teatro contemporáneo, 1937-1965. San Juan: Instituto de Cultura Puertorriqueña, 1967.

Collection of articles and notes on the development of drama in Puerto Rico.

1187. Braschi, Wilfredo. Apuntes sobre el teatro puertorriqueño. San Juan: Editorial Coqui, 1970.

1188. El autor dramático: Primer Seminario de dramaturgia. San Juan: Instituto de Cultura Puertorriqueña, 1963.

Represents several series of conferences and discussions beginning with the first seminar (San Juan, November 28 to December 1, 1961). Contains eight main lectures: "El proceso creativo en el autor dramático (C. Solórzano)," "Evolución del dramaturgo puertorriqueño desde 1938 (F. Arriví)," "Técnicas y Metafísicas del dramaturgo (M. Méndez Ballester)," "El trabajo dramático (A. de la Gándara)," "El autor dramático y el director (N. González)," "Los temas del teatro puertorriqueño (P. González)," "El escritor y el teatro de avanzada (J. Guerrero Zamora)," "Discusión general sobre las posibilidades del autor dramático en Puerto Rico (E. S. Belaval)."

1189. Morfi, Angelina. Historia crítica de un siglo de teatro puertorriqueño. San Juan: Instituto de Cultura Puertorriqueña, 1980.

Collection of critical essays on 19th to 20th century theatre, with notes.

1190. Pasarrel, Emilio J. Orígenes y desarrollo de la afición teatral en Puerto Rico. 3d ed. San Juan: Editorial Universitaria, 1970 (1951).

This expanded edition covers from 1900 to 1962. No critical comments.

1191. Phillips, Jordan B. Contemporary Puerto Rican Drama. 2d ed. New York: Plaza Mayor, 1973 (1971).

1192. ________. Thirty Years Puerto Rican Drama, 1938-1968. New York: Plaza Mayor, 1971.

1193. Sáez, Antonia. El teatro en Puerto Rico. Notas para su historia. Río Piedras: Cuadernos de la Universidad de Puerto Rico, 1950.

Study and analysis of works with a bibliography. Covers second half of 19th century (romanticism: A. Tapia y Rivera and Hernández Araújo), and the development of regional drama with its historical, political and social aspects, to contemporary comedy written by authors such as J. Pérez Losada and L. Caneja.

## URUGUAY

1194. Ainsa, Fernando. Tiempo reconquistado: siete ensayos sobre literatura uruguaya. Montevideo: Editorial Géminis, 1977.

Contains: Prólogo a modo de salvataje por la memoria. 1. La naturalización de los símbolos universales: Los tres gauchos orientales de Antonio Lussich. 2. Un mensaje para los náufragos que luchan: la victoria sobre sí mismo de José Enrique Rodó. 3. Repaso de una lección mal aprendida: el legado de la Generación del 17. I. La época y sus direcciones. II. Los supervivientes del 900. III. Los grandes poetas del 17. IV. Los olvidados de los "twenties." V. 1930: las puertas al futuro. 4. El prostíbulo como templo: Sombras sobre la tierra de Francisco Espínola. 5. La novela del 45: los lúcidos partes de un naufragio colectivo. I. La novelística. II. Los novelistas. 6. La ficción como encuentro de resistencias: la narrativa de Carlos Martínez Moreno. 7. La búsqueda de la autenticidad: los jóvenes conquistadores de la ciudad.

1195. Benedetti, Mario. Literatura uruguaya del siglo XX. 2d ed. expanded. Buenos Aires: Alfa Argentina, 1969 (1963).

Contains: La literatura uruguaya cambia de voz. Para una revisión de Carlos Reyles. Emilio Oribe o el pecado del intelecto. Juan José Morosoli, cronista de almas. Una novela herida de muerte. Francisco Espínola: el cuento como arte. Felisberto Hernández o la credibilidad de lo fantástico. Desde el silencio de Dios al escándalo del prójimo. Don Menchaca, divertido cretino. Líber Falco frente al ángel posible. Juan Carlos Onetti y la aventura del hombre. L. S. Garini y su mundo entre comillas. Operación rescate de un Montevideo perdido. Arturo Sergio Visca y la contemplación activa. Martínez Moreno en busca de varias certidumbres. Luis Castelli, narrador de soledades. Testimonio y creación de Mario Arregui. Armonía Somers y el carácter obsceno del mundo. Idea Vilariño o la poesía como actitud. Los morosos relatos de Julio C. da Rosa. Cuando peregrinaje no es igual a evasión. Carlos Maggi y su meridiano de vida. El quehacer convertido en invención. Ida Vitale y su obra de un solo poema. Anderssen Banchero y su imaginería del arrabal. El malabarismo lírico de Humberto Megget. Milton Schinca: de la aventura a la indagatoria. Un novelista de la insinceridad montevideana. María Inés Silva Vila y sus señales entre la niebla. Juan Carlos Somma y el contacto con Dios. Circe Maia: la limpia mirada del desamparo. Eduardo Galeano y su estilo en ascuas. Critina Peri Rossi: vino nuevo en odres nuevos. Literatura de balneario. ¿Qué hacemos con la crítica?.

1196. Cáceres, Esther de. Selección de Ensayos. Montevideo: Academia Nacional de Letras, 1974.

Includes: La angustia en la literatura contemporánea. Ser y poesía de María Eugenia Vaz Ferreira. Prólogo para una Antología de Delmira Agustini. La poesía de Juan Parra del Riego.

Prólogo a Partituras Secretas de Enrique Casaravilla Lemos. Sobre el Azahar y la Rosa de Vicente Basso Maglio. Introducción a la lectura de Susana Soca. Los cielos de Esther de Cáceres.

1197. Oribe, Emilio. Poética y Plástica. 2d ed. Montevideo: Biblioteca Artigas, 1968 (1930). 2 vols.

Comments on: D. Agustini, and J. Herrera y Reissig.

1198. Rama, Angel. La generación crítica: 1939-1969. Vol. I. Panoramas. Montevideo: Editorial Arca, 1972.

1199. Rodríguez Monegal, Emir. Literatura uruguaya del medio siglo. Montevideo: Editorial Alfa, 1966.

Includes: Una generación polémica. La poesía. La narrativa, El teatro. El ensayo.

1200. Visca, Arturo Sergio. Ensayos sobre literatura uruguaya. Montevideo: Comisión Nacional del Sesquicentenario de los Hechos Hisróticos de 1825, 1975.

Contains: I. Del Modernismo en el Uruguay. Los poetas menores del modernismo en el Uruguay. Horacio Quiroga modernista. II. Tres novelas y un libro de cuentos. Una novela de amor en la estancia: Lauracha. Pasar..., Una novela olvidada. Un novelista singular: Ramón Píriz Coelho. Abrojos, de Javier de Viana. III. Dos ensayistas: Roberto Sienra, un raro de la literatura uruguaya; Carlos Reyles ensayista. IV. Dos poetas: Un representante de nuestro clasicismo; la poesía de Fernán Silva Valdés. V. Epistolarios: Relación epistolar entre Zorrilla de San Martín y Unamuno. Correspondencia íntima de Delmira Agustini. Horacio Quiroga en sus cartas.

1201. Zum Felde, Alberto. Proceso intelectual del Uruguay. 4 th ed. Montevideo: Librosur, 1985 (1930). 3 vols.

From the colonial period to 1930. Vol. 1. 1. La formación colonial. I. La formación colonial. II. La primera generación intelectual: Prego de Oliver, Pérez Castellano, Dámaso Larrañaga, Juan Francisco Martínez, Fray Benito Lamas. III. Bartolomé Hidalgo. La poesía gauchesca. IV. La poesía académica. El Parnaso Oriental, Francisco y Manuel Araucho, Eusebio Valdenegro, Villademoros, Bernardo Berro, Petrona Rosende. V. Acuña de Figueroa. 2. El período romántico. VI. El movimiento romántico de 1840: Andrés Lamas, Adolfo Berro, Juan Carlos Gómez, Magariños Cervantes, otros escritores. 3. La época del Ateneo. VII. La segunda generación romántica. La pléyade del Ateneo. José Pedro Varela. VIII. Juan Zorrilla de San Martín. IX. Eduardo Acevedo Díaz. Vol. 2. La generación del novecientos. I. El positivismo y el Modernismo. II. José Enrique Rodó. III. Carlos Vaz Ferreira. IV. Carlos Reyles. V. Javier de Viana. VI. Florencio Sánchez. VII. Julio Herrera y Reissig. VIII. Delmira Agustini. IX. María Eugenia Vaz Ferreira. X. Horacio Quiroga. Otros escritores. Vol. 3. 1. La promoción del centenario. I. Post-positivismo, Post-modernismo. II. La crisis de la cultura universitaria. 2. Los poetas: Juana de Ibarbourou, Emilio Oribe, Fernán Silva Valdés, Carlos Sabat Ercasty, Jules Supervielle, Enrique Casaravilla Lemos, Vicente Basso Maglio, Esther de Cáceres, Juan Cunha, Fernando Pereda, Alfredo Mario Ferreiro, Roberto Ibáñez, Carlos Rodríguez Pintos, Julio J. Casal, Pedro Leandro Ipuche, Carlos Maeso Tognochi, Humberto Zarrilli, Ildefonso Pereda Valdés, Nicolás Fusco Sansone, Sarah Bollo, Jesualdo, Juvenal Ortiz Saralegui, Juan Carlos Abellá, Santiago Vitureira, Ernesto Pinto, José María Delgado, Carlos Scaffo, Serafín J. García. 3. Los prosistas: Ernesto Herrera, Francisco Espínola, Felisberto Hernández, Justino Zavala Muniz, Adolfo Montiel Ballesteros, José Pedro Bellán, Juan José Morosoli, Enrique Amorim, Manuel de Castro, Eduardo Dieste, Roberto Sienra, Adolfo Agorio, Francisco Imhof, Carlos Princivalle, Gustavo Gallinal, Alberto Lasplaces, José G. Antuña.

## Prose Fiction

1202. Visca, Arturo Sergio. Aspectos de la narrativa criollista. Montevideo: Biblioteca Nacional, 1972.

Contains: El amanecer del criollista narrativo. I. El iniciador: Benjamín Fernández y Medina. II. Cuatro compañeros de ruta: 1. Manuel Bernárdez (1867-1942), 2. Domingo Arena (1870-1939), 3. Juan C. Blanco Acevedo (1879-1935), 4. Santiago Maciel (1865-1931). Entre dos siglos. I. Javier de Viana, cuentista. II. Una novela: Gaucha. III. Tres formas de narrativa rural. El criollismo del veinte. I. Las "crónicas" de Justino Zavala Muniz. II. Retratos críticos: 1. Montiel Ballesteros (1888-1971), 2. Enrique Amorim (1900-1960), 3. Francisco Espínola (1901), 4. Yamandú Rodríguez (1891-1957), 5. Víctor Dotti (1907-1955). El veinte sigue en el treinta. I. El mundo narrativo y poético de Juan José Morosoli. II. Otros retratos críticos: 1. Pedro Leandro Ipuche (1890), 2. Santiago Dossetti (1902), 3. Juan Mario Magallanes (1893-1950), 4. José Monegal (1892-1968), 5. Serafín J. García (1908), 6. Alfredo Gravina (1913). La tradición persiste. I. Un sector del cuarenta y cinco: 1. Eliseo Salvador Porta (1912-1971), 2. Mario Arregui (1917), 3. Luis Castelli (1919), 4. Julio C. da Rosa (1920), 5. Milton Stelardo (1918). II. Urbanismo y ruralismo en la narrativa uruguaya. Apéndice. I. Juan llegó para quedarse (Sobre Muchachos) II. Porta y la novela histórica. III. Ratos de padre.

## Drama

1203. Legido, Juan Carlos. El teatro uruguayo, de Juan Moreira a los independientes 1886-1967. Montevideo: Ediciones Tauro, 1968.

Contains: De Juan Moreira a la muerte de Ernesto Herrera (1886-1917). Hacia un teatro uruguayo (1949-1967).

1204. Rela, Walter. Historia del teatro uruguayo, 1808-1968. Montevideo: Ediciones de la Banda Oriental, 1969.

Contains: I. La Colonia. II. La independencia política. III. El romanticismo. IV. Teatro de tema criollo. V. El realismo-naturalismo en la literatura dramática rioplatense. VI. Florencio Sánchez. VII. Dramas, comedias y sainetes: campo y ciudad (1900-1930). VIII. Del Centenario a la Comedia Nacional (Municipal). IX. De la Comedia Nacional a 1968. Addenda. Tabla cronológica de estrenos de obras de autores uruguayos (lista parcial: 1808-1968). Bibliografía: a). Básica, b). Obra de creación entre 1816 y 1968.

1205. ______. Teatro uruguayo, 1807-1979. Montevideo: Ediciones de la Alianza, 1980.

Study expanded up to date (See item 1204.)

VENEZUELA

1206. Barnola, Pedro Pablo. Estudios crítico-literarios. 2d ed. Caracas: Monte Avila, 1974 (1945).

Essay on: Luis A. Baralt, Pedro E. Coll, Briceño, Rómulo Gallegos, José R. Pocaterra, Ramón Díaz Sánchez, Antonio Arraiz, and Miguel Otero Silva.

1207. ______. Estudios crítico-literarios. Segunda serie. Caracas: Librería y Tipografía La Torre, 1953.

Critical comments on: J. Arcia, A. Arvelo Torrealba, A. El Blanco, M. Briceño Iragorry, R. Carreño Rodríguez, A. Corao, Pedro E. Coll, J. A. Díaz Sánchez, J. A. Fernández, L. E. Henríquez, Teresa de la Parra. V. M. Pérez Perozo, G. Picón Febres, J. M. Rondón Sotillo, Manuel F. Rugeles, R. Silva, L. Vallenilla Lanz (h), C. E. Villanueva, and L. Viloria Garbati.

1208. Calcaño, Julio. Crítica literaria. Caracas: Presidencia de la República, 1972.

1209. Castro, José Antonio. El proceso creador. Maracaibo: Universidad del Zulia, Facultad de Humanidades y Educación, 1975.

Contains: El tema de la paz en la poesía de Bello. El sentido de lo grotesco en los cuentos de José Rafael Pocaterra. Anotaciones marginales a unas novelas de Rómulo Gallegos. Día de ceniza de Salvador Garmendia.

1210. Correa, Luis. Terra patrum, páginas de historia y crítica literaria. 3d ed. expanded. Caracas: Ediciones del Ministerio de Educación, 1961.

Prologue by Domingo Miliani. "Contribución a la bibliografía de Luis Correa, por Pedro Grases." Includes: Andrés Bello, Rafael María Baralt, Juan Vicente González, Cecilio Acosta, José Ramón Yepes, Francisco Guaicaipuro Pardo, Juan Antonio Pérez Bonalde, Jacinto Gutiérrez Coll, Felipe Tejera, Gabriel Muñoz, Manuel Díaz Rodríguez, Teresa de la Parra, Simón Bolívar, Rufino Blanco Fombona, César Zumeta, Marco Antonio Saluzzo, Juan Santaella, Sergio Medina, Jacinto Fombona Pachano, and José Antonio Ramos Sucre.

1211. Crema, Edoardo. _Interpretaciones críticas de literatura venezolana._ Caracas: Universidad Central de Venezuela, Facultad de Humanidades y Educación, 1954.

Contains: "El pindarismo de Juan Vicente González." "Daniel Men doza, el aristofanesco. Cecilio Acosta, el idílico." _La vuelta a la patria_ by Pérez Bonalde. _Venezuela heroica_ by Eduardo Blanco. "Interpretación de _Peonía_ de M. V. Romero García." "Los llanos al encuentro de una idea (interpretación crítica de Lazo Martí)." _Las lanzas coloradas_ y Uslar Pietri.

1212. Díaz Seijas, Pedro. _Historia y antología de la literatura venezolana._ 3d ed. Madrid-Caracas: J. Villegas, 1960 (1953)

1213. __________. _La antigua y la moderna literatura venezolana: Estudio histórico-crítico con antología._ Caracas: Ediciones armitano, 1966.

Overview on the evolution of Venezuelan literature with representative selection of works by various writers. Bibliography in each chapter.

1214. Escalona Escalona, José Antonio. _Columna de papel._ Caracas: Tipografía La Nación, 1957.

Contains: El Miranda de Mariano Picón Salas. Una biografía de Pío Gil. El primer libro de Orlando Araújo. La obra capital de Blanco Fombona. Biografía científica del paisaje venezolano. Viaje en un barco de papel: la biografía de José Félix Ribas. Examen de nuestra poesía. Caminos y señales. _El sargento Felipe._ Historia de la tierra de Monagas. Obras selectivas de Pocaterra. Manual de sociología y Andrés Bello a través del romanticismo. Trayectoria religiosa de Andrés Bello. Un moderno texto de historia. _Juan sin Miedo._ Reparos a la _Antología de la poesía iberoamericana_ de don Federico de Onís.

1215. García Hernández, Manuel. _Literatura venezolana contemporánea._ Buenos Aires: S.I.A., 1945.

1216. Key Ayala, Santiago. _Bajo el signo del Avila (Loanzas críticas)_ 2d ed. Caracas: Concejo Municipal del Distrito Federal, 1974 (1949).

Includes: Eduardo Blanco, Manuel Díaz Rodríguez, José María Vargas, Andrés Bello, Arístides Rojas, Nicanor Bolet Pereza, Juan Antonio Pérez Bonalde, Jesús María Herrera Irigoyen, Vicente Marcano, Juan Pablo Rojas Paúl, Eduardo Innes González, and Pedro Emilio Coll.

1217. Leo, Ulrich. Interpretaciones estilísticas. Caracas: Presidencia de la República, 1972.

Prologue and "Mis recuerdos de Ulrich Leo," by Pascual Venegas Filardo. Contains: Interpretaciones hispanoamericanas. Ensayos de teoría y práctica estilística, 1939-1958. Dos tipos de crítica literaria. Simpatía y crítica y la interpretación como crítica objetiva (Cartas a Juan Liscano). La huida de la muerte (A Felipe Herrera Vial). Tres libros de poesía nueva venezolana de Luis Fernando Alvarez. El ciego y su sombra de Otto D'Sola; La nueva poesía en Valencia; Don Pedro el Bueno de Enrique Groscoors. Las lanzas coloradas de Arturo Uslar Pietri. Escepticismo y humorismo. Interpretación filológica de una joya de la prosa modernista venezolana (sobre Las divinas personas, de Pedro Emilio Coll.) Poesía y poetas venezolanos. Rómulo Gallegos.

1218. Liscano, Juan. Panorama de la literatura venezolana actual. Caracas: Publicaciones Españolas, 1973.

1219. Medina, José Ramón. Balance de Letras. Ensayos. Mérida: Universidad de Los Andes, Facultad de Humanidades y Educación, 1961.

Includes: Proyección americana de Rómulo Gallegos. Razón poética y semblanza humana de Andrés Eloy Blanco. En torno a la poesía de Jacinto Fombona Pachano. Recuerdo de Luis Enrique Mármol. Manuel Díaz Rodríguez, pasión de la vida y del estilo. Francisco Lazo Martí, poeta de los llanos. Romanticismo y modernismo en Andrés Mata. En torno a Juan Antonio Pérez Bonalde.

1220. __________. Cincuenta años de literatura venezolana,(1918-1968) Caracas: Monte Avila, 1969.

General history. Contains: I. La generación del 18. El nuevo proceso. La insurgencia. Carácter y modalidades. Una generación lírica. El Círculo de Bellas Artes. El libro Primeros Poemas de Enrique Planchart. La etapa pre-vanguardista. El postmodernismo americano. II. La vanguardia y el surrealismo en Venezuela. Definición de la vanguardia. El Grupo Viernes. III. Esbozo de la narrativa venezolana. Apunte General. Realidad y ficción. Origen y afirmación. Las fuentes de la tradición y el costumbrismo. La huella del criollismo. Comparación y balance de la narrativa. Impulso modernista. Nuevas experiencias. Los escritores modernistas. La promoción de la vanguardia. Las últimas tentativas. La novela en Venezuela. Proceso y síntesis. Pesimismo y ficción. La obra de Rómulo Gallegos. La preocupación fundamental. La Alborada. Síntesis de un quehacer. El Cuento. Los hombres del comienzo. La generación del 18 en el cuento. La generación de vanguardia en el cuento. Los cuentistas recientes. IV. El ensayo. Los positivistas. Los modernistas. El ensayo y la generación del 18. Una jornada más V. Balance y crónica de los últimos veinticinco años. La promoción de 1942. El grupo Contrapunto. Promociones, tendencias y revistas a partir de 1950. Sentido y naturaleza de la reacción. La razón esencial del hombre. La importancia capital del año 1943. La poesía, un cuadro dinámico. Una revisión de valores: Contrapunto. La otra tentativa. Un libro, un poeta y una promoción. La nueva poesía venezonala. 1958, otra perspectiva. Las tres tendencias de la última poesía. Apunte final sobre el cuento y la novela. El cuento, un género en ascenso. ¿Crisis de la novela?.

1221. __________. Ensayos y perfiles. Caracas: Ministerio de Educación, 1969.

Contains: Un poeta en el tiempo (Dante). Dimensión universitaria de Bello. Rubén Darío. El modernismo. América y España: El postmodernismo americano. Bello o la dignidad crítica. Rómulo Gallegos en su dimensión americana. Julio Rosales: el cuentista de La Alborada. Significación poética de Fernando Paz Castillo. Miguel Otero Silva o el perfil de un humorista venezolano. Alarico Gómez en su obra poética. Andrés Eloy Blanco, el poeta y el espejo. Un perfil en el tiempo (Mario Briceño Iragorry).

1222. __________. Ochenta años de literatura venezolana: 1900-1980. Caracas: Monte Avila, 1980.

Chronology and bibliography by Horacio Jorge Becco. Historical and literary interpretation from the beginning of the 20th century to 1980 with a study of genres and movements.

1223. Morón, Guillermo. El libro de la fe (Ensayos). Madrid: Ediciones Rialp, 1955.

Contains: La piel de la cultura (Dawson). Comentarios anticríticos sobre el arte de escribir (Introducción a Arturo Uslar Pietri y a Mariano Picón Salas). A la vela de Santa Teresa. Comienzo de una meditación para entender la historia de un hombre (José María Vargas). Concepto de la ciudad baldía (Barquisimeto).

1224. Núñez, Enrique Bernardo. Escritores venezolanos. Mérida: Universidad de Los Andes, Ediciones del Rectorado, 1974.

Contains: "Notas de aproximación a la obra de Enrique Bernardo Núñez" by Pedro Felipe Ledezma. Arístides Rojas, Andrés Bello, Pérez Bonalde, Rufino Blanco Fombona, Fermín Toro, Adolfo Ernst, Francisco Tosta García, Abigaíl Lozano, Juan Vicente González, Rafael Arvelo, Simón Rodríguez, Manuel Díaz Rodríguez, Teresa de la Parra, and J. A. Ramos Sucre.

1225. Osorio Tejeda, Nelson. La formación de la vanguardia literaria en Venezuela. Caracas: Academia de la Historia, 1985.

Essay with an introduction on the theory of this trend, and three chapters devoted to vanguardism.

1226. Paz Castillo, Fernando. Reflexiones de atardecer. Caracas: Ministerio de Educación, 1964. 3 vols.

Contains: Vol. 1. Andrés Bello, Rafael María Baralt, Fermín Toro, Juan Vicente González, Cecilio Acosta, Heriberto García de Quevedo, José Antonio Maitín, Antonio Ross de Olano, Abigaíl Lozano, F. Guaicaipuro Pardo, José Ramón Yepes, Domingo Ramón Hernández, Heraclio M. de la Guardia, Julio Calcaño, Felipe Tejera, Arístides Rojas, Marco Antonio Saluzzo, José Antonio Calcaño, Nicanor Bolet Pereza, Francisco de Sales Pérez, Manuel Fombona Palacio, Tulio Escobar. Vol. 2. Pérez Bonalde e Idolos rotos, Jacinto Gutiérrez Coll, Gabriel Muñoz, Lazo Martí, Miguel Sánchez Pesquera, Juan E. Arcia, M. Pimentel Coronel, Miguel E. Pardo, Luis López Méndez, César Zumeta, Gil Fortoul, Lisandro Alvarado, Manuel Vicente Romero García, Eloy Guillermo González, Gonzalo Picón Febres, Manuel Díaz Rodríguez, Pedro César Dominici, Pedro Emilio Coll, Rufino Blanco Fombona, Luis M. Urbaneja Achelpohl, Andrés Mata, Carlos Borges, Luis Churión, and Key Ayala. Vol. 3. Víctor Racamonde, Udón Pérez, Jesús Semprum, Rómulo Gallegos, José Tadeo Arreaza Calatrava, Alfredo Arvelo Larriva, Elías David Curiel, José Rafael Pocaterra, Julio Planchart, Julio H. Rosales, Luis Correa, Ramón Hurtado, Juan Miguel Alarcón, Juan Santaella, Sergio Medina, Eduardo Carreño, Ismael Urdaneta, Francisco Pimentel, and Pedro Rivero. Una antología de fines de siglo (Biblioteca de Escritores Venezolanos, de José M. Rojas, 1875). Horacio en la poesía venezolana. El sentimiento religioso en nuestra poesía. Nuestros poetas y la poesía de los ríos.

1227. Picón Salas, Mariano. Estudios de literatura venezolana. Caracas-Madrid: Ediciones Edime, 1961.

Several essays on: Andrés Bello, Fermín Toro, Juan Vicente González, López Méndez, Gonzalo Picón Febres, Rufino Blanco Fombona, Teresa de la Parra, José Rafael Pocaterra, Lisandro Alvarado, Padre Borges, Guillermo Morón, Isaac Pardo, and Angel Rosenblat. "Los escritores y la circunstancia venezolana".

1228. ___________. Formación y proceso de la literatura venezolana. Caracas: Editorial Cecilio Acosta, 1940.

Useful essay from conquest to 1940, with extensive bibliography.

1229. ___________. Literatura venezolana. 4th ed. México: Editorial Diana, 1948 (1945).

1230. Planchart, Julio. Temas críticos. 2d ed. Caracas: Presidencia de la República, 1972 (1948).

Prologue by Pedro Grases.

1231. Semprum, Jesús. Crítica literaria. Caracas: Editorial Villegas, 1956.

Selection and notes by P. Pérez Seijas, and L. Semprum.

1232. Stolk, Gloria. Apuntes de crítica literaria. Caracas: Editorial Edime, 1955.

1233. Subero, Efraín. Letras de carne y hueso (Aproximaciones críticas). Caracas: Imprenta del Ministerio de Educación, 1973.

Essay on: Andrés Eloy Blanco, Salomón de Lima, J. A. Escalona Escalona, Rómulo Gallegos, Samuel Darío Maldonado, Andrés Mata, Rodolfo Moleiro, Augusto Germán Orihuela, Miguel Otero Silva, Luis Pastori, Fernando Paz Castillo, Elías Calixto Pompa, and Pascual Venegas Filardo.

1234. Torrealba Lossi, Mario. Anotaciones literarias venezolanas, (misceláneas). Caracas: Tipografía Garrido, 1954.

Contains: Explicación: Las "Silvas" de Andrés Bello. En la ruta del maestro. Un discurso de Fermín Toro. J. R. Yepes y el positivismo. Variaciones sobre el Canto fúnebre. El modernismo en Pérez Bonalde. La Silva criolla y la música. Teresa de la Parra a través de sus cartas. Lo poético en Cantaclaro. La mujer en la literatura venezolana. Julio Garmendia o los dos mundos.

1235. ________. Diez estudios sobre literatura venezolana. Caracas: Avila Gráfica, 1950.

Contains: La poesía de Carlos Augusto León. Díaz Rodríguez, pasión del paisaje. Presencia y elogio de Job Pim. La parábola aristidiana. Una opinión sobre Don Quijote en América. El pensamiento tutelar de Fermín Toro. Don Simón Rodríguez, el gran maestro. Sentido y Proyección de Ana Isabel. Voz de la tierra en Sergio Medina. Cecilio Acosta o la firmeza de un ideario.

1236. Uslar Pietri, Arturo. Letras y hombres de Venezuela. 3d ed. Madrid: Edime, 1974 (1948).

Contains: La invención de Venezuela. El siglo silencioso. Las luces en Tierra Firme. Bolívar. Simón Rodríguez, el americano. Andrés Bello, el desterrado. Los temas del pensamiento crítico de Bello. Juan Vicente González. Cecilio Acosta. Arístides Rojas. Pérez Bonalde. La novela venezolana. Teresa de la Parra. El cuento venezolano. Venezuela y su literatura.

## Poetry

1237. Angarita Arvelo, Rafael. Tres tiempos de poesía en Venezuela. Historia por representación. Caracas: Ediciones Fragua, 1962.

1238. Cardozo, Lubio. La poesía en Mérida de Venezuela. Maracaibo: Universidad del Zulia, Facultad de Humanidades y Educación, 1971.

1239. Castellanos, Enrique. La generación del 18 en la poética venezolana. Caracas: Ediciones del Cuatricentenario de Caracas, 1966.

Notes on Fernando Paz Castillo, Rodolfo Moleiro, Enrique Planchart, Luis Enrique Mármol, Andrés Eloy Blanco, Luis Barrios Cruz, Pedro Sotillo, and Jacinto Fombona Pachano.

1240. Cook, Guillermo Alfredo. Apunte sobre tres poetas nuevos de Venezuela. Caracas: Editorial Venezuela, 1940.

Includes: Vicente Gerbasi o el misticismo ascendente. Pálmenes Yarza, poeta de la tortura interior. Ida Gramcko, poetisa del amor ausente.

1241. Fabbiani Ruiz, José. Tres temas de poesía venezolana. Caracas: Universidad Central de Venezuela, 1966.

Contains: El Parnaso Venezolano, de Julio Calcaño. La épica de José Tadeo Arreaza Calatrava. Motivos e imágenes en Luis Enrique Mármol.

1242. Garmendia, Hermann, et al. Glosas sobre poesía venezolana. Barquisimeto: Imprenta El Nuevo Heraldo, 1941.

Prologue by H. Garmendia. "Viaje sobre un libro de J. A. Gonzalo Patrizi." by Antonio Castellanos. "Eliseo Jiménez Sierra en la gestión de su profundidad, y Luis Fernando Alvarez y su familiaridad con los muertos," by Hermann Garmendia. "Sencillos apuntes sobre la poesía de Roberto Montesinos," by V. N. Graterol Leal. "Meditación emocionada ante la lírica de Hermann Garmendia," by Alberto Castillo Arráez.

1243. Insauti, Rafael Angel. Insinuaciones críticas. Caracas: Gráfica Sitges, 1958.

Several articles from 1956-1957 on I. Gramcko, M. F. Rugeles, V. Gerbasi, C. Gottberg, J. A. Escalona, J. Beroes, R. Pineda, M. Torrealva Lossi, and A. Mata.

1244. Olivares Figueroa, Rafael. Nuevos poetas venezolanos. (Notas críticas). Caracas: Editorial Elite, 1939.

1245. Paz Castillo, Fernando. De la época modernista, 1892-1900. Caracas: Instituto Nacional de Cultura y Bellas Artes, 1968.

Contains: "Presentación" by Pedro Sotillo. "El Cojo Ilustrado, Rubén Darío, José Asunción Silva, años 1930 a 1940" by Pascual Venegas Filardo.

1246. Sambrano Urdaneta, Oscar. Poesía contemporánea de Venezuela. Caracas: Universidad Central de Venezuela, Facultad de Humanidades y Educación, 1976. 2 vols.

1247. Sánchez Trincado, José Luis. Siete poetas venezolanos. Caracas: Tipografía La Nación, 1944.

Concise articles on contemporary poets such as Manuel F. Rugeles, Enriqueta Arvelo Larriva, Pascual Venegas Filardo, Luis Enrique Mármol, Antonio Arráiz, Alfredo Arvelo Larriva, and Vicente Gerbasi.

1248. Torrealba Lossi, Mario. Los poetas venezolanos de 1918. Caracas: Editorial Simón Rodríguez, 1955.

1249. Venegas Filardo, Pascual. Estudios sobre poetas venezolanos. Caracas: Elite, 1941.

Contains: Ternura y paisaje en la lírica de Rafael Garcés Alamo. Breve itinerario a través de la poesía de Hedilio Losada. Poesía y tragadia de Luis Castro. Acento de Miguel Otero Silva. Poesía de Héctor Guillermo Villalobos. Dualidad poética de Manuel F. Rugeles. El maravilloso mundo poético de José Ramón Heredia. Armonía y transparencia en la voz lírica de Vicente Gerbasi. Amor, luz y paisaje en la poesía de Israel Peña.

## Prose Fiction

1250. Angarita Arvelo, Rafael. Historia y crítica de la novela en Venezuela. Berlín: Imprenta Pries, 1938.

Work on development of Venezuelan novel from Peonía (1890) of Manuel Vicente Romero-García to Puros hombres (1938) by Antonio Arráiz. Studies on main novels by M. Díaz Rodríguez, R. Blanco Fombona, R. Pocaterra, and others.

1251. Araújo, Orlando. Narrativa venezolana contemporánea. Caracas: Editorial Tiempo Nuevo, 1972.

References to R. Gallegos, G. Meneses, A. Uslar Pietri, M. Otero Silva and A. González León.

1252. Belrose, Maurice. Présence du Noir dans le roman venézuélien. París: Centre Universitaire Antilles-Guyane, 1981.

Essay on the subject and its development from 1890 to 1950 (Peonía of M. V. Romero García to Cumboto of R. Díaz Sánchez.) Covers bibliography and appendix.

1253. Carrera, Gustavo Luis. La novela del petróleo en Venezuela. Caracas: Servicios Venezolanos de Publicidad, 1972.

1254. Cortés, Pastor. Contribución al estudio del cuento moderno venezolano. Caracas: Tipografía La Nación, 1945.

1255. Díaz Seijas, Pedro. La novela y el ensayo en Venezuela. Caracas: Armitano Editor, 1972.

1256. Fabbiani Ruiz, José. Cuentos y cuentistas: literatura venezolana. Caracas: Ediciones de la Librería Cruz del Sur, 1951.

Helpful contribution to the topic with bibliography.

1257. Larrazabal, Oswaldo. Diez novelas venezolanas. Caracas: Monte Avila, 1972.

Critical comments on: Largo, by José Balza; El espía que vino del cielo, by Pedro Berroeta; La mala vida, by Salvador Garmendia; País portátil, by Adriano González León; Alacranes, by Rodolfo Izaguirre; Pablo Miranda, by Francisco Massiani; La cola del huracán, by Víctor Manuel Rivas; Los andinos, by Ciro Sánchez Pacheco; Andén Lejano, by Oswaldo Trejo.

1258. Meneses, Guillermo. Caracas en la novela venezolana. Caracas: Fundación Eugenio Mendoza, 1966.

1259. Miliani, Domingo. Prueba de fuego (Narrativa venezolana, ensayos). Caracas: Monte Avila, 1973.

Contains: Diez años de narrativa venezolana (1960-1970). Esquema para una tipología galleguiana. Julio Garmendia. Enrique Bernardo Núñez. La galera de Tiberio. Arturo Uslar Pietri. La sociedad venezolana en Las lanzas coloradas. Guillermo Meneses. Homenaje y El método joyceano en un cuento de juventud.

1260. Miranda, Julio E. Proceso a la narrativa venezolana. Caracas: Universidad Central de Venezuela, 1975.

1261. Navarro, Armando. Narradores venezolanos de la nueva generación. Caracas: Monte Avila, 1970.

Essay on: Adriano González León, Salvador Garmendia, Argenis Rodríguez, Jesús Alberto León, José Balza, Rodolfo Izaguirre, David Alizo, Esdras Parra, Francisco Massiani, and others.

1262. Ramos, Elías. El cuento venezolano (1950-1970), estudio temático y estilístico. Madrid: Playor, 1979.

1263. Ratcliff, Dillwyn F. La prosa de ficción en Venezuela. Caracas: Universidad Central de Venezuela, 1966.

Translated from English. (See item 1264.)

1264. ____________. Venezuelan Prose Fiction. New York: Instituto de las Españas, 1933.

Historical view of 19th to mid-20th century novels and short stories with detailed commentaries.

1265. Rivera Silvestrini, José. El cuento moderno venezolano. Río Piedras: Editorial Cultura, 1967.

Provides much information on the subject covering modernism to 1960. General bibliography on each author.

1266. Venegas Filardo, Pascual. Novelas y novelistas de Venezuela. (Notas críticas). Caracas: Tipografía La Nación, 1955.

1267. Uslar Pietri, Arturo. La novela en Venezuela. Santiago de Chile: Publicaciones de la Embajada de Venezuela en Chile, 1963.

Drama

1268. Azparren, Leonardo. El teatro venezolano. Caracas: Instituto Nacional de Cultura y Bellas Artes, 1967.

Brief study and helpful appendixes with listing of play, including those staged at the festivals of 1959, 1961, and 1966-1967.

1269. __________. El teatro venezolano y otros teatros. Caracas: Monte Avila, 1979.

Essay on development of Venezuelan theater from 1950 to 1979.

1270. Castillo, Susana. El desarraigo en el teatro venezolano, Marco histórico y manifestaciones modernas. Caracas: Ateneo, 1980.

1271. Chocrón, Issac. El nuevo teatro venezolano. Caracas: Oficina Central de Información, 1966.

Concise information on works from 1958 to 1966.

1272. Monasterios, Rubén. Un enfoque crítico del teatro venezolano. Caracas: Monte Avila, 1975.

1273. Salas, Carlos. Historia del teatro en Caracas: Publicaciones del cuatricentenario de Caracas, 1967.

Documentation on history, dramatists and works presented at theaters. Useful bibliography.

# Anthologies

GENERAL

1274. Anderson Imbert, Enrique, and Eugenio Florit. Literatura hispanoamericana: antología e introducción histórica. 2d ed. revised. New York: Holt, Rinehart and Winston, 1970 (1960). 2. vols.

Literary criticism (E. Anderson Imbert) includes in chronological order: poetry, short story, essays, and a representative selection of authors from each period. Omits novel and drama.

1275. Brof, Janet and Hortense Carpentier. Editors. Doors and Mirrors: Fiction and Poetry from Spanish America, 1920-1970. 2d ed. New York: Viking Press, 1973 (1972).

Provides and index of translator and brief biographies of following writers: Prose fiction: Felisberto Hernández, Roberto Arlt, Miguel Angel Asturias, Jorge Luis Borges, Augusto Roa Bastos, Alejo Carpentier, José María Arguedas, Juan Carlos Onetti, Juan Rulfo, René Marqués, Gabriel García Márquez, Adriano González León, Ricardo Ocampo, Daniel Moyano, Enrique Lihn, José Lezama Lima, Julio Cortázar, Jaime Espinal, Norberto Fuentes, Antonio Skármeta. Poetry: Vicente Huidobro, César Vallejo, Luis Palés Matos, Jorge Luis Borges, Pablo Neruda, Nicolás Guillén, José Coronel Urtecho, Carlos Oquendo de Amat, Octavio Paz, Cintio Vitier, Nicanor Parra, Alvaro Mutis, Ernesto Cardenal, Sebastián Salazar Bondy, Roberto Juarroz, Jaime Sabines, Enrique Lihn, Roberto Fernández Retamar, Ramón Palomares, Eduardo Escobar, Juan Gelman, Roque Dalton, and Javier Heraud.

1276. Campos, Jorge. Antología Hispanoamericana. Madrid: Ediciones Pegaso, 1950.

Divided into fourteen chapters: Literatura indígena. Aventura y mito en la Conquista. La prosa se hizo verso. Poesía virreinal. La prosa de la Colonia. Clasicismo y emancipación. El romanticismo. Aparición de la novela. La corriente popular. Poesía modernista. La prosa del modernismo. Del modernismo al tiempo actual. Novela americana. Poesía femenina. Contains bibliographical notes on each author.

1277. Cohen, John Michael. Editor. Latin American Writing Today. Baltimore, MD: Penguin, 1967.

Includes short bibliographical notes on each author. Prose Fiction: Jorge Luis Borges, Juan Carlos Onetti, Alejo Carpentier, Julio Cortázar, Carlos Fuentes, Mario Benedetti, José Donoso, Juan Rulfo, Gabriel García Márquez, Guillermo Cabrera Infante, Onelio Jorge Cardoso. Poetry: Gabriela Mistral, César Vallejo, Ricardo E. Molinari, Pablo Neruda, Carlos Pellicer, Octavio Paz, Rosario Castellanos, Alí Chumacero, Nicanor Parra, Alberto Girri, Jaime Sabines, Pablo Armando Fernández, Enrique Lihn, José Emilio Pacheco, and Marco Antonio Montes de Oca.

1278. Donoso, José and William A. Henkin. Editors, The "TriQuarterly" Anthology of Contemporary Latin American Literature. New York: E. P. Dutton, 1969.

Edited by the staff of TriQuarterly with critical essay by Octavio Paz, and Emir Rodríguez Monegal. Poems by César Vallejo, Javier Heraud, Octavio Paz, Carlos Germán Belli, Pablo Neruda, Enrique Lihn, Carlos Castro Saavedra, Rafael Pineda, Enrique Molina, Marco Antonio Montes de Oca, José Emilio Pacheco, Jorge Luis Borges, and Nicanor Parra. Anthology of Cuban poetry (ed. Margaret Randall), with poems by Eliseo Diego, José Lezama Lima, Roberto Fernández Retamar, Fayad Jamís, Heberto Padilla, Pablo Armando Fernández, and Miguel Barnet. Anthology of Peruvian poetry (ed. Maureen Ahern Maurer), with poems by Antonio Cisneros, Wahington Delgado, Julio Ortega, César Calvo, and Juan Gonzalo Rose. Anthology of Argentine poetry (ed. Patrik Morgan), with poems by Horacio Salas, Carlos J. Moneta, Armando Tejada Gómez, Miguel Grinberg, Leopoldo Marechal, Máximo Simpson, Edgar Bayley, Juan Gelman, and Miguel Angel Bustos. Nine Paraguayan poets (ed. Rubén Bareiro Saguier), with poems by Esteban Cabañas, Ramiro Domínguez, René Dávalos, José Luis Appleyard, Francisco Pérez Maricevich, Rubén Bareiro Saguier, José María Gómez Sanjurjo, Adolfo Ferreiro, and Roque Vallejos. Anthology of Mexican poetry (ed. Margaret Randall), with poems by Octavio Paz, Isabel Fraire, Joaquín Sánchez Mac Gregor, Homero Aridjis, Sergio Mondragón, and Juan bañuelos. Anthology of Chilean poetry (ed. Alfonso Calderón), with poems by Efrain Barquero, Alberto Rubio, Gonzalo Rojas, Gonzalo Millán, Oscar Hahn, Jorge Teillier, and Miguel Arteche. Prose selections by Ernesto Sábato, Gustavo Sáinz, Mario Vargas Llosa, Juan José Arreola, Gabriel García Márquez, Jorge Luis Borges, Basilia Papastamatíu, José Donoso, Juan José Hernández, Vicente Leñero, Miguel Angel Asturias, Julio Cortázar, Carlos Fuentes, and Carlos Martínez Moreno.

1279. Englekirk, John E., Irving A. Leonard, John T. Reid, and John A. Crow. An Anthology of Spanish American Literature. 2d ed. New York: Appleton-Century-Crofts, 1968 (1946). 2 vols.

Complement to third edition of An Outline History of Spanish-American Literature (1965) (See item 198.) Divided into three parts: 1. From Discovery to Independence (with three sections: Literature of Discovery, Conquest, Exploration and Evangelization. 2. From Independence to Mexican Revolution (also with three sections: Romanticism, Realism and Naturalism, Modernism). 3. From Mexican Revolution to Present (with four sections: Postmodernism, Vanguardism, Essay and Fiction). Covers the most important writers from origins to mid-20th century.

1280. Flakoll, Darwin J., and Claribel Alegría. Editors. New Voices of Hispanic America: An Anthology. Boston, MA: Beacon Press, 1962.

Original text of poems is included with translation. Short stories by: José Donoso, Augusto Monterroso, Juan Rulfo, Augusto Roa Bastos, Porfirio Meneses, Sebastián Salazar Bondy, René Marqués, Mario Benedetti, Antonio Márquez Salas, Julio Cortázar, and Juan José Arreola. Poems by: Eduardo Anguita, Rubén Bonifaz Nuño, Ernesto Cardenal, Alfredo Cardona Peña, Rosario Castellanos, Carlos Castro Saavedra, Elba Fábregas, Otto Raúl González, Ida Gramcko, Dora Guerra, Fayad Jamís, Enrique Lihn, Hugo Lindo, Ernesto Mejía Sánchez, H. A. Murena, Alberto Ordóñez Arguello, Adalberto Ortíz, Nicanor Parra, Joaquín Pasos, Octavio Paz, Gonzalo Rojas, José Guillermo Ross Zanet, Alberto Rubio, Hugo Salazar Tamariz, Nivaria Tejera, Blanca Varela, Idea Vilariño, Ida Vitale, Cintio Vitier, and María Elena Walsh.

1281. Flores, Angel. Editor. The Literature of Spanish America: A Critical Anthology. New York: Las Americas, 1966-1967. 4 vols.

From colonial period to 1967. Text in Spanish; bibliography and notes in English. Vol 1-2 from colonial period to Modernism. Vol. 3. Modernism and other trends (1859-1910). Vol. 4. (1930-1967). Vol. 3. covers J. Martí to J. Herrera y Reissig, and J. S. Chocano, and includes the principal modernist authors. Vol. 4. covers V. Huidobro to A. Roa Bastos, and includes J. C. Onetti, A. Carpentier, J. Rulfo, C. Fuentes, M. Vargas Llosa, M. Benedetti, J. Cortázar, M. Denevi, and G. García Márquez.

1282. ________. and Helene N. Anderson. Editors. Masterprices of Spanish-American Literature. New York-London: MacMillian 1974. 2 vols.

1283. Fremantale, Anne. Editor. Latin American Literature Today. New York: A. Mentor Book, 1977.

Includes: Ciro Alegría, Juan José Arreola, Miguel Angel Asturias, Manuel Bandeira, Jorge Luis Borges, Silvina Bullrich, Ernesto Cardenal, Alejo Carpentier, Jorge Carrera Andrade, Rosario Castellanos, Augusto Céspedes, Julio Cortázar, José Donoso, Salvador Elizondo, Carlos Fuentes, Gabriel García Márquez, Kitzia Hoffman, Jorge Ibarguengoitía, Clarice Lispector, Gerardo María, René Marqués. Cecilia Meireles, Gabriela Mistral, Carlos Montemayor, Augusto Monterroso, Pablo Neruda, Rubén Bonifaz Nuño, Victoria Ocampo, Juan Carlos Onetti, José Emilio Pacheco, Octavio Paz, Augusto Roa

Bastos, Juan Rulfo, Dalton Trevisan, Arturo Uslar Pietri, Simeon Calimaris, Mario Vargas Llosa, Carlos Meneses, Luis Vilela, and Ramón Xirau.

1284. Garganigo, John F., and Walter Rela. Antología de la literatura gauchesca y criollista. Montevideo: Editorial Delta, 1967.

Divided into three parts: 1. La poesía: Bartolomé Hidalgo, Hilario Ascasubi, Estanislao Del Campo, José Hernández, and Rafael Obligado. 2. La narrativa: Domingo Faustino Sarmiento, Eduardo Acevedo Díaz, José Sixto Alvarez ("Fray Mocho"), Martiniano Leguizamón, Roberto J. Payró, Javier de Viana, Carlos Reyles, Benito Lynch, Ricardo Guiraldes, and Enrique Amorim. 3. El teatro: Eduardo Gutiérrez, Florencio Sánchez, and Ernesto Herrera. General bibliography.

1285. Goméz-Gil, Orlando. Literatura hispanoamericana. Antología crítica. New York: Holt, Rinehart, Winston, 1972. 2 vols.

From pre-Hispanic period to present. Does not treat the novel. Vol. 1. Desde las culturas indias hasta fines del romanticismo. Vol. 2. Desde el modernismo hasta el presente.

1286. Gullón, Ricardo. El Modernismo visto por los modernistas. Barcelona: Guadarrama, 1980.

Contains: Introduction and selection by Ricardo Gullón. Introducción: 1. Manifiestos Modernistas: José Martí, Prólogo al poema "Al Niágara": Nuestros propósitos. Rubén Darío, "Los colores del estandarte." Rubén Darío, "Dilucidaciones." Pío Baroja, "A la juventud intelectual;" "Génesis." 2. El modernismo visto por los modernistas: Pío Baroja, "Literatura y bellas artes." Pedro Emilio Coll, "Decadentismo y americanismo." Eduardo L. Chávarri, "¿Qué es el modernismo y qué significa como escuela dentro del arte en general y de la literatura en particular?." Amado Nervo, "El modernismo." Manuel Díaz Rodríguez, "Paréntesis modernista o ligero ensayo sobre el modernismo." Ramón del Valle-Inclán, "El modernismo." Manuel Machado, "Los poetas de hoy." Rufino Blanco Fombona, "Caracteres del modernismo." Juan Ramón Jiménez, "El modernismo poético en España y en Hispanoamérica." 3. Estética: Manuel Gutiérrez Nájera, "El arte y el materialismo." José Martí, "Mis versos." Pío Baroja, "Las vocales de colores." Salvador Rueda, "Dos palabras sobre la técnica literaria." Ramón del Valle-Inclán, "Breve noticia acerca de mi estética cuando escribí este libro." 4. Los modernistas vistos por sí mismos: Personas: José Martí, Julián del Casal, Amado Nervo, Luis G. Urbina, Rubén Darío, Un poeta socialista, Leopoldo Lugones, José Martínez Ruiz, Charivari en casa de Unamuno, Alejandro Sawa. Juventud triunfante: Pío Baroja, Silverio Lanza, Ramiro de Maeztu. Juventud menguante: Gregorio Martínez Sierra, Jacinto Benavente, Leopoldo Lugones, Rubén Darío, Un esteta italiano, Gabriel D'Annunzio, El poeta Baldomero Sanín Cano, José Asunción Silva, Juan Ramón Jiménez, Recuerdo al primer Villaespesa. 1899-1901: Rafael Cansinos Assens, Juan Ramón Jiménez. 5. Los modernistas vistos por sí mismos: Obras: Leopoldo Lugones, Castalia Bárbara. Ramón del Valle

Inclán, La casa de Aizgorri, (Sensación). Juan Ramón Jiménez, Soledades. Amado Nervo, Sangre patricia. Jesús E. Valenzuela, Para un libro de Tablada. Antonio Machado, Arias tristes. Jesús Semprún . José Santos Chocano (Alma América). Miguel de Unamuno. La poesía de Manuel Machado. Enrique Díez-Canedo. Santiago Rusiñol, la pintura. Luis G. Urbina. Salvador Díaz Mirón. Alfonso Reyes, La parodia trágica. 6. Los modernistas y las patrias: Manuel González Prada, Discurso en el Politeama. José Martí, Nuestra América. Leopoldo Lugones, La bandera. Ramiro de Maeztu, Lo que nos queda. Rubén Darío, El triunfo de Calibán. José Enrique Rodó, Carta a Miguel de Unamuno. Miguel de Unamuno, Carta a José Enrique Rodó. José Martínez Ruiz, La decadencia. José de Diego, El problema de Puerto Rico. Gabriela Mistral, Menos cóndor y más huemul. 7. Los modernistas miran a Europa: José Martí, Oscar Wilde. Julián del Casal, Joris-Karl Huysmans. Rubén Darío, Puvis de Chavannes. Pío Baroja, Nietzsche y su filosofía. Enrique Gómez Carrillo, Los breviarios de la decadencia parisiense. Jacinto Benavente, Ibsen. Juan Ramón Jiménez, Pablo Verlaine y su novia la luna. Gabriel Araceli, Maeterlinck. Miguel de Unamuno, Pirandello y yo. Includes bibliography.

1287. Howes, Bárbara. From the Green Antilles: Writings of the Caribbean. New York: Mac Millan, 1966.

Anthology of prose and poetry by 40 contemporary writers, divided into four sections according to the language of the area (English, French, Spanish and Dutch). General introduction,biographical notes, and various themes (social protest, semitropical nature, customs, traditions, folklore, economic, and political systems). Selections of prose and poetry from the English speaking West Indies and translations from Spanish, French, Dutch. Included are: Emilio S. Belaval, Tomás Blanco, Juan Bosch, Lydia Cabrera, Alejo Carpentier, Abelardo Díaz Alfaro, Eliseo Diego,Nicolás Guillén, Carlos Montenegro, Lino Novás Calvo, and Pedro Juan Soto.

1288. Jiménez, Francisco, and Gary D. Keller. Editors. Hispanic in the United States: An Anthology of Creative Literature. Ypsilanti, MI: Bilingual Press, 1982.

Anthology of Hispanic literature in the United States treating important intellectual currents. Special interest in themes of solitude and margination.

1289. Jones, Willis Knapp. Editor. Spanish American Literature in Translation: A Selection of Prose, Poetry, and Drama Since 1888. New York: Frederick Ungar, 1963.

Includes the modernist and post-modernist authors. Prose selections: Eduardo Acevedo Díaz, Demetrio Aguilera Malta, Ciro Alegría, Rafael Arévalo Martínez, Alcides Arguedas, Mariano Azuela, Eduardo Barrios, Rufino Blanco Fombona, Alberto Blest Gana, Jorge Luis Borges, Marta Brunet, José Antonio Campos, Rómulo Gallegos, Ricardo Guiraldes, Martín Luis Guzmán, Jorge Icaza, Enrique Larreta, Carmen Lyra, Gregorio López y Fuentes, Eduardo Mallea, Rafael Maluenda Labarca, Enrique Méndez Calzada, Amado Nervo, Angel Pino,

Pedro Prado, Horacio Quiroga, José Eustasio Rivera, José Enrique Rodó, Froylán Turcios, César Uribe Piedrahita, and Hugo Wast. Poetry selections: Lina Arguello, Santiago Arguello Barreto, Enrique Banchs, Jorge Luis Borges, Herib Campos Cervera, Jorge Carrera, Julián del Casal, José Santos Chocano, Stella Corvalán, Rubén Darío, Salvador Díaz Mirón, Jorge Escobar Uribe, Jacinto Fombona Pachano, Eloy Fariña Núñez, Fabio Fiallo, Gastón Figueira, Enrique González Martínez, Manuel González Prada, Alejandro Guanes, Nicolás Guillén, Manuel Gutiérrez Nájera, Juan Guzmán Cruchaga, Enrique Hernández Miyares, Julio Herrera y Reissig, Vicente Huidobro, Juana de Ibarbourou, Ricardo Jaimes Freyre, Claudia Lars, Luis Lloréns Torres, Luis Carlos López, Ramón López Velarde, Leopoldo Lugones, José Martí, Gabriela Mistral, Guillermo Molinas Rolón, Pablo Neruda, Amado Nervo, Juan E. O'Leary, Miguel Angel Osorio, Luis Palés Matos, Octavio Paz, Regino Pedroso, Josefina Pla, Alfonso Reyes, Augusto Roa Bastos, Elvio Romero, Cesáreo Rosa-Nieves, José Asunción Silva, Medaro Angel Silva, Alfonsina Storni, César Tiempo, Jaime Torres Bodet, Froylán Turcios, Guillermo Valencia, César Vallejo, and Julio Vicuña Cifuentes. Drama selections: Antonio Acevedo Hernández, Isidora Aguirre, Carlos S. Damel, Camilo Darthés, Samuel Eichelbaum, José Joaquín Gamboa, Eduardo Gutiérrez, René Marqués, Armando Moock, Francisco Navarro, Pedro E. Pico, José J. Podestá, José Antonio Ramos, José María Rivarola Matto, Florencio Sánchez, and Rodolfo Usigli.

1290. Kalechofsky, Robert, and Roberta. Echad: An Anthology of Latin American Jewish Writings. Marblehead, MA: Micah Publications, 1980.

Includes: Argentina: Gerardo Mario Goloboff, Saúl Sosnowski, Alberto Gerchunoff, César Tiempo, Alicia Steimberg, Jaime Alazraki. Guatemala: Víctor Perera, David Unger. Ecuador: Diego Viga. Paraguay: Benno Weiser Varon. Uruguay: Julio Ricci, Teresa Porzecanski. Brazil: Clarice Lispector. Chile: Jorge Plescoff. Cuba: José Kozer. Costa Rica: Samuel Rovinski. México: Esther Seligson. Perú: Isaac Goldemberg, Yaacov Hasson. Venezuela: Ben Ami Fihman, Isaac Chocrón, Josef Goldstein, Alicia Segal, Elisa Lerner.

1291. Keller, Gary D., and Francisco Jiménez. Editors. An Anthology of Creative Literature. Ypsilanti, MI: Bilingual Press, 1980.

Exemplifies a new trend in Chicano-Hispanic literature anthologies. Contains information on unpublished authors (Chicano, Mexican, Puerto Rican, Cuban and other origins) and a section devoted to women writers.

1292. Leal, Luis, and Frank Dauster. Editors. Literatura de Hispanoamérica. New York: Harcourt, Brace & World, 1970.

Work with introduction, notes and bibliographical information on authors. Covers pre-Columbian period to contemporary literature. Includes poetry, short history, but not novel.

1293. Meyer, Doris, and Margarite Fernández Olmos. Editors. Contemporary

Women Authors of Latin America. Brooklyn, New York: Brooklyn College Press, 1983.

Includes: Claribel Alegría, Diana Bellessi, Gioconda Belli, Julia de Burgos, Cecilia Bustamante, Rosario Castellanos, Belkis Cuza Malé, Bárbara Delano, Juana de Ibarbourou, Jodorowsky, Clara Lair, Lebrón, María del Carmen Millán, Ivette Miller, Gabriela Mistral, Silvina Ocampo, Olga Orozco, Pallottini, Alejandro Pizarnik, Agueda Pizarro, Teresa María Rojas, Alfonsina Storni, Clementina Suárez, Blanca Varela, Victoria Ocampo, Mariela Romero, Albalucía Angel, Silvina Bullrich, Lydia Cabrera, Amparo Dávila, Rosario Ferré, Elena Garro, Luisa Mercedes Levinson, Marta Lynch, Inés Malinow, Marcelina Muñiz, Cristina Peri Rossi, Nélida Piñón, Luisa Valenzuela, Alicia Yáñez Cosio.

1294. Miller, James E., Jr., Robert O'Neal, and Helen M. McDonell. Editors. From Spain and the Americas. Literature in Translation. New York: Scott Foresman, 1970.

Introduction by Angel Flores. Short Stories: Ciro Alegría, Armando Arriaza (pseud. Hermes Nahuel), Jorge Luis Borges, Jesús del Corral, Juan Carlos Dávalos, Marco Denevi, Carlos Fuentes, Gabriel García Márquez, Horacio Quiroga, Luis Tablanca (Enrique Pardo Farelo), and José Vasconcelos. Poems: Jorge Carrera Andrade, Jorge Luis Borges, Pablo Antonio Cuadra, Gastón Figueira, Gabriela Mistral, Pablo Neruda, Alfonsina Storni,'César Tiempo' (Israel Zeitlin), Fernán Silva Valdés, and César Vallejo.

1295. Rodríguez Monegal, Emir. Editor. The Borzoi Anthology of Latin American Literature. New York: Alfred Knopf, 1977. 2 vols.

Vol. I. From the Time of Columbus to the Twentieth Century. Part One: The Fabulous Sources: Christopher Columbus, Pero Vaz de Caminha, Amerigo Vespucci, Bartolomé de Las Casas, Gonzalo Fernández de Oviedo, Alvar Núñez Cabeza de Vaca, Bernal Díaz del Castillo, Gaspar de Carvajal, Alonso de Ercilla y Zúñiga, Inca Garcilaso de la Vega; Five Mexican Baroque Poets: Bernardo de Balbuena, Juan Ruiz de Alarcón, Miguel de Guevara, Luis Sandoval y Zapata, Sor Juana Inés de la Cruz; Juan Rodríguez Freile, Juan de Meléndez, Francisco Núñez de Pineda y Bascuñán, Justo Mansilla, Simón Maceta, Antonio Vieira, Gregorio de Matos, Carlos de Sigüenza y Góngora, José Gumilla, Bartolomé Arzáns de Orzúa y Vela, Concolorcorvo. Part Two: The rediscovery of America: Fray Servando Teresa de Mier, José Joaquín Fernández de Lizardi. A Sample of Romantic Poetry: José Joaqúin de Olmedo, Andrés Bello, José María de Heredia, Antonio Castro Alves, Esteban Echeverría, Domingo Faustino Sarmiento, Estanislao del Campo, José Hernández, Eduardo Acevedo Díaz, Manuel de Jesús Galván, Ricardo Palma, Tomás Carrasquilla, José de Alencar, Manuel Antonio de Almeida, Joaquím María Machado de Assis, Raúl Pompéia, and Euclides da Cunha. Part Three: The Return of the Galleons: José Martí, Salvador Díaz Mirón, Julián del Casal, Rubén Darío, Leopoldo Lugones, Julio Herrera y Reissig, Delmira Agustini, José Enrique Rodó, Javier de Viana, Mariano Azuela, Rómulo Gallegos, José Eustasio Rivera, Ricardo Güiraldes, Martín Luis Guzmán, Lima Barreto, Graciliano Ramos, José Lins Do Rego, and Jorge Amado. Five Spanish American Postmodernism Poets: José Juan Tablada, Macedonio Fernández, Ramón López Velarde, Gabriela Mistral, and Alfonso Reyes. Vol. II: The Twentieth Century from Borges and Paz to Guimaraes Rosa and Donoso. Part Four: The Modern Masters: Jorge Luis Borges, Miguel Angel Asturias, Alejo Carpentier, Arturo Uslar Pietri, Juan Carlos Onetti, Vicente Huidobro, César Vallejo, César Moro, José Gorostiza, Xavier Villaurrutia, Nicolás Guillén, Pablo Neruda, Oliverio Girondo, Enrique Molina, José Lezama Lima, Manuel Bandeira, Oswald de Andrade, Mario de Andrade, Cassiano Ricardo, Jorge de Lima, Carlos Drummond de Andrade, and Joao Guimaraes Rosa. Part Five: A New Writing: Octavio Paz, Nicanor Parra, Adolfo Bioy Casares, Julio Cortázar, E.nesto Sábato, Carlos Martínez Moreno, Juan Rulfo, José Donoso, Carlos Fuentes, Gabriel García Márquez, Guillermo Cabrera Infante, Manuel Puig, Mario Vargas Llosa, Severo Sarduy, Gustavo Sáinz, and Reinaldo Arenas. Five Brazilian Poets: Vinicius de Moraes, Joao Cabral de Melo Neto, Leo Ivo, Haroldo de Campos, Francisco Alvim, Clarice Lispector, and Nélida Piñón. Twenty Spanish American Poets: Alberto Girri, Ali Chumacero, César Fernández Moreno, Idea Vilariño, Cintio Vitier. Ernesto Cardenal, Roberto Juarroz, Blanca Varela, Jaime Sabines, Carlos Germán Belli, Enrique Lihn, Fayad Jamis, Pablo Armando Fernández, Heberto Padilla, Guillermo Sucre, Juan Gelman, José Emilio Pacheco, Homero Aridjis, Javier Heraud, and Antonio Cisneros.

1296. Toscano, F., and James Hiester. Editors. Anti-Yankee Feelings in Latin America: An Anthology of Latin American Writings from Colonial to Modern Times in Their Historical Perspective. Washington D.C.: University Press of America, 1982.

Divided into five chapters in chronological order: 1. The era prior 1860. 2. After the middle of the nineteenth century. 3. The early decades of the twentieth century between to two Roosevelts. 4. The period from 1940 to 1960. 5. 1960 through 1978 The selection of works includes: F. Bilbao, J. Martí, G. Mistral, R. Gallegos, M. A. Asturias, and F. Castro.

1297. Yahni, Roberto. Editor. Antología de la literatura hispanoamericana. Madrid: Porrúa Turanzas, 1977.

Cristóbal Colón, Fray Bartolomé de las Casas, Bernal Díaz del Castillo, Alonso de Ercilla, El Inca Garcilaso de la Vega, Bernardo de Balbuena, Sor Juana Inés de la Cruz, José María de Heredia, Andrés Bello, and Ricardo Palma.

## Poetry

1298. Abril, Xavier. Breve antología de la poesía moderna hispanoamericana. Bahía Blanca, Argentina: Universidad Nacional del Sur Extensión Cultural, 1959.

Selective compilation that covers poets of Argentina, Chile, Cuba, México, Perú, and Uruguay.

1299. Albornoz, Aurora de, and Julio Rodríguez Luis. Editors. Sensemayá: La poesía negra en el mundo hispanohablante. Madrid: Editorial Orígenes, 1980.

Covers an extensive period (from-pre-Renaissance to present). Text in Spanish only.

1300. Arango, Rubén C., and Wilfredo Figueroa. Editors. Poesía antillana. Antología. Santo Domingo: Editorial Cultural Dominicana, 1972.

Includes poets of Puerto Rico, Dominican Republic and Cuba, with bio-bibliographical notes on each selection from 17th century to 1960.

1301. Aridjis, Homero. Compiler. Festival Internacional de Poesía. Morelia, México: 1981.

Includes: Aridjis, Bañuelos, Chumacero, Labastida, Montemayor, Montes de Oca, E. Nandino, Alberto Blanco, Coral Bracho, V. Volkow, J. L. Borges, E. de Andrade, Pablo Cuadra, Ida Vitale, and Cintio Vitier.

1302. ___________. Editor. Seis poetas latinoamericanos de hoy. New York: Harcourt, Brace, Jovanovich, 1972.

Includes: Vicente Huidobro, César Vallejo, Pablo Neruda, Jorge Luis Borges, Octavio Paz, and Nicanor Parra.

1303. Armand, Octavio. Editor. Toward An Image of Latin American Poetry. Durango, CO: Logbridge-Thodes, 1982.

Bilingual anthology (translation from Spanish by Carol Maier). Eleven contemporary poets such as: J. Lezama Lima, E. Molina, J. Lescano, G. Rojas, A. Girri, J. Sologuren, J. Sánchez Peláez, A. Mutis, L. García Vega, M. A. Montes de Oca, and A. Pizarnik.

1304. Baciu, Stefan. Editor. Antología de la poesía latinoamericana 1950-1970. Albany, NY: State University of New York Press, 1974.

Informative introduction and bio-bibliographic notes. De la Vanguardia Continental a la Vanguardia Universal. A quien interesar pueda. Tentativa de una definición del surrealismo. Fronteras y explicación de la selección. Impacto directo y vasos comunicantes: José Juan Tablada o la reacción contra la zarrapastrosa retórica, José María Eguren el andarín de la noche, El mensajero José Antonio Ramos Sucre, Oliverio Girondo, Martín Fierro en el tranvía, Vicente Huidobro oxígeno invisible de la poesía. Los estridentistas de Jalapa, Argentina, El Caribe, Chile, México, Perú, herederos, hijos pródigos, imitadores. Bibliografía. Precursores: José Juan Tablada, José María Eguren, José Antonio Ramos Sucre, Oliverio Girondo, Vicente Huidobro. Argentina: Carlos Latorre, Julio Llinás, Enrique Molina, Aldo Pellegrini, Antonio Porchia. Chile: Braulio Arenas, Jorge Cáceres, Teófilo Cid, Enrique Gómez-

Correa. Haití: Magloire-Saint-Aude. México: Octavio Paz. Perú: César Moro, Emilio Adolfo Westphalen.

1305. ___________. Editor. Antología de la poeśia surrealista latinoamericana. México: J. Mortiz, 1974.

Study on surrealism with special comments on selected surrealist poets such as: Tablada, Eguren, Râmos, Sucre, Oliverio Girondo, Huidobro, and Mexican "estridentistas." Includes: Carlos Latorre, Julio Llinas, Enrique Molina, Aldo Pellegrini, Antonio Porchia (Argentina); Braulio Arenas, Jorge Cáceres, Teófilo Cid, Enrique Gómez-Corres (Chile); Octavió Paz (México); César Moro, Adolfo Westphalen (Perú).

1306. Baeza Flores, Alberto. Antología de la poesía hispanoamericana. Buenos Aires: Editorial Tirso, 1959.

Covers from Rubén Darío to contemporary poets, with criticism, commentaries and bibliography.

1307. Ballagas, Emilio. Editor. Antología de la poesía negra hispanoamericana. 2d ed. Madrid: Aguilar, 1944 (1935).

Divided into six chapters: 1. Evocaciores. 2. Sátiras y motivos, coloquios y caprichos. 3. Dos pregones. 4. Poemas de danza. 5. Elegías y baladas. 6. Poemas de sentido social. Includes: Marcelino Arozarena, Emilio Ballagas, Luis Cané, Alejo Carpentier, Vicente Gómez Kemp, Nicolás Guillén, Ramón Guirao, Regino Pedroso, Ildefondo Pereda Valdés, José Manuel Poveda, J. Rodríguez Méndez, and Jośe Z. Tallet.

1308. Barros, Daniel. Editor. Antología básica contemporánea de la poesía latinoamericana. Buenos Aires: Ediciones de la Flor, 1973.

1309. Bartholomew, Roy. Ed .or. Cien poesías rioplatenses, 1800-1950. Apéndice con los poemas de William Henry Hudson. Buenos Aires: Raigal, 1954.

Covers: From Manuel José de Lavardén (Argentina, 1801) to Sara Ibáñez (Uruguay, 1950), with careful selection and short bio-bibliographical notes.

1310. Becco, Horacio Jorge. Compiler. Antología de la poesía gauchesca. Madrid: Aguilar, 1972.

Introduction, notes, bibliography and vocabulary by Horacio J. Becco. Includes: I. El gaucho. II. La poesía gauchesca. III. Esquemas biográficos de los poetas incluidos: Juan Baltasar Maziel, Bartolomé Hidalgo, Juan Gualberto Godoy, Hilario Ascasubi, Manuel de Araucho, Estanislao del Campo, Antonio D. Lussich, José Hernández, Esteban Echeverría, Juan María Gutiérrez, Bartolomé Mitre, and Rafael Obligado.

1311. Benedetti, Mario. Editor and Introductor. Unstill life. Naturaleza viva: An Introduction to the Spanish Poetry of Latin America.

New York: Harcourt, Brace and World, 1969.

Translated by Claribel Alegría, and Darwin J. Flakoll. Bilingual edition (parallel texts), with brief bio-bibliographical notes from modernism to present. Include 23 poets: Rubén Darío, Baldomero Fernández Moreno, Gabriela Mistral, Alfonsina Storni, César Vallejo, Vicente Huidobro, Juana de Ibarbourou, Nicolás Guillén, Pablo Neruda, Juan Cunha, Octavio Paz, Nicanor Parra, Joaquín Pasos, Idea Vilariño, Sebastián Salazar Bondy, Claribel Alegría, Ernesto Cardenal, Jaime Sabines, Jorge Enrique Adoum, Carlos Germán Belli, Roberto Fernández Retamar, Juan Gelman, and Marco Antonio Montes de Oca.

1312. Benson, Rachel. Editor and Translator. Nine Latin American Poets. New York: Las Americas, 1968.

A bilingual selection with parallel texts of contemporary poets. Includes: José Gorostiza, Vicente Huidobro, Pablo Neruda, Luis Palés Matos, Octavio Paz, Carlos Pellicer, Alfonsina Storni, César Vallejo, and Xavier Villaurrutia.

1313. Brotherston, Gordon, and Edward Dorn. Editors and Translators. Our Word: Guerrilla Poems from Latin America. Palabra del guerrillero: Poesía guerrillera de Latinoamérica. London: Cape Goliard, 1968. New York: Grossman, 1968.

Bilingual edition, with 24 poems of Ernesto Che Guevara, Luis de la Puente, Luis Nieto, Javier Heraud, Otto René Castillo, Marco Antonio Flores, Fernando Gordillo Cervantes, Michele Majlis, and Pablo Hernando Guerrero.

1314. Caillet Bois, Julio. Compiler. Antología de la poesía hispanoamericana. 3d ed. Madrid: Aguilar, 1978 (1958).

Valuable work with an introduction and bio-bibliographical notes, divided into chronological periods, from indigenous poetry to the works written by the generation of 1910 and 1920.

1315. Caracciolo-Trejo, Enrique. Editor. The Penguin Book of Latin American Verse. Baltimore, MD: Penguin, 1971.

Introduction by Henry Gifford. Includes: Argentina: Esteban Echeverría, José Hernández, Leopoldo Lugones, Baldomero Fernández Moreno, Enrique Banchs, Oliverio Girondo, Ezequiel Martínez Estrada, Ricardo E. Molinari, Jorge Luis Borges, Enrique Molina, Edgar Bayley, Alberto Girri, Raúl Gustavo Aguirre. Bolivia: Ricardo Jaimes Freyre. Chile: Vicente Huidobro, Gabriela Mistral, Pablo Neruda, Nicanor Parra, Enrique Lihn. Colombia: Gregorio Gutiérrez González, José Asunción Silva, Guillermo Valencia, Porfirio Barba Jacob, León de Greiff, Alvaro Mutis. Cuba: José Martí, Julián del Casal, Nicolás Guillén, Eugenio Florit, Emilio Ballagas, José Lezama Lima, Roberto Fernández Retamar, Pablo Armando Fernández. Ecuador: José Joaquín de Olmedo, Jorge Carrera Andrade. Guatemala: Luis Cardoza y Aragón. México: Salvador Díaz Mirón, Manuel José Othón, Manuel Gutiérrez Nájera, Enrique González Martínez, Manuel José Othón, Manuel Gutiérrez Nájera, José Juan Tablada, Ramón López Velarde, Alfonso Reyes, Carlos Pellicer, José Gorostiza, Xavier Villaurrutia, Salvador Novo, Octavio Paz, Jaime Sabines, Marco antonio Montes de Oca, José Emilio Pacheco. Nicaragua: Rubén Darío, Ernesto Cardenal. Perú: Manuel González Prada, José Santos Chicano, José María Eguren, César Vallejo, Martín Adán, Carlos Germán Belli. Puerto Rico: Luis Lloréns Torres, Luis Palés Matos. Uruguay: Julio Herrera y Reissig, Emilio Frugoni, Delmira Agustini, Carlos Sabat Ercasty, Emilio Oribe, Idea Vilariño. Venezuela: Andrés Bello, Andrés Eloy Blanco, Rafael Cadenas.

1316. Castillo, Homero. Editor. Antología de poetas modernistas hispanoamericanos. 2d ed. New Jersey, NJ: Prentice-Hall, 1972 (1965).

Anthology with an "Introducción al estudio del modernismo" and a basic bibliography, critical notes and a glosarry (with historical, mythological, lexicographical explanations), including 18 representative poets.

1317. Coester, Alfred. Compiler and Editor. An Anthology of the Modernista Movement in Spanish America. 2d ed. New York: Gordian Press, 1970 (1924).

Reprint of study, introduction and bio-bibliographical notes from original edition. Includes S. Díaz Mirón, M. Gutiérrez Nájera, J. del Casal, J. A. Silva, R. Darío, R. Jaimes Freyre, L. Lugones, J. E. Rodó, J. Herrera y Reissig, G. Valencia, E. González Martínez, and A. Nervo.

1318. Craig, George Dundas. The Modernism Trend in Spanish-American Poetry. 2d ed. New York: Gordian Press, 1971 (1934).

A collection of representative Modernist poetry with critical reactions. Translated into English verse with commentaries. Includes poems by M. Gutiérrez Nájera, J. A. Silva, R. Darío, R. Jaimes Freyre, J. Herrera y Reissig, L. Lugones, E. González Martínez, C. Pezoa Véliz, and the postmodernists E. Banchs, J. L. Borges, V. Huidobro, A. Storni, and P. Neruda. Contains bibliography.

1319. Crespo, Angel. Antología de la poesía modernista. Tarragona, España: Ediciones Tarraco, 1980.

Includes: Introduction. Situación histórica del modernismo. Las escuelas parnasiana y simbolista en Francia. Del romanticismo al modernismo en el mundo hispánico. Los iniciadores del modernismo. El triunfo del modernismo en Hispanoamérica. El triunfo del modernismo en España. El modernismo en el panorama de las literaturas neolatinas. Anthology: Manuel Reina, José Martí, Salvador Rueda, Manuel Gutiérrez Nájera, Ricardo Gil, Leopoldo Díaz, Rubén Darío, Salvador Díaz Mirón, Julián del Casal, Luis Gonzaga Urbina, Leopoldo Lugones, José Asunción Silva, José Santos Chocano, Ricardo Jaimes F.eyre, Amado Nervo, Guillermo Valencia, Francisco Villaespesa, Eduardo Marquina, Manuel Machado, Juan Ramón Jiménez, Antonio Machado, Enrique González Martínez, Julio Herrera y Reissig, Enrique Díez-Canedo, Porfirio Barba Jacob, Ramón del Valle-Inclán, Demira Agustini, and Tomás Morales.

1320. Crow, Mary. Editor. Woman Who Has Sprouted Wings: Poems by Contemporary Latin American Women Poets. Pittsburgh, PA: Latin American Literary Review Press, 1984.

A representative selection in English translation.

1321. Escalona-Escalona, José Antonio. Muestra de poesía hispanoamericana del siglo XX. Caracas: Biblioteca Ayacucho, 1985. 2 vols.

Studies by prestigious critics: H. J. Becco, A. Soriano Badani, A. Holguin, I. F. Azofeifa, C. Vitier, R. Fernández Retamar, F. Alegría, J. M. Ibáñez Langlois, J. Pazos Barrera, H. Lindo, D. Escobar Galindo, C. Barrios y Barrios, M. Luna Mejía, M. Salinas Paguada, O. Paz, A. Chumacero, J. E. Pacheco, H. Aridjis, C. Monsivais, P. A. Cuadra, J. E. Arellano, R. Miró, I, García S., J. A. Bilbao, A. Cornejo Polar, J. Rivera de Alvárez, J. Alcantara Almanza, Hugo H. García Robles, O. Sambrano Urdaneta and P. P. Paredes. Selection of poets born between 1900 and 1930 includes main authors: J. L. Borges, L. de Greiff, R. Maya, G. Mistral, V. Huidobro, C. Lars, M. A. Asturias, R. H. Valle, C. Vallejo, A. E. Blanco, J. Lezama Lima, E. Molina, G. Rojas, R. Castellanos, E. A. Westphalen, J. Sologuren, L. Palés Matos, M. Cabral, S. de Ibáñez, J. Cunha, A. Arraíz, J. Liscano and others.

1322. Fernández Molina, Antonio. Antología de la poesía modernista. Madrid: Júcar, 1982.

Covers Spanish America and Spain with a selection of 50 poets and brief information on each. Manuel González Prada, Manuel Curros Enríquez, José Martí, Salvador Díaz Mirón, Ricardo Gil, Salvador Rueda, Manuel Gutiérrez Nájera, Julián del Casal, José Asunción Silva, Rubén Darío, Luis G. Urbina, Ricardo Jaimes Freyre, Ramón del Valle-Inclán, Amado Nervo, José Juan Tablada, Enrique González Martínez, Guillermo Valencia, Leopoldo Lugones, Manuel Machado, Antonio Machado, José Santos Chocano, Julio Herrera y Reissig, María Eugenia Vaz Ferreira, Francisco Villaespesa, Manuel Magallanes Moure, Enrique Díez-Canedo, Eduardo Marquina, Carlos Pezoa Véliz, Porfirio Barba Jacob, Emilio Carrere, Juan Ramón Jiménez, Luis de Oteyza, Pedro Luis de Gálvez, Ricardo Miró, Luis Carlos López, Evaristo Carriego, Tomás Morales, José del Río Sáinz, Delmira Agustini, Pedro Prado, Jesús Balmori, Ramón López Velarde, Alfonso Quesada, Ramón de Basterra, Gabriela Mistral, Fernando Fortún, César Vallejo, Alfonsina Storni, Angel Cruchaga Santa María, Rafael Sánchez Mazas, Mauricio Bacarisse, Rubén Martínez Villena, Agustín de Foxá.

1323. Ferro, Hellen. Antología comentada de la poesía hispanoamericana. Tendencia, temas, evolución. New York: Las Américas, 1965.

1324. Figueroa, John. Editor and Compiler. Caribbean Voices: An Anthology of West Indian Poetry. London: Evans Brothers, 1966.

Vol. 1. Dreams and visions. Collection with birthdates and bio-bibliographical information.

1325. Florit, Eugenio and José Olivio Jiménez. Editors. La poesía hispanoamericana desde el Modernismo. New York: Apleton-Century Crofts, 1968.

Information and criticism on vanguardism and postvanguardism. Covers the 60 most important poets with biographical sketches of each poet and bibliography.

1326. Garcia Prada, Carlos. Poetas modernistas hispanoamericanos. Madrid: Ediciones Cultura Hispánica, 1956.

Introduction, selection, bibliographical comments by Carlos García Prada. Representative selection of poets, critical commentary and section, "Obras de consulta."

1327. Garrigue, Jean. Translation by American Poets. Athens: Ohio University Press, 1970.

Includes: Nicolás Guillén, Jorge Carrera Andrade, Julio Herrera y Reissig, César Vallejo, and Marco Antonio Montes de Oca.

1328. Hays, Hoffman Reynolds. Editor. 12 Spanish-American Poets. An anthology. 2d ed. Boston, MA: Beacon Press, 1972 (1943).

English translations, notes, and introduction by the editor, who declares that he "has tried to render the images faithfully and to preserve in every case the character of the original meter and to add nothing of his own " The selected poets are: Ramón López Velarde, Luis Carlos López, Vicente Huidobro, Eugenio Florit, Jorge Luis Borges, Jorge Carrera Andrade, José Gorostiza, Pablo de Rokha, Nicolás Guillén, Pablo Neruda, César Vallejo, and Jacinto Fombona Pachano.

1329. Ibargoyen, Saúl, and Jorge Boccanera. Compilers. La nueva poesía amorosa de América Latina. 2d ed. México: Editores Mexicanos Unidos, 1980.

Includes: Oliverio Girondo, Leopoldo Marechal, Raúl González Tuñón, Horacio Salas, Juan Gelman, Roberto Díaz, Carlos Patiño, Alberto Vanasco, Gianni Siccardi, Alberto Szpunberg, Roberto Díaz, Orlando Aloma, Jesús Cos Cause, Exilia Saldaña, Luis Rogelio Nogueras, Renael González Batista, Vicente Huidobro, Pablo de Rokha, Pablo Neruda, Braulio Arneas, Gonzalo Rojas, Enrique Lihn, Jorge Teillier, Omar Lara, Roberto Bolaño, Margara Saenz, Carlos Eduardo Jaramillo, Fernando Nieto Cadena, Roque Dalton, David Hernández, Otto Raúl González, Marco Antonio Flores, Luis Eduardo Rivera, Roberto Sosa, Carlos Pellicer, Salvador Novo, Efraín Huerta, Rosario Castellanos, Jaimes Sabines, Thelma Nava, Juan Bañuelos, Enrique González Rojo, Sergio Mondragón, Alejandro Reyes, José Coronel Urtecho, José Cuadra Vega, Ernesto Mejía Sánchez, Ernesto Cardenal, Mario Cajiga Vega, Ana Ilce Gómez, Beltrán Morales, Michele Najlis, Gioconda Belli, Bertalicia Peralta, Moravia Ochoa

López, Ramón Oviero, Agustín del Rosario, Elvio Romero, César Moro, Carlos Oquendo de Amat, Jorge Eduardo Eielson, Javier Sologuren, Alejandro Romualdo, Carlos Germán Belli, Juan Gonzalo Rose, Antonio Cisneros, Elqui Burgos, Tulio Mora, Carlos Orellana, Manuel Del Cabral, Mario Benedetti, Idea Vilariño, Amanda Berenguer, Washington Benavides, Saúl Ibargoyen Islas, Andrés Eloy Blanco, Juan Sánchez Peláez, Francisco Pérez Perdomo.

1330. Jacquez Wieser, Nora. Editor. Open to Sun. A Bilingual Anthology of Latin American Poets. California: Percivale Press, 1979,

Includes: María Eugenia Vaz Ferreira, Delmira Agustini, Alfonsina Storni, Juana de Ibarbourou, Gabriela Mistral, Claudia Lars, Cecilia Meireles, Olga Orozco, Mariana Sanson, Lygia Guillén, Vidaluz Meneses, Ana Ilca, Gioconda Belli, Rosario Murillo, Yolanda Blanco, Rosario Castellanos, Eunice Odio, Amanda Berenguer, Blanca Varela, Francisca Ossandón, Olga Elena Mattei, Nancy Bacelo, Belkis Cuza Malé, Alejandra Pizarnik, and Cristina Meneghetti.

1331. Jiménez, José Olivio. Editor. Antología de la poesía hispanoamericana contemporánea. 7th ed. Madrid: Alianza Editorial, 1984.

Includes: José Juan Tablada, Macedonio Fernández, Ramón López Velarde, Gabriela Mistral, Mariano Brull, Oliverio Girondo, César Vallejo, Vicente Huidobro, León de Greiff, Evaristo Ribera Chevremont, Ricardo E. Molinari, Luis Palés Matos, Jorge Luis Borges, Carlos Pellicer, Francisco Luis Bernárdez, Leopoldo Marechal, José Gorostiza, Jorge Carrera Andrade, Nicolás Guillén, Eugenio Florit, Xavier Villaurrutia, Pablo Neruda, Salvador Novo, José Coronel Urtecho, Manuel del Cabral, Emilio Ballagas, Hérib Campos Cervera, Humberto Díaz Casanueva, Miguel Otero Silva, Juan Cunha, Sara de Ibáñez, José Lezama Lima, Pablo Antonio Cuadra, Eduardo Carranza, Vicente Gerbasi, Nicanor Parra, and Octavio Paz.

1332. __________. Antología crítica de la poesía modernista hispanoamericana. Madrid: Hiperión, 1985.

Includes: José Martí, Manuel Gutiérrez Nájera, Julián del Casal, José Asunción Silva, Rubén Darío, Ricardo Jaimes Freyre, Amado Nervo, Enrique González Martínez, Guillermo Valencia, Leopoldo Lugones, José María Eguren, Julio Herrera y Reissig, José Santos Chocano, and Delmira Agustini.

1333. Lewald, Herald Ernest. Editor. Antología de veinte poetas postmodernistas latinoamericanos. Buenos Aires: Instituto Amigos del Libro Argentino, 1967.

1334. Marcilese, Mario. Editor. Antología poética hispanoamericana actual. La Plata, Argentina: Editora Platense, 1968-1969. 2 vols.

1335. Mario, Luis. 70 poetas. América hispana en su poesía popular de primera calidad. Hato Rey, Puerto Rico: Ramallo Publishing Co., 1986.

Includes: Agutín Acosta, Delmira Agustini, Rafael Arévalo Martínez, Rafael Alberto Arrieta, Alberto Baeza Flores, Joaquín Balaguer, José Agustín Balseiro, Porfirio Barba Jacob, Claudio Barrera, Francisco Luis Bernardez, Andrés Eloy Blanco, Héctor Pedro Blomberg, Jorge Luis Borges, José Angel Buesa, Julia de Burgos, Hilarión Cabrisas, Luis Cané, Arturo Capdevila, Eduardo Carranza, Evaristo Carriego, Eduardo Castillo, Angel Cruchaga Santa María, José Santos Chocano, Rubén Darío, José Antonio Dávila, Salvador Díaz Mirón, Virgilio Díaz Ordóñez, Arturo Doreste, Aquileo J. Echeverría, Baldomero Fernández Moreno, Fabio Fiallo, Jaime Fontana, Francisco Gavidia, Enrique González Martínez, Juan Guzmán Cruchaga, José P. H. Hernández, Julio Herrera y Reissig, Juana de Ibarbourou, Francisco A. de Icaza, Ricardo Jaimes Feyre, Luis Carlos López, Ramón López Velarde, Leopoldo Lugones, Manuel Magallanes Moure, Ezequiel Martínez Estrada, Rubén Martínez Villena, Rafael Maya, Ricardo Miró, Gabriela Mistral, Conrado Nalé Roxlo, Pablo Neruda, Amado Nervo, Ricardo Nieto, Manuel Ortiz Guerrero, Luis Palés Matos, José Pedroni, Carlos Pellicer, Carlos Pezoa Véliz, José Manuel Poveda, Horacio Rega Molina, Evaristo Ribera Chevremont, José Eustasio Rivera, Jorge Robledo Ortiz, Pedro Sienna, Medardo Angel Silva, Alfonsina Storni, Jaime Torres Bodet, Luis G. Urbina, Guillermo Valencia, and Daniel de la Vega.

1336. Márquez, Robert. Editor. Latin American Revolutionary Poetry. Poesía revolucionaria latinoamericana. New York & London: Monthly Review Press, 1974.

Bilingual selection with parallel text. Introductions on each poet. Argentina: Enrique Molina, Juan Gelman, Víctor García Robles. Bolivia: Pedro Shimose. Brazil: Thiago de Mello. Chile: Enrique Lihn, (anonymous). Colombia: (anonymous). Cuba: Nicolás Guillén, Roberto Fernández Retamar, David Fernández Chericián, Nancy Morejón. Dominican Republic: Pedro Mir. Ecuador: Jorge Enrique Adoum. El Salvador: Roque Dalton. Guatemala: Otto René Castillo, Marco Antonio Flores. Haití: René Depestre. México: Juan Bañuelos. Nicaragua: Ernesto Cardenal, (anonymous). Perú: Antonio Cisneros, Arturo Corcuera, Javier Heraud. Puerto Rico: Pedro Pietri, Iván Silén, Iris M. Zavala. Uruguay: Mario Benedetti, Carlos María Gutiérrez. Venezuela: Edmundo Aray.

1337. Onís , Federico de. Compiler. Antología de la poesía española e hispanoamericana, 1882-1932. 2d ed. New York: Las Américas, 1961 (1934).

Excellent critical notes, divided into six chapters: I. Transición del romanticismo al modernismo (1820-1896): M. G. Prada, M. Gutiérrez Nájera, Manuel Reyna, Manuel José Othón, José Martí, Ricardo Gil, Salvador Díaz Mirón, Julián del Casal, José Asunción Silva, Salvador Rueda, Francisco de Icaza, Pedro A. González, Leopoldo Díaz, Ismael Enrique Arciniegas, Almafuerte (Pedro B. Palacios) y Fabio Fiallo. II. Rubén Darío. III. Triunfo del modernismo (1860-1905). 1. Poetas españoles: Unamuno, Villaespesa, M. Machado, A. Machado, E. Marquina, R. Pérez de Ayala, R. del Valle-Inclán. 2. Poetas americanos: G. Valencia, R. Jaimes

Freyre, L. Lugones, A. Nervo, L. G. Urbina, R. Blanco Fombona, J. Herrera y Reissig, E. González Martínez, A. Vasseur y C. Pezoa Véliz. IV. Juan Ramón Jiménez. V. Post modernismo (1905-1914). 1. Modernismo refrenado. Reacción hacia la sencillez lírica. E. Díez Canedo, M. Magallanes Moure, L. F. Contardo, J. García Vela, P. Prado, Max Jara, Carlos Moncada, José Gálvez, Rafael Arrieta, Evar Méndez, Fernán Félix Amador, A. J. Ureta, C. Préndez Saldías, Juan Guzmán Cruchaga, Agustín Acosta, P. M. Obligado, José González Carbalho, Cayetano Córdoba Iturburu, Francisco López Merino. 2. Reacción hacia la tradición clásica. E. de Mesa, E. A. Guzmán, Enrique Banchs, Cornelio Hispano (Ismael López), Arturo Marasso, Luis de Tapia, J. Vicuña Cifuentes, A. Reyes, Salvador de Madariaga. 3. Reacción hacia el romanticismo. Miguel Angel Osorio (Porfirio Barba Jacob), R. Rojas, V. D. Silva, Roberto Brenes Mesén, Luis Lloréns Torres, Arturo Capdevila, Antonio Rey Soto, Luis Fernández Ardavín, Juan José Llovera, Jorge Hubner, A. Cruchaga Santa María, Carlos Sabat Ercasty, R. H. Valle, Medardo Angel Silva. 4. Reacción hacia el prosaísmo sentimental. a) Poetas del mar y viajes. Tomás Morales, José del Río Sainz, Héctor Pedro Blomberg, Federico de Ibarzábal; b) Poetas de la ciudad y los suburbios. Evaristo Carriego, Emilio Carrere, Emilio Frugoni; c) poetas de la naturaleza y la vida campesina. E. M. Barreda, A. Buffano, E. Rivera, J. Pichardo Moya. 5. Reacción hacia la ironía sentimental. Luis Carlos López, R. Arévalo Martínez, B. Fernández Moreno, Alonso Quesada (Rafael Romero), Benjamín Taborga, Pedro Sienna, José Z. Tallet, Ezequiel Martínez Estrada, E. Méndez Calzada. 6. Poesía femenina. María Enriqueta, María Eugenia Vaz Ferreira, Delmira Agustini, Gabriela Mistral, Alfonsina Storni, Juana de Ibarbourou, María Villar Buceta. VI. Ultramodernismo (1914-1931). 1. Transición del modernismo al Ultramodernismo. a) Poetas americanos: José María Eguren, Regino Boti, Ricardo Guiraldes, R. López Velarde, Fernán Silva Valdés, J. M. Poveda, J. J. Casal, E. Oribe, Mariano Brull, Luis I. Franco, Oliverio Girondo, Jaime Torres Bodet, Francisco Luis Bernárdez, C. Nalé Roxlo, Rafael Estrada, Rafael Maya, Juan Marinello, Luis Palés Matos, Nicolás Guillén. b) Poetas españoles. José Moreno Villa, J. J. Domenchina, Mauricio Bacarisse, Antonio Espina, Francisco Vighi, León Felipe (Camino), Ramón de Basterra, Fernando Villalón. 2. Ultramodernismo. a) Poetas españoles: Pedro Salinas, Jorge Guillén, Gerardo Diego, F. García Lorca, Rafael Alberti. b) Poetas americanos: Vicente Huidobro, César Vallejo, Carlos Pellicer, José Gorostiza, J. L. Borges, Pablo Neruda, J. Carrera Andrade, Leopoldo Marechal, and Xavier Villaurrutia.

1338. Pacheco, José Emilio. Antología del modernismo. México: Universidad Nacional Autónoma de México, 1970. 2 vols.

1339. Pellegrini, Aldo. Compiler. Antología de la poesía viva latinoamericana. Barcelona: Seix Barral, 1966.

Work on poets born in the twenties and thirties, with special attention to surrealism.

1340. Porrata, Francisco E., and Jorge A. Santana. Antología Comentada del modernismo. Medellín: Bedout, 1974. Reprint. Sacramento, CA: California State University, 1974.

Includes: S. Díaz Mirón, E. González Martínez, J. S. Chocano, M. González Prada, J. del Casal, A. Nervo, L. Lugones. Commentaries by Orlando Rodríguez Sardiñas, Víctor Rojas, Ted Lyon, Carmen Díaz Castaños, Edmundo Robaina, Merlin D. Compton, Rosina Navarrete, Sylvia J. Brann, Tomás Stefanovics, Eduardo Font, Hernán Vidal, and Ramón Díaz Solís.

1341. Resnick, Seymour. Editor. Spanish American Poetry: A Bilingual Selection. New York: Harvey House, 1964.

Translated by Anne Marie Jauss. Contains thirty poets: Manuel Acuña, José Eusebio Caro, José Santos Chocano, Rubén Darío, Luis L. Domínguez, Alonso de Ercilla y Zúñiga, Fabio Fiallo, Gertrudis Gómez de Avellaneda, Enrique González Martínez, Manuel González Prada, Carlos Guido y Spano, Manuel Gutiérrez Nájera, José María Heredia, Juana de Ibarbourou, Francisco Icaza, Sor Juana Inés de la Cruz, Leopoldo Lugones, José Martí, Mariano Melgar, Gabriela Mistral, Pablo Neruda, Amado Nervo, José Joaquín de Olmedo, Plácido, José Asunción Silva, Alfonsina Storni, and Juan del Valle y Caviedes.

1342. Rivera, Jorge B. Poesía gauchesca. Caracas: Biblioteca Ayacucho, 1977.

Includes: B. Hidalgo, L. Pérez, M. de Araucho, H. Ascasubi, E. del Campo, and J. Hernández.

1343. Rodríguez, Armando. Compiler. Antología de la poesía latinoamericana. 3d ed. México: Editores Mexicanos Unidos, 1980.

Includes: Adolfo León Gómez, Agustín Acosta, Alaíde Foppa, Alfonsina Storni, Alfonso Cravioto, Alfonso Hernández Catá, Alfredo Arvelo Larriva, Alí Chumacero, Almafuerte, Amado Nervo, Andrés Bello, Andrés Eloy Blanco, Arturo Capdevilla, Bonifacio Byrne, Carlos Borges, Carlos Mondaca, Carlos Pezoa Véliz, Carlos Prendes Saldías, Carlos Roxlo, Carlos Sabat Ercasty, Carmen P. de Silva, César Vallejo, Claudio de Alas, Claudia Lars, Daniel de la Vega, Delmira Agustini, Demetrio Fábregas, Demetrio Korsi, Eduardo Carranza, Eduardo Larmig, Elías Nandino, Emilio Ballagas, Enrique Alvarez Henao, Enrique Banchs, Enrique González Martínez, Enrique José Varona, Epifanio Mejía, Eugenio Florit, Evaristo Carriego, Evaristo Ribera Chevremont, Fabio Fiallo, Fernán Silva Valdés, Florencio Balcarce, Francisco Gavidia, Gabriel de la Concepción Valdés, Gabriela Mistral, Gertrudis Gómez de Avellaneda, Guadalupe Amor, Guillermo Blest Gana, Guillermo Matta, Guillermo Valencia, Héctor Pedro Blomberg, Hérib Campos Cervera, Humberto Díaz Casanueva, Humberto Tejera, Ismael Enrique Arciniegas, Jaime Torres Bodet, Jean Brierre, Joaquín González Camargo, Jorge Carrera Andrade, Jorge Isaacs, Jorge Luis Borges, José A. Balseiro, José Alonso y Trelles, José Asunción Silva, José Caicedo Rojas, José Coronel Urtecho, José Enrique Rodó, José Eustasio Rivera, José Gorostiza, José Joaquín Palma, José Juan Tablada, José Lezama Lima, José María Heredia. José María Eguren, José Martí, José Rizal, José Santos Chocano, Juan Clemente Zenea, Juan Cunha, Juan de Dios Peza, Juan Marinello, Juan Ramón Molina, Juan Zorrilla de San Martín, Juana de Ibarbourou, Julián del Casal, Julio Herrera y Reissig, Julio Florez, Julio Zaldumbide, León de Greiff, Leopoldo Lugones, Ligia Bolaños, Luis Benjamín Cisneros, Luis Cané, Luis G. Urbina, Luis Lloréns Torres, Luis Palés Matos, Manuel Acuña, Manolo Cuadra, Manuel del Cabral, Rafael García Escobar, Rafael Obligado, Ramón López Velarde, Raúl González Tuñón, René Depestre, Ricardo Jaimes Freyre, Ricardo Miró, Ricardo Palma, Ricardo Rojas, Roberto Brenes Mesén, Rubén C. Navarro, Rubén Darío, Rufino Blanco Fombona, Salomón de la Selva, Salvador Díaz Mirón, Salvador Novo, Salvador Turcios, Salvador Valverde, Sara de Ibáñez, Sor Juana Inés de la Cruz, Venancio Calderón, Ventura García Calderón, Vicente Gerbasi, Vicente Huidobro, Virginia Sampeur, and Xavier Villaurrutia.

1344. Rodríguez Padrón, Jorge. Antología de la poesía hispanoamericana 1915-1980. Madrid: Espasa-Calpe, 1984.

Includes: Juan Liscano, Gonzalo Rojas, Javier Sologuren, Cintio Vitier, Alvaro Mutis, Ernesto Mejía Sánchez, Ernesto Cardenal, Roberto Juarroz, Jorge Enrique Adoum, Jaime Sabines, Carlos Germán Belli, Enrique Lihn, Juan Gelman, Roberto Fernández Retamar, Heberto Padilla, Roque Dalton, Hugo Gutiérrez Vega, Oscar Hahn, José Emilio Pacheco, Pedro Shimose, José Koser, Luis Alberto Crespo, Antonio Cisneros, and Juan Gustavo Cobo Borda.

1345. Romero, Amelia. Editor. Poesía Contemporánea de Centro América. Selección de poetas nacidos alrededor de 1900-1950. Barcelona: Los Libros de la Frontera, 1983.

Includes: Guatemala: Miguel Angel Asturias, César Brañas, Luis Cardoza y Aragón, Carlos Illescas, Manuel José Arce, Otto René Castillo, Roberto Obregón Morales. El Salvador: Juan Cotto, Pedro Geoffroy Rivas, Oswaldo Escobar Velado, Claribel Alegría, Roque Dalton, Manlio Argueta, Roberto Armijo, José Roberto Cea, Alfonso Quijada Urías, José María Cuéllar. Honduras: Medardo Mejía, Clementina Suárez, Jacobo Cárcamo, Antonio José Rivas, Roberto Sosa, José Adán Castelar, José Luis Quesada, Rigoberto Paredes. Nicaragua: Salomón de la Selva, José Coronel Urtecho, Pablo Antonio Cuadra, Joaquín Pasos, Carlos Martínez Rivas, Ernesto Mejía Sánchez, Ernesto Cardenal, Ricardo Morales, Beltrán Morales, Gioconda Belli, Leonel Rugama. Costa Rica: Isaac Felipe Azofeifa, Eunice Odio, Virginia Grutter, Alfonso Chase, Leonor Garnier.

1346. Ruano, Manuel. Muestra de la poesía nueva latinoamericana. Lima: Ediciones El Gallinazo, 1981

Treats 150 poets "nuevos", and covers the latest movements: "exteriorismo," "Concretismo," "nadaísmo," "anti-poesía," "poesía en movimiento," "poesía crítica," "poesía social." Contains biographical notes on each poet.

1347. Ruiz del Vizo, Hortensia. Editor. Black Poetry of the Americas.

A Bilingual Anthology. Miami, FL: Ediciones Universal, 1972.

Includes: Cuba: Felipe Pichardo Moya, Alfonso Camin, Ramón Guirao, Emilio Ballagas, Vicente Gómez Kemp, José Zacarías Tallet, Marcelino Arozarena, Alejo Carpentier, Regino Pedroso, Rafael Estenger, Nicolás Guillén, Félix B. Caignet, Francisco Vergara, José Sánchez-Boudy, Rolando Campins, Jack Rojas, Ana Rosa Núñez, Alvaro de Villa, Armando Córdova, Anisia Meruelo González, Julio Palés Matos, Candelario Obeso, Hugo Salazar Valdés, Jorge Artel, Helcías Martán Góngora, Juan Zapata Olivella, Marco Fidel Chávez, Irene Zapata Arias, Manuel del Cabral, Demetrio Korsi, Andrés Eloy Blanco, Ildefonso Pereda Valdés.

1348. Sánchez Quell, Hipólito. Triángulo de la poesía rioplatense. Buenos Aires: Americalee, 1953.

1349. Schulman, Iván A., and Evelyn Picon Garfield. Poesía modernista hispanoamericana y española. (Antología). Madrid: Taurus, 1986

Includes Spanish American poets: Salvador Díaz Mirón, José Martí, Manuel Gutiérrez Nájera, Julián del Casal, José Asunción Silva, Rubén Darío, Ricardo Jaimes Freyre, Amado Nervo, Enrique González Martínez, Guillermo Valencia, Leopoldo Lugones, Julio Herrera y Reissig, José Santos Chocano, and Delmira Agustini.

1350. Silén, Iván. Editor. Los paraguas amarillos. Los poetas latinos en New York. Hanover, NH: Ediciones del Norte, 1983.

Includes: Brenda Alejandro, Raúl Barrientos, Julia de Burgos, Dionisio Cañas, Rafael Catalá, Humberto Díaz Casanueva, Roberto Echavarren, Elizam Escobar, Rosario Ferré, Víctor Fragoso, Enrique Giordano, Isaac Goldemberg, Alexis Gómez Rosa, Oscar Hahn, Orlando José Hernández, José Kozer, Pedro Lastra, Jaime Manrique, Graciany Miranda Archilla, Leandro Morales, Jorge Oliva, Pedro Pietri, Iván Silén, Clemente Soto Vélez, and Lourdes Vázquez.

1351. Silva Castro, Raúl. Antología crítica del modernismo hispanoamericano. New York: Las Américas, 1963.

Excellent collection of works by 40 poets with useful introduction. Divided into three parts: 1. Los precursores. 2. Rubén Darío. 3. Otros modernistas.

1352. Swan, Cygnets, and Owl. An Anthology of Modernism Poetry in Spanish America. Columbia, MO: The University of Missouri, 1956.

Translations by Mildred E. Johnson. Introductory essay by John S. Brushwood. The modernist period is expanded to include J. Torres Bodet, J. L. Borges, and P. Neruda.

1353. Valle, Rafael Heliodoro. Editor. Indice de la poesía centroamericana. Santiago de Chile: Ediciones Ercilla, 1941.

Prologue by Arturo Mejía Nieto. Includes: Rafael Landívar y Caballero, José Trinidad Reyes, José Batres Montúfar, Juan Dieguez Olaverri, Juan Fermín Aycinena, Rafael Cabrera, Pío Víquez, Alberto Ucles, Justo A. Facio, Manuel Molina Vigil, Domingo Estrada, Román Mayorga Rivas, Francisco Gavidia, Rubén Darío, Vicente Acosta, Aquileo J. Echeverría, Justo Antonio Domínguez, Máximo Soto Hall, Juan Ramón Molina, Santiago Arguello, Froilán Turcios, Roberto Brenes Mesén, María Cruz, Juan de Dios Vanegas, Luis Andres Zúñiga, Lisímaco Chavarría, Solón Arguello, Augusto C. Coello, Jorge Federico Zepeda, Alfonso A. Brito, Osmundo Arriola, Rafael Arévalo Martínez, Adán Coello, Roberto Barrios, Octavio Rivas Ortiz, Azarias H. Pallais, Ramón Ortega, Hernán Robleto, Carlos Wyld Ospina, Rafael Heliodoro Valle, Alfonso Guillén Zelaya, José Valdés, Flavio Herrera, Ramón Sáenz Morales, Lino Arguello, José Oliva Reus, Salomón de la Selva, Salvador Ruiz Morales, Rafael Cardona, Ramón Acuña Durán, Alfonso Espino, Alfredo Espino, Alfonso Cortés, Luis A. Cabrales, Nicasio Gallardo, Joaquín Soto, Manuel Escoto, Vicente Rosales y Rosales, Joaquín Gutiérrez, Rafael Estrada, Alberto Velásquez, Antenor Sandino, Carlos Gándara Durán, Guillermo Bustillo Reina, Carlos Samayoa Aguilar, Claudia Lars, César Brañas, Ovidio Rodas Corzo, Ramón de Nufio, Rodolfo Mayorga Rivas, Martín Paz, Juan E. Cotto, Miguel Angel Asturias, Luis Cardoza y Aragón, Max Jiménez, José R. Castro, Pedro Geoffroy Rivas, Arturo Martínez Galindo, Arturo Mejía Nieto, Carlos Girón Cerna, Jesús Castro, Joaquín Pasos Arguello, Juan Felipe Toruño, Carlos Luis Sáenz, Ninfa Santos, Constantino Suaznavar, Clementina Suárez, Serafín Quiteño, Medardo Mejía, Francisco Méndez, Antonio Morales Nadler, Celén Murillo, Hugo Lindo, Claudio Barrera, and Francisco Figueroa.

## Prose Fiction

1354. Aguilera Malta, Demetrio and Manuel Mejía Valera. Editors. _El cuento actual latinoamericano_. México: Ediciones de Andrea, 1973.

Includes: Argentina: Enrique Anderson Imbert, Héctor Tizón. Bolivia: Abel Alarcón, Oscar Ichazo. Colombia: Hernando Téllez, Oscar Collazos. Costa Rica: Fabián Robles, Samuel Rovinski. Cuba: Antonio Benítez, Lizandro Otero. Chile: Fernando Alegría, Jorge Edwards. Ecuador: José de la Cuadra, Pablo Palacio. El Salvador: Alvaro Menén Desleal. Guatemala: Miguel Angel Asturias, Augusto Montero. Honduras: Oscar Acosta, Marcos Carías. México: Julio Torri, Juan José Arreola. Nicaragua: Pablo Antonio Cuadra, Lizandro Chávez Alfaro. Panamá: Rogelio Sinán, Pedro Rivera. Paraguay: Augusto Roa Bastos, Gabriel Casaccia. Perú: José María Arguedas, Eugenio Buona. Puerto Rico: José Luis González, Pedro Juan Soto. República Dominicana: Angel Rafael Lemarche, Miguel Alfonseca. Uruguay: Enrique Amorim, Carlos Martínez Moreno. Venezuela: Arturo Uslar Pietri, Salvador Garmendia.

1355. Alegría, Fernando: _Novelistas contemporáneos hispanoamericanos_. Lexington, MA: D.C., Heath and Co., 1964.

Work with a short introduction on each author preceded by selected passage and explanatory notes. Includes: C. Martínez Moreno, E. Sábato, C. Droguett, J. Rulfo, C. Fuentes, A. Roa Bastos, R. Marqués, M. Benedetti, M. Denevi, A. Ortiz, and R. Sinán.

1356. Anderson Imbert, Enrique, and Lawrence B. Kiddle. Editors. Veinte cuentos Hispanoamericanos del siglo XX. New York: Appleton-Century Crofts, Inc., 1956.

Divided into generations (born between 1875-1890, 1890-1905, 1905-) with an introduction, biographical and critical notes, all in English. The selected authors are: L. Lugones, H. Quiroga, F. Monterde, J. L. Borges, E. Amorim, L. Cabrera, J. Ferretis, L. Novás Calvo, D. Aguilera Malta, A. Uslar Pietri, H. Téllez, M. L. Bombal, J. J. Arreola, and others.

1357. Becco, Horacio Jorge, and Carlota María Espagnol. Editors. Hispanoamérica en cincuenta cuentos y autores contemporáneos. Buenos Aires: Latin Press, 1973.

Includes: Ismael H. Abreu, Demetrio Aguilera Malta, Fernando Alegría, Arturo Ambrogi, Santiago Arguello, Miguel Angel Asturias, Luis Azurduy, Mario Benedetti, Jorge Luis Borges, Manuel del Cabral, Marcial Cabrera Guerra, Salvador R. Calderón, Alejo Carpentier, Carrillo (Cabotín), Jesús Castellanos, Pedro Emilio Coll, Julio Cortázar, Rubén Darío, Rafael Delgado, Joaquín Díaz Garcés, Porfirio Díaz Machicao, Samuel Feijoo, Fabio Fiallo, Ventura García Calderón, Gabriel García Márquez, Joaquín García Monge, Juan Natalicio González, Manuel González Zeledón (Magón), Manuel Gutiérrez Nájera, Felisberto Hernández, Juana de Ibarbourou, Enrique A. Laguerre, Baldomero Lillo, Lobondón Garra (Liborio Justo), Octavio Méndez Pereira, José Oller, Sergio Pitol, Alfonso Reyes, Alberto Rodó Pantoja, S. Salazar Arrué (Salarrué), Sebastián Salazar Bondy, Carlos Samayoa Chinchilla, Fernando Sorrentino, Victorino Tejera, Froilán Turcios, Abraham Valdelomar, Javier de Viana, and Carlos Zubizarreta.

1358. Carter E. Dale, Jr. Editor. Antología del realismo mágico. Ocho cuentos hispanoamericanos. New York: Odyssey Press, 1970.

1359. Castro Arenas, Mario. Editor. El cuento en Hispanoamérica. Lima: Studium, 1974.

Covers the contemporary short story by J. L. Borges, J. Cortázar, G. García Márquez, J. Donoso, M. Rojas, C. Fuentes, J. Rulfo, J. C. Onetti, M. Vargas Llosa, and others.

1360. Correas de Zapata, Celia, and Lygia Johnson. Detrás de la reja. Caracas: Monte Avila, 1980.

Excellent critical anthology of women writers of 20th century, with an historical introduction (Correas) and commentaries on themes and styles of each selection (Johnson). Contains 23 short stories from 8 countries (Argentina, Chile, Brazil, Mexico, Cuba, Costa Rica, Venezuela, and Uruguay), arranged chronologically by generation.

1361. Cyrus, Stanley. Editor. El cuento negrista sudamericano. Quito: Casa de la Cultura Ecuatoriana, 1973.

Includes: José Díez-Canseco, Nicomedes Santa Cruz, Enrique López Albújar, (Perú). Adalberto Ortiz, Nelson Estupiñan Bass (Ecuador). Manuel Zapata Olivella (Colombia). Ramón Díaz Sánchez (Venezuela).

1362. Emmerich, Fernando. Cuentos Iberoamericanos. Santiago de Chile: Editorial Andrés Bello, 1983.

Includes: Roberto Arlt, Jorge Luis Borges, Benito Lynch, Eduardo Mallea, Lima Barreto, Joao Guimaraes Rosa, Joaquim María Machado de Assis, Medeiros e Albuquerque, Guillermo Blanco, María Luisa Bombal, Oscar Castro, Luis Durand, Baldomero Lillo, Salvador Reyes, Enrique López Albújar, Roberto J. Payró, and Horacio Quiroga.

1363. Fernández-Marcané, Leonardo. Cuentos del Caribe. Madrid: Editorial Playor, 1978.

Contains concise commentary on 25 authors. Representative selection of "el elemento africano," "la tragedia de la mujer," "machismo/crítica," "la violencia," and "humor," plus an historical introduction to the Caribbean short story make this a very valuable anthology. The selected authors are: Néstor Caro Vázquez, Emilio Díaz Valcárcel, Lydia Cabrera, Walfredo Braschi, Juan Bosch, Enrique Labrador Ruiz, Luis Rafael Sánchez, Tomás Hernández Franco, José Sánchez Boudy, Abelardo Díaz Alfaro, Sócrates Nolasco, Pedro Mir, Marcio Veloz Maggiolo, José Lezama Lima, and others.

1364. Flores, Angel. Editor. Historia y antología del cuento y la novela Hispanoamericana. 2d ed. revised. New York: Las Américas, 1967 (1959).

Includes: C. Alegría, J. M. Arguedas, J. J. Arreola, J. L. Borges, J. de la Cuadra, R. Gallegos, R. Güiraldes, J. Icaza, B. Lillo, H. Quiroga, J. E. Rivera, J. Rulfo, E. Amorim, E. Barios, J. de Viana, A. Céspedes, R. Delgado, L. Durand, V. García Calderón, F. Hernández, B. Lynch, E. Mallea R. Pocaterra, A. Uslar Pietri, and C. Villaverde.

1365. ___________. Narrativa Hispanoamericana, 1816-1981. Historia y Antología. México: Siglo XXI Editores, 1981. 4 vols.

Vol. 1. De Lizardi a la genración de 1850-1879. Vol. 2. La generación de 1880-1909. Vol. 3. La generación de 1910-1939. Vol. 4. La generación de 1940-1969. Work that covers 77 novelist, with biographical notes and explanation of each selected work.

1366. ___________. and Dudley Poor. Translator. Fiesta in November. Stories from Latin America. Boston, MA: Houghton Mifflin Co., 1942.

Introduction by Katherine Anne Porter. An excellent collection. Includes: E. Mallea, D. Aguilera Malta, J. Díez-Canseco, L. Tablanca, G. Meneses, J. R. Romero, Héctor I. Eandi, J. Amado, H. Quiroga, R. Sinán, J. C. Dávalos, A. Uslar Pietri, A. Valdelomar, A. Costa du Rels, S. Reyes, R. Maluenda Labarca, A. Arriaza, and

E. Barrios.

1367. Franco, Jean. Editor and Introductor. Short stories in Spanish. Cuentos Hispánicos. Baltimore, MD: Penguin, 1966.

Bilingual edition. Biographical notes on authors, and Spanish texts. Contens seven Spanish-American writers: M. Benedetti, J. L. Borges, G. García Márquez, C. Martínez Moreno, J. C. Onetti, J. Rulfo and H. A. Murena.

1368. Haydn, Hiram, and John Courns. Compilers. A World of Great Short Stories. New York: Crown Publishing, 1947.

Work with good representation of Spanish-American writers: M. Latorre, O. Castro, J. de la Cuadra, A. Céspedes, J. del Corral, J. Ferretis, V. García Calderón, E. López Albújar, B. Lynch, A. Hernández Catá, H. Quiroga, L. Manuel Urbaneja Achelpohl, and M. Lobato.

1369. Howes, Bárbara. Editor. The Eye of the Heart: Short Stories from Latin America. New York: Avon, 1974.

Includes: Rubén Darío, Leopoldo Lugones, Horacio Quiroga, Rómulo Gallegos, Ricardo Güiraldes, Gabriela Mistral, Alfonso Reyes, César Vallejo, Jorge Luis Borges, Miguel Angel Asturias, Roberto Arlt, Alejo Carpentier, Pablo Neruda, Lino Novás-Calvo, Arturo Uslar Pietri, Juan Carlos Onetti, Juan Bosch, María Luisa Bombal, José María Arguedas, Julio Cortázar, Octavio Paz, Adolfo Bioy Casares, Augusto Roa Bastos, Juan Rulfo, Armonía Somers, Juan José Arreola, Eliseo Diego, Abelardo Díaz Alfaro, Humberto Costantini, José Donoso, Gabriel García Márquez, Guillermo Cabrera Infante, Carlos Fuentes, Jorge Edwards, Mario Vargas Llosa.

1370. Jiménez, José Olivio, and Antonio R. de la Campa. Antología crítica de la prosa modernista hispanoamericana. New York: Eliseo Torres & Sons, 1976.

Includes: M. Gutiérrez Nájera, J. Martí, J. del Casal, R. Darío, R. Jaimes Freyre, A. Nervo, M. Díaz Rodríguez, J. E. Rodó, C. Palma, L. Lugones, and H. Quiroga.

1371. Jofre Barroso, Haydée, and María Angélica Bosco. Antología del joven relato latinoamericano. Buenos Aires: Fabril, 1972.

1372. Latcham, Ricardo A. Antología del cuento hispanoamericano. (1910-1956) Santiago de Chile: Editorial Zig-Zag, 1958.

Includes: Juan de la Cabada, Francisco Rojas González, José Revueltas, Juan José Arreola, Edmundo Valadés. Guatemala: Carlos Samayoa Chinchilla, Mario Monteforte Toledo. El Salvador: Salarrué (Salvador Salazar Arrué). Honduras: Marcos Carías Reyes. Costa Rica: Carmen Lyra. Nicaragua: Hernán Robleto. Panamá: Rogelio Sinán, Juan O. Díaz Lewis, José María Sánchez. Cuba: Luis Felipe Rodríguez, Carlos Montenegro, Enrique Labrador Ruiz, Lino Novás Calvo, Félix Pita Rodríguez. República Dominicana:

Juan Bosch. Puerto Rico: René Marqués. Venezuela: Mariano Picón-Salas, Arturo Uslar Pietri, Guillermo Meneses, Oscar Guaramato, Antonio Márquez Salas, Gustavo Díaz Solís, Héctor Mujica. Colombia: Efe Gómez, José Restrepo Jaramillo, Adel López Gómez, Hernando Téllez, Pedro Gómez Valderrama, Gabriel García Márquez. Ecuador: José de la Cuadra, Joaquín Gallegos Lara, Enrique Gil-Gilbert, Adalberto Ortiz, Pedro Jorge Vera. Perú: José María Arguedas, Carlos E. Zabaleta, Enrique Congrains Martin. Bolivia: Augusto Céspedes. Chile: María Luisa Bombal, Francisco Coloane, Maité Allamand, Nicomedes Guzmán, Juan Donoso, Teresa Hamel, Marta Jara, Herbert Muller, José Donoso, Claudio Giaconi. Argentina: Luis Gudiño Kramer, Jorge Luis Borges, Antonio Stoll, Angel María Vargas, Adolfo Pérez Zelaschi. Uruguay: Juan José Morosoli, Enrique Amorim, Francisco Espínola, Juan Carlos Onetti, Carlos Martínez Moreno, Mario Benedetti. Paraguay: Augusto Roa Bastos.

1373. Lawaetz, Gudie. Editor. Spanish short stories: Cuentos Hispánicos. Baltimore: Penguin, 1972. 2 vols.

Introduction by G. Lawaetz. Includes seven contemporary writers: Jorge Edwards, Mario Vargas Llosa, Juan C. Onetti, Carlos Fuentes, Norberto Fuentes, Gabriel García Márquez, and Julio Cortázar.

1374. Leal, Luis. Editor. Cuentistas hispanoamericanos del siglo veinte. New York: Random House, 1972.

1375. Levine, Suzanne Jill, and Hallie D. Taylor. Translators. Triple Cross: Three Short Novels. New York: E. P. Dutton, 1972.

Includes: Holy Place (Zona sagrada, 1976) by Carlos Fuentes, Hell has no limits (El lugar sin límites, 1966) by José Donoso, and From Cuba with a song (De donde son los cantantes, 1967) by Severo Sarduy.

1376. Lindo, Hugo. Antología del cuento moderno centroamericano. San Salvador: Universidad Autónoma de El Salvador, 1949. 2 vols.

Vol. 1. Los nacidos en el siglo XIX (del maestro Gavidia a Salarrué). Vol. 2. Los nacidos en el siglo XX (de Argentina Díaz Lozano a Ricardo Martel Caminos).

1377. López Vallecillos, Italo. Editor. Cuentos nuevos de Centroamérica. San Salvador: Editorial Universitaria, 1969.

Selection, without information on authors. Contains eleven short stories from El Salvador, eight from Guatemala, six from Nicaragua, five from Honduras, four from Costa Rica and four from Panama.

1378. Mac Adam, Alfred J. Modern Latin American Narratives. Chicago, ILL: The University of Chicago Press, 1977.

Includes: Machado de Assís, Adolfo Bioy Casares, Severo Sarduy, Julio Cortázar, Guillermo Cabrera Infante, João Guimarães Rosa, Gabriel García Márquez, Juan Rulfo, Manuel Puig, Juan Carlos Onetti, José Lezama Lima, and José Donoso.

1379. Mancini, Pat McNees. Editor. Contemporary Latin American Short Stories. Greenwich, CT: Fawcett, 1974.

Spanish American writers are: Rubén Darío, Leopoldo Lugones, Horacio Quiroga, Rómulo Gallegos, Miguel Angel Asturias, Jorge Icaza, Juan Bosch, Roberto Arlt, Jorge Luis Borges, Alejo Carpentier, Octavio Paz, Julio Cortázar, Juan José Arreola, Augusto Roa Bastos, Hernando Téllez, Adolfo Bioy Casares, María Luisa Bombal, Juan Rulfo, Carlos Fuentes, Gabriel García Márquez, José Donoso, René Marqués, Juan Carlos Onetti, Mario Benedetti, Pedro Juan Soto, Guillermo Cabrera Infante, Norberto Fuentes, Mario Vargas Llosa, Manuel Puig, Abelardo Castillo, and José Agustín.

1380. Manzor, Antonio R. de. Compiler. Antología del cuento hispanoamericano. Santiago de Chile: Editorial Zig-Zag, 1939.

Includes: José S. Alvarez, R. J. Payró, Mateo Booz (C. Correa), Hugo Wast, A. Gerchunoff, R. Güiraldes, Víctor J. Guillot, J. C. Dávalos, B. Lynch, E. Méndez Calzada, F. Estrella Gutiérrez, E. Mallea, J. F. Bedregal, A. Céspedes, R. Fernández Guardia, M. Isabel Carvajal (Carmen Lyra), A. Hernández Catá, L. F. Rodríguez, Juan Bosch, M. Soto Hall, C. Wyld Ospina, Francisco Barnoya, A. Mejía Nieto, Salvador Salazar Arrué (Salarrué), C. Soto Borda, E. Otero D'Corte, A. García, F. Gana, B. Lillo, A. D'Halmar, V. D. Silva, R. Maluenda, M. Latorre, L. Durand, M. Rojas, Salvador Reyes, Marta Brunet, J. de la Cuadra, J. Gallegos Lara, E. Gil Gilbert, D. Aguilera Malta, R. Delgado, A. del Campo, J. Vasconcelos, A. Reyes, J. Torres, B., Eloy Fariña Núñez, T. Lamas, C. de R. Alcalá, E. López Albújar, C. Palma, V. García Calderón, A. Valdelomar, J. de Viana, H. Quiroga, A. Soto, A. Montiel Ballesteros, F. Espínola , M. Díaz Rodríguez, P. E. Coll, and A. Fernández García.

1381. Meléndez, Concha. Cuentos hispanoamericanos. México: Editorial Orión, 1953.

Introduction, biographical notes on each author. Includes: R. Darío, A. Nervo, M. J. Othón, L. I. de Portela, A. Valdelomar, J. de la Cuadra, M. Rojas, H. Quiroga, L. M. Urbaneja Achelpol, C. Alegría, O. Castro, J. Bosch, A. Díaz Alfaro, M. Toro, M. de Villarino, A. Uslar Pietri, H. Eandi.

1382. Menton, Seymour. Compiler. El cuento hispanoamericano. 2a. ed. México: Fondo de Cultura Económica, 1972 (1964). 2 vols.

1383. ________. The Spanish American Short Story. A Critical Anthology. Berkeley - Los Angeles -London: University of California, Los Angeles, 1980.

Contains: Romanticism: Estebán Echeverría, Manuel Payno, José Victorino Lastarria. Realism: José López Portillo y Rojas, Tomás Carrasquilla, Manuel González Zeledón (Magón). Naturalism: Javier de Viana, Baldomero Lillo, Augusto D'Halmar. Modernism: Manuel Gutiérrez Nájera, Rubén Darío, Rafael Arévalo Martínez, Ricardo Jaimes Freyre. Criollismo: Horacio Quiroga, Martín Luis Guzmán, Jorge Ferretis, José Revueltas, Joaquín Gallegos Lara, Demetrio Aguilera Malta, Enrique Gil Gilbert, Salvador Salazar Arrué (Salarrué), Víctor Cáceres Lara, Juan Bosch, Manuel Rojas. Surrealism, Cubism, Magic Realism, Existentialism: Jorge Luis Borges, María Luisa Bombal, Ramón Ferreira, Rogelio Sinán, Juan Rulfo, Arturo Uslar Pietri, Juan José Arreola, Eduardo Mallea, Lino Novás Calvo, Augusto Roa Bastos. Neorealism: Pedro Juan Soto, Enrique Congrains Martín. Decade of the boom: Julio Cortázar, Humberto Arenal, Alvaro Menéndez Leal, and José Agustín.

1384. Millán, María del Carmen. Editor. Cuentos americanos. México: Secretaría de Educación Pública, 1946.

Includes: Ricardo Güiraldes, Monteiro Lobato, Carmen Lyra, Luis Felipe Rodríguez, Pedro Prado, Sherwood Anderson, Manuel Gutiérrez Nájera, Angel del Campo, Ricardo Palma, Horacio Quiroga, and Rómulo Gallegos.

1385. Olivera, Otto, and Alberto M. Vázquez. La prosa modernista en Hispanoamérica. New Orleans, LA: México: Ediciones El Colibrí, 1971.

Includes: José Martí, Manuel Gutiérrez Nájera, Julián del Casal, José Asunción Silva, Rubén Darío, Francisco Gavidia, Ricardo Jaimes Freyre, Amado Nervo. José Enrique Rodó, Manuel Díaz Rodríguez, Arturo Ambrogi, José María Rivas Groot, Darío Herrera, Clemente Palma, Pedro César Dominici, Tulio Manuel Cestero, Enrique Gómez Carrillo, Leopoldo Lugones, Fabio Fiallo, Enrique Larreta, Froilán Turcios, and Carlos Reyles.

1386. Ramírez, Sergio. Editor. Antología del cuento centroamericano. 2d ed. San José: Editorial Universitaria Centroamericana, 1977 (1973). 2 vols.

Study on short stories from indigenous period to the present. Biobibliographical notes on: Ricardo Estrada, Hugo Lindo, Yolanda Oreamuno, Fabián Dobles, Ernesto Cardenal, Alvaro Menén Desleal, and Sergio Ramírez.

1387. Rodríguez Fernández, Mario. Cuentos hispanoamericanos. Santiago de Chile: Editorial Universitaria, 1970.

Contains: El cuento naturalista: 1890-1934. Criollismo (1890-1903) Daniel Riquelme. Modernismo: (1904-1919 Rubén Darío, Baldomero Lillo. Mundonovismo: (1920-1934) Horacio Quiroga, Olegario Lazo Baeza, Rafael Maluenda. El cuento Superrealista: (1935). Superrealismo: (1935-1949) Jorge Luis Borges, Manuel Rojas, Alejo Carpentier. Neorrealismo: (1950-1964) Arturo Uslar Pietri, Juan Bosch, Francisco Coloane, Julio Cortázar, Augusto Roa Bastos, Juan José Arreola, Juan Rulfo. Irrealismo: (1965) Mario Benedetti, Guillermo Blanco, Gabriel García Márquez, Mario Vargas Llosa.

1388. Sanz y Díaz, José. Compiler. Antología de cuentistas hispanoamericanos. Madrid: Aguilar, 1946.

Brief bio-bibliographical notes on each author. Includes: D. F. Sarmiento, J. S. Alvarez, M. Ugarte, R. Guiraldes, E. Mallea, R. Villalobos, R. Jaimes Freyre, A. Arguedas, J. F. Bedregal, B. Lillo, F. Gana, R. Maluenda, J. Marín, S. Acosta de Samper, J. del Corral, E. Arias Suárez, N. Ramírez, E. Carrasquilla-Mallarino, R. Fernández Guardia, M. González Zeledón, J. García Monge, J. Castellanos, A. Hernández Catá, M. Arrillaga, F. Fiallo, T. M. Cestero, T. Hernández Franco, J. S. Arrué, E. de Valiscer, R. Arévalo Martínez, F. Herrera, M. A. Asturias, F. Turcios, M. Carias Reyes, M. Gutiérrez Nájera, A. Nervo, María Enriqueta, A. del Valle-Arizpe, A. Reyes, G. Giménez, J. de Godoy, R. Darío, S. Arguello, P. A. Cuadra, G. Andreve, J. Oller, O. Méndez Pereira, S. Calderón, P., J. N. González, C. Zubizarreta, R. Palma, E. López Albújar, A. Valdelomar, V. García Calderon, J. Díez-Canseco, C. Coll y Toste, A. Collado Martell, J. de Viana, H. Quiroga, J. L. Antuña, T. Febres Cordero, L. M. Urbaneja Achelpol, R. Blanco Fombona, A. Uslar Pietri, and J. Padrón.

1389. Sorrentino, Fernando. Compiler. 30 cuentos hispanoamericanos. Siglo XX (1875-1975). 3d ed. Buenos Aires: Editorial Plus Ultra, 1977 (1976).

Includes: Argentina: Adolfo Bioy Casares, Jorge Luis Borges, Julio Cortázar, Marco Denevi, Horacio Quiroga. Bolivia: Porfirio Díaz Machicao. Colombia: Gabriel García Márquez. Costa Rica: Manuel González Zeledón (Magón). Cuba: José Martí. Chile: Federico Gana, Baldomero Lillo. República Dominicana: Juan Bosch. Ecuador: Demetrio Aguilera Malta. El Salvador: Salvador Zalazar Arrué (Salarrué). Guatemala: Miguel ANgel Asturias. Honduras: Froilán Turcios. México: Juan José Arreola, Manuel Gutiérrez Nájera, José López Portillo y Rojas. Nicaragua: Rubén Darío. Panamá: Octavio Méndez Pereira. Paraguay: Juan Natalicio González. Perú: Ricardo Palma, Sebastián Salazar Bondy, Abraham Valdelomar. Puerto Rico: Enrique A. Laguerre. Uruguay: Mario Benedetti, Felisberto Hernández, Javier de Viana. Venezuela: Pedro Emilio Coll.

1390. Torres-Rioseco, Arturo. Editor. Short Stories of Latin America. New York: Las Américas, 1963.

Translated by Zoila Nelken, and Rosalie Torres-Rioseco. Includes: Félix Pita Rodríguez, Lino Novás Calvo, Andrés Henestrosa, Alejo Carpentier, Guadalupe Dueñas, Alfredo Pareja Díez-Canseco, Juan Marín, Jorge Luis Borges, Horacio Quiroga, María Luisa Bombal, Ciro Alegría, Manuel Rojas, and Agustín Yáñez.

1391. Verdevoye, Paul. Antología de la narrativa hispanoamericana, 1940-1970. Madrid: Gredos, 1979. 2 vols.

Vol. 1. Demetrio Aguilera Malta, José Agustín, Ciro Alegría, Enrique Amorim, José María Arguedas, Juan José Arreola, Miguel Angel Asturias, Rubén Barreiro Sagier, Mario Benedetti, Adolfo

Bioy Casares, Jorge Luis Borges, Raúl Bothelho Gosálvez, Alfredo Bryce Etchenique, Eduardo Caballero Calderón, Guillermo Cabrera Infante, Alejo Carpentier, Gabriel Casaccia, Rosario Castellanos, Oscar Collazos, Enrique Congrains Martín, Julio Cortázar, Marco Denevi, Antonio di Benedetto, Ramón Díaz Sánchez, José Donoso, Jorge Edwards, Salvador Elizondo, Carlos Fuentes, Gabriel García Márquez. Vol. 2. Juan García Ponce, Salvador Garmendia, Felisberto Hernández, Jorge Icaza, Vicente Leñero, José Lezama Lima, Eduardo Mallea, Leopoldo Marechal, Carlos Martínez Moreno, Manuel Mejía Vallejo, Mario Monteforte Toledo, Daniel Moyano, Manuel Mujica Láinez, Juan Carlos Onetti, Miguel Otero Silva, Renato Prada Oropesa, Manuel Puig, José Revueltas, Julio Ramón Ribeyro, Augusto Roa Bastos, Manuel Rojas, Juan Rulfo, Ernesto Sábato, Severo Sarduy, Manuel Scorza, Arturo Uslar Pietri, Mario Vargas Llosa, Bernardo Verbitsky, David Viñas, Agustín Yáñez.

1392. Yahni, Roberto. Editor. Prosa Modernista Hispanoamericana. Antología. Madrid: Alianza Editorial, 1974.

Includes: José Martí, Manuel Gutiérrez Nájera, Julián del Casal, José Asunción Silva, Rubén Darío, Luis G. Urbina, Darío Herrera, José E. Rodó, Manuel Díaz Rodríguez, Angel de Estrada, Clemente Palma, Enrique Gómez Carrillo, Rafael Arévalo Martínez, Eloy Fariña Núñez, Pedro Prado.

1393. Yates, Donald A. Editor. Latin Blood: The Best Crime and Detective Stories of South America. New York: Herder & Herder, 1972.

Translated by D. A. Yates, Isabel Reade, and Michael G. Gafner. Includes: Argentina: Jorge Luis Borges, Manuel Peyrou, Rodolfo J. Walsh, Velmiro Ayala Gauna, H. Bustos Domecq (Borges-Bioy Casares), Dalmiro A. Sáenz, Alfonso Ferrari Amores, Enrique Anderson Imbert, W. I. Eisen (Isaac Eisemberg). Chile: Alberto Edwards, L. A. Isla. Colombia: Hernando Téllez. México: Antonio Helú, María Elvira Bermúdez, Pepe Martínez de la Vega.

## Drama

1394. Alpern, Hymen, and José Martel. Editors. Teatro hispanoamericano. New York: Odyssey Press, 1956.

Contains: "Breve reseña del teatro hispanoamericano," and plays or Arturo Alsina, Florencio Sánchez, Samuel Eichelbaum, Armando Moock, Ricardo Rojas, and Manuel Ascensio Segura.

1395. Antología del teatro hispanoamericano del siglo XX. 9 dramaturgos hispanoamericanos. 2d ed. Ottawa: Girol Books, Inc., Colección Telón, 1983 (1979). 3 vols.

Includes: Rodolfo Usigli, Osvaldo Dragún, José Triana, Xavier Villaurrutia, Griselda Gambaro, Egon Wolff, René Marqués, Jorge Díaz, and Emilio Carballido.

1396. Caminos del teatro latinoamericano. La Habana: Casa de las Américas.

1973.

Includes: Osvaldo Dragún, Julio Mauricio, and Agustín del Rosario.

1397. Casas, Myrna. Editor. Teatro de la vanguardia. Lexington, MA: D. C. Heath and Co., 1975.

Includes: Maruxa Vilalta, Isaac Chocrón, Osvaldo Dragún, José de Jesús Martínez, Román Chalbaud, and Carlos Maggi.

1398. Colecchia, Francesca and Julio Matas. Editors. Selected Latin-American One-Act-Plays. Pittsburgh, PA: University of Pittsburgh Press, 1973.

Includes: Xavier Villaurrutia, Elena Garro, Luisa J. Hernández, Matías Montes Huidobro, Julio Matas, Osvaldo Dragún, Carlos Solórzano, Gustavo Andrade, Román Chalbaud, and Jorge Díaz.

1399. Dauster, Frank. Editor. Teatro Hispanoamericano: Tres piezas. New York: Harcourt, Brace, and World, Inc., 1965.

Includes: Emilio Carballido, Francisco Arriví, and Enrique Solari Swayne.

1400. __________., and Leon F. Lyday. Editors. En un acto. Nueve piezas hispanoamericanas. New York: D. Van Nostrand Company, 1974.

Includes: Emilio Carballido, Carlos Solórzano, Wilberto Cantón, Sergio Vodanović, Antón Arrufat, José de Jesús Martínez, Jorge Díaz, Demetrio Aguilera Malta, and José Triana.

1401. Jones, Willis Knapp. Antología del teatro hispanoamericano. México: Ediciones de Andrea, 1959.

Includes: Rodolfo Usigli, Antonio Acevedo Hernández, Florencio Sánchez, Samuel Eichelbaum, and Demetrio Aguilera Malta.

1402. __________. Men and Angels: Three South American Comedies. Carbondale, IL: Southern Illinois University Press, 1970.

Introduction by Willis K. Jones, and Foreword by J. Cary Davis. Includes: Fernando Camilo Darthes, Carlos S. Damel, José Ma. Rivarola Matto.

1403. Lamb, Ruth S. Editor. Three Contemporary Latin American Plays. Waltham, MA: Xerox College Publishing, 1973.

Includes: René Marqués, Egon Wolff, and Emilio Carballido.

1404. Luzuriaga, Gerardo, and Richard Reeve. Editors. Los clásicos del teatro hispanoamericano. México: Fondo de Cultura Económica, 1975.

Contains: "El teatro hispanoamericano desde sus orígenes hasta 1900." Rabinal Achi, Fernán González de Eslava, Juan Ruiz de Alarcón, Sor Juana Inés de la Cruz, Ollantay, Manuel Eduardo de Gorostiza, Manuel Ascensio Segura, Daniel Barros Grez, Eduardo Gutiérrez. "El teatro hispanoamericano de 1900 a 1950." Florencio Sánchez, José Antonio Ramos, Armando Moock, Roberto Arlt, Samuel Eichelbaum, Conrado Nalé Roxlo, Xavier Villaurrutia, Rodolfo Usigli, Celestino Gorostiza.

1405. ___________., and Robert S. Rudder. The Orgy: Modern One-Act Plays from Latin America. Los Angeles, CA: University California at Los Angeles, Latin American Center, 1974.

Includes: Enrique Buenaventura, Osvaldo Dragún, José Martínez Queirolo, Marco Deveni, Alvaro Meñén Desleal, Alberto Adellach, Carlos Solórzano, and Jorge Díaz.

1406. Oliver, William I. Voices of Change in the Spanish American Theater. Austin and London: The University of Texas Press, 1971.

Includes six playwrights: Emilio Carballido, Griselda Gambaro, Carlos Maggi, Enrique Buenaventura, Luisa Josefina Hernández, and Sergio Vodanović.

1407. Paz, Elena, and Gloria F. Waldman. Editors. Teatro contemporáneo. 2d ed. Boston, MA: Heinle & Heinle, 1983.

Includes vanguard, traditional, absurd, existencial and "costumbrista" works. José Martínez Queirolo, Alonso Alegría, Ricardo Palma, Carlos Solórzano, Marco Denevi, Jorge Díaz, Enrique Solari Swayne, and Xavier Villaurrutia.

1408. Ripoll, Carlos, and Andrés Valdespino. Editors. Teatro hispanoamericano. (Antología crítica). New York: Anaya Book Co., 1972-1973. 2 vols.

Prologue and bibliography. Vol. I. Epoca colonial: Juan Pérez Ramírez, Cristóbal de Llerena, Fernán González de Eslava, Juan Ruiz de Alarcón, Juan del Valle y Caviedes, Sor Juana Inés de la Cruz, Juan de Espinosa Medrano, Pedro de Peralta Barnuevo, Ollanta, El amor de la estanciera. Vol. II. Siglo XIX: Juan Cruz Varela, Manuel Eduardo Gorostiza, Ignacio Rodríguez Galván, Gertrudis Gómez de Avellaneda, Manuel Ascensio Segura, Ramón Méndez Quiñones, and Florencio Sánchez.

1409. Rodríguez Sardiñas, Orlando and Carlos Miguel Suárez Radillo. Compilers. Teatro selecto contemporáneo hispanoamericano. Madrid: Escelier, 1971. 3 vols.

Includes: Vol. 1. Carlos María Reyes, Egon Wolff, José Martínez Queirolo, Andrés Morriz, Maruxa Vilalta, Josefina Pla, Gregor Díaz. Vol. 2. Jorge Rozsa, María Clara Machado, Samuel Rovinski, Mauricio Rosencof, Rolando Steiner, Iván García Guerra, César Rengifo. Vol. 3. Juan Pérez Carmona, Matías Montes Huidobro, Roberto A. Menéndez, Carlos Solórzano, José de Jesús Martínez, Francisco Arriví.

1410. Solórzano, Carlos. Editor. Teatro actual latinoamericano. México:

Ediciones de Andrea, 1972.

Includes: Carlos Gorostiza, Guillermo Francovich, Oduvaldo Viana, Enrique Buenaventura, Daniel Gallegos, Antón Arrufat, Isidora Aguirre, and Demetrio Aguilera Malta.

1411. ________. Teatro breve hispanoamericano contemporáneo. Madrid: Aguilar, 1969.

Includes: Osvaldo Dragún, Carlos Maggi, Josefina Pla, Julio Ortega, Francisco Tobar García, Román Chalbaud, Gustavo Andrade Rivera, Virgilio Piñera, Francisco Arriví, Iván García, José de Jesús Martínez, Alberto Cañas, Alberto Icaza, Alvaro Menén Desleal, Carlos Solórzano, and Elena Garro.

1412. ________. Compiler. El teatro hispanoamericano contemporáneo. México: Fondo de Cultura Económica, 1964. 2 vols.

Includes: Vol. 1. Agustín Cuzzani, Mario Benedetti, Egon Wolff, Sebastián Salazar Bondy, René Marqués. Vol. 2.. Demetrio Aguilera Malta, César Rengifo, Abelardo Estorino, Franklin Domínguez, José de Jesús Martínez, Pablo Antonio Cuadra, Walter Béneke, and Carlos Solórzano.

1413. Teatro Centroamericano contemporáneo. El Salvador: Ediciones del Pulgarcito, 1977.

Includes: Daniel Gallegos, and Carlos Solórzano.

1414. Teatro Latinoamericano de agitación. La Habana: Casa de las Américas, 1972.

Includes: Lindor Bressan, Cristina Castillo, María Escudero, Graciela Ferrari, Luisa Núñez, Francisco Quinodoz, Oscar Rodríguez, Roberto Robledo, (El asesinato de X, collective creation), Augusto Boal, and Julio Mauricio.

1415. Teatro Rioplatense, (1886-1930). Caracas: Biblioteca Ayacucho, 1977.

Selection and chronology by Jorge Laforgue and prologue by David Viñas. Includes: Eduardo Gutiérrez, Martiniano Leguizamón, Nemesio Trejo, Florencio Sánchez, Carlos Mauricio Pacheco, Gregorio de Laferrere, Ernesto Herrera, Alberto Vacarezza, Julio Sánchez Gardel, Armando Discépolo, and Francisco Defilippis Novoa.

1416. Woodyard, George W., and Marion Teter Holt. Editors. Drama Contemporary: Latin America. New York: PAJ Publications, 1986.

Includes in English translations: Carlos Fuentes, Manuel Puig, Antonio Skármeta, and Mario Vargas Llosa.

## Essay

1417. Mejía Sánchez, Ernesto and Fedro Guillén. Editors. El ensayo actual latinoamericano. México: Ediciones de Andrea, 1971.

Covering essayists from 21 countries, and authors such as Germán Arciniegas, Jorge Mañach, Rafael Arévalo, Pedro Henríquez Ureña, Alberto Zum Felde, and Mariano Picón Salas.

1418. Ripoll, Carlos. Editor. Conciencia intelectual de América: antología del ensayo hispanoamericano, 1836-1959. New York: Las Américas, 1966.

Collection of essays on autonomous, relations with the United States, ethnic groups, literature and language, with biographical notes on each author. Bibliography.

1419. San Juan, Pilar A. El ensayo hispánico. Estudio y antología. Madrid: Gredos, 1954.

Introduction. Includes 33 authors, 10 born in Spanish America: D. F. Sarmiento, J. Montalvo, J. Martí, J. E. Rodó, A. Caso, J. Vasconcelos, A. Reyes, E. Martínez Estrada, A. Korn, and E. Mallea.

1420. Skirius, John. El ensayo hispanoamericano del siglo XX. México: Fondo de Cultura Económica, 1981.

Treats the works of Manuel González Prada, and Alfonso Reyes, with bio-bibliographical notes on each author.

1421. Suárez-Murias, Marguerite C. Essays on Hispanic Literatura / Ensayos de literatura hispana. A Bilingual Anthology. Washington, D.C.: University Press of America, 1982.

Collection of 17 essays written between 1960 and 1981, 10 in Spanish and 7 in English, with two prologues and two study commentaries. I. La lengua española, patrimonio espiritual y político. II. The Influence of Victor Hugo on Esteban Echeverría's Ideology. III. La novela en Cuba en el siglo XIX. IV. Cuba Painted by the Cubans: The Nineteenth Century Journalistic Essay. V. Curiosidades literarias: La primera novela cubana. VI. Vassal in the Mexican Novel, 1869. VII. Los iniciadores de la novela en Puerto Rico. VIII. Variantes autóctonas de la novela romántica en Hispanoamérica. IX. El realismo mágico hispanoamericano: una definición étnica. X. Arquetipos míticos y existenciales en Taita Cristo. XI. Composición: conciencia de estilo. XII. Interdisciplinary Credit in the Humanities: Black Literature in Latin America in Translation. XIII. Caribbean Research Sources in the American Geographical Society. (Collection of the University of Wisconsin-Milwaukee Library) XIV. Una visita a La Caverna del Humorismo. XV. José María Gironella, escritor. XVI. Gironella's Microcosm of the Spanish Civil War. XVII. The Countess of Merlin: Her social Vantage and Editorial Dilemmas.

## NATIONAL

## ARGENTINA

1422. Berenguer Carisomo, Arturo. Antología argentina contemporánea. 2d ed. Buenos Aires: Huemul, 1973 (1970).

Contains: Obra en Prosa: El Postmodernismo: Enrique Larreta, Benito Lynch, Arturo Cancela, Juan Carlos Dávalos, Alberto Gerchunoff, and Ricardo Guiraldes. Generación de 1922 - Las Vanguardias: Macedonio Fernández, Jorge Luis Borges, Conrado Nalé Roxlo, Leopoldo Marechal, and Eduardo Mallea. Generación de 1940: Marco Denevi, Sylvina Bullrich, and Julio Cortázar. Obra en verso: El Postmodernismo, Enrique Banchs, Rafael Alberto Arrieta, Baldomero Fernández Moreno, Pedro Miguel Obligado, Alfonsina Storni, and Ricardo Güiraldes. Generación de 1922- Las Vanguardias: Luis Cané, Jorge Luis Borges, Horacio Rega Molina, José Pedroni, Francisco Luis Bernández, and Ricardo E. Molinari. Generación de 1940: Vicente Barbieri, Mario Binetti, and César Fernández Moreno.

1423. Llagostera, María Raquel. Compiler. Boedo y Florida. Buenos Aires: Centro Editor de América Latina, 1980.

Introduction with explanatory notes on texts written by participants in the literary controvery of Buenos Aires (1920-1930).

1424. Prieto, Adolfo. Antología de Boedo y Florida. Córdoba, Argentina: Universidad Nacional de Córdoba, 1964.

Contains prose and poetry by authors involved in the literary controversy of Buenos Aires (1920-1930):Roberto Mariani, Elías Castelnuovo, Leónidas Barletta, Clara Beter, Gustavo Ticcio, Alvaro Yunque, Nicolás Olivari, Raúl González Tuñón, Oliverio Girondo, Eduardo González Lanuza, Jacobo Fijman, Norah Lange, Leopoldo Marechal, Ricardo E. Molinari, and Jorge Luis Borges.

### Poetry

1425. Aguilera, Santos, and Luciano Rottin. Editors. Antología sintética de poetas argentinos contemporáneos, 1912-1942. Buenos Aires: Talleres Gráficos Virtus, 1942.

Includes the works of 31 poets.

1426. Albareda, Ginés de, and Francisco Garfías. Antología de la poesía hispanoamericana: Argentina. Madrid: Biblioteca Nueva, 1959.

Nine volumes of collected poetry from several countries, covering the colonial period to the mid 20th century.

1427. Ara, Guillermo. _Suma de Poesía Argentina (1538-1968). Crítica y antología._ Buenos Aires: Editorial Guadalupe, 1970. 2 vols.

Divided into two parts. First part: Criticism: I. Los poetas coloniales. II. Los poetas neoclásicos. III. Los románticos, La Poesía culta, La poesía gauchesca en José Hernández, La segunda promoción romántica. IV. El modernismo: Los creadores. V. El post-Modernismo: El Simbolismo y sus proyecciones últimas, Derivaciones de _El lunario sentimental_ de Lugones, Fernández Moreno y el Sencillismo, Las revistas literarias antes del 20. VI. Vanguardia y poesía social: Otros poetas martinfierristas, Una línea independiente, El grupo de Boedo. VII. Después del 30: El proceso literario y la poesía del 30, La Novísima Generación. VIII. La generación del 40: Las direcciones estéticas en la poesía del 40, Otro grupo de tendencias afines, Otros poetas del interior. La dirección nacional. IX. Invencionismo y surrealismo. X. La promoción del 50: Formas del surrealismo, Los parasurrealistas, Los neohumanistas y otras manifestaciones concomitantes, Formas de continuidad y conciliación, La poesía femenina. XI. La poesía social del 50: Otras manifestaciones de poesía social. XII. Hacia nuestros días: La nueva poesía, Los síntomas de reacción, Los nombres y las obras, Otros rasgos de matiz diferencial, Variantes de vanguardia dentro del nuevo humanismo, Vanguardia. Otras formas: iracundia y esoterismo. XIII. Experiencias recientes. Variantes temáticas y formales. Second part: Anthology: Luis Miranda de Villafaña, Martín del Barco Centenera, Luis de Tejeda, Manuel de Lavarden, Vicente López, Juan Crisóstomo Lafinur, Juan Cruz Varela, Esteban Echeverría, Juan María Gutiérrez, José Mármol, Florencio Balcarce, Bartolomé Mitre, Ricardo Gutiérrez, Olegario V. Andrade, Estanislao del Campo, José Hernández, Carlos Guido Spano, Rafael Obligado, (Pedro V. Palacios) Almafuerte, Leopoldo Díaz, Leopoldo Lugones, Macedonio Fernández, Mario Bravo, Evaristo Carriego, Enrique Banchs, Ricardo Guiraldes, Pedro Miguel Obligado, Rafael Alberto Arrieta, Alfonsina Storni, Ezequiel Martínez Estrada, Horacio Rega Molina, Conrado Nalé Roxlo, Carlos Mastronardi, Oswaldo Horacio Dondo, Luis L. Franco, Francisco Luis Bernárdez, Francisco López Merino, Luis Cané, César Tiempo (Israel Zeitlin), Jorge Luis Borges, Cayetano Córdoba Iturburu, Lysandro Galtier, Eduardo González Lanuza, Oliverio Girondo, Raúl González Tuñón, Nicolás Olivari, Leopoldo Marechal, Ricardo Molinari, José González Carbalho, Roberto Ledesma, José Sebastián Tallón, Rafael Jijena Sánchez, José Pedroni, Juan L. Ortiz, Alvaro Yunque, Omar Estrella, Arturo Cambours Ocampo, Ignacio B. Anzoátegui, María de Villarino, Javier Villafañe, José Portogalo, Roberto Themis Speroni, Marcos Victoria, Aldo Pellegrini, Domingo Zerpa, Julia Prilutzki Farny, Romualdo Brughetti, Sigfrido Radaelli, Silvina Ocampo, Juan G. Ferreyra Basso, Vicente Barbieri, Alberto Ponce de León, Jorge Calvetti, César Rosales, Juan José Ceselli, Alfonso Sola González, María Adela Agudo, Miguel D. Etchebarne, Roberto Castor, Mario Binetti, Ana María Chouhy Aguirre, Manuel J. Castilla, Eduardo Jorge Bosco, Alfredo A. Roggiano, Betina Edelberg, Olga Orozco, Emilio Sosa López, César Fernández Moreno, Juan Rodolfo Wilcock, Fernando Guibert, Néstor Groppa, Clementina Rosa Quenel, Enrique Molina, Eduardo A. Jonquiéres, Raúl Galán, Norberto Silvetti Paz, Nicandro

Pereyra, Héctor Miguel Angeli, María Elena Walsh, Adela Tarraf, Ana Emilia Lahitte, Horacio Armani, Nicolás Cócaro, Ariel Ferraro, Horacio Esteban Ratti, Alberto Girri, Francisco Tomat Guido, Mario Jorge de Lellis, Jorge Enrique Ramponi, Antonio Porchia, Angela Blanco Amores de Pagella, Ester de Izaguirre, Carola Briones, Carlos Alberto Debole, Gustavo García Saraví, María Granata, Carlos F. Grieben, David Martínez Amelia Biagioni, Raúl Aráoz Anzoátegui, Manuel Aldonate, José A. Gaillardou, Juan Ricardo Nervi, Juan Bautista Zalazar, Libertad Demitropulos, Carlos Alberto Lanzillotto, Mario Trejo, Ramiro de Casasbellas, Miguel Brasco, Héctor Yanover, Oscar Hermes Villordo, Agustín Pérez Pardella, Osvaldo Rossler, Emma de Cartosio, José Isaacson, Alfredo Veirave, Graciela de Sola, Roberto Juarroz, Estherana Spalla,Julio César Silvain, Rosario A. Mase, Hugo Gola, Guillermo B. Harispe, Juan Gelman, Héctor Negro, Armando Tejada Gómez, Juan José Hernández, Francisco Urondo, Julio Llinas, Edgar Bayley, Máximo Simpson, Nélida Salvador, Nira Etchenique, Atilio Jorge Castelpoggi, Elizabeth Azcona Cranwell, Rodolfo Alonso, Carlos Enrique Urquía, Dora Fornaciari, Manuel Serrano Pérez, Edgar Morisoli, Juan Carlos Martínez, Perla Rotzait, Alejandra Pizarnik, Luis Alberto Ponzo, Federico Gorbea, Margarita Belgrano, Susana Thenon, Daniel Barros, Horacio Salas, Martha Di Matteo, Nelly Candegabe, Alberto Costa, Ramón Plaza, Eduardo Romano, Alicia Dellepiane Rawson, Hugo Ditaranto, Dolores de Durañona y Verdia, A. Migo, Luis de Paola, Miguel Angel Bustos, and Sandro Tedeschi.

1428. Astrada, Etelvina. Poesía política y combativa argentina. Madrid: Zero, 1978.

Includes: Julio Cortázar, Luis Luchi, Humberto Costantini, Alberto Vanasco, Mario Trejo, Glauce Baldovín, Ariel Canzani, Noé Jitrik, Armando Tejada Gómez, Juan Gelman, Holver Martínez Borelli, Francisco Urondo, Matilde Herrera, Susana Esther Soba, Julio Huasi, Juana Bignossi, Francisco Galíndez, Rodolfo Mattarollo, Guillermo Rossi, Roberto Jorge Santoro, Vicente Zito Lema, Alberto Pellegrino, Alberto Szpunberg, Guillermo Boido, Hugo Diz, Alberto Pipino, Manuel Ruano, Juan Carlos Martini, Daniel Freidemberg, Carlos Penelas, Carlos Esteban Demaldé, Julio Mirkin, Eduardo D' Anna, Jorge Alejandro Boccanera, José Carlos Coronel, Ruth Fernández, Osvaldo Fuentes, Eduardo Mazo, and Etelvina Astrada.

1429. Ballester, Luis, Rogelio Bazán, and Carlos Velazco. Poesía de un tiempo indigente. Buenos Aires: Editorial Plus Ultra, 1981.

Introduction by Guillermo Ara. Includes representative selection of existentialist poetry.

1430. Becco, Horacio Jorge. Editor. Poetas argentinos contemporáneos. Buenos Aires: Extensión Cultura Dos Muñecos, 1974.

Includes: Raúl Gustavo Aguirre, Rodolfo Alonso, Edgar Bayley, Alberto Claudio Blasetti, Juan José Ceselli, César Fernández Moreno, Luisa Futoransky, Juan Gelman, Alberto Girri, Roberto Juarroz, Carlos Latorre, Francisco Madariaga, Enrique Molina, Olga Orozco, Aldo Pellegrini, Alejandro Pizarnik, Osvaldo Svanascini, Mario Trejo,

Basilio Uribe, Francisco Urondo, and Alberto Vanasco.

1431. Borges, Jorge Luis, Silvina Ocampo, and Adolfo Bioy Casares. Antología poética argentina. Buenos Aires: Editorial Sudamericana, 1941

Covers the period 1900-1941, chronologically and includes short bio-bibliographical notes on each author. Almafuerte,Leopoldo Lugones, Enrique Larreta, Ricardo Rojas, Enrique Banchs, Arturo Vázquez Cey, Rafael Alberto Arrieta, Marcelino del Mazo, Evaristo Carriego, Arturo Capdevila, Arturo Marasso, Alfonsina Storni, B. Fernández Moreno, Ricardo Güiraldes, Juan Carlos Dávalos, Juan Pedro Calou, Ezequiel Martínez Estrada, Amado Villar, Alvaro Melián Lafinur, Horacio Rega Molina, Margarita Abella Caprile, P. M. Obligado, L. L. Franco, A. Brandán Caraffa, M. A. Camino, E. Méndez Calzada, O. Girondo, F. L. Bernárdez, J. González Carbalho, C. M. Grunberg, C. Nalé Roxlo, J. Pedroni, C. Córdova Iturburu, F. López Merino, A. C. Diehl, F. Estrella Gutiérrez, N. Olivari, E. González Lanuza, R. Ledesma, María Alicia Domínguez, N. Lange, Carlos Vega, C. Mastronardi, L. Marechal, R. González Tuñon, M. Fingerit, César Tiempo, R. E. Molinari, H. Schiavo, Emilia Bertolé, A. González Castro, E. Keller, Ulyses Petit de Murat, M. de Villarino, E. González Trillo, L. Ortiz Behety, W. Zener, J. L. Ortiz, R. Godel, I. B. Anzoátegui, H. M. Raffo, C. Carlino, Elvira de Alvear, Gloria Alcorta, Silvina Ocampo, J. G. Ferreyra Basso, C. Fernández Moreno, M. Binetti, A. González Garaño, J. B. Bioy, and J. R. Wilcock.

1432. Caillet-Bois, Julio. Editor. 25 poetas argentinos, 1920-1945. Buenos Aires: Editorial de la Universidad de Buenos Aires, 1964.

1433. Crogliano, María Eugenia. Editor. Antología de la poesía argentina: siglos XIX y XX. Buenos Aires: Editorial Kapelusz, 1976.

Contains: Preliminary study: La generación de 1837. La primera generación romántica. La poesía gauchesca. La segunda generación romántica. El modernismo. El posmodernismo. La generación del 22. El ultraísmo. La poesía lunfarda. El tango. El grupo intermedio de la generación del 22. Otra generación de transición (1930-1935). La generación del 40. La generación del 50. Nuestra edición. Noticia sobre la anotadora. Antología de la Poesía Argentina: Siglos XIX y XX: Autor anónimo, Esteban Echeverría, Juan María Gutiérrez, José Mármol, Carlos Guido Spano, Hilario Ascasubi, Estanislao del Campo, José Hernández, Olegario V. Andrade, Rafael Obligado, Almafuerte (Pedro B. Palacios), Leopoldo Lugones, Macedonio Fernández, Evaristo Carriego, Ricardo Güiraldes, Baldomero Fernández Moreno, Enrique Banchs, Oliverio Girondo, Alfonsina Storni, Juan L. Ortiz, Carlos de la Púa (Carlos Raúl Muñoz del Solar), Luis Franco, Ricardo E. Molinari, Conrado Nalé Roxlo, Jorge Luis Borges, José Pedroni, Horacio Rega Molina, Francisco Luis Bernárdez, Leopoldo Marechal, Nicolás Olivari, Carlos Mastronardi, Homero Manzi (Homero Manzione), Enrique Santos Discépolo, Vicente Barbieri, José Portogalo (José Ananía), Raúl González Tuñón, César Tiempo (Israel Zietlin), Jorge Enrique Ramponi, Atahualpa Yupanqui (Héctor R. Chavero), Enrique Molina, Fernando Guibert, León Benarós, Miguel D. Etchebarne, Manuel J. Castilla, Alberto Girri, Eduardo Jonquieres, Edgar

Bayley (Edgar Maldonado Bayley), Atilio Jorge Castelpoggi, Juan Rodolfo Wilcock, Olga Orozco, Mario Jorge De Lellis, Roberto Juarroz, Juan Gelman, María Elena Walsh, and Alejandra Pizarnik,

1434. Fernández Moreno, César, and Horacio Jorge Becco. Antología lineal de la poesía argentina. Madrid: Gredos, 1968.

Includes: Martín Barco de Centenera, Luis de Tejeda, Manuel José de Lavardén, Juan Cruz Varela, Esteban Echeverría, Juan María Gutiérrez, José Mármol, Carlos Guido y Spano, Olegario V. Andrade, Almafuerte (Pedro B. Palacios), Bartolomé Hidalgo, Hilario Ascasubi, Estanislao del Campo, José Hernández, Rafael Obligado, Evaristo Carriego, Miguel D. Etechebarne, María Elena Walsh, Leopoldo Lugones, Enrique Banchs, Ezequiel Martínez Estrada, Ricardo E. Molinari, Conrado Nalé Roxlo, Leopoldo Marechal, Francisco Luis Bernárdez, Macedonio Fernández, Jorge Luis Borges, Alberto Girri, Edgar Bayley, Ricardo Guiraldes, Oliverio Girondo, Juan L. Ortiz, Vicente Barbieri, Enrique Molina, Eduardo Jonquières, Juan Rodolfo Wilcock, C. Fernández Moreno, Alfonsina Storni, Nicolás Olivari, Raúl González Tuñón, and César Fernández Moreno.

1435. González Carbalho, José. Compiler. Indice de la poesía argentina contemporánea. Santiago de Chile: Editorial Ercilla, 1937.

Divided into four parts. Contains: 1. Leopoldo Lugones, Enrique Banchs, Evaristo Carriego. 2. Fernán Félix de Amador, Rafael Alberto Arrieta, H. P. Blomberg, A. R. Bufano, J. P. Calou, M. A. Camino, A. Capdevila, P. M. Delheye, A. Marasso, E. Martínez Estrada, B. Fernández Moreno, P. M. Obligado, Alfonsina Storni. 3. M. Abella Caprile, F. L. Bernárdez, J. L. Borges, B. Canal Feijóo, L. Cané, C. Córdova Iturburu, A. González Castro, E. González Lanuza, R. González Tuñón, R. Güiraldes, R. Jijena Sánchez, E. Keller, N. Lange, R. Ledesma, F. López Merino, L. Marechal, R. Molinari, C. Nalé Roxlo, N. Olivari, Juan L. Ortiz, J. Pedroni, U. Petit de Murat, S. Pondal Ríos, C. de la Púa, Horacio Rega Molina, J. S. Tallón, P. J. Vignale, A. Villar. 4. María Alicia Domínguez, María Julia Gigena, E. González Trillo, L. Ortiz Behety, Carlos Mastronardi, O. Ponferrada, Carlos María Podestá, José Portogalo, César Tiempo, Lizardo Zia.

1436. Isaacson, José, and Carlos E. Urquía. 40 años de poesía argentina: 1920-1960. Buenos Aires: Editorial Aldaba, 1962-1964. 3 vols.

1437. Lewkowicz, Lida F. Generación poética del treinta. Buenos Aires: Ediciones Culturales Argentinas, 1974.

Contains: Introducción: La teoría de las generaciones. El descubrimiento. Primeros pasos. Filosofía de la generación de 1930. Disidencias y coincidencias. Los temas desarrollados por los miembros de la Novísima. Los poetas del interior. El suburbio y el tango. Conclusiones. Paralelismos generacionales. Organos de difusión de la novísima generación. Testimonios externos sobre la novísima generación: Elvira de Alvear, Ignacio B. Anzoátegui, Carlos A. Barry, Gaspar L. Benavento, Romualdo Brughetti, Arturo Cambours Ocampo, Carlos Carlino, Luis De Paola, José R. Destéfano,

Manuel Francioni, Alberto Franco, Haydée M. Ghio, María Julia Gigena, Enrique González Trillo, Luis Ortíz Behety, Teófilo Hiroux Funes, José Luis Lanuza, Homero Manzi, Alfredo Martínez Howard, Víctor Luis Molinari, Juan L. Ortíz, Antonio Miguel Podestá, Juan Oscar Ponferrada, José Portogalo, Andrés del Pozo, Sigfrido Radaelli, Jorge Enrique Ramponi, Marcelino M. Román, Luis Horacio Velázquez, Marcos Victoria, Javier Villafañe, María de Villarino, and Roberto Zavalía Matienzo.

1438. Martínez, David. Poesía argentina actual, 1930-1960. Buenos Aires: Ediciones Culturales Argentinas, 1961.

1439. Martini Real, Juan Carlos. Compiler. Los mejores poemas de la poesía argentina. 3d ed. Buenos Aires: Ediciones Corregidor, 1977 (1974)

Includes: Raúl Gustavo Aguirre, Almafuerte, Rodolfo Alonso, Martín Alvarenga, Américo Alvarez, Pablo Ananía, Olegario Víctor Andrade, Héctor Miguel Angeli, Raúl Aráoz Anzoátegui, Horacio Armani, Elizabeth Azcona Cranwell, Juan Jacobo Bajarlía, Enrique Banchs, Vicente Barbieri, Leopoldo José Bartolomé, Edgar Bayley, León Benarós, Francisco Luis Bernárdez, José Betinotti, Juana Bignozzi, Jorge Luis Borges, Eduardo Jorge Bosco, Miguel Brasco, Alfredo R. Bufano, Mario Busignani, Miguel Angel Bustos, Jorge Calvetti, Arturo Cambours Ocampo, Luis Cané, Evaristo Carriego, Manuel J. Castilla, José María Castiñeira de Dios, Juan José Ceselli, Ana María Chouhy Aguirre, Eduardo D'Anna, Jaime Dávalos, Carlos Dávalos, Carlos De la Púa, Mario Jorge De Dellis, Enrique Santos Discépolo, Hugo Diz, Alicia Dujovne Ortiz, Gabino Ezeiza, Macedonio Fernández, Baldomero Fernández Moreno, César Fernández Moreno, Ariel Ferraro, Juan G. Ferreyra Basso, Andrés Fidalgo, Jacobo Fijman, Celedonio Esteban Flores, Luis Franco, Héctor Gagliardi, Raúl Galán, Francisco Galíndez, Juan Gelman, Alberto Ghiraldo, Joaquín Giannuzzi, Oliverio Girondo, Alberto Girri, Pedro Godoy, Hugo Gola, Eduardo González Lanuza, Raúl González Tuñón, Federico Gorbea, María Granata, Néstor Groppa, Carlos Guido y Spano, Ricardo Güiraldes, Roberto Juarróz, Enrique Larreta, Carlos Latorre, Francisco López Merino, Luis Luchi, Leopoldo Lugones, Francisco Madariaga, Homero Manzi, Arturo Marasso, Leopoldo Marechal, Alfredo Martínez Howard, Martín Micharvegas, Jorge Enrique Mobili, Enrique Molina, Ricardo Molinari, Conrado Nalé Roxlo, Rafael Obligado, Nicolás Olivari, Olga Orozco, Juan L. Ortíz, José Pedroni, Aldo Pellegrini, José Pedroni, Marcelo Pichon Riviére, Alejandro Pizarnik, Antonio Porchia, José Portogalo, Jorge Enrique Ramponi, Horacio Rega Molina, Gustavo Riccio, Ricardo Rojas, Belisario Roldán, Eduardo Romano, Roberto Sánchez, Mario Satz, Gianni Siccardi, Roberto Themis Speroni, Francisco Squeo Acuña, Alfonsina Storni, Alberto Szpumberg, José Sebastián Tallón, Luis O. Tedesco, Armando Tejada Gómez, César Tiempo, Mario Trejo, Francisco Urondo, Alberto Vanasco, Alfredo Veivaré, Jorge Vocos Lescano, María Elena Walsh, Atahualpa Yupanqui, Domingo Zerpa.

1440. Muschietti, Delfina. Poesía argentina del siglo XX: antología. Buenos Aires: Ediciones Colihue, 1981.

Cover poets from L. Lugones to A. Pizarnik and contains a chronology of the aesthetic trends. Introduction is divided into "Evolución histórica and "Estructuras."

1441. Percas, Helena. La poesía femenina argentina, 1810-1950. Madrid: Ediciones Cultura Hispánica, 1958.

Collection of works from 19th century to mid-20th century.

1442. Poesía argentina contemporánea. Buenos Aires: Fundación Argentina para la poesía, 1978-1980. 6 vols.

Comprehensive selection of 49 poets, including the contemporary generations from 1930 to 1960.

1443. Rosales, César. Antología de la poesía argentina contemporánea. Buenos Aires: Ministerio de Relaciones y Culto, Dirección de Relaciones Culturales, 1964.

1444. Salas, Horacio. Editor. Generación poética del sesenta. Buenos Aires: Ediciones Culturales Argentinas, 1975.

Preliminary study: El sesenta. Una explosión, El sesenta en Latinoamérica, Precursores e influencias, Nuevos elementos, Aclaraciones finales. Anthology: Alfredo Andrés, Andrés Avellaneda, Daniel Barros, Juana Bignozzi, Miguel Angel Bustos, Martín Campos, Alfredo Carlino, Alberto Costa, Alberto Couste, Alejandro Charosky, Alicia Dellepiane Rawson, Luisa Futoransky, Víctor García Robles, Juan Gelman, Albino Gómez, Miguel Grinberg, Gregorio Kohon, Leónidas Lamborghini, Arnoldo Liberman, Diego Jorge Maré, Carlos J. Moneta, Néstor Mux, Héctor Negro, Rafael Felipe Oteriño, René Palacios More, Esteban Peicovich, José Pedroni, Ramón Plaza, Diana Raznovich, Rodolfo Relman, Eduardo Romano, Miguel Angel Rozzisi, Roberto J. Santoro, Gianni Siccardi, Marcos Silber, Julio César Silvain, Máximo Simpson, Rafael David Sucari, Alberto Szpumberg, Rafael Alberto Vázquez, Alejandro Vignati, Alberto C. Vila Ortiz, Héctor Yanover, Saúl Yurkievich, Vicente Zito Lema.

1445. Salvador, Nélida. La nueva poesía argentina. Estudio y antología. Buenos Aires: Editorial Columbia, 1969.

Introduction. Discussion of the characteristics of Argentine poetry during the last 20 years with special attention to sociological and existencial themes.

1446. Shand, William. Editor. Contemporary Argentine Poetry. An Anthology. Buenos Aires: Fundación Argentina para la Poesía, 1969.

Compiled and translated by W. S.. Introduction by Aldo Pellegrini. Includes: Raúl Gustavo Aguirre, Rodolfo Alonso, Raúl Araoz Anzoátegui, Julio Arístides, Horacio Armani, Elizabeth Azcona Cranwell, Edgar Bayley, Leopoldo José Bartolomé, León Benarós, Francisco Luis Bernárdez, Amelia Biagioni, Jorge Luis Borges, Romualdo Brughetti, Mario Busignani, Miguel Angel Bustos, Jorge Calvetti, Bernardo Canal Feijóo, Nelly Candegabe, Ariel Canzani D.,

Alfredo Carlino, Emma de Cartosio, Atilio Jorge Castelpoggi, Manuel J. Castilla, Juan José Ceselli, Nicolás Cócaro, Cayetano Córdova Iturburu, Carlos Alberto Debole, Antonio De la Torre, Betina Edelberg, Fermín Estrella Gutiérrez, César Fernández Moreno, Ariel Ferraro, Juan G. Ferreyra Basso, Luis L. Franco, Luisa Futoransky, Lysandro Z. D. Galtier, Gustavo García Saraví, Juan Gelman, Joaquín O. Giannuzzi, Alberto Girri, Eduardo González Lanuza, Raúl González Tuñón, María Granata, Carlos F. Grieben, Fernando Guibert, Magdalena Harriague, Oscar Hermes Villordo, Juan José Hernández, José Isaacson, Eduardo A. Jonquières, Roberto Juarroz, Ilka Krupkin, Carlos Latorre, Lázaro Liacho, Julio Llinas, Francisco Madariaga, Inés Malinow, David Martínez, Leopoldo Marechal, Carlos Mastronardi, Enrique Molina, Ricardo E. Molinari, Ricardo Mosquera, Héctor A. Murena, Conrado Nalé Roxlo, Silvina Ocampo, Guillermo Orce Remies, Olga Orozco, Juan L. Ortíz, Roberto Paine, Aldo Pellegrini, Nicandro Pereyra, Ulises Petit de Murat, Alejandro Pizarnik, José Portogalo, Sigfrido Radaelli, Jorge Enrique Ramponi, Horacio Esteban Ratti, Antonio Requeni, César Rosales, Osvaldo Rossler, Perla Rotzait, María Luisa Rubertino, Horacio Salas, Flor Schapira Fridman, Norberto Silvetti Paz, Graciela de Sola, Gustavo Soler, Emilio Sosa López, Rafael Squirru, Osvaldo Svanascini, Susana Thénon, César Tiempo, Francisco Tomat-Guido, Mario Trejo, Francisco Urondo, María Esther Vázquez, Alfredo Veiravé, Rubén Vela, Marcos Victoria, Javier Villafañe, María de Villarino, Jorge Vocos Lescano, María Elena Walsh, Guillermo Whitelow, Héctor Yanover, and Emilio Zolezzi.

## Prose Fiction

1447. Cócaro, Nicolás A. _Cuentos fantásticos argentinos_. 2d ed. Buenos Aires: Emecé, 1963 (1960).

1448. __________., and Antonio E. Serrano Redonnet. _Cuentos fantásticos argentinos_. 2d Series. Buenos Aires: Emecé, 1976.

1449. Lewald, Herald Ernest. Editor and Translator. _The Web Stories by Argentine Women_. Washington, D.C.: Three Continents Press, 1983.

Covers the works of twelve writers with introduction and short bio-bibliographical notes on each author: Luisa Mercedes Levinson, Silvina Ocampo, Silvina Bullrich, María Angélica Bosco, Syria Poletti, Beatriz Guido, Marta Lynch, Amalia Jamilis, Eugenia Calny, Luisa Valenzuela, Cecilia Absatz, and Reina Roffé.

1450. Manguel, Alberto. _Antología de literatura fantástica argentina: narradores del siglo XX_. Buenos Aires: Kapelusz, 1973.

Preliminary study: Qué es la literatura fantástica. Historia de la literatura fantástica. Clasificación. Literatura fantástica argentina del siglo XX. Las ausencias de este libro. Noticia sobre el anotador. Anthology: Adolfo Bioy Casares, Angel Bonomini, Jorge Luis Borges, Julio Cortázar, Marco Denevi, Manuel Mujica Láinez, Héctor A. Murena, Silvina Ocampo, and Bernardo Schiavetta.

1451. Martini Real, Juan Carlos. Los mejores cuentos argentinos de hoy. Buenos Aires: Rayuela, 1971.

1452. Mastrángelo, Carlos. 25 cuentos argentinos magistrales. (Historia y evolución comentada del cuento argentino). 2 ed. Buenos Aires:

Contains: Bases para una teoría del cuento. Esteban Echeverría: El matadero. Controversia superada: El matadero no es un cuento. Horacio Quiroga: 1. A la Deriva: Forma y estructura de un cuento perfecto. El cuento argentino nuevo. Ubicación de Julio Cortázar en la cuentística argentina. Includes: José María Cantilo, Joaquín V. González, Juan Draghi Lucero, Juan Carlos Dávalos, Alberto Gerchunoff, Guillermo Estrella, Leonidas Barletta, Silvina Ocampo, Alvaro Yunque, Bernardo Verbitsky, Abelardo Castillo, Angel María Vargas, Luis Gudiño Kramer, Adolfo Bioy Casares, Ricardo Juan, Haroldo Conti, Jorge Luis Borges, Dalmiro A. Sáenz, Héctor Lastra, Alberto Rodríguez Muñoz, Humberto Constantini, Augusto Mario Delfino, and Julio Cortázar.

1453. Pagés Larraya, Antonio. Compiler. Cuentos de nuestra tierra. Buenos Aires: Editorial Raigal, 1952.

Includes: E. Echeverría, D. F. Sarmiento, Joaquín V. González, Manuel F. Mantilla, Martiniano Leguizamón, Fray Mocho (José S. Alvarez), Roberto J. Payró, Horacio Quiroga, Ricardo Güiraldes, Benito Lynch, Guillermo H. Hudson, Ricardo Rojas, Carlos B. Quiroga, Juan Carlos Dávalos, Mateo Booz (Miguel Angel Correa), Juan Pablo Echague, Fausto Burgos, Julio Aramburú, Armando Cancela, Justo P. Sanz (h), Lobodón Garra, Héctor Eandi, Juan Cornaglia, Alberto Córdoba, Antonio Stoll, Luis Gudiño Kramer, Juan Manuel Prieto, Angel María Vargas, Daniel Ovejero, and Adolfo Pérez Zelaschi.

1454. Sánchez, Néstor. 20 nuevos narradores argentinos: antología. Caracas: Monte Avila, 1971.

Includes: Juan C. Martelli, Reynaldo Mariani, Germán García, Fernando De Giovanni, Aníbal Ford, Antonio Dal Masetto, Jorge Di Paola Levin, Ricardo Piglia, and others.

1455. Sarlo, Beatriz. El cuento argentino contemporáneo. Buenos Aires: Centro Editor de América Latina, 1977.

Introduction and selection by Jorge Luis Borges. Contains: Julio Cortázar, Silvina Ocampo, Bernardo Kordon, Daniel Moyano, Humberto Costantini, Haroldo Conti, Rodolfo Walsh, Juan José Saer, Juan José Hernández, Germán Rozenmacher, and Abelardo Castillo.

1456. Sorrentino, Fernando. Editor. 35 cuentos breves argentinos, siglo XX. 10th ed. Buenos Aires: Editorial Plus Ultra, 1985 (1976).

Includes: Enrique Anderson Imbert, Julio Ardiles Gray, Roberto Arlt, Juan Jacobo Bajarlía, Enrique Banchs, Adolfo Bioy Casares, Jorge Luis Borges, Juan Burghi, H. Bustos Domecq, Julio Cortázar, Santiago Dabove, Marco Denevi, Antonio Di Benedetto, Guillermo Estrella, Macedonio Fernández, Juan Carlos Ghiano, Martín Gil,

Oliverio Girondo, Joaquín Gómez Bas, Eduardo Gudiño Kieffer, Luis Gudiño Kramer, Ricardo Güiraldes, Arturo Lauretche, Liborio Justo (Lobodón Garra), Leopoldo Marechal, Gustavo Martínez Zuviría (Hugo Wast), Manuel Mujica Láinez, Héctor A. Murena, Conrado Nalé Roxlo, Silvina Ocampo, Roberto J. Payró, Horacio Quiroga, Pablo Rojas Paz, Fernando Sorrentino, and Osvaldo Svanascini.

1457. ________. 40 cuentos breves argentinos, siglo XX. 3d ed. Buenos Aires: Editorial Plus Ultra, 1981 (1977).

Includes: Jorge W. Abalos, José Baidal, Angel Balzarino, Andrés Balla, Enrique Barbieri, Leonidas Barletta, Isidoro Blaistein, Angel Bonomini, Eugenia Calny, Emma de Cartosio, Felipe Justo Cervera, Nicolás Cócaro, Aarón Cupit, Aristóbulo Echegaray, Ricardo Feierstein, Cayetano Ferrari, Alfonso Ferrari Amores, Juan A. Floriani, Luis Gasulla, Gastón Gori, Ana María Junquet, María Hortensia Lacau, Benito Lynch, Maximiliano Mariotti, Ivo Marrochi, Carlos Mastrángelo, Carlos Alberto Merlino, Rodolfo E. Modern, Fortunato E. Nari, Federico Peltzer, Agustín Pérez Pardella, Edgardo A. Pesante, Alicia Régoli de Mullen, Guillermo Rodríguez, Osvaldo Rossler, Fernando Sánchez Sorondo, Jaime Julio Vieyra, Oscar Hermes Villordo, Fina Warschaver, and Enrique Wernicke.

1458. ________. 38 cuentos breves argentinos, siglo XX. Buenos Aires: Editorial Plus Ultra, 1980.

Includes: Antonio Aliberti, Carlos Arcidiácono, Luis Alberto Ballester, Vicente Barbieri, Ariel Bignami, Mario Bravo, Teresa Caballero, Elías Carpena, Carlos Alberto Crespo, Juan José Delaney, Juan Draghi Lucero, María Elena Dubecq, Fernando Elizalde, Lily Franco, Juan Luis Gallardo, Beatriz Gallardo de Ordóñez, Antonio J. González, Santiago Grimani, Julio Imbert, Ester de Izaguirre, Ricardo Juan, Godofredo Lazcano, Leopoldo Lugones, Pilar de Lusarreta, Martha Mercader, María Esther de Miguel, Nilda Rosa Nicolini, José Luis Pagés, Luisa Peluffo, Horacio Peroncini, Luis Portalet, Ana María Ramb, Marcela Righini, María Luisa Rubertino, Zita Solari, Jorge Tidone, Bernardo Verbitsky, and Juan Bautista Zalazar.

1459. ________. 36 cuentos argentinos con humor, siglo XX. 4th ed. Buenos Aires: Editorial Plus Ultra, 1984 (1979).

Includes: Jorge W. Abalos, Juan B. Ambrosetti, Enrique Anderson Imbert, Julio Ardiles Gray, Roberto Arlt, Leónidas Barletta, Adolfo Bioy Casares, Angel Bonomini, H. Bustos Domecq, Arturo Cancela, Leonardo Castellani, Julio Cortázar, Marco Denevi, Macedonio Fernández, Juan Luis Gallardo, Alberto Gerchunoff, Juan Carlos Ghiano, Oliverio Girondo, Joaquín Gómez Bas, Gastón Gori, Luis Gudiño Kramer, Rodolfo E. Modern, Conrado Nalé Roxlo, Silvina Ocampo, Roberto J. Payró, Manuel Peyrou, Jaime Potenze, Fernando Sorrentino, Enrique Wernicke.

1460. ________. 17 cuentos fantásticos argentinos, siglo XX. 4th ed. Editorial Plus Ultra, 1986 (1978).

Includes: Godofredo Daireaux, Leopoldo Lugones, Ricardo Güiraldes, Santiago Dabove, Vicente Barbieri, Silvina Ocampo, Pilar de Lusarreta, Enrique Anderson Imbert, Manuel Mujica Láinez, Adolfo Bioy Casares, Horacio Peroncini, Juan Carlos Ghiano, Antonio Di Benedetto, Eugenia Calny, Edgardo A. Pesante, Fernando Sorrentino, and Enrique Barbieri.

1461. Yahni, Roberto. 70 años de narrativa argnetina: 1900-1970. Madrid: Alianza Editorial, 1970.

Includes: José S. Alvarez (Fray Mocho), Leopoldo Lugones, Ricardo Güiraldes, Horacio Quiroga, Ezequiel Martínez Estrada, Jorge Luis Borges, Roberto Arlt, Eduardo Mallea, Manuel Mujica Láinez, Adolfo Bioy Casares, Silvina Ocampo, Julio Cortázar, Marco Denevi, Beatriz Guido, Haroldo Conti, Rodolfo Walsh, Pedro Orgambide, and Juan José Hernández.

### Drama

1462. Berenguer Carisomo, Arturo. Compiler. Teatro argentino contemporáneo. Madrid: Aguilar, 1962.

Introduction. Includes: A. Malfatti and N. Llanderas. C. Nalé Roxlo, J. O. Ponferrada, J. L. Pagano, P. E. Pico, and S. Eichelbaum.

1463. Ordaz, Luis. Breve historia del teatro argentino. Buenos Aires: Editorial de la Universidad de Buenos Aires, 1962-1965. 8 vols.

1464. ______. El teatro argentino. Buenos Aires: Centro Editor de América Latina, 1980. 10 vols.

Overview of the genre from the early playwright to the present.

1465. Ghiano, Juan Carlos. Teatro argentino contemporáneo (1949-1969). Madrid: Aguilar, 1973.

Includes: C. Gorostiza, C. Garlino, A. Cuzzani, A. Betti, O. Dragún, and J. C. Ghiano.

### Essay

1466. Borello, Rodolfo A. El ensayo argentino, 1930-1970: antología. Buenos Aires: Centro Editor de América Latina, 1981.

Prologue and notes by Juan Carlos Gentile. Useful book that includes works of important writers such as: Aníbal Ponce, Héctor P. Agosti, Héctor A. Murena, Arturo Jauretche, Carlos Matronardi, Juan José Sebreli, Julio Irazusta, and Rodolfo Irazusta.

## BOLIVIA

1467. Baptista Gamucio, Mariano. Editor. _Bolivia escribe_. _Ensayo, cuento, novela, poesía_. La Paz-Cochabamba: Editorial Los Amigos del Libro, 1976.

1468. Díaz Machicao, Porfirio. Editor. _Prosa y verso en Bolivia: antología_. La Paz: Editorial Los Amigos del Libro, 1966-1968. 4 vols.

Biographical sketch on each author, and general introduction to collection (20th century).

1469. Siles Guevara, Juan. _Las cien obras capitales de la literatura boliviana_. La Paz: Editorial Los Amigos del Libro, 1975.

### Poetry

1470. Bedregal, Yolanda. Editor. _Antología de la poesía boliviana_. La Paz-Cochabamba: Editorial Los Amigos del Libro, 1977.

Divided into three chapters: I. Epoca Precolombina. II. Epoca Colonial. III. Epoca Republicana. Includes 200 authors with biographical notes.

1471. Beltrán S., Luis Ramiro. _Panorama de la poesía boliviana: reseña y antología_. Bogotá: Secretaría Ejecutiva Permanente del Convenio Andrés Bello, 1982.

Overview of poetry from pre-Columbian and colonial period to republican age, with text in native languages (aymará and quechua) and Spanish. Provides references, notes, bibliography and information on political social and economic issues of the country.

1472. Quirós, Juan. Editor. _Indice de la poesía boliviana contemporánea_. La Paz: Editorial Juventud, 1964.

Commentary on each author and bio-bibliography.

1473. __________. _Las cien mejores poesías bolivianas_. La Paz: Editorial Difusión, 1968.

With a sketch on each poet.

1474. Soriano Badani, Armando. _Poesía boliviana_. La Paz: Ultima Hora, 1977.

Poems of: Ricardo Jaimes Freyre, Franz Tamayo, Gregorio Reynolds, Primo Castrillo, Octavio Campero Echazú, Oscar Cerruto, Yolanda Bedregal, and Oscar Alfaro.

1475. Vilela, Luis Felipe. Compiler. Antología poética de La Paz. Homenaje a su IV Centenario: 1548-1948. La Paz: Editora El Universo, 1950.

Contains: Introduction, "La poesía en La Paz" and chapter on "Poesía Kolla." Divided into five parts (according to literary trends and genres.) Los Románticos: José Manuel Loza, Ricardo José Bustamante, Pedro Joaquín Monje, Agustín Aspiazu, Félix Reyes Ortiz, Crispín Andrade Portugal, Adolfo Ballivián Coll, Manuel José Tovar, Luis Zalles, Mercedes Belzu de Dorado, Benjamín Lenz, Natalia Palacios, Augusto Archondo Lozano, José Rosendo Gutiérrez, Hermógenes Rodríguez Rocha, Juan José Salgueiro, José Santos Machicado, Crescencio López Ballesteros, José Vicente Ochoa, Claudio Pinilla. Los modernistas: Rosendo Villalobos, Sixto López Ballesteros, Isaac G. Eduardo, J. Ricardo Ballivián, Luis Ampuero, Manuel María Pinto, José Zarco, Franz Tamayo, Abel Alarcón, Eduardo Diez de Medina, Armando Chirveches, Juan Francisco Bedregal, Manuel Baudoin Garnier, Emma Pérez del Castillo de Carvajal, Franklin González, José Eduardo Guerra, Julio E. Calderón. Los neomodernistas: Eduardo Calderón Lugones, Estanislao Boada, Luis Zamudio Ballivián, Carlos Villalobos, Primo Castrillo, Armida González de Velarde, Rafael Ballivián, Víctor Ruiz, Arturo Pizarroso Cuenca, Humberto Vizcarra Monje, Antonio Avila Jiménez, Gustavo Delgado Llano, Carlos Gómez Cornejo, Enrique Ruiz, Arturo Alarcón M., Guillermo Vidal Aramayo, Humberto Landa Lyon, Carlos Cárdenas, Guillermo Vizcarra Fabre, Julio Tavel, Lucio Diez de Medina, Nicolás Fernando Naranjo, Humberto Palza S., María Virginia Estenssoro, Cricelio López Ballesteros, Alfonso Gosálvez Sanmillán, María Teresa Solari O., Augusto Pacheco Iturrizaga, Juan Peláez Tamayo, Adán Sardón Zaraus, Adolfo Ballivián del Castillo, Juan Valdivia Altamirano. El movimiento contemporáneo: Yolanda Bedregal, Oscar Cerruto, Luis Felipe Vilela, Raúl de Béjar, Eduardo Román Paz, Fernando Diez de Medina, Jorge Canedo Reyes, Olga Bruzzone de Bloch, Gonzalo Bedregal, Luis Iturralde Chinel, Hugo Blin, Moisés Fuentes Ibáñez, Benjamín Oviedo Rojas, Reynaldo López Vidaurre, Julia Loayza de Brito. Los poetas novísimos: Margo Silva, Federico Delos, Elena Frías Baldivia, Marcelo Sanjínez Uriarte, Gonzalo Silva Sanjínez, Ana Rivera Sotomayor, Luis Mario Ruiz Muñoz, María Angélica de la Paz Lescano, María Renée Rodas E., Martha Reyes Ortiz, Oscar Rolando Alvarez, Richard Moller-Hergt, Eduardo Olmedo López, Antonio González Bravo.

1476. Vizcarra Fabre, Guillermo. Poetas nuevos de Bolivia. La Paz: Editorial Trabajo, 1941.

Includes: Antonio Avila Jiménez, Julio Ameller Ramallo, Yolanda Bedregal, Octavio Campero Echazú, Oscar Cerruto, Lucio Díez de Medina, María Virginia Estenssoro, Omar Estrella, Enrique Kempff Mercado, Walter Fernández Calvimontes, Carlos Gómez Cornejo, Luis Luksic, Jesús Lara, Luis Mendizábal Santa Cruz, Paz Nery Nava, Raúl Otero Reiche, Jael Oropeza, Alberto Rodó Pantoja, Adán Sardón, Eduardo Román Paz, Guido Villa Gómez, Luis Felipe Vilela, Humberto Vizcarra Monje, José Enrique Viaña, and Guillermo Vizcarra Fabre.

Prose Fiction

1477. Baptista Gamucio, Mariano. Editor. Narradores bolivianos. Caracas: Monte Avila, 1969.

Anthology with fourteen contemporary authors who published circa 1950.

1478. Botelho Gosálvez, Raúl. Cuentos bolivianos. Santiago de Chile: Editorial Zig-Zag, 1940.

Includes: J. F. Bedregal, Augusto Céspedes, Adolfo Costa Du Rels, Porfirio Díaz Machicao, Angel Flores, Carlos Medinacelli, Alberto Ostria Gutiérrez, Carlos Oropesa, Ignacio Preudencio Bustillo, and Alberto Sánchez R.

1479. Castañón Barrientos, Carlos. El cuento modernista en Bolivia: estudio y antología. La Paz: Editora Universo, 1972.

1480. Lijerón Alberdi, Hugo, and Ricardo Pastor Poppe. Cuentos bolivianos contemporáneos. Antología. La Paz: Ediciones Camarlinghi, 1975.

1481. Oblitas Fernández, Edgar. El cuento en el Oriente boliviano. La Paz: Ediciones Camarlinghi, 1980.

Collection of 32 regional short stories.

1482. Pastor Poppe, Ricardo. Los mejores cuentos bolivianos del siglo XX. La Paz: Editorial Los Amigos del Libro, 1980.

Introduction by Reinaldo Alcázar, with bio-bibliographical references and general bibliography on anthologies. Covers authors from Adolfo Costa du Rels (1891) to Manuel Vargas (1952). Includes: Augusto Céspedes, Augusto Guzmán, Oscar Soria, and Jesús Lara.

1483. Rodrigo, Saturnino. Editor. Antología de cuentistas bolivianos contemporáneos. Buenos Aires: Editorial Sopena Argentina, 1942.

Includes 21 writers.

1484. Soriano Badani, Armando: Editor. Antología del cuento boliviano. La Paz: Editorial Los Amigos del Libro, 1975.

1485. __________. El cuento boliviano. Buenos Aires: Editorial de la Universidad de Buenos Aires, 1964.

Covers from 1900 to 1937 with introduction and biographical references.

1486. __________. El cuento boliviano. La Paz: Universidad Mayor de San Andrés, 1969.

Covers from 1938 to 1967, with introduction and biographical notes.

1487. Taboada Terán, Néstor. Editor. Bolivia en el cuento. Antología de ayer y de hoy. Buenos Aires: Editorial Convergencia, 1976.

Drama

1488. Teatro boliviano. La Paz: Instituto Boliviano de Cultura, 1977.

Includes: Ada Castellanos de Ríos (seud. Gleba), Julio Obrero, and Luis Llanos.

CHILE

1489. Solar, Hernán del. Breve estudio y antología de los Premios Nacionales de Literatura. Santiago de Chile: Editorial ZIG-ZAG, 1965.

Essays on: E. Barrios, A. Cruchaga Santa María, A. D'Halmar, M. Latorre, J. S. González Vera, P. Neruda, G. Mistral, S. Lillo, and others.

1490. Williams, Miller. Editor and Translator. Chile: An Anthology of New Writing. Kent, OH: Kent State University Press, 1968.

Includes poems by Miguel Arteche, Efraín Barquero, Rolando Cárdenas, Luisa Johnson, Enrique Lihn, Pablo Neruda, Alberto Rubio, Jorge Teiller, and Armando Uribe Arce. Short Stories by Antonio Skármeta, and Polly Délano. Plays by Raúl Díaz.

Poetry

1491. Albareda Ginés de, and Francisco Garfias. Antología de la poesía hispanoamericana. Chile. Madrid: Biblioteca Nueva, 1961.

(See item 1425.)

1492. Atria, Sergio. Antología de poesía chilena. Santiago de Chile: Ediciones Cruz del Sur, 1946.

Includes: G. Blest Gana, J. Vicuña Cifuentes, D. Dublé Urrutia, F. Contreras, M. Magallanes Moure, E. A. Guzmán, C. Pezoa Véliz, V. D. Silva, C. R. Mondaca, Alfonso Bulnes, Max Jara, P. Prado, G. Mistral, J. Hübner Bezanilla, A. Cruchaga Santa María, Pedro Sienna, P. de Rokha, F. Donoso, J. Guzmán Cruchaga, Domingo Gómez Rojas, Manuel Rojas, P. Neruda, Alejandro Galaz, J. Barrenechea, J. Valle, Oscar Castro, and Nicanor Parra.

1493. Calderón, Alfonso. Editor. Antología de la poesía chilena contemporánea. Santiago de Chile: Editorial Universitaria, 1970.

Divided into two parts. First part: Diego Dublé Urrutia, Manuel Magallanes Moure, Carlos Pezoa Véliz, Pedro Prado, Gabriela Mistral, Angel Cruchaga Santa María, Vicente Huidobro, Pablo de Rokha, Juan Guzmán Cruchaga, Alberto Rojas Jiménez, Rosamel del Valle, Juvencio Valle, Pablo Neruda, Humberto Díaz Casanueva, Oscar Castro. Second part: Braulio Arenas, Eduardo Anguita, Nicanor Parra, Jorge Jobet, Gonzalo Rojas, Carlos de Rokha, Alfonso Alcalde, Miguel Arteche, Raúl Rivera, Alberto Rubio, Enrique Lihn, Efrain Barquero, Armando Uribe Arce, Hernán Valdés, Jorge Teillier, Oscar Hahn, Waldo Rojas, and Gonzalo Millán.

1494. Concha, Jaime. Editor. Poesía chilena: 1907-1917. Santiago de Chile: Editorial Nascimiento, 1971.

Includes: Pedro Prado, Manuel Magallanes Moure, Ernesto A. Guzmán, Daniel de la Vega, Carlos R. Mondaca, Max Jara, and Juan Guzmán Cruchaga.

1495. Díaz Arrieta, Hernán. Compiler. Las cien mejores poesías chilenas. 3d ed. Santiago de Chile: Editorial Zig-Zag, 1957 (1935).

Includes: G. Blest Gana, Julio Vicuña Cifuentes, Francisco Contreras, D. Dublé Urrutia, M. Magallanes Moure, Luis Felipe Contardo, Gabriela Mistral, Carlos R. Mondaca, A. Torres Rioseco, C. Pezoa Véliz, Max Jara, Roberto Meza Fuentes, Pedro Prado, Jorge Hubner Bezanilla, Daniel de la Vega, Francisco Donoso, Vicente Huidobro, María Antonieta Le Quesne, Carlos Méndez Saldías, Angel Cruchaga Santa María, Juan Guzmán Cruchaga, Domingo Gómez Rojas, María Monvel, Augusto Iglesias, Pablo de Rokha, Pablo Neruda, Víctor Domingo Silva, Andrés Silva Humeres, Winett de Rokha, Julio Barrenechea, Ricardo Latcham, and others.

1496. Dölz Blackburn, Inés. Compiler. Antología crítica de la poesía tradicional chilena. México: Instituto Panamericano de Geografía e Historia, 1979.

From origins to 1970, with notes and bibliography.

1497. Donoso Correa, Nina. Editor. Antología de la poesía femenina chilena. Santiago de Chile: Editora Nacional Gabriela Mistral, 1974.

1498. Elliot, Jorge. Editor. Antología crítica de la nueva poesía chilena. Santiago de Chile: Editorial Nascimento, 1957.

Contains: La nueva poesía chilena: Consideraciones generales. El Problema de la Poesía. El Proceso Chileno en la Poesía. La Nueva Poesía Chilena: Pedro Prado, Gabriela Mistral, Vicente Huidobro, Pablo de Rokha, Angel Cruchaga Santa María, Pablo Neruda, Omar Cáceres, Braulio Arenas, Jorge Cáceres, Gómez Correa, Teófilo Cid, Eduardo Anguita, Rosamel del Valle, Humberto Díaz Casanueva, Juvencio Valle, Nicanor Parra, Gonzalo Rojas, Aldo Torres, Luis Oyarzún, Gustavo Ossorio, Enrique Lihn, Venancio Lisboa, Miguel Arteche, Alberto Rubio, David Rosenmann Taub, Hernán Valdés, Jorge Teillier, Armando Uribe Arce, and Efrain Barquero.

1499. Lago, Tomás. Editor. Tres poetas chilenos. Santiago de Chile: Editorial Cruz del Sur, 1942.

Prologue and informative notes. Nicanor Parra, Victoriano Vicario, and Oscar Castro.

1500. Lefebvre, Alfredo. Poetas chilenos contemporáneos. Breve antología. Santiago: Editorial Zig-Zag, 1945.

Includes: Julio Vicuña Cifuentes, M. Magallanes Moure, C. Pezoa Véliz, J. Bastías, C. R. Mondaca, Max Jara, G. Mistral, Pedro Prado, Daniel de la Vega, A. Cruchaga Santa María, Vicente Huidobro, Pablo de Rokha, Juan Guzmán Cruchaga, Rosamel del Valle, Pablo Neruda, Juvencio Valle, Julio Barrenechea, Oscar Castro, Victoriano Vicario, Roque Esteban Scarpa, P. A. González, Francisco Contreras, and H. Díaz Casanueva.

1501. Montes, Hugo. Antología de medio siglo (Poesía chilena). Santiago de Chile: Editorial del Pacífico, 1956.

Includes: Julio Vicuña, Diego Dublé Urrutia, Carlos Pezoa Véliz, Manuel Magallanes Moure, Carlos Mondaca, Jerónimo Lagos Lisboa, Pedro Prado, Max Jara, Gabriela Mistral, Carlos Préndez Saldías, Jorge Hubner Bezanilla, Daniel de la Vega, Vicente Huidobro, Angel Cruchaga Santa María, Fco. Donoso G., Pablo de Rokha, Juan Guzmán Cruchaga, Domingo Gómez Rojas, Rosamel del Valle, Romeo Murga, Pablo Neruda, Humberto Díaz Casanueva, Juvencio Valle, Julio Barrenechea, Oscar Castro, Victoriano Vicario, Nicanor Parra, Eduardo Anguita, Roque Esteban Scarpa, Angel Custodio González, Gonzalo Rojas, Venancio Lisboa, Miguel Arteche, David Rosenmann Taub, Alberto Rubio, Enrique Lihn, and Efraín Barquero.

1502. Pino Saavedra, Yolando. Antología de poetas chilenos del siglo XX. Santiago de Chile: Biblioteca de Escritores Chilenos, XVI, 1940.

Contains: Introduction "Breve prólogo sobre la poesía moderna," with references to beginning of modernism, regionalist poetry, and social poetry, postmodernism, Gabriela Mistral, 1920's generation, Vicente Huidobro, Pablo Neruda, ultramodernism and the poets: Pedro Antonio González, Gustavo Valledor Sánchez, Antonio Bórquez Solar, Horacio Olivos Carrasco, Julio Vicuña Cifuentes, Carlos Pezoa Véliz, Francisco Contreras, Luis Felipe Contardo, Manuel Magallanes Moure, Carlos R. Mondaca, Alberto Moreno, Julio Munizaga Ossandón, Juan Egaña, Domingo Gómez Rojas, Raimundo Echeverría y Larrazábal, Armando Ulloa, Joaquín Cifuentes Sepúlveda, Romeo Murga, Alberto Rojas Jiménez, Alejandro Galaz, María Antonieta Le Quesne, María Monvel, María Isabel Peralta, and María Baeza.

1503. Poblete, Carlos. Exposición de la poesía chilena desde sus orígenes hasta 1941. Buenos Aires: Editorial Claridad, 1941.

Extensive study divided into six chapters: Introduction. Los poetas de la conquista: Ercilla, Pedro de Oña. Los iniciadores:

S. Sanfuentes, G. Matta, G. Blest Gana, E. de la Parra, J. Soffia, Pablo Garriga, Narciso Tondreau, Ricardo Fernández Montalva, Gustavo Valledor Sánchez, S. A. Lillo. De los modernistas a Vicente Huidobro: P. A. González, J. Vicuña Cifuentes, A. Bórquez Solar, D. Dublé Urrutia, F. Contreras, Zoilo Esocabar, E. Guzmán, M. Magallanes Moure, C. Pezoa Véliez, J. González Bastías, L. F. Contardo, C. R. Mondaca, V. D. Silva, J. Lagos Lisboa, P. Prado, Max Jara, C. Acuña, G. Mistral, D. de la Vega, C. Préndez Saldías, J. Hubner Bezanilla, P. Sienna. De Vicente Huidobro a Pablo Neruda: V. Huidobro, A. Cruchaga Santa María, P. de Rokha, Domingo Gómez Rojas, D. Perry, J. Guzmán Cruchaga, M. Rojas, Winett de Rokha, María Monvel, S. Reyes, V. Barberis, R. Meza Fuentes, Joaquín Cifuentes Sepúlveda, Alberto Rojas Jiménez, Armando Ulloa, Rosamel del Valle, R. Azócar, Fernando Binvignat, Romeo Murga. De Pablo Neruda a los poetas jóvenes: P. Neruda, H. Díaz Casanueva, J. Danke, L. E. Délano, Gerardo Seguel, Omar Cáceres, J. Barrenechea, Orete Plath, Augusto Santelices, Juvencio Valle, Juan Negro, Oscar Castro, Francisco Santana, Aldo Torres, Hernán Cañas, Gladys Thein, V. Vicario, Gustavo Ossorio, Andrés Sabella, Eduardo Anguita, Braulio Arenas, Teófilo Cid, Omar Cerda, Nicanor Parra, Volodia Teitelboim, Jaime Rayo, Jorge Millas, and Luis Oyarzún.

1504. Poetas de Valparaíso. Antología. Grupo "Lumbre". Barcelona: Editorial Rondas, 1979.

1505. Rokha, Pablo de. Cuarenta y un poetas jóvenes de Chile: 1910-1943. Santiago de Chile: Editorial Multitud, 1943.

Includes: Hernán Cañas Flores, J. Barrenechea, O. Castro, Francisco Santana, F. Vicario, A. de Undurraga, L. Merino Reyes, Gustavo Ossorio, A. Sabella, Julio Sotomayor, Orlando Cabrera, Braulio Arenas, Eduardo Anguita, Alberto Baeza Flores, Nicanor Parra, Omar Cerda, Teófilo Cid, Mario Ahués, R. Esteban Scarpa, Enrique Gómez Correa, María Cristina Menares, Antonio Massis, Ricardo Marín, Jorge Jobet, Volodia Teitelboim, Jaime Rayo, Alfredo Irisarri, Juan Arcos, Jorge Millas, Gonzalo Rojas, Julio Molina, Fernando Onfray, María Silva Ossa, Julio Moncada, Carlos de Rokha, Luis Oyarzún, Víctor Castro, Jorge Cáceres, Enrique Rosenblatt, José de Rokha, and Julio Tagle.

1506. Scarpa, Roque Esteban, and Hugo Montes. Editors. Antología de la poesía chilena contemporánea. Madrid: Gredos, 1968.

Chronological collection of poetry from Pedro Prado (1886-1952) to José Miguel Ibáñez (1936-); also covers the contemporary period between 1920 and 1968 with selections from 26 representative poets. Notes and bibliography.

1507. Silva Castro, Raúl. Editor. Antología general de la poesía chilena. Santiago de Chile: Editorial Zig-Zag, 1959.

Work that covers from 16th century (Pedro de Oña) to 20th century (Oscar Castro). Poets are: Pedro de Oña, Francisco Núñez de Pineda, El P. Francisco López, Camilo Henríquez, Bernardo de Vera y Pintado, Andrés Bello, Mercedes Marín de Solar, Salvador Sanfuentes, Hermógenes de Irisarri, Manuel Blanco Cuartín, Eusebio Lillo, José Antonio Torres, Guillermo Matta, G. Blest Gana, Valentín Magallanes, Martín José Lira, A. Valderrama, Rosario Orrego de Uribe, D. Arteaga Alemparte, Isidoro Errazuriz, Benjamín Vicuña Solar, Luis Rodríguez Velasco, Zorobabel Rodríguez, Eduardo de la Barra, Carlos Walter Martínez, José Antonio Soffia, Enrique del Solar, Manuel Antonio Hurtado, Vicente Grez, Víctor Torres de Arce, Rodolfo Vergara Atúñez, Belisario Guzmán Campos, Pablo Garriga, Pedro N. Préndez, Francisco Concha Castillo, Ambrosio Montt y Montt, Luis Barros Méndez, Leonardo Eliz, Pedro Antonio González, Julio Vicuña Cifuentes, Ricardo Fernández Montalva, Egidio Poblete, Augusto Winter, Gustavo Valledor S., Abelardo Varela, Horacio Olivos y Carrasco, Antonio Bórquez Solar, Pedro E. Gil, Bernardino Abarzúa, Francisco Contreras, Miguel Luis Rocuant, Oscar Sepúlveda, Carlos E. Keymer, M. Magallanes Moure, Abel González, Jorge González Bastías, Carlos Pezoa Véliz, Alberto Mauret Caamaño, Luis Felipe Contardo, Carlos R. Mondaca, Juan Manuel Rodríguez, Gustavo Mora Pinochet, Pedro Prado, Julio Munizaga Osandón, Gabriela Mistral, Vicente Huidobro, Aída Moreno Lagos, Domingo Gómez Rojas, María Monvel, Armando Ulloa, Romeo Murga, Alejandro Galaz, and Oscar Castro.

1508. Soler Blanch, Carmen. Antología de la poesía chilena. Barcelona: Instituto de Artes Gráficas, 1964.

1509. Turbeltaub, David. Ganymedes / 6: Una panorámica de la poesía chilena actual. Santiago de Chile: Ediciones Ganymedes, 1980.

Prologue by D. Turbeltaub. Contains studies of: Gonzalo Rojas, Pedro Lastra, Oscar Hahn, Gonzalo Millán, Alberto Rubio, Enrique Lihn, Cecilia Casanova, Manuel Silva, Claudio Bertoni, Rodrigo Lira, Raúl Zurita, Paulo Jolly, Leonor Vicuña, and Armando Rubio.

1510. Undurraga, Antonio de. Editor. Atlas de la poesía de Chile. (1900-1957). Antología integrada por 92 poetas más un prefacio, notas y estudios críticos. Santiago de Chile: Editorial Nascimento, 1958.

Biographical and critical comments on each poet; discussing aesthetic trends and literary periods.

## Prose Fiction

1511. Alegría, Fernando. Editor. Chilean Writers in Exile: Eight Short Novels. New York: The Crossing Press, 1982.

Includes: Alfonso González Dagnino, Juan Armando Epple, Aníbal Quijada, Fernando Alegría, and others.

1512. Antología del cuento chileno. 2d ed. Santiago de Chile: Universidad de Chile, Instituto de Literatura Chilena, 1965 (1963).

Compilers: César Bunster, Julio Durán Cerda, Pedro Lastra, and

Benjamín Rojas Piña. Brief bio-bibliographical information on each writer and glossary of difficult and unusual words. Covers from Daniel Riquelme, to Claudio Giaconi and includes 26 authors and 42 short stories. Main names are: B. Lillo, A. D'Halmar, R. Maluenda, M. Rojas, F. Gana, L. Durand, M. Brunet, H. del Solar, D. Muñoz, O. Castro, F. Coloane, and J. Donoso.

1513. Calderón, Alfonso, Pedro Lastra, and Carlos Santander. Compilers. Antología del cuento chileno. Santiago de Chile: Editorial Universitaria, 1974.

Notes and references by Cedomil Goić.

1514. Donoso, Armando. Editor. Algunos cuentos chilenos. Buenos Aires-México: Espasa-Calpe Argentina, 1943.

Notes and prologue. Includes short stories by B. Lillo, F. Gana, A. D'Halmar, R. Maluenda, F. Santiván, E. Barrios, J. Edwards Bello, M. Latorre, M. Brunet, and M. Rojas.

1515. Lafourcade, Enrique. Antología del cuento chileno. Barcelona: Ediciones Acervo, 1969. 3 vols.

Contains: Vol. 1. A history of Chilean short story, and Vol. 3 a brief bio-bibliography.

1516. ____________. Antología del nuevo cuento chileno. Santiago de Chile: Editorial Zig-Zag, 1954.

Includes: Margarita Aguirre, Fernando Balmaceda, Guillermo Blanco, Armando Cassígoli, José Donoso, Alfonso Echeverría, Jorge Edwards, Félix Emerich, Mario Espinoza, Pablo García, María Elena Getner, Claudio Giaconi, César Ricardo Guerra, Yolanda Gutiérrez, Eugenio Guzmán, Luis Alberto Heiremans, Pilar Larraín, Jaime Laso, Enrique Lihn, Enrique Molleto, Gloria Montaldo, Herbert Muller, Alberto Rubio, and María Eugenia Sanhueza.

1517. Latorre, Mariano. Antología de cuentistas chilenos. Santiago de Chile: Biblioteca de Escritores Chilenos, XV, 1938.

Useful introduction and analysis of this genre. Discusses the characteristics of the traditional, urban, rural, social, imaginative, and contemporary Chilean short story. Includes: José V. Lastarria, José J. Vallejo, Daniel Barros Grez, Adolfo Valderrama, Román Vial, Manuel Concha, Daniel Riquelme, Federico Gana, Samuel Lillo, Angel C. Espejo, Marcial Cabrera Guerra, Joaquín Díaz Garcés, Roberto Alarcón, Francisco Zapata Lillo, Aurelio Díaz Meza, Manuel Magallanes Moure, Juan Manuel Rodríguez, Martín Escobar, Germán Luco Cruchaga, and Héctor Barreto.

1518. Moretic, Yerko, and Carlos Orellana. El nuevo cuento realista chileno. Antología con un ensayo sobre el realismo y el relato chileno. Santiago de Chile: Editorial Universitaria, 1962.

1519. Silva Castro, Raúl. Compiler. Los cuentistas chilenos. Antología general desde los orígenes hasta nuestros días. Santiago de Chile: Editorial Zig-Zag, 1937.

Introduction on "El cuento en Chile, Panorama histórico," and "El cuento chileno del siglo XX visto por Pedro N. Cruz," "Un cuentista no recopilado: Don Alberto Edwards." Appendix contains: "Bibliografía general del cuento chileno." Includes: José Victorino Latarria, Adolfo Valderrama, Daniel Riquelme, Luis Orrego Luco, Baldomero Lillo, Federico Gana, Pedro Balmaceda, Egidio Poblete, Alberto Edwards, Joaquín Díaz Garcés, Olegario Lazo Baeza, Januario Espinosa, Augusto D'Halmar, Víctor Domingo Silva, Guillermo Labarca Hubertson, Eduardo Barrios, Rafael Maluenda, Ernesto Montenegro, Mariano Latorre, Fernando Santiván, Joaquín Edwards Bello, Carlos Acuña, Luis Durand, Manuel Rojas, Edgardo Garrido Merino, Salvador Reyes, Marta Brunet, Armando Arriaza, Diego Muñoz, and Luis Enrique Délano.

1520. Skármeta, Antonio. Editor. Joven narrativa chilena después del golpe. Clear Creek, IN: The American Hispanist, 1976.

1521. Undurraga, Antonio de. Editor. 28 cuentistas chilenos del siglo XX. Santiago de Chile: Editorial Zig-Zag, 1963.

Anthology with bio-bibliographical sketch on each author. Includes: Baldomero Lillo, Federico Gana, Mariano Latorre, Margarita Aguirre, Waldo Vila, María Elena Getner, and others.

1522. Yáñez, María Flora. Antología del cuento chileno moderno. 2d ed. Santiago de Chile: Editorial del Pacífico, 1965 (1958).

Prologue with critical commentary on short story. Includes: Margarita Aguirre, Fernando Alegría, Eduardo Anguita, Braulio Arenas, Guillermo Atías, Silvia Balmaceda, Guillermo Blanco, María Luisa Bombal, Oscar Castro, Armando Cassígoli, Francisco Coloane, José Donoso, Alfonso Echeverría Yáñez, Juan Emar, Mario Espinoza, Claudio Giaconi, Nicomedes Guzmán, Teresa Hamel, Luis Alberto Heiremans, Rafael Maluenda, Juan Marín, Luis Merino Reyes, Víctor Molina Neira, Herbert Muller, Salvador Reyes, Manuel Rojas, Andrés Sabella, Elisa Serrana, Miguel Serrano, Hernán del Solar, Juan Tejeda, and María Flora Yáñez.

## Drama

1523. Durán Cerda, Julio. Teatro chileno contemporáneo. México: Aguilar, 1970.

Includes: María Asunción Requena, Egon Wolff, Luis Alberto Heiremans, Sergio Vodanovic, and Alejandro Sieveking.

1524. ___________. Panorama del teatro chileno, 1842-1959. Santiago de Chile: Editorial del Pacífico, 1959.

Contains: I. El teatro Chileno antes de 1942. II. Los estrenos de 1842. III. Dos costumbristas. IV. Autores de fines de siglo. V. Los maestros del siglo XX. Notas. Bibliografía. Antología: Carlos Bello, Daniel Barros Grez, Daniel Caldera, Domingo A. Izquierdo, Armando Moock, Antonio Acevedo Hernández.

1525. Hurtado, María de la Luz, Carlos Ochsenius, and Hernán Vidal. Teatro Chileno de la crisis institucional: 1973-1980 (Antología crítica). Minneapolis, MN: Minnesota Latin American Series, University of Minnesota - Centro de Indagación y Expresión Cultura y Artística. Santiago de Chile, 1982.

Contains: "Transformaciones del teatro chileno en la década del '70'," María de la Luz Hurtado y Carlos Ochsenius (CENECA). "Cultura nacional y teatro chileno profesional reciente," Hernán Vidal (University of Minnesota) I. Teatro Antinaturalista. II. Teatro Antigrotesco. III. Teatro Afirmativo.

1526. Teatro chileno actual. Santiago de Chile: Editorial Zig-Zag, 1966.

Includes: José Ricardo Morales, Isidora Aguirre, Fernando Debesa, Gabriela Roepke, Enrique Molleto, Sergio Vodanovic, Egon Wolff, Luis Alberto Heiremans, Alejandro Sieveking, and Jorge Díaz.

## COLOMBIA

### Poetry

1527. Abril Rojas, Gilberto. Editor. Poesía joven de Colombia. México: Siglo XXI Editores, 1975.

Includes: Miguel Méndez Camacho, Juan Gustavo Cobo Borda, Gilberto Abril Rojas, Jaime Jaramillo Escobar, Jaime Garc´ia Maffla, Mariamercedes Carranza, Giovanni Quessep, Elkin Restrepo, William Agudelo, Henry Luque Muñoz, David Bonells Rovira, and Joaquín Peña Gutiérrez.

1528. Albareda, Ginés de, and Francisco Garfias. Antología de la poesía hispanoamericana. Colombia. Madrid: Biblioteca Nueva, 1957.

1529. Arango, Daniel. Editor. Las mejores poesías colombianas. Bogotá: Compañía Grancolombiana de Ediciones, 1959.

Covers colonial period to mid-20th century, with introduction to "Colombian Literature" by Andrés Holguín.

1530. Arbeláez, Fernando. Editor. Panorama de la nueva poesía colombiana. Bogotá: Ministerio de Educación, 1964.

Chronological presentation with useful bio-bibliographical commentaries.

1531. Arrazola, Roberto. Editor. Antología poética de Colombia. Buenos Aires: Editorial Colombia, 1943.

Covers 33 poets from José Fernández Madrid to Rafael Maya.

1532. Carranza, Maríamercedes. Editor. Nueva poesía colombiana. Bogotá: Biblioteca Colombiana de Cultura, 1971.

Includes: Jaime Jaramillo Escobar, Miguel Méndez Camacho, Jaime García Maffla, Elkin Restrepo, William Agudelo, Juan Manuel Salcedo, Fernando Garavito, and Daniel Bonells Rovira.

1533. Cobo-Borda, Juan Gustavo. Editor. Album de Poesía colombiana. Bogotá: Instituto Colombiano de Cultura, 1980.

Includes 25 poets from José Eusebio Caro to Eduardo Escobar.

1534. __________. Album de la nueva poesía colombiana: 1970-1980. Caracas: Fundación para la Cultura y las Artes del Distrito Federal, 1980.

Brief introduction and bibliographical notes. Includes 37 poets of the seventies. (Extension of anthology item 1533.)

1535. Díaz Borbón, Rafael et al. Tensionario: convocatoria a la nueva antología colombiana. Bogotá: Editorial Revista Colombiana, 1972.

Includes: Rafael Díaz Borbón, José Luis Díaz Granados, Gustavo Urrego Avila, Saúl Rojas, and Igor Iván Valdés.

1536. Echeverry Mejía, Oscar, and Alfonso Bonilla-Naar. Editors. Veintiún años de poesía colombiana (1942-1963). Bogotá: Stella, 1964.

Covers the work of 131 poets.

1537. Ferrán, Jaime. Editor. Antología de una generación sin nombre: últimos poetas colombianos. Madrid: Ediciones Rialp, 1970.

Includes poetry of "Nameless Generation" (born in 1942 or later): Elkin Restrepo, William Agudelo, Henry Luque Muñoz, Alvaro Miranda, Augusto Pinilla, David Bonells, Darío Jaramillo Agudelo, and Juan Gustavo Cobo-Borda.

1538. García Prada, Carlos. Antología de líricos colombianos. Bogotá: Imprenta Nacional, 1937. 2 vols.

Includes: I: José de Joaquín Ortíz, José Eusebio Caro, Rafael Pombo, Julio Arboleda, Rafael Núñez, Gregorio Gutiérrez González, Miguel A. Caro, Jorge Isaacs, Belisario Peña, Diego Fallón, José J. Casas, A. Gómez Restrepo, Julio Restrepo, Diego Uribe, C. A. Torres, and Ismael E. Arciniegas. II: J. A. Silva, Max Grillo, Guillermo Valencia, J. Londoño, Alfredo Gómez Jayme, Ricardo Nieto, Luis C. López, Porfirio Barba Jacob, A. Martínez Mutis, Eduardo Castillo, Miguel Rash-Isla, José Eustasio Rivera, A. M. Céspedes, León de Greiff, Rafael Maya, José Umaña Bernal, Rafael Vázquez, Juan Lozano y Lozano, and Germán Pardo García.

1539. Holguín, Andrés. Compiler. Antología crítica de la poesía colombiana: 1874-1974. Bogotá. Gráficas, 1974. 2 vols.

1540. Lagos, Ramiro. Poesía liberada y deliberada de Colombia. Bogotá: Ediciones del Tercer Mundo, 1976.

Collection of poetry of testimony, protest and rebellion, with bio-bibliographical notes on each poet.

1541. López Narváez, Carlos. Editor. Poemas de Colombia. Medellín: Editorial Bedout, 1959.

Prologue and epilogue by Félix Restrepo.

1542. Madrid-Malo, Néstor. Editor. 50 años de poesía colombiana (1924-1974). Bogotá: Ediciones del Tercer Mundo, 1973.

1543. Pacheco Quintero, Jorge. Editor. Antología de la poesía en Colombia. Bogotá: Publicaciones del Instituto Caro y Cuervo, 1970. 2 vols.

Contains: Vol. 1. Epoca colonial, períodos renacentistas y barroco. Vol. 2. El neoclasicismo, los romances tradicionales.

1544. 7 Poetas Colombianos. Bogotá: Editorial Didáctica, 1977.

Includes: Luis Carlos López, León de Greiff, Luis Vidales, Aurelio Arturo, Eduardo Carranza, Jorge Duran Gaitán, and José Pubén.

## Prose Fiction

1545. Arbeláez, Fernando. Nuevos narradores colombianos. Antología. Caracas: Monte Avila, 1968.

Overview of last fifty years, explaining different tendencies (thematic and stylistic) of 30 short stories written by 30 new authors.

1546. Collazos, Oscar. Editor. Diez narradores colombianos. Barcelona: Bruguera, 1977.

Introduction. Useful information and bio-bibliographical notes on the authors.

1547. Pachón Padilla, Eduardo. Antología del cuento colombiano de Tomás Carrasquilla a Eduardo Aranga Piñeres: 39 autores. Bogotá: Editorial ABC, 1959.

1548. ________. Antología del cuento colombiano. Bogotá: Plaza y Janés, 1980. 2 vols.

An expanded work of the author's 1959 and 1973 anthologies. Introduction and comments on each author with critical notes.

1549. __________. Cuentos colombianos. Antología. Bogotá: Instituto Colombiano de Cultura, 1973. 3 vols.

1550. Selección del cuento colombiano. Calí: Taller Gráfico, 1981.

Includes 19 authors from late 1800's to present.

1551. Trece cuentos colombianos. Montevideo: Arca, 1970.

Introduction by Nicolás Suescún. Includes: José Féliz Fuenmayor, Jorge Zalamea, Tomás Vargas Osorio, Alvaro Mutis, Alvaro Cepeda Samudio, Gabriel García Márquez, Marta Traba, Antonio Montaña, Darío Ruiz Gómez, Policarpo Varón, Oscar Collazos, Umberto Valverde, and Ricardo Cano Gaviria.

Drama

1552. Antología colombiana del teatro de vanguardia. Bogotá: Sub-dirección de Comunicaciones Culturales, 1975.

Includes: Gilberto Martínez Arango, Jairo Aníbal Niño, and Sebastián Ospina.

1553. Teatro colombiano. Bogotá: Ediciones de la Idea, 1964.

Includes: Luis E. Osorio, José Manuel Marroquín, Fermín de Pimentel y Vargas, Beatriz Ortega de Peñalosa, Juan C. Osorio Ricuarte, Judith Porto de González, and Alberto Dow.

1554. Teatro de Colombia. Bogotá: Ediciones del March Colombia, 1971.

Includes: Carlos María Reyes, and Enrique Buenaventura.

COSTA RICA

1555. Bonilla, Abelardo. Historia y antología de la literatura costarricense. San José: Universidad de Costa Rica, 1957-1961. 2 vols.

Contains: Vol. 1. History. Vol. 2. Anthology furnishes substantial panorama of Costa Rican culture. Selection arranged in chronological order, covers prose fiction, poetry, essay and chronicles.

1556. Sotela, Rogelio. Editor. Escritores de Costa Rica. San José: Imprenta Lehmann, 1942.

From colonial period to 1942 with a selection of authors. Useful bio-bibliographical information.

1557. Valverde Barrenechea, Cecilia. Editor. Selección de cuatro autores costarricenses. San José: Ministerio de Educación y Cultura, 1959.

Includes: Manuel de Jesús Jiménez (folklorist), Carlos Gagini (linguist), Roberto Brenes Mesén (critic), and José María Alfaro Cooper (poet).

## Poetry

1558. Duverrán, Carlos Rafael. Editor. Poesía contemporánea de Costa Rica. Antología. San José: Editorial Costa Rica, 1973.

Carlos Luis Altamirango, Arturo Montero Vega, and others.

## Prose Fiction

1559. Anuario del cuento costarricense, 1967. San José: Editorial Costa Rica, 1969.

Covers different trends (custom, regionalism, cosmopolitan.) Includes 15 authors.

1560. Chase, Alfonso. Editor. Narrativa contemporánea de Costa Rica. San José: Ministerio de Cultura, 1975. 2 vols.

Valuable introductory essay selection from Max Jiménez to Edgar R. Trigueros. Includes: Max Jiménez, José María Cañas, Carlos Salazar Herrera, Carlos Luis Fallas, Adolfo Herrera García, Yolanda Oreamuno, Alfredo Cardona Peña, Joaquín Gutiérrez, Edgar R. Trigueros and others.

1561. Menton, Seymour. Editor. El cuento costarricense. México: Ediciones de Andrea, 1964.

Includes 22 authors and 24 short stories with critical study and bibliography.

1562. Urbano, Victoria. Editor. Five Women Writers of Costa Rica: Short Stories. Beaumont, TX: Asociación de Literatura Femenina, 1978.

Includes Carmen Naranjo, Eunice Odio, Yolanda Oreamuno, Victoria Urbano, and Rima Vallbona.

## Drama

1563. Herzfeld, Anita, and Teresa Cajiao Salas. Editors. El teatro de hoy en Costa Rica. San José: Editorial Costa Rica, 1973.

Includes: Alberto Cañas, Samuel Rovinski, Daniel Gallegos, Antonio Yglesias, and Williams Reuben.

1564. Obras breves del teatro costarricense. San José: Editorial Costa Rica, 1969-1971. 2 vols.

Contains: Vol. 1. Jorge Orozco Castro, Lupe Pérez Rey, and Arturo Echeverría Loría. Vol. 2. Enrique Macaya Lahman, Samuel Rovinski, Carmen Naranjo, and Alberto Cañas.

### Essay

1565. Ferrero, Luis. Editor. Ensayistas costarricenses. San José: Antonio Lehmann, 1971.

Divided into two chapters with selection from precursors Castro Madriz, Fernández, Pío Víquez, and Zambrana, to 14 best-known 20th century essayists.

## CUBA

1566. Cohen, John Michael. Editor. Writers in the New Cuba. Baltimore, MD: Penguin Books Inc, 1967.

Includes 14 short stories, 11 poems and a one-act play, most written after 1959. Concise introduction and extract from Fidel Castro's "Words to the Intellectuals" (June, 1961).

1567. Desnoes, Edmundo. Editor. Los dispositivos en la flor: Cuba: Literatura desde la revolución. Hanover, NH: Ediciones del Norte, 1965.

Extensive anthology. Divided into eight sections: Antes desde ahora, Ahora la revolución, Acciones, Cambios, Obsesiones, Canciones, Contradicciones and Visiones. Includes text by authors in exile such as: S. Sarduy, G. Cabrera Infante, C. Casey, R. Arenas, H. Padilla, close to E. Heras León, and M. Fuentes (who remains in Cuba). Omits important writers such as: E. Labrador Ruiz, L. Cabrera, L. Novás Calvo, J. Mañach, F. Lizaso, C. Montenegro, A. Acosta, V. Piñera. Contains texts by Fidel Castro, Ernesto (Che) Guevara, Cecilia Sánchez, and Haydée Santamaría. A. Carpentier, J. Lezama Lima, and N. Guillén are included. Concludes with "Epílogo para intelectuales: recuerdos y observaciones: la cultura en Cuba - 1959/1980."

1568. Salkey, Andrew. Writing in Cuba Since the Revolution: An Anthology. London: Bogle-L'Ouverture, 1977.

### Poetry

1569. Aguirre, Mirta, Salvador Arias, David Chericián, Denia García Ronda, Virgilio López Lemus, Alberto Rocasolano. Editors. Antología poética. La Habana: Editorial Letras Cubanas, 1980.

Covers 150 poets from the romantic period to present, with useful study of pertinent social issues. Representative selection of J. M. Heredia, J. Martí, Plácido with "Novísimos" such Soleida Ríos, and Alex Fleites. Poets from G. Gómez de Avellaneda to Reina María Rodríguez.

1570. Alvarez Baragaño, José. Editor. Para el 26 de julio: colección de poesía revolucionaria. La Habana: Ediciones Unión, 1962.

Includes 27 poets from "Unión de Escritores y Artistas de Cuba."

1571. Aparicio Laurencio, Angel. Cinco poetisas cubanas 1935-1969: Mercedes García Tuduri, Pura del Prado, Teresa María Rojas, Rita Geada, Ana Rosa Núñez. Miami, FL: Ediciones Universal, 1970.

1572. Aray, Edmundo. Editor. Poesía en Cuba. Antología viva. Caracas: Universidad de Carabobo, 1976.

1573. Beck, Claudia, and Sylvia Carranza. Editors. Cuban poetry, 1959-1966. La Habana: Instituto del Libro, 1967.

Foreword by Heberto Padilla, and Luis Suardiaz. Bilingual edition.

1574. Cardenal, Ernesto. Editor. Poesía cubana de la revolución. México: Editorial Extemporáneos, 1976.

1575. Codina, Norberto, et al. Poesía joven. La Habana: Editorial Letras Cubanas, 1978.

Includes: Carlos Aldana, Luis Beiro Alvarez, Víctor Casaus, Norberto Codina, Antonio Conde, Jesús Cos Causse, Héctor de Arturo, Luis Díaz, Roberto Díaz Muñoz, Eliseo Alberto Diego, Alex Fleites, Jorge Fuentes, Osvaldo Fundora, Francisco Garzón Céspedes, Waldo González López, Rafael Hernández Rodríguez, Nelson Herrera Ysla, Ariel James, Waldo Leyva Portal, Luis Lorente, Carlos Martí Brenes, Nancy Morejón, Osvaldo Navarro, Luis Rogelio Nogueras, Raúl Rivero, Roberto Rodríguez Menéndez, Reina María Rodríguez, Guillermo Rodríguez Rivera, Esbértido Roscendi, Minerva Salado, Emilio Surí Quesada, Yolanda Ulloa, and Mirta Yáñez.

1576. Esténger, Rafael. Editor. Cien de las mejores poesías cubanas. 3d ed. La Habana: Editorial Mirador, 1948 (1943).

Includes 38 poets from Manuel de Zequeira y Arango to Rubén Martínez Villena.

1577. Fernández Retamar, Roberto. La poesía contemporánea en Cuba (1927-1953). La Habana: Orígenes, 1954.

1578. ___________., and Fayad Jamís. Poesía joven de Cuba. Lima: Imprenta Torres Aguirre, 1959.

1579. García Elío, Diego. Una antología de poesía cubana. México: Editorial Oasis, 1984.

1580. Goytisolo, José Agustín. Compiler. Nueva poesía cubana: antología poética. Barcelona: Ediciones Península, 1970.

Contains: Rolando Escardó, Luis Marré, Francisco de Oráa, Roberto Branly, Roberto Fernández Retamar, Pablo Armando Fernández, Fayad Jamis, Pedro de Oráa, José Alvarez Baragaño, Heberto Padilla, Rafael Alcides, César López, Domingo Alfonso, Antón Arrufat, Manuel Díaz Martínez, Armando Alvarez Bravo, Luis Suardíaz, Miguel Barnet, David Fernández, Orlando Alomá, Belkis Cuza Malé, Pedro Pérez Sarduy, Guillermo Rodríguez Rivera, Víctor Casáus, Nancy Morejón, Luis Rogelio Nogueras, and Lina de Feria.

1581. Lizaso, Félix, and José Antonio Fernández de Castro. Compiler. La poesía moderna en Cuba (1882-1925). Madrid: Editorial Hernando, 1926.

Includes: Los precursores: José Martí, Julián del Casal, Carlos Pío Uhrbach, Juana Borrero. Transición: Enrique Hernández Miyares, Bonifacio Byrne, Emilio Bobadilla, Manuel Serafín Pichardo, José Manuel Carbonell, Dulce María Borrero, Fernando Llés, Francisco Llés, Francisco J. Pichardo, René López, Max Henriquez Ureña, Emilia Bernal. Plenitud de la lírica: Regino E. Boti, Agustín Acosta, José Manuel Poveda. Orientaciones diversas: Miguel Galliano Cancio, Mariano Brull, Gustavo Sánchez Galarraga, Felipe Pichardo Moya, Chiraldo Jiménez, María Luisa Milanés, Federico de Ibarzábal, Arturo Alfonso Roselló. Los nuevos: José Zacarías Tallet, Ramón Rubiera, Eduardo Aviñés Ramírez, María Villar Buceta, Enrique Serpa, Rubén Martínez Villena, Rafael Esténger , Juan Marinello Vidaurreta, Andrés Núñez Olano, Dulce María Loynaz, Regino Pedroso, Enrique Loynaz Múñoz.

1582. López Morales, Humberto. Poesía cubana contemporánea: un ensayo de antología. 2d ed. New York: Las Américas, 1967 (1963).

1583. Montes Huidobro, Matías. Editor. Poesía compartida. Ocho poetas cubanos. Honolulu: University of Hawaii, 1980.

Includes: Roberto Cazorla, Amelia del Castillo, Rita Geada, Lucas Lamadrid, Pablo Le Riverand, Matías Montes Huidobro, Isel Rivero, Orlando Rossardi (Orlando Rodríguez Sardiña).

1584. Núñez, Ana Rosa. Poesía en Exodo (El exilio cubano en su poesía, 1959-1969). Miami, FL: Ediciones Universal, 1970.

Includes: Lorenzo Abella, Norma Acevedo, Alejandro Almanza, Luis Ricardo Alonso, José A. Arcocha, Arturo Artalejo, Manuel Francisco Artime Buesa, Alberto Baeza Flores, Gastón Baquero, Sergio Becerra García, Emilio F. Bejel, Juan William Busch, Hilarión Cabrisas, Angeles Caíñas Ponzoa, Rolando Campins, Luis Cartaña, Arnaldo Cebrián Quesada, Alfredo Cepero Sotolongo, Cortázar Mercedes, Aquiles Dión, Vicente Dopico, Rafael Esténger, Julio Estorino, Félix Fernández, Mauricio Fernández, Wilfredo Fernández, Rafael Oscar Fernández E., Raimundo Fernández Bonilla, Francisco Fransil (véase) Silva Trujillo, Leonardo García Fox, Jorge García Gómez, Modesto García Menéndez, Mercedes García Tuduri, Rita Geada, Antonio Giraudier, Gustavo Godoy, José Antonio Godoy, Lourdes Gómez Franca, Ramiro Gómez Kemp, Anisia González (Anisia Meruelo), Miguel González, Francis González Vélez, Manuel H. Hernández, Julio E. Hernández-Miyares, "Ibrahim", Aurelio Isamat y Díaz de Póo, Alfredo P. Leiseca, Pablo Le Riverend Bruzone, Enrique Márquez, Rafael Matos, Beba del Mazo, Carlos Alberto Montaner, Hatuey del Monte, Ana Rosa Núñez, Ignacio A. Ortiz-Bello, Fernando Palenzuela, Remigio Palma, Iván Portela, Pura del Prado, Dolores Prida, María Josefa Ramírez, Carlos Ripoll, Daniel J. Rivas, Isel Rivero, María Antonia Rodríguez Ichaso, Gerardo Rodríguez Miranda, Alberto O. Rodríguez Peraza, Jack Rojas, Teresa María Rojas, Orlando Rossardi, Oscar Ruiz-Sierra, Adenaide Rull, Carlos E. Sánchez, José Sánchez-Boudy, Eugenio Sánchez Pérez, Francisco Silva Trujillo, Arístides Sosa de Quesada, Ofelia Suárez de Fox, Nicolás Torrado Hidalgo, Enrique J. Ventura, Ricardo Viera, and Alvaro de Villa.

1585. Poesía joven. La Habana: Editorial Letras Cubanas, 1980.

Includes 33 young poets.

1586. Poetas cubanos. San José: 1984.

Includes: Ricardo Capote, Darío Espina-Pérez, Carlos Fojo Hermida, Mercedes García-Tuduri, Oscar Pérez Moro, Ulises Prieto, Margarita Robles, Arístides Sosa de Quesada, and Aurelio N. Torrente.

1587. Poesía cubana contemporánea. Antología. Madrid: Editorial Catoblepas, 1986.

Includes: José Abreu Felippe, Magaly Alabau, Armando Alvarez Bravo, Octavio Armand, Gastón Baquero, Benita C. Barroso, Rafael Bordao, Ernesto Carmenate, Amelia del Castillo, Luis Cartañá, Roberto Cazorla, Uva A. Clavijo, Elena Clavijo Pérez, Belkis Cuza-Malé, Hortensia Delmonte Ponce de León, Eugenio Florit, Alina Galliano, Angel Gaztelú Gorriti, Rita Geada, Luis F. González-Cruz, Lucas Lamadrid, Felipe Lázaro, Pablo Le Riverend, Mercedes Limón, Agustín D. López, Edith Llerena Blanco, José Mario, Enrique Márquez, Claudio Martell, Lilliam Moro, Benigno S. Nieto, Clara Niggemann, Jorge Oliva, Heberto Padilla, Isabel Parera, Juana Rosa Pita, Francisco Revuelta Hatuey, Isel Rivero, Justo Rodríguez Santos, Orlando Saa, Enrique Sacerio-Garí, José Sánchez-Boudy, Pío E. Serrano, Arminda Valdés Ginebra, Armando Valladares, Joely Ramón Villalba, and Orlando Acosta.

1588. Randall, Margaret. Editor and Translator. Breaking the Silences: 20th Century Poetry by Cuban Women. Vancouver, British Columbia: Pulp Press Book Publishing, 1982.

Bilingual adition with parallel texts, historical overview and biographical notes. Interviews and statements by poets: Dulce

María Loynaz, Mirta Aguirre, Digdora Alonso, Fina García Marruz, Teresita Fernández, Georgina Herrera, Lourdes Casal, Magaly Sánchez, Nancy Morejón, Minerva Salado, Milagros González, Lina de Feria, Excilia Saldaña, Albis Torres, Mirta Yáñez, Yolanda Ulloa, Enid Vian, Soleida Ríos, Reina María Rodríguez, Zaida del Río, Marilyn Bobes, and Chelly Lima.

1589. Rodríguez Sardiñas, Orlando. La última poesía cubana. Antología reunida (1959-1973). Madrid: Hispanova, 1973.

Includes: Manuel Navarro Luna, Nicolás Guillén, Eugenio Florit, José Lezama Lima, Samuel Feijóo, Gastón Baquero, Cintio Vitier, Rolando Escardó, Eliseo Diego, Ana Rosa Núñez, José Sánchez Boudy, Roberto Branly, Roberto Fernández Retamar, Antonio Giraudier, Pablo Armando Fernández, Fayad Jamis, Matías Montes Huidobro, Angel Cuadra, Raimundo Fernández Bonilla, Pura del Prado, Julio Matas, José Alvarez Baragaño, Carlos M. Luis, Heberto Padilla, Teresa María Rojas, Mireya Robles, César López, Martha A. Padilla, Rita Geada, Antón Arrufat, Jorge García Gómez, Orlando Rossardi, Mauricio Fernández, José Antonio Arcocha, Yolanda Ortal, Miguel Barnet, Rolando Campins, José Kozer, David Fernández, Mercedes Cortázar, Isel Rivero, José Mario Rodríguez, Dolores Prida, Delfín Prats, and Belkis Cuza Malé.

1590. Tarn, Nathaniel. Editor. Con Cuba: an anthology of Cuban poetry of the last sixty years. London: Goliard Press, 1969. New York: Grossman, 1969.

Bilingual edition. Includes thirty poets from post-1959: Rafael Alcides, Orlando Alomá, Miguel Barnet, Víctor Casaus, Belkis Cuza Malé, Manuel Díaz Martínez, Eliseo Diego, Froilán Escobar, Samuel Feijóo, Lina de Feria, David Fernández, Pablo Armando Fernández, Roberto Fernández Retamar, Gerardo Fulleda León, Fina García Marruz, Félix Guerra, Fayad Jamís, José Lezama Lima, Eduardo Lolo, César López, Luis Marré, Nancy Morejón, Luis Rogelio Nogueras, Pedro de Oráa, Heberto Padilla, Félix Pita Rodríguez, Isel Rivero, Guillermo Rodríguez Ribera, Luis Suardíaz, and Cintio Vitier.

1591. Vitier, Cintio. Cincuenta años de poesía cubana (1902-1952). La Habana: Ministerio de Educación, 1952.

1592. ___________. Las mejores poesías cubanas. Antología. Lima: Organización Continental de los Festivales del Libro, 1959.

Chronological selection of works by 35 poets, from early poets to 20th century. No bio-bibliographical information.

## Prose Fiction

1593. Arrufat, Antón, and Fausto Maso. Editors. Nuevos cuentistas cubanos. La Habana: Casa de las Américas, 1961.

1594. Bueno, Salvador. Antología del cuento en Cuba (1902-1952). La Habana: Ministerio de Educación, Ediciones del Cincuentenario, 1953.

Short Stories and brief biographies on the authors. Includes: Miguel de Carrioón, Jesús Castellanos, Luis Rodríguez Embil, Carlos Loveira, Miguel Angel de la Torre, Alfonso Hernández Catá, Armando Leiva, Luis Felipe Rodríguez, and others.

1595. ________. Editor. Cuentos cubanos del siglo XX. Antología. La Habana: Editorial Arte y Literatura, 1975.

Two important authors are omitted: Lino Novás Calvo, and Guillermo Cabrera Infante.

1596. Caballero Bonald, José Manuel. Editor. Narrativa cubana de la revolución. 3d ed. Madrid: Alianza Editorial, 1971 (1968)

Contemporary collection from A. Carpentier to R. Arenas, with bio-bibliographical information on each author.

1597. Carranza, Sylvia and María Juana Cazabón. Cuban Short stories: 1959-1966. La Habana: Instituto del Libro, 1967.

Includes the English translations of 24 short stories by 24 writers (born between 1908 and 1937), with bio-bibliographical notes on each author. Excludes Calvert Casey, and Guillermo Cabrera Infante.

1598. Congrains Martín, Enrique. Editor. Narrativa cubana. Lima: Ecoma, 1972.

Divided into three chapters: 1. Pre-revolutionary authors. 2. Prose fiction 1960. 3. Prose fiction after 1966.

1599. Cuentos cubanos. Barcelona: Editorial Laia, 1974.

Includes: Alejo Carpentier, Antón Arrufat, José Lezama Lima, and others.

1600. Fornet, Ambrosio. Antología del cuento cubano contemporáneo. 4th ed. México: Biblioteca Era, 1979 (1967).

Introduction and commentaries on each author. Includes: Jesús Castellanos, Alfonso Hernández Catá, Luis Felipe Rodríguez, Carlos Montenegro, Pablo de la Torriente Brau, Arístides Fernández, Enrique Serpa, Lino Novás Calvo, Alejo Carpentier, Virgilio Piñera, Félix Pita Rodríguez, Onelio Jorge Cardoso, Enrique Labrador Ruiz, Ramón Ferreira, Ezequiel Vieta, Guillermo Cabrera Infante, Calvert Casey, Humberto Arenal, Ana María Simo, and Jesús Díaz.

1601. ________. Compiler. Cuentos de la revolución cubana. Santiago de Chile: Editorial Universitaria, 1971.

Fourteen short stories arranged thematically to present with overall picture of revolutionary period. Bio-bibliographical notes on each author.

1602. García Vega, Lorenzo. Antología de la novela cubana. La Habana: Ministerio de Educación, 1960.

Twenty two novelists from Cirilo Villaverde to Alejo Carpentier, including José Lezama Lima, Virgilio Piñera, Alcides Iznaga, and Nivaria Tejera. Biographical commentary on each author.

1603. Hernández-Miyares, Julio. Compiler. Narradores cubanos de hoy. Miami, FL: Ediciones Universal, 1975.

Includes: Concepción T. Alzola, Andrés Candelario, Sara P. Fernández, Jorge García Gómez, Pablo Le Riverend, Fausto Masó, Carlos Alberto Montaner, Matías Montes Huidobro, Mireya Robles, Alberto Romero, and José Sánchez Boudy.

1604. Ibarzábal, Federico de. Cuentos contemporáneos. La Habana: Editorial Trópico, 1937.

Includes 29 short stories, preceded by biographical sketch.

1605. Izquierdo-Tejido, Pedro. El cuento cubano (Panorámica y Antología). San José: 1983.

Divided into two parts: First Part: Overview. La cuentística cubana. Generación pre-republicana: José María Heredia, Ramón de Palma, Cirilo Villaverde, Tristán de Jesús Medina, Esteban Borrero Echeverría, Julián del Casal. Primera generación republicana: Miguel de Carrión, Juan Manuel Planas, Jesús Castellanos, Luis Rodríguez Embil, Carlos Loveira, Mario Guiral Moreno, Armando Leiva, Luis Felipe Rodríguez. Segunda Generación Republicana: Federico de Ibarzábal, Miguel de Marcos y Suárez, Regino Pedroso, Carlos Cabrera Fernández, Rubén Martínez Villena, Enrique Serpa, Félix Soloni, Pablo de la Torriente Brau, Marcelo Pogolotti, Arístides Fernández, Alejo Carpentier, Lino Novás Calvo, Ofelia Rodríguez Acosta, Ramón Guirao, Félix Pita Rodríguez, José Lezama Lima, Dora Alonso. Tercera Generación Republicana: José M. Carballido Rey, Samuel Feijóo, Ernesto García Arzola, Alcides Iznaga, Jorge Onelio Cardoso, Humberto Rodríguez Tomeu, Eliseo Diego, Ramón Ferreira, Raúl González de Cascorro, Ezequiel Vieta, Surama Ferrer, Lorenzo García Vega. Generación Socialista: Calvert Casey, Gustavo Eguren, Humberto Arenal, César Leante, Noel Navarro, David Buzzi, Ambrosio Fornet, Lisandro Otero, César López, Antón Arrufat, Luis Aguero, Jesús Díaz. Second Part: Anthology: Emilio Bacardi Moreau, José Martí, Enrique Hernández Miyares, Alfonso Hernández Catá, Rafael Estenger, Lydia Cabrera, Carlos Montenegro, Enrique Labrador Ruiz, Aurora Villar Buceta, Jaime Barba, Virgilio Piñera, Anita Arroyo, Asela Gutiérrez Kann, Manuel Rodríguez-Mancebo, Hilda Perera, José Sánchez-Boudy, Matías Montes Huidobro, Carlos Alberto Montaner.

1606. Portoundo, José Antonio. Cuentos cubanos contemporáneos. México: Editorial Leyenda, 1946.

Includes: Jesús Castellanos, Alfonso Hernández-Catá, Luis Felipe Rodríguez, Marcelo Salinas, Federico de Ibarzábal, Enrique

Serpa, Carlos Montenegro, Lydia Cabrera, Carlos Enriquez, Pablo de la Torriente Brau, Gerardo del Valle, Lino Novás Calvo, Félix Pita Rodríguez, Rómulo Lachatañeré, Dora Alonso de Betancourt, Rosa Hilda Zell, J. M. Carballido Rey, Onelio Jorge Cardoso.

1607. Rodríguez Feo, José. Introductory. Aquí once cubanos cuentan. Montevideo: Editorial Arca, 1967.

Includes: Virgilio Piñera, Onelio Jorge Cardoso, Calvert Casey, José Lorenzo Fuentes, César Leante, Guillermo Cabrera Infante, Edmundo Desnoes, Ambrosio Fornet, Lisandro Otero, Humberto Arenal, and Jesús Díaz.

## Drama

1608. Leal, Rine. Editor. Teatro cubano en un acto: antología. La Habana: Ediciones Revolución, 1963.

Includes: Antón Arrufat, Norah Badía, Raúl de Cárdenas, Nicolás Door, Abelardo Estorino, Rolando Ferrer, Ignacio Gutiérrez, Matías Montes Huidobro, Virgilio Piñera, Manuel Reguera Saumell, José Triana.

1609. Martí de Cid, Dolores. Editor. Teatro cubano contemporáneo. 2d. ed. Madrid: Aguilar, 1962 (1959).

Contains: "El teatro en Cuba republicana," by José Cid Pérez, (before F. Castro). Includes: Luis A. Baralt, José Cid Pérez, Carlos Felipe, Renée Potts, José Antonio Ramos, and Marcelo Salinas.

1610. Teatro cubano. Santa Clara: Universidad Central de Las Villas, Departamento de Relaciones Culturales, 1960.

Carlos Felipe, Luis A. Baralt, and Samuel Feijóo.

1611. Teatro cubano. La Habana: Casa de las Américas, 1961.

Includes: M. E. Fornés, Gloria Parrado, Abelardo Estorino, and Antón Arrufat.

## Essay

1612. Lizaso, Félix. Editor. Ensayistas contemporáneos, 1900-1920. La Habana: Editorial Trópico, 1938.

Valuable anthology of 24 authors with introductory remarks and bibliography.

## DOMINICAN REPUBLIC

1613. Alcántara Almanzar, José. Editor. _Antología de la literatura dominicana_. Santo Domingo: Editorial Cultural Dominicana, 1972.

Representative collection of poetry, prose and drama, with an introduction and commentary on history and literature (genres, themes and authors).

1614. _Antología de la literatura dominicana_. Santo Domingo: Instituto Tecnológico de Santo Domingo, 1981. 5 vols.

Vol. 1. Poesía. Vol. 2. Cuento. Vol. 3. Teatro. Vol. 4. Discursos y Semblanzas. Vol. 5. Folklore.

1615. _Antología de la literatura dominicana_. Ciudad Trujillo: 1944. 2 vols.

Vol. 1. Verso. Vol. 2. Prosa. 19th and 20th centuries. Contains works of 28 poets and 34 prose writers, with biographical notes on each volume. Bibliography.

### Poetry

1616. Alfonseca, Iván. _Antología poética dominicana_: _reseña históricocrítica de la poesía en Santo Domingo_. Santo Domingo: Imprenta Quisqueya, 1972.

1617. Conde, Pedro. _Antología informal_. _La joven poesía dominicana_. Santo Domingo: Editora Nacional, 1970.

1618. Contín Aybar, Pedro René. Editor. _Antología poética dominicana_. Santiago: Editora El Diario, 1943.

Critical notes, and information on the poetry. Includes 46 poets, born between 1845 and 1900.

1619. __________. _Poesía dominicana_. Santo Domingo: Librería Dominicana, 1969.

1620. Fernández Spencer, Antonio. Editor. _Nueva poesía dominicana_. _Antología_. Madrid: Ediciones Cultura Hispánica, 1953.

Includes poets whose works represent the period from "postumismo" to "La poesía sorprendida (1916-1947). Nine selected poets: Domingo Moreno Jiménez, Rafael Américo Henríquez, Tomás Hernández Franco, Manuel del Cabral, Pedro Mir, Flanklin Mieses Burgos, Héctor Incháustegui Cabral, Freddy Gatón Arce, and Antonio Fernández Spencer.

1621. Mateo, Andrés L. _Poesía de post guerra / joven poesía dominicana_. Santo Domingo: Editora Alfa y Omege, 1981.

Includes poetry and poets of the literary groups "El Puño," "La isla," "La máscara," and "La Antorcha" (1960), with publications after civil war (1965) and invasion by the United State army forces. Twelve poets: Norberto James Rawlings, Enriquillo Sánchez, Mateo Morrison, Cayo Claudio Espinal, Alexis Gómez, Tony Raful, Enrique Eusebio, Andrés L. Mateo, José Enrique García, Soledad Alvarez, Federico Jovine Bermúdez, and José Molinaza.

1622. Mejía, Gustavo Adolfo. Editor. Antología de poetas dominicanos. Ciudad Trujillo: La Palabra de Santo Domingo, 1954.

1623. Rueda, Manuel and Lupo Hernández Rueda. Antología panorámica de la poesía dominicana contemporánea (1912-1962). Santiago de los Caballeros: Universidad Católica, 1972.

Contains: Los movimientos literarios. Vedrinismo: Vigil Díaz, Zacarías Espinal. Postumismo: Rafael Augusto Zorrilla, Domingo Moreno Jiménez, Andrés Avelino. Los Nuevos: Rubén Suro. La poesía sorprendida: Rafael Américo Henríquez, Manuel Llanes, Franklin Mieses Burgos, Aída Cartagena Portalatin, Manuel Valerio, Freddy Gatón Arce, Manuel Rueda, Mariano Lebrón Saviñon, Antonio Fernández Spencer, J. M. Glas Mejía. Appendix to "Los movimientos literarios."

1624. Santos Moray, Mercedes. Compiler. Meridiano 70: poesía social dominicana, siglo XX. La Habana: Casa de las Américas, 1978.

Useful compilation including major principals of this movement and theorical statements on Dominican poetry of the 20th century. Includes 27 poets who represent the movement "de los humildes al postumismo" (1920-1930), "neopostumistas y sorprendidos" (1940-1950), "jornadas de abril y sus continuadores" (1960-1970).

1625. Townsed, Francis Edward. Editor and Translator. Quisqueya: A Panoramic Anthology of Dominican Verse. 2d ed. Ciudad Trujillo: Editorial del Caribe, 1954 (1947).

Includes: Rafael Richiez Acevedo ("Agapito Javalera"), Enrique Aguiar, Osvaldo Bazil, Federico Bermúdez, Franklin Mieses Burgos, Manuel Cabral, Enrique Cambier, J. Agustín Concepción, Pedro René Contín Aybar, Gastón F. Deligne, Vigil Díaz, Virgilio Díaz Ordóñez, Francisco Domíngues Charro, Alfredo Fernández Simo, Fabio Fiallo, Víctor Garrido, Valentia Giro, Clemencia Damirón Gómez P., Ernestina Gómez de Read, Miguel A. Guerrero, Enrique Henríquez, Gustavo Julio Henríquez, Rafael A. Henríquez, Tomás Hernández Franco, Porfirio Herrera, Héctor Incháustegui Cabral, Ramón Emilio Jiménez, Martha Lamarche, Julio de Windt Lavandier, Mariano Lebrón Saviñón, Tomás Morel, Domingo Moreno Jiménez, Amada Nivar de Pitaluga, Armando Oscar Pacheco, Arturo B. Pellerano Castro, Emilio Prudhomme, Rafael Emilio Sanabia, Altagracia Saviñón, Rubén Suro, and Delia Weber.

1626. __________. Quisqueya: An English-Spanish Version of the Poetry of Santo Domingo. Bogotá: UISIS, 1964

Reprint of second edition (see item 1625).

Prose Fiction

1627. Cartagena, Aída. Narradores dominicanos. Caracas: Monte Avila, 1969.

Introduction and bio-bibliographical data on each author. Most stories allude to political repression and social misery. Includes: 11 authors. Most valuable: Juan Bosch, Virgilio Díaz-Grullón, Ramón Francisco, Marcio Veloz Maggiolo, and Miguel Alfonseca.

1628. Díaz Grullón, Virgilio. La nueva narrativa dominicana. Santo Domingo: Casagrande, 1978.

1629. Peix, Pedro. La narrativa yugulada. Santo Domingo: Editora Alfa y Omega, 1981.

1630. Rodríguez Demorizi, Emilio. Cuentos de política criolla. 2d ed. Santo Domingo: Librería Dominicana, 1977 (1963).

Prologue by Juan Bosch.

## ECUADOR

1631. Arias, Augusto and Antonio Montalvo. Antología de poetas ecuatorianos. Quito: Ministerio de Educación Pública, 1944.

1632. Bajo la carpa: una antología temática. Varios autores. Guayaquil: Casa de la Cultura Ecuatoriana, Núcleo de Guayas, 1981.

Includes 11 contemporary poets whose works focus on the circus. Bio-bibliographical information, on each author.

1633. Carrión, Benjamín. Indice de la poesía ecuatoriana contemporánea. Santiago de Chile: Ediciones Ercilla, 1937.

Contains: "Ubicación estética del Ecuador contemporáneo." Arturo Borja, Ernesto Noboa Caamaño, Medardo Angel Silva, Humberto Fierro, Alfonso Barrera, José María Egas, Remigio Cordero, Gonzalo Escudero, Miguel Angel León, Jorge Carrera Andrade, Augusto Arias, Aurora Estrada y Ayala, Manuel Agustín Aguirre, G. Guillermo Mata, Carlos Manuel Espinoza, José Alfredo Llerena, Ignacio Lasso, Hugo Mayo, Joaquín Gallegos Lara, Enrique Gil Gilbert, Pedro Jorge Vera, Eduardo Mora Moreno, Augusto Sacoto Arias, Alejandro Carrión, Hugo Alemán, Abel Romero Castillo, Nela Martínez Espinoza, Jorge I. Guerrero, Anastasio Viteri, Antonio Montalvo, Jorge Reyes.

1634. Garcés Larrea, Cristóbal. Editor. Madrugada: una antología de la poesía ecuatoriana. Quito: Casa de la Cultura Ecuatoriana,

1976.

1635. Medina Cifuentes, Enrique. Editor. Poetas del Ecuador. Quito: Ediciones Medina, 1966.

Includes 100 poets presented in alphabetical order but without commentaries.

1636. Pesantez Rodas, Rodrigo. Editor. La nueva literatura ecuatoriana. Vol. 1. Poesía . Guayaquil: Universidad de Guayaquil, 1966.

Includes contemporary poets, and biographical notes on each author.

1637. Tres poetas ecuatorianos. Cuenca, Ecuador: Universidad de Cuenca, 1965.

Includes: Jacinto Cordero, Eugenio Moreno, and Teodoro Vanegas.

## Prose Fiction

1638. Calderón Chico, Carlos. Editor. Nuevos cuentistas del Ecuador. Guayaquil: Casa de la Cultura Ecuatoriana, Núcleo del Guayas, 1975.

Prologue by Hugo Salazar Tamariz. Bio-bibliographical notes. Includes: Guillermo Tenen Ortega, Hipólito Alvarado, Carlos Béjar Portilla, Raúl Pérez Torres, Iván Eguez, Abdón Ubidia, Vladimiro Rivas I., Fernando Nieto Cadena, Edwin Ulloa, Jorge Dávila, Esperanza Villalba, Jorge Velasco Mackenzie, Pablo Barriga, and Fernando Naranjo.

1639. Carrión, Benjamín. Editor. El nuevo relato ecuatoriano. 2d ed. Quito: Casa de la Cultura Ecuatoriana, 1959 (1950-1951).

Valuable critical study.

1640. Cuentos ecuatorianos. Vol. 2. Bogotá: Instituto Colombiano de Cultura, 1971.

1641. Rodríguez Castelo, Hernán. Cuento ecuatoriano contemporáneo. Guayaquil-Quito: Ediciones Ariel, 1970. 2 vols.

Includes authors born between 1920 and 1950. Bio-bibliographical information.

1642. Taboada Terán, Néstor. Editor. Ecuador en el cuento. Buenos Aires: Editorial Convergencia, 1976.

## Drama

1643. Teatro ecuatoriano: Cuatro piezas en un acto. Quito: Ministerio de Educación, 1962.

Includes: José Martínez Queirolo, Alvaro San Félix, and Eugenia Viteri.

1644. Teatro ecuatoriano. Guayaquil: Publicaciones Educativas Ariel, 1970. 3 vols.

Contains: Vol. 1. Introduction by Hernán Rodríguez Castelo. Vol. 2. Gonzalo Escudero, Augusto Sacoto Arias. Vol. 3. Jorge Icaza, Demetrio Aguilera Malta, Pedro Jorge Vera.

1645. Teatro ecuatoriano contemporáneo. Guayaquil: Casa de la Cultura Ecuatoriana, 1970-1973. 3 vols.

Contains: Vol. 1. Ernesto Albán Gómez, Simón Corral, Gustavo Cordero Candelario, Jorge Eduardo Dávila Vázquez, Rafael Díaz Ycaza, Luis García Jaime, Enrique Gil Gilbert, Luis Marín Nieto, José Martínez Queirolo, Othón Muñoz, Demetrio Aguilera Malta, Adalberto Ortiz, Agustín Vulgarín. Vol. 2. Sergio Román, Ulises Estrella, Ernesto Albán Gómez, Gustavo Cordero C., Agustín Vulgarín, Jorge Dávila Vázquez, Carlos Villasís Endara, Alvaro San Félix, Hugo Salazar Tamariz, José Martínez Queirolo, Fausto E. Arellano Guerra. Vol. 3. Enrique Gil Gilbert, Demetrio Aguilera Malta, Agustín Vulgarín, Luis García Jaime, Fielden Torres, Luis Martín, Sergio Román, Hugo Salazar Tamariz, and Leonardo Kosta.

## EL SALVADOR

### Poetry

1646. Cea, José Roberto. Antología general de la poesía salvadoreña. San Salvador: Editorial Universitaria, 1971.

Introduction and bio-bibliography on each poet. Arranged chronologically beginning with Francisco Gavidia (1864-1955).

1647. Escobar Galindo, David. Indice antológico de la poesía salvadoreña. San Salvador: Universidad Centro Americana Editores, 1982.

Introduction discussing the individuality of each poet and its influence on form and trend.

1648. Gallegos Valdés, Luis and David Escobar Galindo. Editors. Poesía femenina de El Salvador, breve antología. San Salvador: Ministerio de Cultura, 1976.

Includes: Claribel Alegría, Lilián Serpas, Claudia Lars, Maya América Cortéz, Sonia Miriam Kury, and Claudia Herodier.

1649. Osses, María Esther. Para el combate y la esperanza: poesía política en El Salvador. Santo Domingo: Editorial Taller, 1982.

Introduction documenting violation of human rights in El Salvador. Includes declarations, interviews, articles, and personal testimonies.

1650. Toruño, Juan Felipe. Indice de poetas de El Salvador en un siglo: 1840-1940. San Salvador: Imprenta Funes, 1941

Prose Fiction

1651. Barba Salinas, Manuel. Editor. Antología del cuento salvadoreño (1880-1955). 2d ed. San Salvador: Ministerio de Educación. 1976 (1959).

Includes 28 writers with information and biographical notes on each authors.

1652. Barraza Meléndez, Martín. Trayectoria del cuento salvadoreño: antología y principales modalidades. Bogotá: Universidad Católica Javeriana, 1961.

1653. Gallagher, Jack. Translator. Modern Short Stories of El Salvador. San Salvador: Ministerio de Educación, 1966.

1654. Silva, José Enrique. Breve antología del cuento salvadoreño. San Salvador: Editorial Universitaria, 1962.

GUATEMALA

1655. Echeverría Barrera, Raúl Amílcar. Antología de la literatura guatemalteca: prosa y verso. Guatemala: Editorial Savia, 1960.

Prologue by M. Tulio González. Introduction, and short biographical sketches on each author.

1656. __________. Antología de prosistas guatemaltecos. Leyenda, tradición y novela. Guatemala: Universidad de San Carlos de Guatemala, 1958.

Divided into two parts: 1. Covers legend and folklore, from Popol Vuh to Miguel Angel Asturias. 2. Fiction writers in 19th and 20th centuries, from José Milla to Rafael Arévalo Martínez.

Poetry

1657. Cifuentes, José Luis. Editor. Algunos poetas contemporáneos de Guatemala. Guatemala: Ministerio de Instrucción Pública, 1956.

1658. Méndez de la Vega, Luz. Flor de Varia poesía. Poetas humanistas. Guatemala: Editorial José de Pineda Ibarra, 1978.

Contains: Flavio Herrera, David Vela, Hugo Cerezo Dardón, S. K. R., Carlos Menkos Martínez, Ernesto Chinchilla Aguilar, Alaíde

Foppa. José Hernández Cobos, Fernando De León Porrás, José María Alemán García, Amílcar Echeverría, Margarita Carrera, Ricardo Estrada, Edmundo Zea Ruano, Rafael Zea Ruano, Francisco Albizurez Palma, Luz Méndez de la Vega, Matilde Montoya, Ruth Alvarez de Schael, Juan de Dios Montenegro, Margarita Alzamora Méndez, Angel Ramírez, Adrián Ramírez Flores, Catalina Barrios y Barrios, Rafael Pineda Reyes, and Manuel José Arce.

1659. Poemario. Poetas jóvenes guatemaltecos. Guatemala: Tipografía Nacional, 1957.

Includes 23 young poets.

### Prose Fiction

1660. Lamb, Ruth. Antología del cuento guatemalteco. México: Ediciones de Andrea, 1959.

Includes bibliography.

1661. Orantes, Alfonso. Cuentos guatemaltecos. Panamá: Biblioteca Selecta, 1947.

### Drama

1662. Solórzano, Carlos. Compiler. Teatro guatemalteco. Madrid: Aguilar, 1964.

Includes: Rafael Arévalo Martínez, Miguel Angel Asturias, Miguel Marsicovétere y Durán, Manuel Galich, and Carlos Solórzano.

## HONDURAS

1663. Acosta, Oscar. Editor. Los premios nacionales de literatura Ramón Rosa: 1951-1972. Antología. Tegucigalpa: Ministerio de Educación Pública, 1973.

Prologue by J. Napoleón Alcerro. Includes: Luis Andrés Zúñiga, Guillermo Bustillo Reina, Claudio Barrera, Jacobo Bárcamo, Daniel Laínez, Argentina Díaz Lozano, Clementina Suárez, Medardo Mejía, and Roberto Sosa.

1664. Acosta Oscar and Pompeyo del Valle, Oscar. Compilers. Exaltación de Honduras. Antología. Tegucigalpa: Universidad Nacional Autónoma de Honduras, 1971.

Collection of works dealing with patriotic themes. Includes Columbus' description of Honduras.

## Poetry

1665. Acosta, Oscar. Editor. Poesía hondureña de hoy. Tegucigalpa: Nuevo Continente, 1971.

Includes the works of 20 poets that focus on traditional and social themes.

1666. Acosta, Oscar and Roberto Sosa. Compilers. Antología de la nueva poesía hondureña. Tegucigalpa: Editorial Ulua, 1967.

Selection of poetry by authors born between 1920 and 1930. Little information.

1667. Barrera, Claudio. Antología de poetas jóvenes de Honduras, desde 1930. Tegucigalpa: 1950.

1668. Bermúdez, Hernán Antonio. Cinco poetas hondureños. Tegucigalpa: Editorial Guaymuras, 1981.

Includes: Rigoberto Paredes, Horacio Castellanos Moya, José Luis Quesada, Ricardo Maldonado, and Alexis Ramírez.

1669. Luna Mejía, Manuel. Editor. Indice general de la poesía hondureña México: Editora Latinoamericana, 1961.

Prologue by Eliseo Pérez Cadalso. Covers 150 poets from early 19th century to half of 20th century.

1670. Poesía contemporánea: 11 poetas hondureños. Tegucigalpa: Consejo Metropolitano del Distrito Federal, 1978.

Includes: Clementina Suárez, Jorge Federico Travieso, Jaime Fontana, Antonio José Rivas, Pompeyo del Valle, Roberto Sosa, Oscar Acosta, José Adán Castelar, Edilberto Cardona Bulnes, Rigoberto Paredes, and José Luis Quesada.

## Prose Fiction

1671. Acosta Oscar, and Roberto Sosa. Compilers. Antología del cuento hondureño. Tegucigalpa: Universidad Nacional Autónoma de Honduras, 1968.

Includes 39 short stories by 27 authors, from Juan Ramón Molina (1875-1908) to Julio César Escoto (1944).

## Drama

1672. Caballero, Alma, and Francisco Salvador. Teatro en Honduras. Tegucigalpa: Secretaría de Cultura, Turismo e Información, 1977.

Includes Medardo Mejía, Daniel Laínez, and Ramón Amaya Amador.

MEXICO

1673. Abreu Gómez, Ermilo, Jesús Zavala, Clemente López Trujillo, and Andrés Henestrosa. Editors. Cuatro siglos de literatura mexicana. Poesía, teatro, novela, cuento, relato. México: Editorial Leyenda, 1946.

Contains selections from poetry, drama, novel and short story.

1674. Jiménez Rueda, Julio. Antología de la prosa en México. 3d ed. revised and expanded. México: Editorial Botas, 1946 (1931).

Poetry

1675. Aguayo Spencer, Rafael. Editor. Flor de Moderna poesía mexicana. México: Libro Mex, 1955.

Includes: 41 poets from Manuel Gutiérrez Nájera (1859-1895) to Ramón Mendoza Montes (1925). Contains a "Bibliografía de autores incluídos."

1676. Albareda, Ginés de, and Francisco Garfias. Compilers. Antología de la poesía hispanoamericana. México. Madrid: Biblioteca Nueva, 1957.

Divided into seven sections: 1. Poetas de la conquista. 2. El Barroco. 3. Poesía anónima (siglos XVI-XVII). 4. El Neoclasisismo. 5. El Romanticismo. 6. El Modernismo. 7. Tendencias actuales.

1677. Alvarez, Griselda. Editor. 10 mujeres en la poesía mexicana del siglo XX. México: Secretaría de Obras y Servicios, 1974.

Includes: Guadalupe Amor, Olga Arias, Rosario Castellanos, Dolores Castro, Isabel Fraire, Emma Godoy, Margarita Michelena, Thelma Nava, Margarita Paredes, and Concepción Urquiza.

1678. Antología de la poesía mexicana, 1962. México: Instituto Nacional de Bellas Artes, Departamento de Literatura, 1963.

Collection of works written in 1962 by 77 poets. No critical commentary.

1679. Arellano, Jesús. Editor. Poetas jóvenes de México. Antología. México: Libros Mex, 1955.

1680. ___________. Antología de los 50 poetas contemporáneos de México. México. Editorial Alatorre, 1952.

1681. Aub, Max. Editor. Poesía mexicana, 1950-1960. México: Aguilar,

1682. Aura, Alejandro, Leopoldo Ayala, José Carlos Becerra, and Raúl Garduño. Editors. Poesía joven de México. México: Siglo XXI Editores, 1967.

1683. Bañuelos, Juan, et al. La espiga amotinada. México: Fondo de Cultura Econômica, 1960.

Prologue by A. Bartra. Includes: Juan Bañuelos, Oscar Oliva, Jaime A. Shelly, Eraclio Zepeda, and Jaime Labastida.

1684. Castro Leal, Antonio. Editor. Las cien mejores poesías líricas mexicanas. 7th ed. México: Porrúa, 1971 (1914).

Traditional anthology with selection and criticism, from 16 th century to Ramón López Velarde.

1685. Cohen, Sandro. Palabra nueva: dos décadas de poesía en México. México: Premiá Editora, 1981.

Includes the poets born between 1940-1958 ("Generación perdida") who were in anthology by Octavio Paz, Poesía en movimiento (1966). (See item 1699.)

1686. Debicki, Andrew P. Antología de la poesía mexicana moderna. London: Tamesis Books, 1977.

Includes poets from Modernism to 1960.

1687. García Moral, Concepción. Antología de la poesía mexicana. Madrid: Editora Nacional, 1974.

1688. González Ramírez, Manuel, and R. Torres Ortega. Poetas de México: antología de la poesía contemporánea mexicana. México: Editorial América, 1945.

1689. González Salas, Carlos. Editor. Antología mexicana de poesía religiosa, siglo XX. México: Editorial Jus, 1960.

1690. Los cuatro poetas: Gutiérrez Nájera, Urbina, Icaza, Tablada. México: Secretaría de Educación Pública, 1944.

Introduction by Antonio Acevedo Escobedo.

1691. Maples Arce, Manuel. Antología de la poesía mexicana moderna. Roma: Poligráfica Tiberina, 1940.

Includes 45 poets and selected works from Manuel Gutiérrez Nájera to Octavio Paz.

1692. Millán, María del Carmen, and B. Costa-Amic. Libro de oro de la poesía mexicana. México: Libro Mex, 1957. 2 vols.

1693. Monsiváis, Carlos. Editor. La poesía mexicana del siglo XX. Antología. México: Empresas Editoriales, 1966.

Includes: Francisco González León, Enrique González Martínez, José Juan Tablada, Alfredo R. Palencia, Rafael López, Efrén Rebolledo, Ramón López Velarde, Alfonso Reyes, Octavio G. Barreda, Renato Leduc, Manuel Maples Arce, Bernardo Ortiz de Montellano, Carlos Pellicer, José Gorostiza, Jaime Torres Bodet, Jorge Cuesta, Efrén Hernández, Elías Nandino, Xavier Villaurrutia, Salvador Novo, Alfonso Gutiérrez Hermosillo, Gilberto Owen, Rodolfo Usigli, Manuel Ponce, Efraín Huerta, Octavio Paz, Neftalí Beltrán, Margarita Michelena, Manuel Calvillo, Jorge Cárdenas Peña, Alí Chumacero, Guadalupe Amor, Jorge Hernández Campos, Rubén Bonifaz Nuño, Jaime García Terrés, Miguel Guardi, Rosario Castellanos, Jaime Sabines, Juan Bañuelos, Marco Antonio Montes de Oca, Hugo Padilla, Gabriel Zaid, José Antonio Montero, José Emilio Pacheco, and Homero Aridjis.

1694. Montes de Oca, Francisco. Editor. Poesía mexicana. México: Porrúa, 1968.

Includes 80 poets, from Francisco de Terrazas (16th century) to Homero Aridjis, chronologically arranged.

1695. Ocho poetas mexicanos: Alejandro Avilés, Roberto Cabral de Hoyo, Rosario Castellanos, Dolores Castro, Efrén Hernández, Honorato Ignacio Magaloni, Octavio Novaro, Javier Peñaloza. México: Abside, 1955.

1696. Ory, Eduardo de. Antología de la poesía mexicana. Madrid: Aguilar, 1936.

1697. Pacheco, José Emilio. Editor. Antología del Modernismo, 1884-1921 México: Universidad Nacional Autónoma de México, 1970. 2 vols.

Contains: Vol. 1. Manuel Gutiérrez Nájera, Salvador Díaz Mirón, Manuel José Othón, Francisco A. de Icaza, Luis G. Urbina. Vol. 2. Amado Nervo, José Juan Tablada, Enrique González Martínez, María Enriqueta, Alfredo R. Palencia, Rafael López, Efrén Rebolledo, Ramón López Velarde.

1698. Paz, Octavio. An Anthology of Mexican Poetry. Edited by O. P., Indiana. 8th ed. Bloomington, IN & London: Indiana University Press, 1971 (1958).

Translated by Samuel Beckett. Includes: Francisco de Terrazas, Fernán González de Eslava, Bernardo de Balbuena, Fernando de Córdoba y Bocanegra, Juan Ruiz de Alarcón, Miguel de Guevara, Matías de Bocanegra, Luis de Sandoval y Zapata, Carlos A. Siguenza y Góngora, Juana de Asbaje, José Manuel Martínez de Navarrete, José Joaquín Pesado, Ignacio Rodríguez Galván, Ignacio Ramírez, Vicente Riva Palacio, Ignacio Manuel Altamirano, Joaquín Arcadio Pegaza, Manuel M. Flores, José Peón y Contreras, Justo Sierra, Manuel Gutiérrez Nájera, Francisco A. de Icaza, Ldis G. Urbina, Francisco González León, Amado Nervo, José Juan Tablada, Enrique González Martínez, Rafael López, Efrén Rebolledo, Manuel de la Parra, Ramón López Velarde, and Alfonso Reyes.

1699. __________. Compiler. Poesía en movimiento: México, 1915-1966. 14th ed. México: Siglo XXI. Editores, 1979 (1966).

Prologue by Alí Chumacero, José Emilio Pacheco, and Homero Aridjis. 20th century Mexican poetry are represented.

1700. Strank, Mark. Editor. New Poetry of Mexico. New York: E.P. Dutton, 1970.

With notes by Octavio Paz, Alí Chumacero, José Emilio Pacheco, and Homero Aridjis. Bilingual edition, with presentation of material in Poesía en movimiento. (See item 1699.)

1701. Valdés, Héctor. Poetisas mexicanas: siglo XX. Antología. México: Universidad Nacional Autónoma de México, 1976.

Includes: María Enriqueta Camarillo y Roa de Pereyra, Auora Reyes, Concha Urquiza, Margarita Michelena, Emma Godoy, Griselda Alvarez, Guadalupe Amor, Margarita Paz Paredes, and others.

1702. Zaid, Gabriel. Asamblea de poetas jóvenes de México. México: Siglo XXI Editores, 1980.

Includes 164 poets between ages of 18 and 30 in 1980, with bio-bibliography of each author.

## Prose Fiction

1703. Carballo, Emmanuel. Cuentistas mexicanos modernos, 1949-1956. México: Libro Mex, 1956. 2 vols.

1704. __________. Editor. El cuento mexicano del siglo XX. Antología. México: Empresas Editoriales, 1964.

Includes 56 authors from Martín Guzmán to Juan Tovar. Introduction gives panorama of history from foundation of Ateneo de la Juventud in 1963. Useful bibliography.

1705. Castro Leal, Antonio. La novela de la revolución mexicana. 5th ed. Madrid-México: Aguilar, 1971-1972 (1958). 2 vols.

Includes general introduction, chronological history, historical figures, geographical index. Vocabulary and bibliography.

1706. Congrains, Enrique. Antología contemporánea del cuento mexicano. Instituto Latinoamericano de Vinculación Cultural, 1963.

1707. Glantz, Margo. Compiler. Onda y escritura en México. Jóvenes de 20 a 23. México: Siglo Veintiuno, 1971.

Introduction dividing the authors into: the very Mexican and the more cosmopolitan. Includes: Jorge Aguilar Mora, René Avilés Favila, José Joaquín Blanco, Ulises Carrión, Fernando Curiel, Margarita Dalton, Gerardo de la Torre, Xorge del Campo, Edmundo Domínguez Aragonés, Manuel Echeverría, Luis Carlos Emerich, Manuel Farril, Parménides García Saldaña, José Agustín, Héctor Manjarréz, Carlos Montemayor, Raúl Navarrete, Jorge Arturo Ojeda, Orlando Ortiz, José Emilio Pacheco, Roberto Páramo, Eduardo Rodríguez Solís, Gustavo Sainz, Esther Seligson, Víctor Manuel Toledo, Juan Manuel Torres, Juan Jacobo Trigos, and Jaime Turrent.

1708. Leal, Luis. Antología del cuento mexicano. México: Ediciones de Andrea, 1957.

Includes fragment of Popol Vuh, historical story by Fernando de Alva Ixtlilxóchitl, and works of Juan Suárez de Peralta and Padre Joaquín Bolaños. Also includes stories by J. J. Fernández de Lizardi, G. Prieto, J. T. de Cuéllar, I. Altamirano, J. Sierra, J. M. Roa Bárcena, V. Riva Palacio, M. Gutiérrez Nájera, A. Nervo, J. López Portillo y Rojas, R. Delgado, A. De Campo, A. Reyes, F. Monterde, M. Azuela, M. L. Guzmán, F. Rojas González, N. Campobello, J. Martínez Sotomayor, J. Revueltas, J. J. Arreola, and J. Rulfo.

1709. __________. El cuento mexicano desde sus orígenes al modernismo. Buenos Aires: Editorial de la Universidad de Buenos Aires, 1966.

1710. Lerin, Manuel, and Marco Antonio Millán. Editors. Veintinueve cuentistas mexicanos actuales. México: Edición de la Revista América, 1945.

Includes short stories by J. Vasconcelos, A. de Valle-Arizpe, F. L. Urquizo, E. Abreu Gómez, J. Martínez Sotomayor, G. López y Fuentes, E. Porres, R. F. Muñoz, J. Ferretis, J. de la Cabada, E. Hernández, A. Yáñez, O. Bustamente, F. Rojas González, M. González Ramírez, R. Salazar Mallen, C. Garizuieta, R. Ortiz Avila, R. Noriega, C. Campos Alatorre, A. Henestrosa, R. Rubín, J. Patiño, J. R. Guerrero, J. Revueltas, R. Solana, and others. Bibliography and biography on each author.

1711. Mancisidor, José. Cuentos mexicanos de autores contemporáneos. México: Editorial Nueva España, 1946.

Selection to Arreola period.

1712. Millán, María del Carmen. Editor. Antología de cuentos mexicanos. México: Secretaría de Educación Pública, 1976. 3 vols.

1713. __________. Antología de cuentos mexicanos. México: Nueva Imagen, 1977. 2 Vols.

Contains: Vol. 1. Rafael F. Muñoz, Jorge Ferretis, Juan de la Cabada, Francisco Rojas González, Efrén Hernández, Mauricio Magdaleno, Armando Olivares Carrillo, Francisco Tario, Ramón Rubín, José Revueltas, Rafael Bernal, Rafael Solana, Edmundo Valadés, Gastón García Cantú, and Juan José Arreola. Vol. 2. Juan Rulfo, Guadalupe Dueñas, Ricardo Garibay, Emilio Carballido, Rosario Castellanos, Sergio Galindo, Amparo Dávila, Inés Arredondo, Carlos Fuentes, Salvador Elizondo, Juan García Ponce, Sergio Pitol, José de la Colina, Eraclio Zepeda, and José Emilio Pacheco.

1714. Orozco, Fernando. Compiler. *Cuentos y narraciones de la ciudad de México*. México: Secretaría de Obras y Servicios, 1974.

Includes: Couto, Riva Palacio, Gutiérrez Nájera, De Campo, Estrada, López Velarde, Novo, and René Avilés.

1715. Ortiz de Montellano, Bernardo. *Antología de cuentos mexicanos*. 2d ed. México: Editora Nacional, 1954 (1926).

Prologue by José María Roa Bárcena.

1716. *Panorama del cuento mexicano*. Montevideo: Ediciones de la Banda Oriental, 1980. 2 vols.

Contains: Vol. 1. José Vasconcelos, Martín Luis Guzmán, Alfonso Reyes, Rafael F. Muñoz, Lorenzo Turrent Rozas, Juan de la Cabada, Francisco Rojas González, Agustín Yáñez, Luis Córdova, José Revueltas, Edmundo Valadés, Rafael Bernal, Juan José Arreola, and Juan Rulfo. Vol. 2. Emma Dolujanoff, Xavier Vargas Pardo, Rosario Castellanos, Emilio Carballido, Carlos Valdés, Carlos Fuentes, José de la Colina, Eraclio Zepeda, Juan Tovar, and Parménides García Saldaña.

1717. Ramírez Cabañas, Joaquín. Compiler. *Antología de cuentos mexicanos (1875-1910)*. Buenos Aires: Espasa-Calpe Argentina, 1945.

Prologue and notes. Including: Vicente Riva Palacio, José María Roa Bárcena, Justo Sierra, Juan de Dios Peza, José López Portillo y Rojas, Rafael Delgado, Manuel Gutiérrez Nájera, Carlos Díaz Dufóo, Amado Nervo, Cayetano Rodríguez Beltrán, and Victoriano Salado Alvarez.

1718. Sainz, Gustavo. Editor. *Jaula de palabras*. México: Editorial Grijalbo, 1980.

Introduction; photographs and bio-bibliographical notes on each authors. Includes: Juan de la Cabada, Carlos Fuentes, Alberto Dallal, José Emilio Pacheco, Jorge Arturo Ojeda, Raúl Hernández, Alberto Huerta, Salvador Castañeda, Javier Córdova, David Ojeda, Carlos Chimal, Jesús Luis Benítez, Guillermo Samperio, Armando Ramírez, Luis Zapata, and Emilio Pérez Cruz.

## Drama

1719. Carballido, Emilio. *Carpintería dramática*. *Antología de un taller*. México: Universidad Autónoma Metropolitana, 1979.

Includes 14 brief plays by 11 authors from Carballido's workshop in spring of 1979 (Universidad Autónoma Metropolitana).

1720. Gaucher-Schultz, Jeanne, and Alfredo O. Morales. Editors. Tres dramas mexicanos en un acto. New York: The Odyssey Press, 1971.

Includes: Carlos Solórzano, Sergio Magaña, and Elena Garro.

1721. Teatro joven de México. 15 obras presentadas por Ermilio Carballido. México: Novaro, 1973.

Plays by: Oscar Villegas, José López Arellano, Juan Tovar, Gerardo Velásquez, Jesús González Dávila, Willebaldo G. López, Sergio Peregrina, Felipe Reyes Palacios, José Luna, Dante del Castillo, Jesús Assaf, Leticia Téllez, José Agustín, Miguel Angel Tenorio, and Enrique Ballesté.

1722. Teatro joven de México. Nueva selección presentada por Emilio Carballido. 2d ed. México. Editores Mexicanos Unidos, 1979 (1973).

Includes: Oscar Villegas, José López Arellano, Oscar Liera, Jesús González Dávila, Casto Eugenio Cruz, Felipe Reyes Palacios, Sergio Peregrina, Willebaldo G. López, Dante del Castillo, Leticia Téllez, Reynaldo Carballido, José Agustín, Miguel Angel Tenorio, Pilar Campesino, Alejandro Licona, Héctor Berthier, and Antonio Argudín.

1723. Teatro messicano del novecento. Milano: Istituto Editoriale Cisalpino, 1959.

Giuseppe Bellini, Editor. Includes: Celestino Gorostiza, Xavier Villaurrutia, and Rodolfo Usigli.

1724. Teatro mexicano 1958. México: Aguilar, 1959.

Luis G. Basurto. Editor. Includes: Luis Moreno, Federico S. Inclán, Sergio Magaña, Wilberto Cantón, Celestino Gorostiza.

1725. Teatro mexicano 1959. México: Aguilar, 1962.

Includes: Federico S. Inclán, Carlos Prieto, Luis G. Basurto, and Felipe Santander.

1726. Teatro mexicano 1963. México: Aguilar, 1965.

Selection and prologue by Antonio Magaña Esquivel. Includes: Salvador Novo, Emilio Carballido, Rafael Solana, and Luisa Josefina Hernández.

1727. Teatro mexicano 1964. México: Aguilar, 1967.

Selection and prologue by Antonio Magaña Esquivel.

Includes: Antonio González Caballero, Héctor Azar, Maruxa Vilalta, Margarita Urueta.

1728. Teatro mexicano 1968. México: Aguilar, 1974.

Antonio Magaña Esquivel, Editor. Includes: Rafael Solana, Héctor Azar, Vicente Leñero, Emilio Carballido.

1729. Teatro mexicano 1969. México: Aguilar, 1972.

Selection, prologue, notes and bibliography by Antonio Magaña Esquivel. Includes: Vicente Leñero, Margarita Urueta, Pablo Salinas, Enrique Ballesté.

1730. Teatro mexicano 1970. México: Aguilar, 1973.

Selection, prologue, and notes by Antonio Magaña Esquivel. Includes: Maruxa Vilalta, Marcela del Río, Vicente Leñero, Federico S. Inclán.

1731. Teatro mexicano 1971. México: Aguilar, 1974.

Selection, prologue and notes by Antonio Magaña Esquivel. Includes: Vicente Leñero, Alejandro Galindo, Fernando Sánchez Mayáns, Luisa Josefina Hernández.

1732. Teatro mexicano 1972. México: Aguilar, 1975.

Includes: Willebaldo López Guzmán, Salvador Novo, Carlos Olmos, Héctor Azar.

1733. Teatro mexicano 1973. México: Aguilar, 1977.

Hugo Arguelles, Antonio González Caballero, Rodolfo Usigli, Carlos Ancira.

1734. Teatro mexicano contemporáneo. Madrid: Aguilar, 1959.

Selection and prologue by Antonio Espina. Includes: Xavier Villaurrutia, Celestino Gorostiza, Rodolfo Usigli, Luis G. Basurto, Jorge Ibarguengoitia, Luisa Josefina Hernández.

1735. Teatro mexicano del siglo XX. México: Fondo de Cultura Económica. 1956-1970. 5 vols.

Vol. 1. Selection, prologue and notes by Francisco Monterde. Includes: Manuel José Othón, Mercelino Cávalos, Federico Gamboa, José Joaquín Gamboa, Carlos Noriega Hope, Víctor Manuel Díez Barroso, Ricardo Parada León, Lázaro y Carlos Lozano García, María Luisa Ocampo, Julio Jiménez Rueda, and Carlos Díaz Dufóo. Vol. 2. Selection, prologue and notes by Antonio Magaña Esquivel. Includes: Francisco Monterde, Juan Bustillo Oro, Mauricio Magdaleno, Celestino Gorostiza, Xavier Villaurrutia, Alfonso Reyes, Rodolfo Usigli, Concepción Sada, Miguel N. Lira, Luis G. Basurto, and Edmundo Báez. Vol. 3. Selection and prologue by Celestino Gorostiza. Includes: Salvador Novo, Agustín Lazo, Emilio Carballido, Sergio Magaña, Federico Schroeder Inclán, Luisa Josefina Hernández, Rafael Solana, Ignacio Retes, Héctor Mendoza, and Jorge Ibarguengoitia. Vol. 4. Selection, prologue and notes by Antonio Magaña Esquivel. Includes: Federico S. Inclán, Luisa

Josefina Hernández, J. Humberto Robles, Fernando Sánchez Mayáns, Salvador Novo, Antonio Magaña Esquivel, Rodolfo Usigli, Celestino Gorostiza, Sergio Magaña, and Juan García Ponce. Vol. 5. Selection, prologue and notes by Antonio Magaña Esquivel. Includes: Octavio Paz, Elena Garro, Antonio González Caballero, Héctor Azar, Maruxa Vilalta, Emilio Carballido, Margarita Urueta, Hugo Arguelles, and Vicente Leñero.

1736. Vilalta, Maruxa. Compiler. Primera antología de obras en un acto. México: Impresos de Lujo, 1959.

Includes: Héctor Azar, Celestino Gorostiza, Sergio Magaña, Octavio Paz, and Rafael Solana.

1737. ________. Segunda antología de obras en un acto. México: Impresos de Lujo, 1960.

Includes: Alvaro Arauz, Emilio Carballido, Federico S. Inclán, Salvador Novo, and Xavier Villaurrutia.

1738. ________. Tercera antología de obras en un acto. México: 1960.

Includes: Wilberto Cantón, Carlos Solórzano, Elena Garro, and Rodolfo Usigli.

Essay

1739. Martínez, José Luis. El ensayo mexicano moderno. 2d ed. México: Fondo de Cultura Económica, 1971 (1958).

From 19th century to 1958. Introduction and bio-bibliographical notes on each essayist: Justo Sierra, Manuel Gutiérrez Nájera, Francisco A. de Icaza, Luis G. Urbina, Amado Nervo, Rafael López, José Vasconcelos, Jesús T. Acevedo, Antonio Caso, Genaro Fernández Mac Gregor, Carlos González Peña, Enrique Fernández Ledesma, Genaro Estrada, Martín Luis Guzmán, Ramón López Velarde, Jesús Silva Herzog, Francisco Monterde, Ermilo Abreu Gómez, Julio Jiménez Rueda, Alfonso Caso, Antonio Castro Leal, Eduardo Villaseñor, Samuel RAmos, Daniel Cosio Villegas, Jaime Torres Bodet, Xavier Villaurrutia, Jorge Cuesta, Salvador Novo, Agustín Yáñez, Justino Fernández, Gabriel Méndez Plancarte, Rodolfo Usigli, Héctor Pérez Martínez, Edmundo O'Gorman, Mauricio Magdaleno, Andrés Henestrosa, Andrés Iduarte, Antonio Gómez Robledo, Silvio Zavala, Antonio Acevedo Escobedo, José Alvarado, Leopoldo Zea, Fernando Benítez, Carlos Díaz Dufóo, Artemio de Valle-Arizpe, Alfredo Maillefert, Alfonso Reyes, Julio Torri, Manuel Toussaint, Octavio Paz, José E. Iturriaga, Arturo Arnaiz y Freg, Gastón García Cantú, Pablo González Casanova, Ramón Xirau, Jaime García Terrés, Carlos Fuentes, Juan García Ponce, and Carlos Monsiváis.

1740. ________. The Modern Mexican Essay. Toronto: University of Toronto Press, 1965.

Translated by H. W. Hilbern. (See item 1739.)

## NICARAGUA

### Poetry

1741. Cardenal, Ernesto. Poesía nicaragüense. La Habana: Casa de las Américas, 1972.

Poetry anthology of 20th century, from Azarías H. Pallais to Leonel Rugama, treating political issues.

1742. ________. Compiler. Poesía nicaragüense. San José: Editorial Universitaria Centroamericana, 1976.

Reprinted Casa de las America's edition. (See item 1741.)

1743. ________. Poesía nueva de Nicaragua. Buenos Aires: Carlos Lohlé, 1974.

1744. ________. Poesía revolucionaria nicaragüense. 6th ed. México: Costa Amic, Ediciones Patria y Libertad, 1968 (1962).

Anthology attributed to Cardenal. Includes poems by Edwin Castro, Alfonso Cortés, Joaquín Pasos, Azarías H. Pallais, Manolo Cuadra, Salomón de la Selva, Ernesto Cardenal, Rubén Darío, and Fernando Gordillo.

1745. Cuadra, Pablo Antonio. Editor. Nueva antología de la poesía nicaragüense. Managua: Ediciones El Pez y la Serpiente, 1972.

1746. ________. Tierra que habla: antología de cantos nicaragüenses. Costa Rica: Editorial Universitaria Centroamericana, 1974.

1747. Gutiérrez, Ernesto, and José Reyes Monterrey. Editors. Poesía nicaragüense postdariana. León: Universidad Nacional Autónoma de Nicaragua, 1967.

Includes 30 poets.

1748. Herrera Torres, Juvenal. Compiler. El regreso de Sandino. Medellín: Editorial Aurora, 1980.

Includes poems from R. Darío to Dalton, and other works of Latin American political poets.

1749. Jiménez, Mayra. Compiler. Poesía campesina de Solentiname. Managua: Ministerio de Cultura, 1980.

Includes 23 poets from Jiménez's workshop in 1976-1977.

1750. Oviedo Reyes, Augusto. Compiler. Nicaragua lírica. Antología de poetas nicaragüenses. Santiago de Chile: Editorial Nascimento, 1937.

Biographical notes on each author. Includes: Francisco Quiñones Sunsín, Francisco Díaz Zapata, Cesáreo Salinas, Román Mayorga Rivas, Santiago Arguello, Manuel Maldonado, José Dolores García Robledo, Juan de Dios Vanegas, José Salinas Boquín, Ramón Sáenz Morales, Luis Avilés, Antonio Bermúdez, Octavio Rivas Ortiz, Francisco Buitrago Díaz, Manuel Tijerino, Cornelio Sosa, Luis H. Debayle, Bernardo Prado Salinas, Alberto Ortiz, Lino Argüello, P. Azarías Pallais, Alfonso Cortés, Salvador Ruiz Morales, Salvador Sacasas, Augusto Flores, Agenor Argüello, Salomón de la Selva, Antenor Sandino, Luis Alberto Cabrales, Guillermo Rothschu, Rosa Umaña Espinosa, Aura Rostand, Blanca del Valle, Antonio Medrano, Arístides Mayorga, José F. Alvarez, Juan Rafael Guerra, Anselmo Sequeira, Gabry Ribas, Luis F. Toruño, Jerónimo Aguilar H., Antonio Barquero, Joaquín Sacasa S., Francisco Baca, García Espinosa, Andrés Rivas Dávila, A. González Moncada, Norberto Salinas Aguilar, Alfredo Alegría, Emilio Quintana, Adolfo Calero Orozco, Julio Linares, Ismael Paniagua Prado, León Debayle, Alí Venegas, Augusto Oviedo Reyes, Octavio González Quintana, Juan Antonio Tijerino, Eudoro Solís, José Francisco Cardenal, Rodolfo Arguello, Jacobo Ortegaray, Cristino Paguagua Núñez, José Coronel Urtecho, Manolo Cuadra, Pablo Antonio Cuadra, Octavio Rocha, and Joaquín Pasos.

1751. Nueva poesía nicaragüense. Madrid: Instituto de Cultura Hispánica, 1949.

Introduction by Ernesto Cardenal, and useful notes by Orlando Cuadra Downing. Collection includes 13 poets representative of three generations: 1. "Los continuadores de Rubén (Azarías H. Pallais, Salomón de la Selva, Alfonso Cortés). 2. "Vanguardia" (José Coronel Urtecho, Pablo Antonio Cuadra, Joaquín Pasos). 3. "Los novísimos" (Ernesto Mejía Sánchez, Carlos Martínez Rivas, Ernesto Gutiérrez, Fernando Silva, Rodolfo Sandino).

1752. Pallais, Azarías H., Salomón de la Selva, and Alfonso Cortés. Precursores del movimiento de vanguardia: breve antología. Managua: Edition of "Club del Libro Nicaraguense, 1962."

1753. Sánchez, María Teresa. Editor. Poesía nicaragüense: Antología. Managua: Nuevos Horizontes, 1948.

Includes 180 poets from colonial period to 1948.

1754. Valle-Castillo, Julio. Compiler. Poetas modernistas de Nicaragua, 1880-1927. Managua: Fondo de Promoción Cultural Banco de América, 1978.

Valuable study of Central American poetry. Excellent introduction. Includes 13 modernist poets from Nicaragua: Rubén Darío, A. H. Pallais, and Alfonso Cortés. Short bio-bibliographical notes on each author.

1755. White, Stephen F. Compiler. Poets of Nicaragua: A Bilingual Anthology. 1918-1979. Greensboro, NC: Unicorn Press, 1982.

Translated by S. F. White. Includes 13 poets.

### Prose Fiction

1756. Antología del cuento nicaragüense. Managua: Ediciones del Club del Libro Nicaraguense, 1957.

Bio-bibliographical notes with glossary of "nicaraguanismos." Includes 16 writers of 20th-century.

1757. Ramírez, Sergio. Editor. El cuento nicaragüense. Antología. 2d ed. Managua: Editorial Nueva Nicaragua, 1982 (1976).

Includes: Rubén Darío, Pablo A. Cuadra, Ernesto Cardenal, Mariano Fiallos Gil, and others.

### Drama

1758. Tres obras de teatro. Vanguardia nicaragüense. Managua: Editorial Unión, 1975.

Includes: J. Coronel Urtecho, J. Pasos and J. Coronel Urtecho, Pablo Antonio Cuadra.

1759. 3 Obras de teatro nuevo. Managua: Academia Nicaragüense de la Lengua, 1957.

Includes: J. Pasos and J. Coronel Urtecho, Pablo Antonio Cuadra, Rolando Steiner.

1760. Tres obras teatrales de Nicaragua. Managua: Ediciones Nacionales, 1977.

Includes: Joaquín Pasos and José Coronel Urtecho, Alberto Ordóñez Aguello, Octavio Robleto.

## PANAMA

### Poetry

1761. Jaramillo Levi, Enrique. Poesía panameña contemporánea, 1929-1979. México: Liberta-Sumaria, 1980.

From Vanguard poets to contemporaries. Includes 69 poets with bio-bibliographical information.

1762. La mujer y la poesía en Panamá. Panamá: Ediciones INAC, 1977.

First overview of women poets with bio-bibliographical notes on 18 authors.

1763. Miró, Rodrigo. Cien años de poesía en Panamá, 1852-1952: Año del cincuentenario. 2d ed. Panamá: Librería Advance, 1966 (1953).

History of the Panamanian poetry. Overview of the literary trends to the latest. Bio-bibliographical information. Includes 40 poets: Gil Colunje, Tomás Feuillet, José María Alemán, José Dolores Urriola, Amelia Denis de Icaza, Manuel José Pérez, Jerónimo Ossa, Federico Escobar, Rodolfo Caicedo, Darío Herrera, Adolfo García, Ricardo Miró, Demetrio Fábrega, Zoraida Díaz, Antonio Noli, José María Guardia, José Guillermo Batalla, Enrique Geenzier, Gaspar Octavio Hernández, María Olimpia de Obaldía, Demetrio Korsi, Félix R. Ricaurte Castillo, Moisés Castillo, Santiago Anguizola, Lucas Bárcena, Rogelio Sinán, Antonio Isaza A., Roque Javier Laurenza, Demetrio Herrera, Ricardo J. Bermúdez, José Adolfo Campos, Ester María Osses, Eduardo Ritter Aislán, Tobías Díaz Blaitry, Stella Sierra, Tristán Solarte, Homero Icaza Sánchez.

1764. ________. Itinerario de la poesía en Panamá: 1502-1974. Panamá: Editorial Universitaria, 1974.

Collection from colonial period to present, with short introductory critical notes.

1765. ________. Indice de la poesía panameña. Santiago de Chile: Ediciones Ercilla, 1941.

Provides: Introduction and study on Panama's poetry before 1870. Includes: Darío Herrera, Nicolle Garay, León Antonio Soto, Demetrio Fábrega, Ricardo Miró, Enrique Geenzier, María Olimpia de Obaldía, Gaspar Octavio Hernández, Demetrio Korsi, Hofelia Hooper, Ana Isabel Illueca, Antonio Isaza A., Rogelio Sinán, Demtrio Herrera S., Roque Javier Laurenza, Rosa Elvira Alvarez, Ricardo Bermúdez, José Adolfo Campos, Eduardo Ritter Aislan, Antonio A. de León, Tobías Díaz B., and Stella Sierra.

1766. Morán, Diana. Compiler. Poesía joven de Panamá. México: Siglo XXI Ediciones, 1971

Includes five poets: Diana Morán, Ramón Oviero, Dimas Lidio Pitty, Bertacilia Peralta, and Agustín del Rosario. No critical and biographical information.

1767. Saz, Agustín del. Editor. Antología general de la poesía panameña, siglos XIX-XX. Barcelona: Editorial Bruguera, 1974.

Extensive study and criticism on topic.

Prose Fiction

1768. Avila, José. Editor. Cuentos panameños. Bogotá: Publicaciones del Instituto Colombiano de Cultura, 1973.

1769. Cabezas de Domínguez, Berta. Editor. Cuentos panameños. Bogotá: Instituto Colombiano de Cultura, 1972.

1770. Jaramillo Levy, Enrique. Compiler. Antología crítica de la joven narrativa panameña. México: Federación de Editorial Mexicana, 1971.

45 short stories with commentaries. Includes: Enrique Chuez, Griselda López, Luis C. Varela Jiménez, Pedro Rivera, Bertacilia Peralta, Benjamín Ramón, Moravia Ochoa López, Dimas Lidio Pitti, Arysteides Turpana, Enrique Jaramillo Levi, and Roberto Mc Kay.

1771. Miró, Rodrigo. El cuento en Panamá. Panamá: Imprenta de la Academia de la Lengua, 1950.

Introduction: "El cuento en Panamá, reseña histórica, Preludio colonial. El primer cuento panameña" by Gonzalo Fernández de Oviedo. Contains bibliography for the Panamanian short story and novel. Includes: S. Ponce Aguilera, D. Herrera, Ricardo Miró, G. Hernández, G. Hernández, J. Darío Jáen, Gil Blas Tejeira, Graciela Rojas Sucre, Rodolfo Aguilera, Rogelio Sinán, R. J. Laurenza, Juan B. Sosa, José María Sánchez B., El Bachiller Carrasco, Tobías Díaz Blaitry, Mario A. Rodríguez, Ramón H. Jurado, Juan O. Díaz Levis, Carlos Francisco Changmarín.

1772. Moore, Evelyn. Editor and Translator. Sancocho: Stories and sketches of Panamá. Panamá: Panamá American, 1938.

Includes: Guillermo Andreve, Julio Arjona, Lucas Bárcena, M. Francisco Carrasco, R. R. J. Castilleros, Moisés Castillo, Elida L. C. de Crespo, José Huerta, Samuel Lewis, Santiago McKay (Fray Rodrigo), Octavio Méndez Pereira, Salomón Ponce Aguilera, Graciela Rojas Sucre, and Nacho Valdés.

## PARAGUAY

### Poetry

1773. Amaral, Raúl. Editor. El modernismo poético en el Paraguay, 1901-1916: antología. Asunción: Alcándara, 1982.

Information on periodicals reviews, and documents in Paraguay. Includes bibliographies.

1774. Buzó Gómez, Sinforiano. Editor. Indice de la poesía paraguaya. Asunción - Buenos Aires: Editorial Tupa, 1943.

Chronological presentation of 90 poets. Study divided into three generations: 1860-1910, 1911-1932, and the last decade. Also includes selections in Guarani language. Useful biographical notes.

1775. Plá, Josefina. Antología de la poesía paraguaya. Madrid: Imprenta Nacional del Estado, 1966.

Includes critical commentaries.

1776. ________. Voces femeninas en la poesía paraguaya. Editor. Asunción: Alcándara, 1982.

Introduction with historical overview of women poets in Paraguay. Notes and bibliography.

1777. Vallejos, Roque. Antología crítica de la poesía paraguaya contemporánea. Asunción: Editorial Don Bosco, 1968.

Includes poets from 1940 to 1968. Contains bibliography.

### Prose Fiction

1778. Pérez-Maricevich, Francisco. Breve antología del cuento paraguayo. Asunción: Ediciones Comuneros, 1969.

Important introduction. Includes 7 authors: Gabriel Casaccia Bibolini, Augusto Roa Bastos, Josefina Plá, and others.

## PERU

1779. Darroch, Lynn A. Between Fire and Love: Contemporary Peruvian Writing. Portland, OR: Mississippi Mud, 1980.

Collection of fiction and poetry with bibliographical sketches on each author. The editor has divided the collection in seven sections according to theme (coast, highlands, Indian traditions, Spanish customs, political and social realities). Includes poetry and prose by contemporary authors of the group called "La Sagrada Familia."

1780. Tauro, Alberto. Elementos de literatura peruana. Lima Editorial Palabra, 1946.

From pre-Colonial period to 1946, with critical comments and selected bibliography after each chapter.

### Poetry

1781. Ahern, Maureen, and David Tipton. Editors. Perú: The New Poetry. 2d ed. New York: Red Dust, 1977 (1971).

Translation of poems by Sebastián Salazar Bondy, Francisco Carrillo, Washington Delgado, Carlos Germán Belli, Pablo Guevara, Rodolfo Hinostroza, Antonio Cisneros, Javier Heraud, Marco Martos, Julio Ortega, and Mirko Lauer.

1782. Albareda, Ginés de, and Francisco Garfias. Antología de la poesía hispanoamericana. Perú. Madrid: Biblioteca Nueva, 1963.

1783. Carrillo, Francisco. Antología de la poesía peruana joven. Lima: Ediciones de la Rama Florida, 1961.

Poems by young writers, such as César Calvo, and Javier Heraud.

1784. ___________. Las 100 mejores poesías peruanas contemporáneas. Lima: Ediciones de La Rama Florida, 1961.

From Manuel González Prada to recent poets.

1785. Escobar, Alberto. Antología de la poesía peruana. 2d ed. expanded. Lima: Ediciones Peisa, 1973 (1965). 2 vols.

Overview of Peruvian poetry with short notes on each poet. Covers: Vol. 1. 1911-1960. Vol. 2. 1960-1973.

1786. Lauer, Mirko and, Abelardo Oquendo. Surrealistas y otros peruanos insulares. Barcelona: Llibres de Sinera, 1973.

Prologue by Julio Ortega. Includes: César Moro, Carlos Oquendo de Amat, Martín Adán, Emilio Adolfo Westphalen, Jorge Eduardo Eielson, Raúl Deustua, Javier Sologuren, and Leopoldo Chariarse.

1787. ___________. Vuelta a la otra márgen. Lima: Casa de la Cultura del Perú, 1970.

Includes six important contemporary poets: César Moro, Carlos Oquendo de Amat, Martín Adán, Emilio Adolfo Weatphalen, Jorge Eduardo Eielson, and Leopoldo Chariarse. Biographical notes on each poet.

1788. Molina, Alfonso. Compiler. Antología de la poesía revolucionaria del Perú. 2d ed. Revised and expanded. Lima: Ediciones América Latina, 1965.

Works by 20 poets, such as César Vallejo and Javier Heraud, about revoutionary themes.

1789. Romualdo, Alejandro, and Sebastián Salazar Bondy. Antología general de la poesía peruana. Lima: Librería Internacional del Perú, 1957.

General study and bibliography by Alicia Tisnado. From the Incas to mid-20th century.

1790. Sánchez, Luis Alberto. Indice de la poesía peruana contemporánea

(1900-1937). Santiago de Chile: Editorial Ercilla, 1938.

1791. Tamayo Vargas, Augusto. Compiler. Nueva poesía peruana. Barcelona: Saturno, 1970.

Prose Fiction

1792. Antología del cuento peruano. Lima: Ediciones Nuevo Mundo, 1963.

Includes 14 short sotires by the best authors of Perú, such as: Ricardo Palma, José María Arguedas, and Julio Ramón Ribeyro.

1793. Bazán, Armando. Antología del cuento peruano. Santiago de Chile: Editorial Zig-Zag, 1942.

Includes: Ricardo Palma, Clemente Palma, Abraham Valdelomar, Ventura García Calderón, Manuel Beingolea, Enrique López Albújar, César Vallejo, María Wiesse, Héctor Velarde, Fernando Romero, José Díez-Canseco, Armando Bazán, Arturo Burga Freitas, Ciro Alegría, Rosa Arciniegas, and José María Arguedas.

1794. Belevan, Harry. Antología del cuento fantástico peruano. Lima: Universidad Nacional Mayor de San Marcos, 1977.

1795. Carrillo, Francisco. Cuento peruano, 1904-1971. 2d ed. Lima: Edición de la Biblioteca Universitaria, 1971.

1796. Cuentos peruanos. Antología. Bogotá: Instituto Colombiano de Cultura, 1972.

Includes: Enrique López Albújar, Ventura García Calderón, César Vallejo, José Díez-Canseco, Ciro Alegría, and José María Arguedas.

1797. Escobar, Alberto. El cuento peruano (1825-1925). Buenos Aires: Editorial de la Universidad de Buenos Aires, 1964.

Includes 12 authors. Short introduction and biographical information.

1798. ______________. La narración en el Perú. 2d ed. Lima: Librería Editorial Juan Mejía Baca, 1960 (1956).

General introduction, chronological history and selection of Peruvian stories. Contains: I. Tradición oral y narración escrita. a) Leyendas míticas: Juan de Betanzos, Pedro Cieza de León, Pedro Gutiérrez de Santa Clara, Antonio de la Calancha, Cristóbal de Molina, Anello Oliva, Fernando de Montesinos, Miguel Cabello Balboa, Pedro Sarmiento de Gamboa, Garcilaso de la Vega, Juan de Santa Cruz Pachacutec, Bernabé Cobo; b) Historias de amor: Miguel Cabello Balboa, Martín de Morúa, Francisco de Avila; c) Referencias al hombre hispánico: Alonso Henríquez de Guzmán, Fray Reginaldo de Lizárraga, Garcilaso de la Vega, Antonio de la Calancha, Diego de Córdova y Salinas, Bernardo de Torres,

Diego Esquivel y Navia, Gaspar de Villarroel, Concolocorvo, P. Fixiogamio. II. En torno de las "tradiciones": Felipe Pardo y Aliaga, Emilio Gutiérrez de Quintanilla, Manuel Ascencio Segura, Narciso Aréstegui, Ricardo Palma, José Antonio de Lavalle, Luis Benjamín Cisneros. III. Hacia la actualidad y su descripción: Manuel González Prada, Mercedes Cabello de Carbonera, Abelardo Gamarra, Clorinda Matto de Turner, Manuel Moncloa Covarrubias, Federico Elguera, Federico Blume, Amalia Puga de Losada, Adolfo Vienrich. IV. Entre dos siglos: melodía y color: Jorge Miota, Clemente Palma, José Antonio Román, Manuel Beingolea, José Santos Chocano, Enrique A. Carrillo, Carlos Camino Calderón, Raimundo Morales de la Torre, Ventura García Calderón, Abraham Valdelomar, Augusto Aguirre Morales, Ismael Silva Vidal. V. Evocación y militancia social: Enrique López Albújar, Angélica Palma, José de la Riva Aguero, Luis E. Valcárcel, César Vallejo, César Falcón, María Wiesse, Gamaliel Churata, Carlos Parra del Riego, Raúl Porras Barrenechea, Francisco Vegas Seminario, Alfonso Pelaez Bazán, Vladimiro Bermejo, José Portugal Catacora. VI. Pluralidad regional - sentimiento unitario: José Eulogio Garrido, Héctor Velarde, Luis A. Sánchez, José Diez Canseco, Fernando Romero, Adalberto Varallanos, Luis Valle Goicochea, Ciro Alegría, Rosa Arciniega, Julio Garrido Malaver, Arturo Jiménez Borja, José María Arguedas, María Rosa Macedo, Carlos Pareja, Alberto Wagner de Reyna, Porfirio Meneses, Cota Carvallo, Marco Antonio Corcuera. VII. Los últimos: el prisma de la realidad: Martín Adán, Carlos Thorne, Glauco Machado, Sebastián Salazar Bondy, Eleodoro Vargas Vicuña, Rubén Barrenechea Núñez, José Durand, Manuel Mejía Valera, Luis Alvarez Maza, Rubén Sueldo Guevara, José Bonilla Amado, Carlos E. Zavaleta, Julio Ramón Ribeyro, Enrique Congrains Martin, José Miguel Oviedo, Mario Vargas Llosa.

1799. Molina, Alfonso. _Antología del cuento revolucionario del Perú_. Lima: Ediciones América Latina, 1967.

Includes: César Vallejo, César Falcón, Ciro Alegría, José María Arguedas, Sebastián Salazar Bondy, Julio Ramón Ribeyro, and Mario Vargas Llosa.

1800. Oquendo, Abelardo. _Narrativa peruana, 1950-1970_. Madrid: Alianza Editorial, 1973.

Valuable introduction with information on Peruvian novel, 14 authors including: Mario Vargas Llosa, Carlos F. Zavaleta, Alfredo Bryce Echenique, Julio Ortega, and Luis Loayza.

1801. Orrillo, Winston. _Perú en el cuento: antología de ayer y de hoy_. Buenos Aires: Editorial Convergencia, 1975.

1802. Oviedo, José Miguel. Editor. _Narradores peruanos_. 2a. ed. Caracas: Monte Avila, 1976 (1968).

Introduction. Contemporary Peruvian short story. Includes Ciro Alegría, José María Arguedas, Juan Ramón Ribeyro, Mario Vargas Llosa, and others.

1803. __________. Diez peruanos cuentan. Montevideo: Editorial Arca, 1968.

Includes: José Miguel Oviedo, Ciro Alegría, José María Arguedas, Sebastián Salazar Bondy, Eleodoro Vargas Vicuña, Julio Ramón Ribeyro, Carlos E. Zavaleta, Enrique Congrains Martin, Luis Loayza, Mario Vargas Llosa, and Eduardo González Viaña.

1804. Suárez Miraval, Manuel. Los mejores cuentos peruanos. Lima: Patronato del Libro Peruano, 1956.

### Drama

1805. Teatro peruano. Lima: Librería Editorial Minverva, 1975-1978. 3 vols.

Includes: Vol. 1. Gregor Díaz, Sarina Helfgott, Sara Joffré de Ramón, Estela Luna López and Juan Rivera Saavedra. Vol. 2. César de María, Sara Joffré de Ramón. Vol. 3. Gregor Díaz, and Luis Gómez Sánchez.

1806. Teatro peruano contemporáneo. Lima: Editorial Huascarán, 1948.

Prologue by Aurelio Miró Quesada. Includes: Juan Ríos, Percy Gibson Parra, Sebastián Salazar Bondy.

1807. Teatro peruano contemporáneo. Madrid: Aguilar, 1959.

Prologue by José Hesse Murga. Includes: Percy Gibson Parra, Juan Ríos, Bernardo Roca Rey, Sebastián Salazar Bondy, and Enrique solari Swayne.

## PUERTO RICO

1808. Antología de la literatura puertorriqueña. Madrid: Playor, 1980.

Poets, essayist and short-story writers. Without introduction or notes. Limited bibliography.

1809. Babín, María Teresa, and Stan Steiner. Editors. Borinquen: An Anthology of Puerto Rican Literature. 2d ed. New York: Knopf, 1974 (1964).

Useful "Notes about contributors." Covers five centuries and includes: Selections of prose fiction by Ricardo E. Alegría, Cayetano Coll y Toste, Ramón Emetrio Betances, Manuel Zeno Gandía, Miguel Meléndez Muñoz, José Padín, César Andréu Iglesias, José I. de Diego Padró, Julio Marrero Núñez, Enrique A. Laguerre, Antonio Oliver Frau, Wilfredo Braschi, Abelardo Díaz Alfaro, José Luis González, Lüis Quero Chiesa, Jesús Colón, Piri Thomas, Víctor Hernández Cruz. Essays by Eugenio María de Hostos, Nemesio

R. Canales, Antonio S. Pedreira, María Teresa Babín, Concha Meléndez, Tomás Blanco, Nilita Vientós Gastón, Luis Muñoz Rivera, Luis Muñoz Marín, José de Diego, Gilberto Concepción de Gracia, Pedro Albizu Campos, Samuel Betances. Selections from plays by Luis Lloréns Torres, Francisco Arriví, Manuel Méndez Ballester. Poems by Damián López de Haro, Juan Rodríguez Calderón, Santiago Vidarte, Luis Lloréns Torres, Manuel A. Alonso, Lola Rodríguez de Tió, José Gautier Benítez, Francisco Alvarez Marrero, Pachín Marín, José Mercado, Luis Palés Matos, José A. Balseiro, José de Diego, Virgilio Dávila, José Antonio Dávila, Félix Franco Oppenheimer, Francisco Matos Paoli, Francisco Lluch Mora, Evaristo Ribera Chevremont, Julia de Burgos, Luis Hernández Aquino, Gustavo Agrait, Francisco Manrique Cabrera, Juan Avilés, Olga Ramírez de Arellano Nolla, José P. H. Hernández, Manuel Joglar Cacho, Juan Antonio Corretjer, Juan Martínez Capó, Jorge Luis Morales, Violeta López Suria, Diana Ramírez de Arellano, Clemente Soto Vélez, Andrés Castro Ríos, Roy Brown, Edwin Claudio, Jack Agueros, Migdalia Rivera, Pedro Pietri, Father David García.

1810. Hernández Aquino, Luis. _El Modernismo en Puerto Rico. Poesía y Prosa._ San Juan: Universidad de Puerto Rico, Ediciones de la Torre, 1967.

Contains: Poesía Modernista: José de Diego Martínez, Arístides Moll Boscana, Jesús María Lago, Luis Lloréns Torres, Virgilio Dávila, Antonio Nicolás Blanco, Antonio Pérez Pierret, José de Jesús Esteves, José P. H. Hernández, Evaristo Ribera Chevremont, Luis Palés Matos. Prosa Modernista: Nemesio R. Canales, Luis Lloréns Torres, Miguel Guerra Mondragón, Miguel Meléndez Muñoz, Rafael Ferrer Otero, Luis Samalea Iglesias, Rafael Martínez Alvarez, Luis Villaronga Charriez, Evaristo Ribera Chevremont, Luis Palés Matos, Alfredo Collado Martell, and Antonio Oliver Frau.

1811. Kaiden, Nina E., Pedro Juan Soto, and Andrew Vladimer. Editors. _Puerto Rico: la nueva vida. The New Life._ Renaissance Editions, 1966.

Prose (including excerpts) by: Emilio S. Belaval, Salvador M. de Jesús, José Luis González, Ramón Julia Marín, Edwin Figueroa, Luis Hernández Aquino, Juan Antonio Corretjer, María Teresa Babín, René Marqués, Emilio Díaz Valcárcel, Margot Arce de Vázquez, Tomás Blanco, Pedro Juan Soto. Poems by: Clara Lair, Hugo Margenat, Carmen Alicia Cadilla, José P. H. Hernández, Luis Lloréns Torres, Luis Palés Matos, Luis Muñoz Rivera, José de Jesús Esteves, Tomás Blanco, Guillermo Atiles García, Carmen Puigdollers, José de Diego, and Julia de Burgos.

1812. Martínez Masdeu, Edgar, and Esther M. Melón. Editors. _Literatura puertorriqueña: Antología general._ 2d ed. revised. Río Piedras: Editorial Edil, 1972 (1971). 2 vols.

Covers all genres, with biographical notes on each author. Vol. 1. 19th century. Vol. 2. 20th century.

1813. Rivera de Alvarez, Josefina, and Manuel Alvarez Nazario. Editors. Antología general de la literatura puertorriqueña: prosa, verso, teatro. Vol. 1. Madrid: Editorial Partenón, 1982.

Poetry

1814. Antología poética de Asomante: 1945-1959. Selección. San Juan: Ateneo Puertorriqueño, 1962.

1815. Arce de Vázquez, Margot, Laura Gallego, and Luis de Arrigoitia. Compilers. Lecturas puertorriqueñas. Poesía. Sharon, CT: The Troutman Press, 1968.

Excellent anthology of critical studies; short bibliography, and representative authors, beginning with Manuel Alonso.

1816. Crítica y Antología de la poesía puertorriqueña. San Juan: Instituto de Cultura Puertorriqueña, 1958.

Covers works of "ler. Congreso de Poesía Puertorriqueña" (Yauco, agosto 25, 1957.) Includes criticism by Francisco Manrique Cabrera, Luis Hernández Aquino, Jorge Luis Morales, José A. Franquiz, Francisco Lluch Mora, Ramón Zapata and Félix Franco Oppenheimer. The chapter composed and anthology includes poems by: Felipe N. Arana, Carmen Alicia Cadilla, Joaquín Caminero Milán, Carlos N. Carrero, Amelia Ceide, Juan A. Correjter, Rosendo Chevremont, M. Joglar Cacho, Carmelina Vizcarrondo, Ramón Zapata, Diana Ramírez de Arellano, César Abdallah, Vicente Palés Matos, Alfredo Margenat, José A. Franquiz, Soledad Lloréns Torres, and others.

1817. Gutiérrez Laboy, Roberto. Puerto Rico: tema y motivo en la poesía hispánica. Antología. New York: Senda Nueva de Ediciones, 1980.

Includes: Juan de Castellanos, Lope de Vega, Fray Damián López de Haro, Juan Rodríguez Calderón, Manuel del Palacio, Leopoldo Cano, Juan A. P'erez Bonalde, Salvador Rueda, José Santos Chocano, Francisco de Villaespesa, Eduardo Marquina, Juan Ramón Jiménez, Gustavo Solano Guzmán, Gabriela Mistral, Pedro Salinas, Jorge Guillén, Julio Astrada Sosa, Antonio Oliver Belmás, Pablo Neruda, Nicolás Guillén, Carmen Conde, Guillermo Díaz Plaja, Josefina Romo Arregui, Lydia Berdeal Montalvo, Aquiles Nazoa, Aurora de Albornoz, Antonio García Copado, Antonio Frías Gálvez, René Omar Montes de Oca, Thelma Nava, Luis Fientes Rodríguez, Alberto Barasoain, and Winston Orrillo.

1818. Hernández Aquino, Luis. Cantos a Puerto Rico. Antología, Siglos XIX-XX. San Juan: Instituto de Cultura Puertorriqueña, 1967.

1819. Labarthé, Pedro Juan. Antología de poetas contemporáneos de Puerto Rico. México: Editorial Clásica, 1946.

1820. Marzán, Julio. Editor. Inventing a Word: an Anthology of Twentieth-century Puerto Rican Poetry. New York: Columbia University Press, Center of Inter-American Relations, 1980.

Includes 26 poets whose work reflects Spanish influence and "criollo" aspects.

1821. Matilla, Alfredo, and Iván Silén. Editors. The Puerto Rican Poets. Los poetas puertorriqueños. New York: Bantam, 1972.

Bilingual edition. Includes 20th century poets, with special emphasis on the post-1950 generation in Puerto Rico and New York.

1822. Morales, Jorge Luis. Las cien mejores poesías líricas de Puerto Rico. Río Piedras: Editorial Edil, 1973.

Includes: Santiago Vidarte, José Gualberto Padilla, Lola Rodríguez de Tió, José de Jesús Domínguez, José Gautier Benítez, Luis Muñoz Rivera, Francisco Gonzalo Marín (Pachín), José Mercado (Momo), José de Diego, Virgilio Dávila, Luis Lloréns Torres, José de Jesús Esteves, José P. H. Hernández, Clara Lair, Evaristo Ribera Chevremont, Manuel Joglar Cacho, José Antonio Dávila, Luis Palés Matos, José I. de Diego Padró, Samuel Lugo, Luis Hernández Aquino, Carmen Alicia Cadilla, Francisco Manrique Cabrera, Juan Antonio Corretjer, Nimia Vicens, Francisco Matos Paoli, Juan Martínez Capó, Laura Gallego, Violeta López Suria, and Jorge Luis Morales.

1823. Puebla, Manuel de la, and Marcos Reyes Dávila. Antología de poesía puertorriqueña 1982. Río Piedras: Editorial Cultural, 1983.

Includes poems published during 1982 in 51 books in Puerto Rico.

1824. Rosa-Nieves, Cesáreo. Aguinaldo lírico de la poesía puertorriqueña. 2d ed. revised. Río Piedras: Editorial Edil, 1971 (1957). 3 vols.

Includes: Románticos (1843-1880), Parnasianos (1880-1907), Modernistas (1907-1921), Postmodernistas (1921-1945), Vanguardistas (1945-1956). Bio-critical notes on each author.

1825. Rosario-Quiles, Luis Antonio. Poesía nueva puertorriqueña. Antología. Río Piedras: Editorial Edil, 1971.

Collection arranged chronologically (1950-1969), with brief introduction and commentary on each poet. Includes: Manuel Fermín Arraiza, Marina Arzola, Antonio Cabán Vale, Billy Cajigas, Jaime Carrero, Andrés Castro Ríos, Juan Antonio Corretjer, Juan Inés Crespo, Angela María Dávila, José I. de Diego Padró, Víctor R. Fernández Fragoso, Guillermo Gutiérrez, José María Lima, Edgardo López, Salvador López González, Violeta López Suria, Hugo Margenat, Juan Martínez Capó, Francisco Matos Paoli, Susana Matos, Ramón Felipe Medina, Graciany Miranda Archilla, Jorge Luis Morales, Guillermo Núñez, Luis A. Rosario Quiles, Evaristo Ribera Chevremont, Etna Iris Rivera, Carmelo Rodríguez Torres, Marcos Rodríguez Frese, Vicente Rodríguez Nietzsche, Jorge María Ruscalleda Bercedóniz, Juan Sáez Burgos, Irving Sepúlveda Pacheco, Wenceslao Serra Deliz, Iván Silén, and Jaime Vélez Estrada.

1826. Valbuena Briones, Angel, and Luis Hernández Aquino. Nueva poesía de Puerto Rico. Madrid: Ediciones Cultura Hispánica, 1952.

Includes: José de Diego, Luis Lloréns Torres, Evaristo Ribera Chevremont, José A. Balseiro, Luis Muñoz Rivera, Luis Palés Matos, José I. de Diego, Vicente Palés Matos, José A. Dávila, Fernando Sierra Berdecia, Concha Meléndez, Juan A. Corretjer, Francisco Manrique Cabrera, Luis Hernández Aquino, Carmen Alicia Cadilla, Julia de Burgos, Félix Franco Oppenheimer, Jorge Luis Morales, and others.

## Prose Fiction

1827. Barradas, Efraín. Apalabramiento. Cuentos puertorriqueños de hoy. Hanover, NH: Ediciones del Norte, 1983.

Includes essay "Palabras apalabradas: prólogo para una antología de cuentistas puertorriqueños de hoy," and ten short stories by Luis Rafael Sánchez, Tomás López Ramírez, Manuel Ramos Otero, Rosario Ferré, Magali García Ramis, Juan Antonio Ramos, Edgardo Sanabria Santaliz, Manuel Abreu Adorno, Carmen Lugo Filippi, and Ana Lydia Vega.

1828. Laguerre, Enrique A. Antología de cuentos puertorriqueños. 2d ed. México: Editorial Orión, 1971 (1964).

Includes: Manuel Fernández Juncos, Cayetano Coll y Toste, Matías González García, Juan B. Huyke, Miguel Meléndez Muñoz, Pablo Morales Cabrera, María Cadilla, Angel M. Villamil, Luis Salamea Iglesias, A. Oliver Frau, Enrique A. Laguerre, José Luis González, and Abelardo Díaz Alfaro.

1829. Marqués, René. Editor. Cuentos puertorriqueños de hoy. 6th ed. Río Piedras: Editorial Cultura, 1977 (1959).

Anthology of the generation of 1940, with notes on each author.

1830. Meléndez, Concha. Editor. El arte del cuento en Puerto Rico. 4th ed. San Juan: Editorial Cordillera, 1975 (1961).

Generations of 1930 and 1940, with literary criticism and biobibliographical information. Includes: Alfredo Collado Martell, Tomás Blanco, Emilio S. Belaval, Enrique A. Laguerre, Luis Hernández Aquino, Julio Marrero, Manuel del Toro, Ester Feliciano Mendoza, Abelardo Díaz Alfaro, René Marqués, Héctor Barrera, Edwin Figueroa, José Luis González, Jesús Luis Vivas Maldonado, Salvador M. de Jesús, Pedro Juan Soto, and Emilio Díaz Valcárcel.

1831. __________. El cuento. Antología de autores puertorriqueños. San Juan: Ediciones del Estado Libre Asociado de Puerto Rico, 1957.

Bio-biographical notes by Josefina del Toro.

1832. Rosa-Nieves, Cesáreo, and Félix Franco Oppenheimer. Editors. Antología General del cuento puertorriqueño. 2d ed. San Juan: Editorial Edil, 1970 (1959). 2 vols.

1833. Wagenheim, Kal. Editor. Cuentos. An Anthology of Short Stories from Puerto Rico. New York: Schocken Books, 1978.

Includes: Emilio S. Belaval, René Marqués, Pedro Juan Soto, Abelardo Díaz Alfaro, José Luis González, and Emilio Díaz Valcárcel.

## Drama

1834. Morfi, Angelina. Antología de teatro puertorriqueño. Vol. 1. San Juan: Ediciones Juan Ponce de León, 1970.

This is first in a series of 3 volumes of 19th and 20th centuries playwrights. Contains: Alejandro Tapia y Rivera, Salvador Brau, Ramón Méndez Quiñones, and Nemesio Canales.

1835. Teatro puertorriqueño. Primer Festival, 1958. San Juan: Instituto de Cultura Puertorriqueña, 1960.

Includes: Manuel Méndez Ballester, Emilio S. Belaval, Francisco Arriví, and René Marqués.

1836. __________. Segundo Festival, 1959. San Juan: Instituto de Cultura Puertorriqueña, 1960.

Includes: Luis Rechani Agrait, Enrique A. Laguerre, Fernando Sierra Berdecía.

1837. __________. Tercer Festival, 1960. San Juan: Instituto de Cultura Puertorriqueña, 1961.

Includes: René Marqués, Piri Fernández, Myrna Casas, Emilio S. Belaval, Gerard Paul Marín.

1838. __________. Cuarto Festival, 1961. San Juan: Instituto de Cultura Puertorriqueña, 1963.

Includes: Francisco Arriví, Salvador Brau, René Marqués, Luis Rafael Sánchez, Manuel Méndez Ballester.

1839. __________. Quinto Festival, 1962. San Juan: Instituto de Cultura Puertorriqueña, 1964.

Includes: Manuel Méndez Ballester, Emilio S. Belaval, César

Andreu Iglesias.

1840. __________. Sexto Festival, 1963. San Juan: Instituto de Cultura Puertorriqueña, 1964.

Includes: Manuel Méndez Ballester, Edmundo Rivera Alvarez, Emilio S. Belaval.

1841. __________. Séptimo Festival, 1964. San Juan: Instituto de Cultura Puertorriqueña, 1965.

Includes: Luis Rechani Agrait, René Marqués, Luis Rafael Sánchez, Francisco Arriví.

1842. __________. Octavo Festival, 1965. San Juan: Instituto de Cultura Puertorriqueña, 1966.

Includes: Luis Rechani Agrait, Manuel Méndez Ballester, Ana Inés Bonínn Armstrong, René Marqués.

1843. __________. Noveno Festival, 1966. San Juan: Instituto de Cultura Puertorriqueña, 1968.

Includes: René Marqués, Luis Rechani Agrait, Francisco Arriví, Manuel Méndez Ballester.

1844. __________. Décimo Festival, 1967. San Juan: Instituto de Cultura Puertorriqueña, 1969.

Includes: Gérard Paul Marín, Roberto Rodríguez Suárez.

1845. __________. Undécimo Festival, 1968. San Juan: Instituto de Cultura Puertorriqueña, 1970.

Includes: Roberto Rodríguez Suárez, Manuel Méndez Ballester, Julio Marrero Núñez, Luis Rafael Sánchez.

### Essay

1846. Marqués, René. Compiler. Antología del pensamiento puertorriqueño. 1900-1970. Río Piedras: Universidad de Puerto Rico, 1975.

Includes: Manuel Corchado y Juarbe, José Diego, José Gautier Benítez, Luis Palés Matos, and Antonio S. Pedreira.

## URUGUAY

### Poetry

1847. Albareda, Ginés de, and Francisco Garfias. Compilers. Antología de la poesía hispanoamericana. Uruguay. Madrid: Biblioteca

Nueva, 1968.

1848. Bordoli, Domingo Luis. Compiler. Antología de la poesía uruguaya contemporánea. Montevideo: Publicaciones de la Universidad de la República, 1966. 2 vols.

Introduction and bio-bibliographical notes.

1849. Brughetti, Romualdo. 18 poetas del Uruguay. Montevideo: Sociedad Amigos del Libro Rioplatense, 1937.

Includes: D. Agustini, A. Aller, S. Arzarello, V. Basso Maglio, B. L. Brum, E. de Cáceres, J. J. Casal, E. Casaravilla Lemos, J. Cunha Dotti, J. Herrera y Reissig, J. de Ibarbourou, P. L. Ipuche, C. Maeso Tognochi, J. Parra del Riego, F. Pereda, J. Supervielle, A. A. Vasseur, M. E. Vaz Ferreira.

1850. Paternain, Alejandro. Compiler. 36 años de poesía uruguaya. Antología. Montevideo: Editorial Alfa, 1967.

Prologue and notes on each poet. Includes: W. Benavides, M. Benedetti, A. Berenguer, C. Brandy, S. Cabrera, E. de Cáceres, J. Cunha, M. Di Giorgio, L. Falco, A. Figueredo, C. Flores, R. Ibánez, S. de Ibáñez, S. Ibargoyen Islas, S. Márquez, B. Martínez, J. Medina Vidal, H. Megget, W. Ortiz y Ayala, R. Paseyro, F. Pereda, P. Piccatto, Z. Ricetto, M. Schinca, S. Soca, C. Silva, E. Ucar, I. Vilariño, I. Vitale.

1851. Zum Felde, Alberto. Compiler. Indice de la poesía uruguaya contemporánea. Santiago de Chile: Editorial Ercilla, 1935.

Includes: D. Agustini, V. Basso Maglio, S. Bollo, E. de Cáceres, J. J. Casal, E. Casaravilla Lemos, M. de Castro, A. M. Ferreiro, E. Frugoni, N. Fusco Sansone, J. Herrera y Reissig, R. Ibáñez, J. de Ibarbourou, P. L. Ipuche, C. Maeso Tognochi, E. Oribe, F. Pereda, I. Pereda Valdés, C. Sabat Ercasty, F. Silva Valdés, A. A. Vasseur, M. E. Vaz Ferreira, C. S. Viureira, H. Zarrilli.

## Prose Fiction

1852. Cotelo, Rubén. Compiler. Antología del cuento uruguayo. Caracas: Monte Avila, 1969.

Includes: Felisberto Hernández, Juan Carlos Onetti, L. S. Garini, María de Monserrat, Armonía Somers, Mario Arregui, Carlos Martínez Moreno, Mario Benedetti, Mario César Fernández, María Inés Silva, Jorge Onetti, and Silvia Lago.

1853. Da Rosa, Julio, and Juan Justino Da Rosa. Compilers. Antología del cuento criollo del Uruguay. 2d ed. Montevideo: Ediciones de la Plaza, 1980 (1979).

Prologue and biographical notes on each author. Includes: Eduar-

Acevedo Díaz, Pedro Figari, Javier de Viana, Benjamín Fernández y Medina, Vicente A. Salaverri, Fernán Silva Valdés, Adolfo Montiel Ballesteros, Pedro Leandro Ipuche, Yamandú Rodríguez, José Monegal, Juan Mario Magallanes, Valentín García Sáiz, Celestino M. Fernández, Juan José Morosoli, Enrique Amorim, Francisco Espínola, Serafín J. García, Santiago Dossetti, Angel María Luna, Víctor M. Dotti, Wenceslao Varela, Eliseo Salvador Porta, Mario Serafín Fernández, Alfredo Dante Gravina, Adolfo González González, Mario Arregui, Ricardo Leonel Figueredo, Milton Stelardo, Julio C. Da Rosa, Rolina Ipuche Riva, Domingo Luis Pastorino, José María Obaldía, Elbio Pérez Tellechea, Alberto C. Bocage, and Juan Capagorry.

1854. Diez relatos y un epílogo. Montevideo: Fundación Universitaria, 1979.

Post-facio by Armonía Somers. Includes: Miguel Angel Campodónico, Tarik Carson, Tomás de Mattos, Enrique Estrázulas, Milton Fornaro, Héctor Galmés, Mario Levrero, Rubén Loza Aguerrebere, Carlos Pellegrino, Teresa Porzecanski.

1855. Lasplaces, Alberto. Compiler. Antología del cuento uruguayo. Montevideo: Claudio García Editor, 1943. 2 vols.

Includes: Vol. 1. E. Acevedo Díaz, E. Amorim, D. Arena, V. Arreguine, J. P. Bellán, M. Bernárdez, O. M. Cione, R. de las Carreras, S. Dossetti, V. Cotti, F. Espínola, B. Fernández y Medina, and S. J. García. Vol. 2. J. Herrera y Reissig, A. Lasplaces, C. M. Maeso, J. M. Magallanes, R. F. Mazzoni, M. Medina Bentancort, A. Montiel Ballesteros, J. J. Morosoli, D. Muñoz, I. Pereda Valdés, V. Pérez Petit, H. Quiroga, C. Reyles, Y. Rodríguez, F. Silva Valdés, A. M. Smith and J. de Viana.

1856. Rela, Walter. Compiler. 20 cuentos uruguayos magistrales. Buenos Aires: Editorial Plus Ultra, 1980.

Introduction and bio-bibliographical information on each author. Includes: Eduardo Acevedo Díaz, Manuel Bernárdez, Carlos Reyles, Javier de Viana, Horacio Quiroga, Montiel Ballesteros, Víctor Dotti, Yamandú Rodríguez, Juan José Morosoli, Felisberto Hernández, Giselda Zani, Julio da Rosa, Luis Castelli, Armonía Somers, Santiago Dossetti, Milton Stelardo, José Monegal, María de Monserrat, L. S. Garini, and Alberto Bocage.

1857. __________. Compiler. 15 cuentos para una antología. Narradores uruguayos de hoy. Montevideo: M/Z Editor, 1983.

Bio-bibliographical notes on each author. Includes: Sylvia Lago, Enrique Estrázulas, Tarik Carson, Ariel Méndez, Rubén Loza Aguerrebere, Teresa Porzecanski, Tomás de Mattos, Juan Capagorry, Hugo Giovanetti Viola, Fernando Aínsa, Julio Ricci, Héctor Galmés, Rolina Ipuche Riva, Mario Delgado Aparaín, and Milton Fornaro.

1858. Visca, Arturo Sergio. Compiler. Nueva antología del cuento uruguayo. Montevideo: Ediciones de la Banda Oriental, 1976.

Prologue and notes on each author. Includes Eduardo Acevedo Díaz, Javier de Viana, Horacio Quiroga, José Pedro Bellán, Pedro Leandro Ipuche, Yamandú Rodríguez, José Monegal, Juan José Morosoli, Enrique Amorim, Francisco Espínola, Santiago Dossetti, Felisberto Hernández, L. S. Garini, Víctor Dotti, Juan Carlos Onetti, Giselda Zani, Eliseo Salvador Porta, Alfredo Gravina, Armonía Somers, María de Monserrat, Mario Arregui, Carlos Martínez Moreno, Milton Stelardo, Luis Castelli, Julio C. Da Rosa, Andersen Banchero, María Inés Silva Vila, and Alberto Bocage.

## Drama

1859. Rela, Walter. Compiler. Breve historia del teatro uruguayo. I. De la Colonia al 900. Buenos Aires: Editorial de la Universidad de Buenos Aires, 1966.

Contains critical introduction and includes: Bartolomé Hidalgo, Víctor Pérez Petit, and Florencio Sánchez.

1860. Silva Valdés, Fernán. Compiler. Teatro uruguayo contemporáneo. Madrid: Aguilar, 1960.

Includes: J. P. Bellán, E. Herrera, V. Martínez Cuitiño, Y. Rodríguez, F. Sánchez, and F. Silva Valdés.

## Essay

1861. Real de Azúa, Carlos. Compiler. Antología del ensayo uruguayo contemporáneo. Montevideo: Publicaciones de la Universidad de la República, 1964. 2 vols.

Contains: Vol. 1. C. Benvenuto, S. Cuadro, E. Dieste, C. Estable, E. Frugoni, G. Gallinal, L. Gil Salguero, A. M. Grompone, J. Irureta Goyena, J. Martínez Lamas, E. Oribe, D. Regules, J. Torres García, and A. Zum Felde. Vol. 2. A. Ardao, R. Arismendi, M. Benedetti, G. Beyhaut, L. P. Bonavita, D. Bordoli, E. de Cáceres, G. Castillo, A. R. Despouey, R. Fabregat Cúneo, W. Lockhart, J. Llambías de Azevedo, C. Maggi, C. Martínez Moreno, A. Methol Ferré, B. Mezzera, C. Quijano, A. Rama, E. Rodríguez Monegal, J. L. Segundo, S. Soca, A. Solari, V. Trías, D. Vidart, L. Vignolo, and A. S. Visca.

# VENEZUELA

1862. Picón Salas, Mariano. Editor. Dos siglos de prosa venezolana. Madrid: Edime, 1965.

Preface. Selections from 18th to 20th centuries. Includes: José Oviedo y Baños, Simón Rodríguez, Andrés Bello, Simón Bolívar, Fermín Toro, Rafael María Baralt, Juan Vicente González, Cecilio Acosta, Simón Camacho, Arístides Rojas, Francisco de Sales Pérez, Nicanor Bolet Peraza, Eduardo Blanco, Tulio Febres Cordero, Gonzalo Picón Febres, Lisandro Alvarado, José Gil Fortoul, Luis López Méndez, Pedro Manuel Arcaya, Laureano Vallenilla Lanz, Domingo S. Castillo, César Zumeta, Pedro Emilio Coll, Pedro César Dominici, L. M. Urbaneja Achelpohl, Manuel Díaz Rodríguez, Eloy Guillermo González, Rufino Blanco Fombona, Santiago Key Ayala, Carlos Borges, Esteban Gil Borges, Jesús Semprum, Caracciolo Parra Pérez, Luis Correa, José Rafael Pocaterra, Rómulo Gallegos, Julio Planchart, Ramón Hurtado, Alberto Zérega Fombona, Eduardo Arroyo Lameda, Humberto Tejera, José A. Ramos Sucre, Casto Fulgencio López, Teresa de la Parra, Enrique Planchart, Fernando Paz Castillo, Andrés Eloy Blanco, Mario Briceño Iragorry, Enrique Bernardo Núñez, Augusto Mijares, José Nucete Sardi, Julio Garmendia, Mariano Picón Salas, Antonio Arráiz, Angel Rosenblat, Pedro Sotillo, Cardenal José H. Quintero, Alejandro García Maldonado, Francisco Tamayo, Ramón Díaz Sánchez, Isaac Pardo, Arturo Uslar Pietri, Joaquín Gabaldón Márquez, Carlos Eduardo Frías, Juan Oropesa, Arturo Croce, Miguel Otero Silva, Rómulo Betancourt, Felipe Massiani, Julián Padrón, Guillermo Meneses, Humberto Cuenca, José A. de Armas Chitty, Oscar Rojas Jiménez, Pascual Venegas Filardo, Lucila Palacios, Eduardo Arcila Farías, Antonio Palacios, Luis Beltrán Guerrero, Pedro Berroeta, Juan Liscano, Rafael Caldera, Oscar Guaramato, Rafael Angel Insauti, J. A. Escalona Escalona, Herman Garmendia, Ramón J. Velásquez, Antonio Márquez Salas, Neftalí Noguera Mora, Carlos Dorante, Aquiles Nazoa, Gustavo Díaz Solís, Eddie Morales Crespo, José Ramón Medina, Pedro Pablo Paredes, Alfredo Armas Alfonzo, Pedro Díaz Seijas, Ida Gramcko, J. M. Siso Martínez, Rafael Pineda, Ramón Escovar Salom, Antonio Stempel París, Guillermo Morón, Hernando Track, Héctor Mujica, Oswaldo Trejo, Salvador Garmendia, Oscar Sambrano Urdaneta, Orlando Araujo, Adriano González León, Guillermo Sucre, and Héctor Malavé Mata.

Poetry

1863. Albareda, Ginés de and Francisco Garfias. Compilers. Antología de la poesía hispanoamericana. Venezuela. Madrid: Biblioteca Nueva, 1958.

1864. D'Sola, Otto de. Antología de la moderna poesía venezolana. Caracas: Editorial Impresores Unidos, 1940. 2 vols.

Prologue by Mariano Picón Salas. Includes: Vol. 1.: Juan Antonio Pérez Bonalde, Miguel Sánchez Pesquera, Alejandro Romanace, Paulo Emilio Romero, Tomás Ignacio Potentini, Manuel Fombona Palacio, Gonzalo Picón Febres, Gabriel Muñoz, Manuel Pimentel Coronel, Juan E. Arcia, Samuel Darío Maldonado, Ezequiel Bujanda, Andrés Mata, Pedro María Morantes, Rafael Marcano Rodríguez, Udón Pérez, Manuel Alcázar, Eleazar Silva, Leopoldo Torres Abandero, Luis Churión, Rufino Blanco Fombona, Francisco Lazo Martí, Carlos Borges, Víctor Recamonde, Pedro R. Buzniego Martínez, J. M. Agosto Méndez, Mercedes de Pérez Freites, Carlos Blank, Alfredo Arvelo Larriva, Enrique Soublette, Juan Santaella, Pedro Navarro González, J. T. Arreaza Calatrava, Tulio Fernández R., Manuel Morales Carabaño, Sergio Medina, R. Carreño Rodríguez, José Domingo Tejera, Ismael Urbaneda, Julio Planchart, J. Penzini Hernández, Salvador Carvallo Arvelo, Emiliano Hernández, Juan Duzán, Alejandro Carías, Eduardo Carreño, Leoncio Martínez, Eladio Alvarez de Lugo, Juan Miguel Alarcón, Elías Sánchez Rubio, Luis Yépez. Vol. 2: Eduardo Arroyo Lameda, Diego Córdoba, Cruz Salmerón Acosta, Francisco Pimentel, Humberto Tejera, Juan España, Julio Carías, Jorge Schmidke, Miguel Villasana, Napoleón Acevedo, Pedro Rivero, Edmundo Van Der Biest, Jesús Marcano Villanueva, Jesús Enrique Lossada, Rafael Briceño Ortega, Rafael Michelena Fortoul, Clara Vivas Briceño, Emilio Menotti Sposito, Roberto Montesinos, Esteban Smith Monzón, Vicente Moncada, Manuel Jaén, Rafael Yepes Trujillo, Andrés Eloy Blanco, Luis Enrique Mármol, Enrique Planchart, Fernando Paz Castillo, Guillermo Austria, Félix Armando Núñez, Héctor Cuenca, Jacinto Fombona Pachano, Rodolfo Moleiro, Angel Miguel Queremel, Angel Corao, Eduardo Matthyas Lossada, Enriqueta Arvelo Larriva, Luisa del Valle Silva, Gonzalo Carnevali, Alfonso Gutiérrez Betancourt, Luis Barrios Cruz, Pedro Sotillo, Julio Morales Lara, Rómulo Maduro, Antonio Arráiz, Samuel Barreto Peña, Antonio Spinetti Dini, Luis Fernando Alvarez, Vicente Fuentes, Pedro Parés Espino, José Miguel Ferrer, Julio Augusto Jiménez, Pablo Rojas Guardia, Luis Castro, Manuel F. Rugeles, Alberto Arvelo Torrealba, Ana Mercedes Pérez, Ada Pérez Guevara, José Ramón Heredia, Israel Peña, Carlos Augusto León, J. A. Gonzalo Patrizi, Adolfo Salvi, J. A. Ramírez Rausseo, Manuel Rodríguez Cárdenas, Miguel Otero Silva, Luis Beltrán Guerrero, Héctor Guillermo Villalobos, R. Olivares Figueroa, Otto de D'Sola, Vicente Gerbasi, Pascual Venegas Filardo, Oscar Rojas Jiménez, Aquiles Certad, Pálmenes Yarza, Angel Raúl Villasana, Miguel R. Utrera.

1865. Durand, René L. F. Editor and Translator. Algunos poetas venezolanos contemporáneos. Quelques poetes venezueliens contemporains. Caracas: Universidad Central de Venezuela, Instituto de Lenguas Modernas, 1954.

Prologue by Mariano Picón Salas. Selection with commentaries on each poet. Includes: Enrique Planchart, Fernando Paz Castillo, Andrés Eloy Blanco, José Ramón Heredia, Luis Fernando Alvarez, Antonio Arráiz, Vicente Gerbasi, Juan Liscano.

1866. Escalona-Escalona, José Antonio. Antología General de la poesía venezolana. Madrid: Edime, 1966.

Important anthology, with introduction and notes.

1867. Ferrer, Guillermo. Compiler. Veinte poetas de Maracaibo. Antología. Venezuela: Editorial Universitaria de la Universidad del Zulia, 1967.

Includes: Rafael María Baralt, José Ramón Yepes, Ildefonso Vázquez, Octavio Hernández, Udón Pérez, Marcial Hernández, Ildemaro Urdaneta, Guillermo Trujillo Durán, Ismael Urdaneta, Elías Sánchez Rubio, Jorge Schmidke, Jesús Enrique Lossada, Héctor Cuenca, Eduardo Matthyas Lossada, Rafael Yepes Trujillo, Jesús Bríñez Rodríguez, Rosa Virginia Martínez, Hesnor Rivera, Guillermo Ferrer, César David Rincón, and Alfredo Añez.

1868. Medina, José Ramón. Editor. La nueva poesía venezolana. Antología. Caracas: Asociación de Escritores Venezolanos, 1959.

Includes the prologue, "Revisión de la nueva poesía venezolana," and the works of 42 young poets.

1869. Oropeza, José Napoleón. Compiler. Aldaba en vivo: antología de jóvenes poetas, Aragua, Carabobo, Miranda. Caracas: Dirección General de Cultura, 1978.

Covers Venezuelan regional poetry. Includes: Montejo, Torterolo, Ovalles, Luis Alberto Angulo, Luis Azócar Granadillo, Elí Galindo, Jaime López Sanz, Francisco Martínez Liccioni, Enrique Mujica, Carlos Ochoa, Alejandro Oliveros, Reynaldo Pérez Só, and Rafael Humberto Ramos Giugni.

1870. Querales, Ramón. Jóvenes poetas de Lara y Yaracuy: "raza común de adoloridos". Caracas: Dirección General de Cultura, 1980.

Bio-bibliographical notes, including texts by 25 regional poets, and works by Alberto Crespo, and Alvaro Montero.

1871. Vásquez, Pedro Antonio. Compiler. Poetas parnasianos de Venezuela. Caracas: Presidencia de la República, 1982.

Includes: J. Gutiérrez Coll, M. Sánchez Pesquera, M. Pimentel Coronel, Gabriel E. Muñoz, L. Churrión, A. Mata, J. E. Arcia, A. Méndez Loynaz, E. Carreño, J. T. Arreaza Calatrava, A. Carías, L. Correa, J. Schmidke.

## Prose Fiction

1872. Castellanos, Rafael Ramón. Cuentos venezolanos. Antología. 3d ed. Caracas: Publicaciones Españolas, 1978 (1975). 2 vols.

From Modernism to present. Bio-bibliographical note introduces each author. Vol. 1. Includes: Rufino Blanco Fombona, Pedro Emilio Coll, Manuel Díaz Rodríguez, Luis M. Urbaneja Achelpohl, Rómulo Gallegos, José Rafael Pocaterra, Julio Rosales, Antonio Arráiz, Mariano Picón Salas, Pablo Domínguez, Guillermo Meneses, Julián Padrón. Vol. 2. Arturo Uslar Pietri, Raúl Valera, Alfredo Armas Alfonzo, Horacio Cárdenas Becerra, Gustavo Díaz Solís, Oscar Guaramato, Antonio Márquez Salas, Humberto Rivas Mijares, Oswaldo Trejo, David Alizo, Salvador Garmendia, Adriano González León, Francisco Massiani, and Argenis Rodríguez.

1873. Congrains Martín, Enrique. Compiler. Antología del cuento venezolano clásico y moderno. Caracas: Instituto Latinoamericano de Vinculación Cultural, 1967.

Includes: Manuel Díaz Rodríguez, Luis M. Ubaneja Achelpohl, Rufino Blanco Fombona, Rómulo Gallegos, José Rafael Pocaterra, Andrés Eloy Blanco, Julio Garmendia, Mariano Picón Salas, Arturo Uslar Pietri, Guillermo Meneses, Antonio Márquez Salas, Gustavo Díaz Solís, Alfredo Armas Alfonzo, Héctor Mujica, Oswaldo Trejo, Esdras Parra, Enrique Izaguirre, Salvador Garmendia, and Adriano González León.

1874. Fabbiani Ruiz, José. Editor. Antología personal del cuento venezolano. 1933-68. Caracas: Universidad Central de Venezuela, Facultad de Humanidades y Educación, 1977.

Bio-bibliographical notes. Includes 15 short-story authors.

1875. Mata, Humberto. Distracciones. Antología del relato venezolano, 1960-1974. Caracas: Monte Avila, 1974.

1876. Meneses, Guillermo. Antología del cuento venezolano. Caracas: Ediciones del Ministerio de Educacón, 1955.

Includes: Pedro Emilio Coll, Manuel Díaz Rodríguez, Luis M. Urbaneja Achelpohl, Rufino Blanco Fombona, Rómulo Gallegos, Julio Rosales, José Rafael Pocaterra, Leoncio Martínez, Ramón Hurtado, Julio Garmendia, Joaquín González Eiris, Manuel Guillermo Díaz, Pablo Domínguez, Mariano Picón Salas, Pedro Sotillo, José Salazar Domínguez, Antonio Arráiz, Ramón Díaz Sánchez, Gabriel Bracho Montiel, Carlos Eduardo Frías, Arturo Uslar Pietri, Nelson Himiob, Arturo Croce, Juan Pablo Sojo, Julián Padrón, José Fabbiani Ruiz, Guillermo Meneses, Raúl Valera, Eduardo Arcila Farías, Pedro Berroeta, Oscar Guaramato, Humberto Rivas Mijares, Antonio Márquez Salas, Gustavo Díaz Solís, Alfredo Armas Alfonzo, Horacio Cárdenas Becerra, Manuel Trujillo, Ramón González Paredes, Héctor Mujica, and Oswaldo Trejo.

1877. ___________. El cuento venezolano. Buenos Aires: Editorial de la Universidad de Buenos Aires, 1977.

1878. Miliani, Domingo. Compiler. La narrativa. El cuento. Antología Caracas: Editorial Andrés Bello, 1973.

Includes: Manuel Díaz Rodríguez, Luis M. Urbaneja Achelpohl, José Rafael Pocaterra, Pedro Sotillo, Julio Garmendia, Arturo Uslar Pietri, Guillermo Meneses, Julián Padrón, José Fabbiani Ruiz, Arturo Briceño, Gustavo Díaz Solís, Oswaldo Trejo, Oscar Guaramato, and Alfredo A. Alfonzo.

1879. ___________. La narrativa. La novela. Antología. Caracas: Editorial Andrés Bello, 1973.

Includes: Eduardo Blanco, Manuel Vicente Romero García, Teresa de la Parra, Rómulo Gallegos, Arturo Uslar Pietri, Julián Padrón, Ramón Díaz Sánchez, Miguel Otero Silva, Nelson Himiob Alvarenza, Antonio Arráiz, José Rafael Pocaterra, Salvador Garmendia, and Adriano González León.

1880. Padrón, Julián. Compiler. Cuentistas modernos. Antología. Caracas: Ministerio de Educación, 1945.

Includes: Valmore Rodríguez, Lucila Palacios, Graciela Rincón Calcaño, Ada Pérez Guevara, Arturo Croce, Juan Pablo Sojo, Antonio Simón Calcaño, Lourdes Morales, Eduardo Arcila Frías, Blanca Rosa López, Raúl Valera, Manuel Rodríguez Cárdenas, Dinorah Ramos, Rafael Calderón, Pedro Berroeta, Oscar Guaramato, Humberto Rivas Mijares, Antonio Márquez Salas, Gustavo Díaz Solís, and Horacio Cárdenas Becerra.

1881. Prisco, Rafael Di. Editor. Narrativa venezolana contemporánea. Madrid. Alianza Editorial, 1971.

Contains short stories and extracts from novels, with bio-bibliographical notes on each author.

1882. Uslar Pietri, Arturo. Antología del cuento moderno venezolano (1895-1935). Caracas: 1940. 2 vols.

Selection by Arturo Uslar Pietri, and Julián Padrón. Valuable information on each author. Includes: Vol. 1. Manuel Díaz Rodríguez, Luis María Urbaneja Achelpohl, Pedro Emilio Coll, Rufino Blanco Fombona, Alejandro Fernández García, Rómulo Gallegos, Enrique Soublette, Carlos Paz García, Julio H. Rosales, José Rafael Pocaterra, Leoncio Martínez, Andrés Eloy Blanco, Jesús Enrique Lossada, Julio Garmendia, Vicente Fuentes, Angel Miguel Queremel, Pedro Sotillo, Casto Fulgencio López, Blas Millán, Mariano Picón Salas, Joaquín González Eiris, Antonio Arraíz . Vol. 2. Arturo Uslar Pietri, Carlos Eduardo Frías, José Salazar Domínguez, Ramón Díaz Sánchez, Nelson Himiob, Gabriel Bracho Montiel, Pablo Domínguez, Julián Padrón, Arturo Briceño, Guillermo Meneses, Luis Peraza, José Fabbiani Ruiz, J. A. Gonzalo-Patrizi.

### Drama

1883. Suárez Radillo, Carlos Miguel. Editor. 13 autores del nuevo teatro venezolano. Caracas: Monte Avila, 1971.

Includes: Ricardo Acosta, José Ignacio Cabrujas, Román Chalbaud, Isaac Chocrón, Alejandro Lasser, Elisa Lerner, José Gabriel Núñez, Gilberto Pinto, Lucía Quintero, César Rengifo, Rodolfo Santana, Elizabeth Schon, and Paul Williams. Bibliographies.

### Essay

1884. Miliani, Domingo. El ensayo. Antología. Caracas: Editorial Andrés Bello, 1973.

Includes: Simón Bolívar, Fermín Toro, Andrés Bello, Rafael Bolívar Coronado, Juan Vicente González, Cecilio Acosta, Arístides Rojas, Rafael Seijas, José Gil Fortoul, Gonzalo Picón Febres, Santiago Key Ayala, Samuel Darío Maldonado, Rufino Blanco Fombona, Ramón Díaz Sánchez, Rafael Angarita Arvelo, Enrique Bernardo Núñez, Mario Briceño Iragorry, Mariano Picón Salas, and Pascual Venegas Filardo.

# Author Index

Numbers refer to item, not page, number

## About the Compiler

WALTER RELA has taught Latin American Literature in Argentina, Chile and Brazil, and has been Visiting Professor at several universities in the United States (1967-1986). He is currently Director of Research and Advanced Studies in American Literature at the Catholic University in Uruguay. Among his most prominent publications are *Guía Bibliográfica de la Literatura Hispanoamericana, desde el siglo XIX hasta 1970* (1971) and *Spanish American Literature: A Selected Bibliography* (1982).